gardez ! verlag

Filmstudien

Herausgegeben von
Thomas Koebner

Band 17

Eberhard Nembach

Stalins Filmpolitik

Der Umbau der sowjetischen Filmindustrie

1929 bis 1938

Gardez! Verlag
St. Augustin

Die Deutsche Bibliothek - CIP-Einheitsaufnahme

Ein Titelsatz für diese Publikation ist bei
Der Deutschen Bibliothek erhältlich.

© 2001 Michael Itschert, Gardez! Verlag
Meisenweg 2, 53757 St. Augustin
Tel.: 0 22 41/34 37 10, Fax: 0 22 41/34 37 11
E-Mail: info@gardez.de
Internet: www.gardez.de
Alle Rechte vorbehalten.
Umschlagfoto: Stalin wird auf dem Podium des 9. allsowjetischen Komsomol-
Kongresses 1931 von Wochenschau-Kameraleuten gefilmt.
-
RGAKF, Inv. Nr. 2-9205

Printed in Germany.
ISBN 3-89796-052-4

5

Inhalt

6

Vorwort und Danksagung

Ohne die großzügige finanzielle Unterstützung durch die Stiftung Volkswagen-werk wären die Recherchen für diese Arbeit nicht möglich geworden. Für die unbürokratische und hilfsbereite Betreuung danke ich insbesondere Herrn Dr. Wolfgang Levermann. Meinen Eltern danke ich für einen Zuschuss zu den Druckkosten. Für die Betreuung der Arbeit danke ich Professor Dr. Dittmar Dahlmann. Mit seiner Begeisterung für alte Sowjet-Filme hat mich Julian Graffy von der School of Slavonic and East European Studies in London angesteckt. Für die exzellente Betreuung während des Archivaufenthalts in Moskau danke ich dem Center for the Study of Russia and the Soviet Union unter der Ägide von J. Arch Getty. Besonders die tatkräftige Hilfe von Leonid Vaintraub hat mir die Arbeit in den Moskauer Archiven erheblich erleichtert.
Alle Übersetzungen stammen, soweit nicht ausdrücklich anders vermerkt, von mir.

Besonderen Dank schulde ich meiner Frau Astrid für ihre Inspiration, Geduld und unermüdliche kritische Begleitung. Ohne sie wäre diese Arbeit wohl kaum zum Abschluss gekommen. Ihr möchte ich sie deshalb auch widmen.

Frankfurt am Main im April 2001
E.N.

I. EINLEITUNG

I.1. *Die wichtigste der Künste* – Die Bol'ševiki und der Film

Kein Medium ist so aufwendig, schwerfällig und teuer wie der Film. Kein anderes Medium kann sich aber auch mit der Prägnanz und Authentizität des Films messen, dessen bewegte fotografische Bilder die höchste Realitätsnähe der Darstellung ermöglichen. Wer einen Film sieht, kann sich der Sogwirkung des Dargestellten nur schwer entziehen und braucht einige medienkritische Erfahrung, um es nicht für abgebildete „Realität" zu halten. Deshalb eignet sich das Kino hervorragend für die breitenwirksame Vermittlung von Inhalten aller Art: von historischen, gesellschaftlichen oder politischen Sachverhalten über abstrakte ideologische Inhalte bis hin zu Gefühlen oder Verhaltensnormen und deren Wertungen. Das Medium Film verkörperte in der ersten Hälfte des zwanzigsten Jahrhunderts außerdem eine gewisse Modernität, was dem technizistischen Pathos vieler Intellektueller der zwanziger und dreißiger Jahre entgegenkam. Die Begeisterung, die gerade sie für das Medium Film aufbrachten, war daher in Mitteleuropa, den USA und im sowjetischen Russland gleichermaßen groß.

Die massenwirksame Macht des Mediums Film nutzten auch die Bol'ševiki, um nach ihrer Machtübernahme per Handstreich im Petersburger Winterpalast das russische Riesenreich geistig-moralisch zu erobern und in eine von „Sowjetmenschen" bevölkerte „sozialistische Gesellschaft" umzuschmieden. Das jedenfalls behaupteten die Führer der kommunistischen Staatspartei und ihre Historiographen später.

In Wirklichkeit ist nicht einmal erwiesen, ob jener Lenin-Ausspruch authentisch ist, den zu zitieren Jahrzehnte lang im gesamten sowjetischen Einflussbereich für alle obligatorisch wurde, die sich mit Filmen befassten. Das Zitat geht zurück auf den Volksbildungskommissar Lunačarskij, der sich an ein Gespräch mit Lenin erinnerte: *Darauf fügte Vladimir Il'ič lächelnd hinzu: „Da Sie ja bei uns als Beschützer der Kunst gelten, denken Sie immer daran, dass von allen Künsten die für uns wichtigste das Kino ist."*[1]

Die Anfänge der eigenen, spezifisch sowjetischen und von der Partei gesteuerten Filmindustrie waren in Wahrheit erklärtermaßen äußerst bescheiden. Volksbildungskommissar Lunačarskij hatte selbst 1918 öffentlich den filmpolitischen Anspruch der neuen Führung bewusst vorsichtig formuliert:

Die Sowjetmacht sieht die Verstaatlichung der gesamten Filmindustrie in Russland als nicht zweckmäßig an. [...] Ich gebe zu, dass die Verstaatlichung der gesamten [privaten] Filmindustrie absolut nicht notwendig ist, und sogar, wenn Sie so wollen, für die neue, sich überhaupt erst organisierende staatliche [Filmindustrie] schädlich ist.

Kennern der Filmbranche, zu denen auch der Volksbildungskommissar gehörte, war klar, dass das betriebswirtschaftliche, technische und künstlerische Know-how der privaten Filmunternehmer zunächst unersetzlich sein würde. Ein neuer staatlicher Filmsektor war zunächst auch materiell kaum auf eigene Füße zu stellen. Um das Medium Film durch einen landesweiten radikalen Kahlschlag nicht in seinem Bestand zu gefährden, duldeten die Bol'ševiki daher zunächst bewusst die Dominanz des privaten Sektors und reklamierten selbst nur eine bescheidene staatliche Nische, wie Lunačarskij zugab: *Das einzige, was wir für den größtmöglichen Erfolg unserer* [staatlichen] *Unternehmen und unserer* [staatlich produzierten] *Filme tun, ist, dass wir, wenn unsere Produktion in Gang kommt, in jeder Stadt ein Filmtheater verstaatlichen, um dort unsere Filme zu zeigen und eventuell die Besitzer von* [privaten] *Filmtheatern verpflichten, an einem Tag in der Woche unsere Filme zu zeigen.*

Der Volksbildungskommissar machte sich keine Illusionen darüber, wie viele Anstrengungen und wie viel Zeit nötig sein würden, um eine eigenständige, vom Ausland und von privaten Investoren unabhängige staatliche sowjetische Filmwirtschaft aufzubauen, deren industrielle Ressourcen - etwa für die Rohfilm-Produktion - überhaupt erst zu schaffen waren: *Es ist ja auch geradezu lächerlich beschämend für ein Land, in dem das Filmwesen so verbreitet ist, ausländisches Material zu verarbeiten und keine eigene Produktion zu haben, um so mehr, da ja alle erforderlichen Rohstoffe in Russland vorhanden sind.*[2]

Die laxe „Neue Ökonomische Politik" der zwanziger Jahre bot vielen Kinobetreibern und Produktionsfirmen reichlich Freiheiten, um ihre eigenen Ziele und Ideen zu verfolgen. Auch unter dem Dach verschiedener staatlicher Institutionen wurden Filmprojekte verwirklicht, deren künstlerischer Anspruch hoch und deren Produktionskosten immens waren. Dazu gehören die klassischen Werke von Regisseuren wie Sergej Ėjzenštejn, Aleksandr Dovženko oder Vsevolod Pudovkin[3]. Die einzigartige Kombination des revolutionären Elans einer neuen, jungen Künstlerschicht und der noch relativ liberalen politischen Rahmenbedingungen brachte eine Atmosphäre hervor, die Grundlage für das *Goldene Zeitalter* (PETER KENEZ[4]) des sowjetischen Films war.

Der umfassende staatliche Zugriff auf die Filmwirtschaft erfolgte, auch wenn das jahrelang in der sowjetischen und sowjetisch beeinflussten Literatur anders dargestellt wurde, erst Ende der zwanziger Jahre. Er gehört so in den Zusammenhang der stalinschen *zweiten Revolution* (ROBERT SERVICE[5]) im bol'ševistischen Russland. Stalin setzte sich zu dieser Zeit endgültig als neue Führungsfigur durch und entschied damit die Diadochenkämpfe, die die Parteiführung seit Lenins Tod 1924 beschäftigt hatten, endgültig für sich. Er beendete Lenins vergleichsweise liberale „Neue Ökonomische Politik" mit ihren Freiheiten für Kleinunternehmer, zu denen auch Kinobesitzer und Produktionsfirmen gehörten. Stalin begann unter dem von ihm geprägten Schlagwort vom „Sozialismus in einem Land" eine forcierte Industrialisierung, die in den ehrgeizigen Projektziffern des ersten Fünfjahresplans ihren Ausdruck fand. Auch für die Entwicklung der Filmindustrie und des Filmtheater-Netzes wurden solche anspruchsvollen Planzahlen aufgestellt. Deren Rahmen steckte bereits ein Regierungsbeschluss vom Sommer 1928 ab. Danach sollten zum Ende der Planperiode bereits so viele sowjetische Eigenproduktionen gedreht werden, *dass in der Regel sowjetische Leinwände* auch *mit sowjetischen Filmen bespielt werden* könnten. Außerdem formulierte der Rat der Volkskommissare, die sowjetische Staatsregierung, zu diesem Zeitpunkt schon die hochgesteckte Erwartung, dass das Kino *zu einem bedeutenden Einnahmeposten für den Staatshaushalt werden muss*[6].

Stalin leitete gleichzeitig Säuberungen in Partei und Gesellschaft ein, die von einer immer massiveren Ideologisierung der Medien und Künste vorbereitet und begleitet wurden.

Von nun an stand das sowjetische Kino unter sehr widersprüchlichen, politisch vorgegeben Zwängen. Die eigene industrielle und infrastrukturelle Basis musste gesichert und zum Teil überhaupt erst aufgebaut werden. Immer wieder forderte die politische Führung zugleich ökonomische Effizienz ein. Profitabilität war aber nur durch hohe Besucherzahlen zu erreichen. Immer striktere ideologisch-inhaltliche Vorgaben trugen aber nicht immer zur Popularität der Filme und damit zur Profitabilität der Kinos bei.

Das populärste und, besonders angesichts des hohen Analphabetismus, breitenwirksamste Medium Film blieb von der stalinschen „Kulturrevolution" nicht verschont. Bereits die erste Parteikonferenz zu Fragen der Kinoindustrie im März 1928 *markierte de facto den Beginn der Kulturrevolution und den ersten Fünfjahresplan in der Filmindustrie*[7]. Sehr schnell begannen die Filmschaffenden einen neuen Druck zu spüren. So erinnert sich der Regisseur Alexander Medvedkin: *Es gab nicht viele von uns, die den ersten Fünfjahresplan überlebten. Aber er markierte einen Bruch, einen Wendepunkt, eine Art allgemeine Verheerung, wo alles neu untersucht wurde, alles zurückgewiesen wurde, während hier und da neue Keimlinge unerwartet auftauchten.*[8]

Parallel zu ihrer Politik gegenüber den Schriftstellern bemühte sich die Parteispitze auch in der Filmindustrie um die Durchsetzung inhaltlicher Richtlinien, die auch für die Filmindustrie unter der wenig konkreten Formel *Sozialistischer Realismus* zusammengefasst wurden. Dessen Grundsätze waren beim ersten Allunions-Kongress der Schriftsteller verabschiedet worden und waren für alle narrativen Kunstformen bindend, also auch für den Film. Von nun an mussten die Filmschaffenden für *Realitätstreue und Anschaulichkeit* ihrer Werke sorgen, die außerdem dem *Ziel der ideologischen Umformung und Erziehung der Arbeiter im Geiste des Sozialismus* zu dienen hatten.[9]

Vor allem aber sollte, auch angesichts der immensen Produktionskosten für Filme, eine möglichst große Breitenwirkung der Filme gesichert werden. Die ästhetisch wegweisenden aber für ein breites Publikum nicht geeigneten Werke der filmischen Avantgarde aus den zwanziger Jahren wurden mit dem Bann des „Formalismus" belegt.[10]

I.2. Ziel der Arbeit

Es gibt kaum Zweifel, dass Filme als beliebteste Zerstreuung der sowjetischen Bevölkerung und durch die besondere Authentizität und Intensität des Mediums einen enormen Einfluss auf Wahrnehmung, Selbst- und Weltbild vieler Sowjetbürger hatten. Die politischen Zielsetzungen für das Kino und ihre Umsetzung bei der Schaffung einer beispiellos effizienten Propaganda-Maschinerie sind deshalb für das Verständnis der Mechanismen totalitärer Herrschaftsausübung und -akkumulation in der Sowjetunion Stalins von außerordentlicher Bedeutung. Während sich aber zahlreiche Arbeiten mit Filmen – besonders mit ästhetisch anspruchsvollen Werken – selbst beschäftigt haben, und zumeist eher kunsthistorische Fragestellungen verfolgten, ist die politische Steuerung der Filmindustrie im fraglichen Zeitraum so gut wie unerforscht.

Die mittlerweile weit besser zugänglichen Archive ermöglichen jetzt eine gründliche Untersuchung. So lagen etwa die Umstände und Hintergründe der Absetzung und Erschießung Boris Šumjackijs, der die obersten Filmbehörden SOJUZKINO und GUKF von 1930-38 leitete, bislang noch vollkommen im Dunkeln. Es ist zu vermuten, dass auf höchster Ebene die Filmpolitik nicht so einheitlich geführt wurde, wie dies bisher - auf der Grundlage veröffentlichten Materials - angenommen wurde.

Die Bedeutung des Mediums Film als wichtigstem Massenmedium - zumindest der ersten Hälfte des zwanzigsten Jahrhunderts - ist ebenso unbestritten wie die große Rolle, die filmische Propaganda in allen totalitären Staaten Europas gespielt hat. *Doch die Sowjets waren weitaus aktiver, intensiver und erfolgreicher beim Einspannen der Leinwand für diese Zwecke, eine Tatsache, die sogar von Nazi-Führern beklagt wurde. Das stalinistische Kino war ein Schlüsselelement seines* [d.i. Stalins] *Schauspiel-Staates.*[11]

Während jedoch die nationalsozialistische Filmpolitik[12] bereits Gegenstand verschiedener Untersuchungen ist und auch für die Filmpolitik des faschistischen Italiens[13] und der jungen SBZ/DDR neueste Forschungen vorliegen[14], sind Hintergründe und Details der stalinschen Filmpolitik - im Unterschied zu Person und Werk einiger Regisseure dieser Zeit - noch so gut wie unbekannt.

Der erreichte Forschungsstand, der gleichwohl noch sehr vorläufig ist, weist darauf hin, dass das stalinistische Kino ein weit komplexeres Phänomen war als bisher angenommen wurde. Zur adäquaten Aufklärung seiner Geschichte werden extensive Untersuchungen erforderlich sein.[15] Dazu möchte die vorliegende Arbeit einen Beitrag leisten.

Es sollen die politischen Vorgaben und ihre Umsetzung untersucht werden. Dabei sind zunächst die ökonomischen und infrastrukturellen Aspekte zu berücksichtigen, da das Medium Film aufgrund des hohen technischen Aufwands immer stark durch seine wirtschaftlichen und organisatorischen Rahmenbedingungen geprägt wird. Darüber hinaus sollen dann die ideologisch-inhaltlichen Vorgaben und Ansprüche der politischen Führung untersucht, und die Umsetzung am Ergebnis gemessen werden. Einige exemplarische Filme sollen deshalb analysiert und interpretiert werden. Auch auf den Aus- und Neubau von Filmtheatern soll eingegangen werden, weil die Wirkung von Filmen stark vom Ort und den Umständen ihrer Vorführung beeinflusst wird. Da große Teile der immer noch vor allem ländlich geprägten Sowjetunion in den dreißiger Jahren von den Entwicklungen in den Städten weitgehend abgeschnitten waren, soll auch kurz auf die Vorführung und Rezeption von Filmen auf dem Lande gesondert eingegangen werden.

Die vorliegende Arbeit beschränkt sich auf den Zeitraum zwischen 1928 und 1939. Ausgangspunkt ist die Erste Parteikonferenz zu Kinofragen im März 1928, die die völlige Neustrukturierung der sowjetischen Kino-Industrie einleitete. Der zentralisierende politische Zugriff auf die bisher weitgehend selbständige und in vielen unabhängigen Studios frei wirtschaftende Filmbranche gipfelte im Jahre 1930, als im Dezember die „Über-Behörde" SOJUZKINO geschaffen wurde.[16] Planung, Produktion und Verleih wurden von nun an zentral gesteuert. An die Spitze der neuen Behörde wurde der mit der Filmbranche völlig unvertraute Funktionär Boris Zacharovič Šumjackij gesetzt[17], der zuvor Parteiaufgaben in Sibirien und Zentralasien versehen hatte und als Bevollmächtigter der Sowjetunion im Iran gewesen war. Im Februar 1933 wurde die SOJUZKINO umbenannt in GUKF (*Gosudarstvennoe upravlenie kinofotopro-myšlennosti*, später GUK), und Šumjackij wurde mit Vollmachten ausgestattet, die denen eines Volkskommissars glichen. Seine Behörde, die in den Folgejahren noch mehrfach umstrukturiert wurde, war nun direkt dem Rat der Volkskommissare (*Sovnarkom*) zugeordnet.

Die Tätigkeit Šumjackijs als Spitzenfunktionär der Filmindustrie und die SOJUZKINO sollen den Schwerpunkt der geplanten Forschungsarbeit bilden.

Die zentral gesteuerte Umstrukturierung der Filmindustrie fand ihren vorläufigen Abschluss, als die Hauptverwaltung der Kino- und Fotoindustrie (GUKF)

1939 aufgelöst, ihre Leitung verhaftet und durch das Kino-Komitee beim Rat der Volkskommissare unter Semën Dukel'skij ersetzt wurden. In diese Zeit fällt nicht nur die politisch motivierte Umstrukturierung der Kino-Industrie in der Sowjetunion, deren Organisation im Anschluss über Jahrzehnte in wesentlichen Punkten unverändert blieb. In den dreißiger Jahren entwickelten sowjetische Film-Regisseure, nicht zuletzt unter dem Einfluss des neu eingeführten Tonfilms, eine spezifisch sowjetische Kino-Sprache, die sich besonders durch starke Protagonisten, eine intensive Nähe der Kamera zu den Darstellern, Folklore-Einlagen, Musik, Tanz und lyrische Naturszenen auszeichnete. Der in den dreißiger Jahren ausgeprägte sowjetische Film-Stil prägte auch die Regisseure der Kriegs- und Nachkriegszeit und wurde über verschiedene akademische Institutionen auch an die Regie-Schüler der sowjetischen „Satelliten-Staaten" weitergegeben.

Der ausgewählte Zeitraum kann insofern als die eigentliche Entstehungszeit des sowjetischen Films angesehen werden.

I.3. Forschungsstand

Die jüngste Forschung über die Zeit der Herrschaft Stalins, die sich auf nunmehr zugängliche, bisher unbekannte Quellen stützen kann, schlägt neue Wege ein. Spätestens seit den siebziger Jahren hatten die Forscher der „revisionistischen Schule" (zur Kulturpolitik v.a. SHEILA FITZPATRICK[18]) zunehmend die klassisch orientierten Untersuchungen kritisiert, weil diese zu sehr auf die übermächtige Rolle der Partei fixiert gewesen seien und den „Stalinismus von unten" vernachlässigten, der sich in der Interessen-Durchsetzung verschiedener miteinander konkurrierender sozialer Gruppen äußere. Die jüngste Forschung *synthetisiert Elemente von beiden Interpretationen*, indem sie *einen aktiven Blick auf das Subjekt bewahrt und gleichzeitig die Bedeutung der bolschewistischen Ideologie anerkennt.*[19]

Unter dem Schlagwort vom „Stalinismus als Zivilisation" (STEPHEN KOTKIN) konzentriert sich die jüngste Forschung auf die Analyse der subjektiven Erlebniswelt der Individuen und die Begrenzung und damit verbundene Steuerung ihrer Wahrnehmung und Artikulation. JOCHEN HELLBECK, der das Tagebuch eines Kulakensohns im Moskau der dreißiger Jahre edierte, kommt zu folgender Einschätzung: *[...]* ein Individuum, das im stalinistischen System lebte, konnte unmöglich einen Begriff von sich selbst formulieren, der unabhängig war vom Programm, das der bolschewistische Staat verbreitete.

Von zentraler Bedeutung für das Funktionieren der stalinistischen Gesellschaft sei die Art *wie die sowjetische Staatsmacht ein Individuum mit einer bestimmten Subjektivität ausstattete - wie sie [sein] Selbst formte.*[20] Für die Formung des Selbst und der Begriffe seiner Artikulation waren Filme ein maßgebliches Medium. So befindet STEPHEN KOTKIN: *Die sehr gut aufgenommenen Filme „Čapaev" und „Die fröhlichen Gesellen" formten die beiden Pole einer entstehenden 'sozialistischen' populären Kultur in ihrer effizientesten, nämlich der Zelluloid-Verkleidung.*[21] Für das Verständnis von Funktionieren und Stabilität des stalinschen Herrschaftssystems erscheint eine Untersuchung der Filmpolitik der dreißiger Jahre insofern unerlässlich und fügt sich nahtlos ein in den Rahmen der neuesten Forschungstendenzen.

Die systematische historiographische[22] Auseinandersetzung mit dem Medium Film ist besonders hinsichtlich Russlands und der Sowjetunion erst in jüngster Zeit begonnen worden. Wichtig sind vor allem die Pionierarbeiten von IAN CHRISTIE und vor allem von RICHARD TAYLOR.[23] Ein erster systematischer Überblick über die Filmpolitik und -rezeption in der Sowjetunion unter Stalin findet sich in der Abhandlung von PETER KENEZ[24], dessen Darstellung der dreißiger Jahre aber im gegeben Rahmen (KENEZ handelt den gesamten Zeitraum von 1900-1953 auf 250 Seiten ab) fragmentarisch bleiben muss. Kaum neue Forschungsergebnisse aber eine sehr gute Zusammenfassung und interessante Interpretationen vor allem der Filme selbst liefern EVGENIJ MARGOLIT, OKSANA BULGAKOVA, EVA BINDER und MIROSLAVA SEGIDA im jüngsten deutschsprachigen Überblickswerk zur sowjetischen und russischen Filmgeschichte, das von CHRISTINE ENGEL herausgegeben wurde.[25] Darin enthalten sind auch einige der umfangreichen statistischen Daten zur russisch/sowjetischen Filmgeschichte, die MIROSLAVA SEGIDA in den vergangenen Jahren zusammengetragen hat. Noch immer gibt es keinen zuverlässigen und umfassenden Katalog aller russischen und sowjetischen Filme. Das sowjetische Standardwerk, der mit Anmerkungen versehene Katalog des staatlichen Filmarchivs[26] weist große Lücken auf. Zensierte Filme sind zum Teil gar nicht enthalten und die Angaben über während der Entstalinisierung der 60er Jahre „gebannte" Stalin-Filme sind unzuverlässig. MIROSLAVA SEGIDA hat für den Bereich des Spielfilm umfangreiche Daten gesammelt, um diese Lücken zu schließen. Ihre Ergebnisse hat sie als Buch[27], als CD-Rom[28] und als laufend aktualisierte Internet-Datenbank[29] veröffentlicht. Dem Problem der Erfassung und Interpretation zensierter sowjetischen Filme aus den dreißiger Jahren, die nie oder erst Jahrzehnte nach ihrem Entstehen gezeigt wurden und im „Regal" verstaubten, widmete sich in jüngster Zeit vor allem EVGENIJ MARGOLIT.[30]

Mit dem Umbruch, den die stalinsche „Kulturrevolution" ab 1930 in der sowjetischen Filmindustrie einleitete, hat sich DENISE YOUNGBLOOD in ihrer Studie des sowjetischen Massenkinos der zwanziger Jahre auseinandergesetzt und hat dabei auf die genannte Forschungslücke zum Sowjet-Kino der dreißiger Jahre hingewiesen.[31] Eine interessante Gesamtschau der stalinschen Kulturpolitik bietet GROMOV, EVGENIJ: *Stalin. Vlast' i iskusstvo*, Moskau 1998, der dem Thema Film in seiner Studie breiten Raum einräumt. Eine frühe Studie über die politischen Maßnahmen in der sowjetischen Filmindustrie der dreißiger Jahre, ist RUBAILO, A.I.: *Partijnoe rukovodstvo razvitiem kinoiskusstva (1928-1937 gg)*, Moskau 1976, die allerdings in ihren Einschätzungen noch erkennbar von politischen Vorgaben geleitet ist. RUBAILO verarbeitet jedoch interessante Dokumente, wenn ihr auch offensichtlich noch längst nicht alle Archive offen standen. Gleichfalls wenig befriedigend und ganz auf der Linie der offiziösen Sowjet-Historiographie der siebziger Jahre ist BAGAEV, BORIS: *Boris Šumjackij*, Krasnojarsk 1974[32], eine Biographie des Chefs der Kino-Behörde GUKF. Auch die jüngste russische (sowjetische) Publikation zum Thema fasst Bekanntes zusammen: *Kino totalitarnoj ėpochi (1933-1945)*, Moskau 1989. Speziell zu Stalins persönlichem Interesse an der Filmindustrie liefert MAR'JAMOV, GRIGORIJ: *Kremlevskij censor*, Moskau 1992, wertvolle Details. Wichtiges Material findet sich in mehreren sowjetischen Sammlungen zum Thema: *Istorija sovetskogo kinoiskusstva zvukovogo perioda. Po vyskazyvanijam masterov kino i otzyvam kritikov*, 2 Bde., Bd.1 *(1930-41)*, Bd.2 *(1934-1944)*, Moskau 1946; *Istorija sovetskogo kino 1917-1967*, Bd. 2 *(1931-1941)*, Moskau 1973; *Sovetskoe kino (1917-1978). Rešenija partii i pravitel'stva o kino. Sbornik dokumentov*, 2 Bde., Moskau 1979; *Očerki istorii sovetskogo kino*, 3 Bde., Moskau 1956-61. Neben der älteren Übersichtsdarstellung von LEYDA, JAY: *A History of the Russian and Soviet Film*, New York 1960 sind weitere jüngere Werke westlicher Provenienz zu nennen: TAYLOR, RICHARD/SPRING, DEREK (Hg.): *Stalinism and Soviet Cinema. The Politics of Soviet Cinema 1917-1972*, London 1993; LAWTON, ANNA: *The Red Screen: Politics, Society, Art in Soviet Cinema*, London 1992; YOUNGBLOOD, DENISE: *Movies for the Masses. Popular Cinema and Soviet Society in the 1920s*, Cambridge 1992; dies.: *Soviet Cinema in the Silent Era, 1918-1935*, Ann Arbour 1985; PRONAY,N./SPRING,D. (Hg.): *Propaganda, Politics and Film*, London 1982 (darin mehrere Artikel über die Sowjetunion); COHEN, LOUIS: *The Cultural-Political Traditions and Developments of the Soviet Cinema, 1917-1972*, New York 1974; HORTON, ANDREW (Hg.): *Inside Soviet Film Satire. Laughter with a Lash*, Cambridge 1993.

Das wachsende russische Interesse am Thema spiegelt sich in einigen Artikeln, die seit Beginn der neunziger Jahre vor allem in der Zeitschrift *Iskusstvo kino* erscheinen, darunter besonders MAMATOVA, LILIJA: *Model' kinomifov 30-ch godov*, in *Iskusstvo kino*, Heft 11/1990, S.103-111 und dies.: *Model' kinomifov 30ch godov: genij i zlodejstvo*, in: *Iskusstvo kino*, Heft 3/1991, S. 88-97. Interessante neuere russische Arbeiten zum Thema enthält die ebenfalls von LILIJA MAMATOVA herausgegebene Sammlung *Kino: politika i ljudi (30-e gody). K 100-letiju mirovogo kino*, Moskau 1995. Relativ gut dokumentiert sind Leben und Werk der wichtigsten Regisseure der dreißiger Jahre. Es soll hier nur eine Auswahl genannt werden: KEPLEY, VANCE JR.: *In the Service of the State The Cinema of Alexander Dovženko*, Madison 1986; CHRISTIE, IAN/GRAFFY, JULIAN (Hg.): *Protazanov and the Continuity of Russian Cinema*, London 1993; YOUNGBLOOD, DENISE: *The return of the native: Yakov Protazanov and Soviet Cinema*, in: TAYLOR, RICHARD/CHRISTIE, IAN (Hg.): *Inside the Film Factory. New Approaches to Russian and Soviet Cinema*, London/New York [2]1994, S.103-123; BULGAKOVA, OKSANA: *Sergej Eisenstein. Eine Biographie*, Berlin 1998; JURENEV, ROSTISLAV: *Sergej Ėjzenštejn. Zamysly. Fil'my. Metod*, 2 Bde., Moskau 1985-8; GROMOV, EVGENIJ: *Lev Vladimirovič Kulešov*, Moskau 1984; *Kuleshov on Film. Writings of Lev Kuleshov*, Translated and edited with an introduction by R.LEVACO, Berkeley/Los Angeles und London 1974; ALBÉRA, FRANÈOIS/COSANDEY, ROLAND (Hg.): *Boris Barnet. Ecrits, Documents, Études, Filmographie*, Locarno 1985; MARGOLIT, EVGENIJ/ZABRODIN, V.: *Boris Vasil'evič Barnet. Materialy k retrospektive fil'mov*, Moskau 1992; LEAMING, BARBARA: *Grigory Kozintsev*, Boston 1980. BULGAKOWA, OKSANA: *Sergej Eisenstein. Eine Biographie*, Berlin 1998. Relativ wenige Veröffentlichungen gibt es zu Grigorij Aleksandrov (der eine Autobiographie schrieb: *Ėpocha i kino*, Moskau 1976), zu Ivan Pyr'ev[33], zu den Vasil'ev-Brüdern und zu Michail Čiaureli. Da diese Regisseure und ihre Werke (darunter die Filme *Traktoristy*, *Čapaev* und *Veselye rebjata*) maßgebliche Bedeutung für den zu untersuchenden Zusammenhang haben, bietet sich eine exemplarische Untersuchung dieser Regisseure und ihres Werkes im Rahmen der geplanten Arbeit an.

I.4. Quellen

Insgesamt fällt auf, dass sich die vorhandene Literatur besonders auf Filme und insbesondere auf veröffentlichtes Material stützt. Dazu gehören die Schriften Boris Šumjackijs, Artikel von Kritikern, Politikern (einschließlich Stalins selbst) und Regisseuren in Zeitungen und Zeitschriften (neben der *Pravda* insbesondere die Fachzeitschriften *Iskusstvo Kino*, *Sovetskoe Kino* und die Zeitung *Kino*), die veröffentlichten Berichte von Kommissionen, Kongressen und Beschlüsse von Regierung und Parteiführung, soweit sie veröffentlicht wurden. Dieses Material soll auch in der vorliegenden Studie analysiert werden. Es lässt jedoch allenfalls eine - wie auch immer fragmentarische - Analyse der öffentlich propagierten politischen Vorgaben zu. Zum Wesen der sozio-politischen Struktur der Sowjetunion gehörten aber die nicht öffentlichen und häufig informellen politischen Entscheidungs-, Beeinflussungs- und Umsetzungs-Abläufe, die maßgeblich von Stalin selbst gesteuert wurden und nur in Spuren in öffentlichen Medien nachvollziehbar sind. Insofern ist eine zusätzliche Untersuchung der Moskauer Archive unerlässlich. Erinnerungen und Aufzeichnungen von

Zeitgenossen sollen immer dann ergänzend hinzugezogen werden, wenn die Archiv-Quellen sich – nicht zuletzt wegen der oft informellen Entscheidungsabläufe – als lückenhaft erweisen.

Die Untersuchung soll - im Unterschied zur bisherigen, eher auf künstlerische Aspekte abzielenden Literatur - auf die institutionelle Ebene der Filmindustrie orientiert sein. Sie soll sich auf die <u>politische</u> Steuerung durch die Film-Behörden SOJUZKINO und GUK/GUKF sowie die Einflussnahme durch den Verband der Filmschaffenden ARK/ARRK konzentrieren. Die Auseinandersetzung mit Filmen und Regisseuren soll nur exemplarisch stattfinden, insoweit sie für die Analyse der Umsetzung politischer Leitlinien unerlässlich ist.

Die Akten der ARK/ARRK (fond 2494 ff.), sowie der SOJUZKINO und der GUKF/GUK (fond 2497 ff.) befinden sich im *RGALI* (*Rossijskij gosudarstvennyj archiv literatury i iskusstva*, Russisches Staatsarchiv für Literatur und Kunst). Dort sind außerdem Dokumente von Einzelpersonen gesammelt. Wichtig für die Planung und den politischen Hintergrund der SOJUZKINO-Gründung sind die Akten des Kinokomitees beim Rat der Volkskommissare aus den Jahren 1928-1930. Diese Bestände (insgesamt 13 Mappen, Bestand R-7816) befinden sich im *GARF* (*Gosudarstvennyj archiv rossijskoj federacii*, Staatsarchiv der Russischen Föderation). Die Entscheidungsabläufe an allerhöchster Stelle liefen im wesentlichen über das CK, im OB und im PB. Deren Akten finden sich im ehemaligen Parteiarchiv, dem heutigen *RCChIDNI* (*Rossijskij Centr Chranenija i Issledovanija Dokumentov Novejšej Istorii*) in Moskau. Im *RGAKFD* (*Rossijskij gosudarstvennyj archiv kinofotodokumentov*, Russisches Staatsarchiv für Kinofotodokumente) in Krasnogorsk bei Moskau finden sich vor allem Wochenschau- und Dokumentarfilme. Spielfilme sind im staatlichen Spielfilmarchiv *Gosfil'mofond* in Belye Stolby bei Moskau zugänglich.

II. POLITISCHE WEICHENSTELLUNGEN

II.1. Die erste Parteikonferenz zu Kinofragen vom 15. bis 21.3.1928

Bei der Eröffnung der Kino-Versammlung im März 1928 stellte der CK-Sekretär S.V. Kosior zur bisherigen Kino-Politik kritisch fest, *dass die Partei dieser Angelegenheit unglaublich wenig Aufmerksamkeit gewidmet hat, um nicht zu sagen, dass sie diesem Thema überhaupt keine Aufmerksamkeit gewidmet hat. [...] Wenn unsere Partei, die Parteiorganisationen, direkt und unmittelbar diese Angelegenheit geleitet hätte, hätten wir zweifellos schon viel mehr Erfolge.* Kosior konstatierte: *Alle fühlen, dass sich die sowjetische Kinematografie an einem gewissen Wendepunkt befindet.*[34]

II.1.1. Die Planung der Veranstaltung

Eine eingehende und systematische Beschäftigung mit den Fragen der Filmindustrie begann die sowjetische Führung tatsächlich erst 1927. Die allgemeine Situation wurde als unbefriedigend empfunden. Die meisten Studios waren - ebenso wie die Betreiber der Kinos selbst - an kommerziellen Interessen orientiert.[35] Das bedeutete, dass auch sowjetische Studios und Kinobetreiber vor allem publikumswirksame Unterhaltungsfilme produzieren und zeigen wollten, während der Markt nach wie vor von Hollywood-Streifen dominiert wurde. Von einer Funktion des Films als wirksamem Propagandainstrument konnte nicht ernsthaft die Rede sein. Propagandastreifen wie Sergej Ėjzenštejns *Bronenosec Potemkin/Panzerkreuzer Potemkin* waren Ausnahmen mit eher geringer Publikumswirksamkeit. Auf einer Sitzung Mitte Juli 1927 beschäftigte sich das Sekretariat des CK mit einer Vorlage zur Situation der Filmindustrie, die die Agitpropabteilung beim CK erarbeitet hatte:

In der UdSSR haben wir 10 Filmstudios verschiedener Leistungsfähigkeit. Ihre Produktion ist in der Mehrzahl der Fälle unbefriedigend sowohl aus der Sicht der künstlerischen Ausgestaltung als auch besonders aus ideologischer Sicht. Das Kino bleibt hinter den ernsthaften Bedürfnissen der Massen zurück, popularisiert nicht ausreichend die Losungen der Partei und der Sowjetmacht und bildet die neue Lebensordnung nur schwach ab. Trotz der Vielzahl der Filmstudios arbeiten sie ohne jegliche Abstimmung in unionsweitem Maßstab. Jedes arbeitet nach seinen eigenen Planungen und stellt sich selbst dabei vor allem kommerzielle Aufgaben. Die Studios konkurrieren, führen parallel dieselben Arbeiten durch und verschlechtern so die Qualität der Filme, indem sie unproduktive Ausgaben erzeugen[36].

Hier wurde eine Grundannahme der sowjetischen Ökonomie auch auf die Filmindustrie angewandt: Konkurrenz und Vielfalt, so die sowjet-marxistische Auffassung, seien uneffektiv und deshalb schädlich für Qualität und Quantität der Produkte (in diesem Fall der Filme). Planung und Abstimmung müssten zu mehr Effizienz führen, und dadurch eine höhere Qualität und bessere Befriedigung der Nachfrage gewährleisten. Diese Grundannahme lag auch den späteren Maßnahmen zur Umstrukturierung zugrunde. Wie in den meisten Gebieten der Produktion von Gebrauchsgütern führte diese Politik auch im Filmbereich zum permanenten „Defizit". Ein krasses Beispiel der dauerhaft angespannten materiellen Lage, die die sowjetische Filmindustrie auch während der folgenden Jahrzehnte wohl mit allen anderen Wirtschaftszweigen der Sowjetunion teilte und die immer wieder zu Qualitätsmängeln und „Defiziten" führte, findet sich in einem internen Bericht über den Zustand des Original-Negativs von *Čapaev*.[37] Dort heißt es, das Original-Negativ des für die Entwicklung des sowjetischen Films so wichtigen Streifens sei bereits mit gravierenden Mängeln aus der

Produktion gekommen. *Infolge der schlechten Reinigung war Fixierflüssigkeit auf dem Negativ.* Bei der Herstellung der insgesamt 72 Positivkopien habe sich der Zustand des Originals zusätzlich verschlechtert, so dass man das Original zur *„Regeneration"* ins Ausland habe schicken müssen. Die Überprüfung einer speziellen Kommission der GUKF habe ergeben, dass danach der Zustand des Originals deutlich besser geworden sei. Hier zeigt sich, ausgerechnet anhand des wichtigsten sowjetischen Prestige-Films der dreißiger Jahre, die andauernde – politisch nicht gewollte und wirtschaftlich ruinöse – Abhängigkeit der sowjetischen Filmindustrie vom westlich-kapitalistischen Ausland.

Der Bericht der Agitpropabteilung stellte weiterhin fest, dass einzig die Produktionsfirma SOVKINO in gutem Zustand sei, dass aber die ideologisch stärker gefärbten Filme der SOVKINO *keine entscheidende Rolle auf dem Markt* spielten, und allenfalls 50% des Marktes erreichten. Die SOVKINO wurde später zur Keimzelle der zentralisierten sowjetischen Filmindustrie.

Der Bericht fuhr fort mit konkreten Vorschlägen für die Umstrukturierung der Filmindustrie und für eine zu planende Parteiversammlung zu Kinofragen:
Ausgehend von all diesem ist es nötig, die Arbeit der Filmproduktionsfirmen in unionsweitem Maßstab zu koordinieren, eine einheitliche ideologische Leitung der Kino-Arbeit zu beschließen und das Kino an die gegenwärtigen Aufgaben von Partei und Sowjetmacht heranzuführen. In der eigentlichen Praxis der Kino-Arbeit ist viel positive und negative Erfahrung gesammelt worden. All dieses fordert mit Notwendigkeit die Ausarbeitung einer allgemeinen Parteilinie in den wichtigsten Fragen der Filmindustrie. Zu diesem Zweck hält die Agitpropabteilung beim CK es für notwendig, eine unionsweite Kino-Versammlung einzuberufen, die sich am Beispiel der Theater-Versammlung orientiert.[38]
Zur Vorbereitung der Versammlung, so der Vorschlag der Agitpropabteilung, sollten alle Filmstudios herangezogen werden, aber auch alle *interessierten Institutionen (das Bildungskommissariat, die Rabis, die VCSPS, die ODSK, die Parteikomitees u.s.w.).*
Es folgte der Vorschlag für eine Resolution in drei Punkten, die im Wortlaut verabschiedet wurde. So sollte die Kino-Versammlung, die zunächst für Januar 1928 geplant wurde, folgende Themen diskutieren:
1. Bilanzen des Aufbaus der sowjetischen Filmindustrie (Organisation der Produktion, Fragen des Verleihs, ideologische und künstlerische Qualität des Films u.a.). 2. Aufgaben der sowjetischen Filmindustrie (ideologische und künstlerische Linie, Schaffung von Filmen über die Lebensweise der Arbeiter und Bauern [rabočego i krest'janskogo byta], Kulturfilme, ausländische Filme), über die Kader der Filmindustrie, Preispolitik u.a. 3. Organisatorische Fragen (ein regulierendes Zentrum zur Rationalisierung des Verwaltungsapparates, Kino-Öffentlichkeit, u.a.).[39]

In diesen Vorgaben für die einzuberufende Kinokonferenz finden sich bereits sämtliche Leitfragen, die die Filmpolitik der Parteiführung bis weit in die dreißiger Jahre hinein bestimmen sollten:

- Der Primat wirtschaftlicher Fragen, die für die so teure und aufwendige Filmproduktion von entscheidender Bedeutung blieben und allen Bemühungen um stärkere Ideologisierung gewisse Grenzen setzten. Alle administrativen Maßnahmen waren immer auch wirtschaftlich motiviert. Sie waren orientiert an Kosteneffizenz bei der Produktion und an großer Popularität bei den zahlenden Zuschauern.[40] Der sowjetischen Kinoindustrie haftete in den dreißiger Jahren entgegen allen anderslautenden Beteuerungen ein starkes marktwirtschaftliches Element an.

- Die Bemühung, die Filmproduktion ideologisch zu beeinflussen. Dazu war einerseits der Aufbau eines Kontrollsystems notwendig. Andererseits dauerte es sehr lange, bis die Partei überhaupt konkrete Vorgaben für die Herstellung von Drehbüchern und Filmen ausarbeitete. Diese gingen jahrelang nicht über Gemeinplätze hinaus, wie etwa die Forderung nach Abbildung der „Lebensweise von Arbeitern und Bauern" sowie des „sozialistischen Aufbaus", oder den Anspruch, Filme sollten „die Parteilinie popularisieren". Es zeigte sich später, dass die Konkretisierung dieser Vorstellungen sowohl der Partei als auch den Filmschaffenden erhebliche Schwierigkeiten bereitete.

- Die Frage einer einerseits effektiven und andererseits kontrollierbaren Verwaltung für die Filmindustrie. Diese Frage war eng verbunden mit dem Bemühen, Parteimitglieder in Führungspositionen zu bringen. Verwaltungsfragen wurden meist in erster Linie als Personalfragen behandelt. Immer wieder kam es in der Folge zu Umstrukturierungen, nicht zuletzt, weil sich die Forderungen nach Effizienz einerseits und Kontrolle andererseits nicht selten widersprachen.

In seinem Beschluss über die Kinoversammlung erweiterte das CK-Sekretariat den Kreis der einzuladenden Institutionen gegenüber dem Vorschlag der Agitprop-Abteilung erheblich. Teilnehmen sollten danach neben den Produktionsfirmen auch die verantwortlichen politischen Institutionen. Für die Studios in den nationalen Sowjetrepubliken waren dies das CK der Ukraine, das CK Belorusslands, das CK Georgiens und das CK Azerbajdžans. Außerdem sollten das Moskauer und das Leningrader Parteikomitee, das Parteikomitee des Sibirskij Kraj und die Komitees von Nižnij Novgorod und Ivanovo-Voznesensk eingeladen werden. Die Liste der unionsweiten gesellschaftlichen Organisationen und Institutionen, die die Agitpropabteilung vorgesehen hatte, wurde um das CK VLKSM erweitert.[41]

Die auf höchster politischer Ebene, im CK, als Großereignis mit ehrgeizigen Zielen geplante Konferenz wurde wegen Schwierigkeiten und Verzögerungen bei der Vorbereitung mehrfach verschoben.[42] Im Herbst wurde eine Kommission

unter dem CK-Sekretär N.A. Kubjak (später ersetzt durch S.V. Kosior[43]) eingesetzt, der neben dem SOVKINO-Chef K. Švedčikov auch der Volksbildungskommissar Lunačarskij sowie Nadežda Krupskaja angehörten. Es wurde auch
der Proporz für die Zusammensetzung der Teilnehmerschaft festgesetzt. Danach
sollten die Hälfte der ursprünglich vorgesehenen 200 Besucher der Kino-
Versammlung aus den *zentralen Organisationen* kommen. Neben 58 Einzelpersonen (prominente Regisseure etc.) blieben in der Planung nur 42 Plätze für die
Vertreter der Regionen übrig. Diese Einteilung sorgte für ein gewisses Überge-
wicht der Zentrale. Ausgewählt werden sollten die *aktivsten Mitarbeiter der*
kulturellen Bildung, der politischen Bildung und Agitationsarbeit.[44]
Die Vorbereitung der Versammlung blieb auch weiterhin in den Händen des
CK-Sekretariats, das sich noch mehrfach mit dem Thema beschäftigte. So bemühte sich das CK-Sekretariat vor allem darum, eine „geordnete" und zielge-
richtete Diskussion auf der Versammlung schon im Vorhinein zu organisieren.
Dazu wurden Streitigkeiten, etwa zwischen den Produktionsfirmen und der
ODSK, die vor allem den SOVKINO-Leiter K. Švedčikov hart angegriffen hatte,
durch Weisung von oben „geschlichtet".[45] Die ODSK-Führung wurde per Beschluss neu zusammengesetzt (unter dem Vorsitzenden Mal'cev) und unter die
Kuratel des CK-Mitglieds Ja.È. Rudzutak gestellt, der als Vorsitzender eines
„ODSK-Rates" (*Sovet ODSK*) fungierte. Damit wurde bereits vorab gesichert,
dass auf der Kino-Versammlung keine allzu radikalen linken Thesen vertreten
würden, durch die die ODSK zuvor aufgefallen war. Ein gemäßigter Kurs gegenüber den „konservativen" Kräften zeichnete sich bereits hier ab.

II.1.2. *Das Kino vor dem Gericht der Arbeiter* - Die Kino-Versammlung und ihre Diskussionen

Die Parteiversammlung zu Kino-Fragen wurde vom 15.-21.3.1928 in Moskau
abgehalten. Das Parteiorgan *Pravda* gab schon wenige Tage vorher die Parole
aus, unter der vor allem die Produktionsfirmen einer gründlichen Kritik unterzogen werden sollten: *Das Kino vor dem Gericht der Arbeiter.*[46]
Zum Auftakt der eigentlichen Versammlung druckte die *Pravda* Beschwerde-
briefe von Arbeitern ab. Diese beklagten einen Mangel an guten Filmen für die
Arbeiterklubs, die in der Regel mit mobilen Projektionseinheiten [*kino-*
peredvižki] versorgt wurden. So schreibt ein gewisser *Gen*[osse]. *Mich. Put* aus
Orechovo-Zuevo, einem Industrieort im Moskauer Gebiet:
Bei uns gibt es leider keine gute Auswahl von Filmen. Sie befriedigt nicht die
Nachfrage des Arbeiterpublikums, obwohl die Arbeiter sagen: „Das Kino ist
die beste Unterhaltung für uns." Es werden hauptsächlich ausländische Filme
gespielt, während wir doch mit großem Interesse unsere sowjetischen sehen,
seien sie auch technisch weniger vollkommen.[47]

Trotz der engen inhaltlichen Vorgaben und der Vorauswahl der Teilnehmer handelte es sich bei der Kino-Konferenz nicht um eine reine Show-Veranstaltung. Allerdings waren die 38 Delegierten der Produktionsfirmen selbst (28 mit Stimmrecht, 10 ohne) gegenüber den 68 Parteivertretern (61 mit Stimmrecht, 25 beratend) stark in der Minderheit. Gemeinsam mit den 8 Komsomol-Vertretern (davon 6 mit Stimmrecht) hatten die Parteivertreter die absolute Stimmenmehrheit der insgesamt 128 stimmberechtigten Konferenz-Teilnehmer.[48] Die Partei übernahm demonstrativ die Führung der bislang relativ frei wirtschaftenden Filmindustrie. Wie sie ihre so lautstark beanspruchte neue Führungsrolle inhaltlich im Detail auszugestalten gedachte, war der Parteiführung zu diesem Zeitpunkt noch erkennbar unklar. Die zum Teil kontroversen Diskussionen[49] auf der - immerhin geplanten und wohlvorbereiteten - Versammlung spiegelten eine deutliche Unsicherheit wider. Diese ist auch noch im gekürzten, von der Agitpropabteilung des CK redigierten und vom OB sanktionierten Stenogramm spürbar, das auf Beschluss des OB veröffentlicht wurde[50], um die neue Parteilinie in Kino-Fragen als neuen Leitfaden allen Betroffenen zugänglich zu machen. Diese Veröffentlichung und die damit verbundene Signalwirkung waren offenbar auch der eigentliche Zweck der Veranstaltung, die den Parteientscheidungen einen quasidemokratischen Anstrich geben sollte.

Den Eindruck einer unionsweiten Diskussion aller an der Filmindustrie Beteiligten und Interessierten sollten auch die zahlreichen lokalen Parteiversammlungen, Diskussionen in Arbeiterklubs sowie Versammlungen in den einzelnen Unionsrepubliken verstärken, die der unionsweiten Kino-Versammlung in Moskau vorangingen.[51] Hier wurden auch bereits Meinungen und Streitpunkte vorab geklärt, um so die Diskussion auf der Moskauer Versammlung selbst in geeignete Bahnen lenken zu können.

Der CK-Sekretär S.V. Kosior eröffnete am 15.3.1928 die Kino-Versammlung der Partei. Er erklärte implizit und in der damals parteiüblichen Diktion die Signalwirkung der Veranstaltung zu ihrem eigentlichen Zweck, indem er erklärte, es habe *in den letzten zwei Jahren wohl keine Parteiversammlung* gegeben, *die ein so riesiges Interesse nicht nur der Parteimitglieder, sondern weit über die Grenzen der Partei hinaus* hervorgerufen habe.[52] Kosior drückte so bereits die auch später konsequent durchgehaltenen Haltung der Partei gegenüber Nichtmitgliedern unter den Kinoschaffenden (v.a. Regisseuren) aus: Diese wurden zur Partizipation eingeladen, das Kino sollte erklärtermaßen keine reine Parteiangelegenheit sein.

Kosior wies auch auf den Doppelcharakter der Filmindustrie als bedeutendem Wirtschaftszweig sowie Informations- und Unterhaltungs-Medium hin: *Das Kino ist ein kulturell-kommerzielles Unternehmen, und als solches muss es entwickelt werden.*[53]

Das Postulat, dass Ideologisierung der Filmproduktion und Wirtschaftlichkeit einander nicht widersprechen, erhielt die Parteiführung trotz erheblicher Rückschläge bis Ende der dreißiger Jahre aufrecht.

Kosior wies aber bereits auf das Grundproblem hin: Wirtschaftlichkeit und Ideologie ließen sich in der Filmindustrie nur vereinbaren, wenn man populäre Filme mit ideologischem Gehalt mache. Nur solche Propagandastreifen, die von ausreichend vielen zahlenden Zuschauern gesehen würden, könnten einerseits die finanzielle Basis der Filmproduktion selbst sichern und hätten andererseits das Potenzial zur Beeinflussung von Massen (und nicht nur von ausgewählten Besuchern in Arbeiterklubs). Kosior legte den Finger in die Wunde, indem er auf das Problem hinwies, *dass wir unsere proletarische Ideologie nicht in eine solche Form bringen können, in ein solches Aussehen, dass man sie mit Interesse ansieht,* damit sie nicht nur als *einfache Agitation* empfunden würde, *sondern dass sie auf dem Wege der künstlerischen Verarbeitung wirklich auf die breiten Massen der Bauernschaft der Arbeiter u.s.w. wirkt.*[54]

Der Delegierte Mandel'štam aus dem Moskauer Parteikomitee entgegnete lapidar: *Im übrigen ist es vollkommen möglich, dass ideologisch gehaltvolle Filme nicht weniger rentabel sind.*[55]

Die beiden Hauptforderungen, die die Parteiführung bereits zu Beginn der Veranstaltung aufstellte, waren also Popularität und eine ideologische Ausrichtung auf die Arbeiter und Bauern. Das hieß, man wollte die Massenwirksamkeit der dominierenden Hollywoodstreifen mit ideologisierten Produktionen sowjetischer Machart erreichen.

Das CK-Mitglied A.I. Krinickij sprach im Namen der Parteiführung das Schlusswort. Krinickij forderte noch einmal nachdrücklich, die sowjetische Filmindustrie solle sich um die Befriedigung der *Nachfrage der Arbeiter und Bauern* bemühen, dabei vor allem *den sozialistischen Aufbau* abbilden und den *Druck spießbürgerlicher Geschmäcker* abwerfen[56]. Gefragt war also ein neuer Stil.

Wie dieser neue Stil aussehen sollte, wie die sowjetische Filmindustrie in neue Bahnen zu lenken sei - darüber gab es unterschiedliche Ansichten. Krinickij selbst machte den Vorschlag, dass etwa die Volkskommissariate für Bildung, für Landwirtschaft oder für Gesundheit unmittelbar Filme bei den Produktionsfirmen in Auftrag geben sollten. Dies wäre eine Variante gewesen, die die grundsätzliche marktwirtschaftliche Ausrichtung der Filmwirtschaft beibehalten, und sie nur durch Staatsaufträge ergänzt hätte.[57]

Die meisten Redner wiesen darauf hin, dass auch der geplante Ausbau des Kinonetzes nur auf der Grundlage finanzieller Gewinne möglich sei. In seinem Vortrag über *Das Kino auf dem Dorf* wies Meščerjakov darauf hin, dass die Partei zur Beeinflussung der Bauern auch auf dem Dorfe verstärkt Kinos bauen wolle. Das aber bedeute, dass auch auf dem Dorfe Gewinne gemacht werden müssten.[58] Man müsse also den Bauern Filme vorführen, die diesen auch gefielen. Und das seien - entgegen einem *tiefsitzenden Vorurteil* - keine Filme über landwirtschaftliche Themen.[59] Auch die Bauern wollten unterhalten sein, so das Fazit.

Der hart angegriffene SOVKINO-Chef K. Švedčikov wehrte sich gegen die von der Partei vorgetragene Kritik mit ökonomischen Argumenten. Er ließ den Vorwurf nicht auf sich sitzen, die Produktionsfirmen seien schuld daran, dass es nicht genügend ideologische Filme gebe. Schuld sei der Markt: *Zur Zeit nehmen viele Filmtheater keine Filme mit ideologischem Inhalt, weil sie langweilig sind und wenig Einkünfte bringen. Sie fordern einen Typ Film, der sich „Brotfilm" [„chlebnoj kartinoj"] nennt.*[60]

K. Švedčikov, der nach eigenen Angaben auch für die anderen (kleineren) Produktionsfirmen zu sprach, rechnete den Parteivertretern vor, was ihre wohlklingenden Forderungen kosten würden. Sie hatten nicht nur mehr ideologische Filme angemahnt, sondern auch einen systematischen Ausbau des Kinonetzes im großen Stil - besonders auch auf dem Lande. Švedčikov holte sie mit einigen Zahlen auf den Boden der Realität zurück und wies darauf hin, dass solche Maßnahmen auch bezahlt werden müssten. Es gebe, so Švedčikov, in der Sowjetunion noch 50 *uezd*-Städte, 200 städtische Siedlungen, 2000 größere Siedlungen und 3000 *volosti*[61] ohne Kino. Für die Schließung dieser Lücken im Netz der Filmtheater seien Investitionen von etwa 100 Millionen Rubeln nötig.[62] Švedčikov warnte außerdem vor überzogenen Erwartungen, was die bei Kino-Vorführungen auf dem Lande zu erwartenden Gewinne angehe. In wenigen Jahren könne das Dorfkino zwar vielleicht ein einträglicher Markt werden, so Švedčikov, aber *bisher gab es diesen Markt bei uns nicht.* In einer Einlassung mahnte der Film-Praktiker Švedčikov die Partei-Theoretiker: *Bei uns gibt es oft viele gute Wünsche, nur praktisch wird einem kaum etwas gegeben.*[63]

K. Švedčikov lag vollkommen richtig mit seiner Ansicht, dass die großen Pläne der Parteiführung keineswegs kostenneutral umzusetzen seien, sondern Staatsinvestitionen in großem Umfang erfordern würden. Vor dem Hintergrund der Tatsache, dass noch immer das meiste Material (Rohfilm, Kameras etc.) gegen Devisen aus dem Ausland importiert wurde, wehrte er sich auch gegen die Pläne, den Import „ideologisch schädlicher" aber für die Kinobetreiber profitabler Hollywood-Unterhaltungsfilme einzuschränken: […] *ob es nun angenehm ist oder nicht, ob es wünschenswert ist oder nicht - aber in den nächsten ein bis zwei Jahren werden wir noch gezwungen sein, ausländische Filme einzuführen.*[64]

Švedčikov trat auch der weit verbreiteten Auffassung entgegen, dass man durch den Export großer sowjetischer Filme die notwendigen Devisen beschaffen könne. Selbst mit dem erfolgreichen *Bronenosec „Potemkin"/Panzerkreuzer Potemkin* von Sergej Ėjzenštejn habe man mehr Geld verloren als eingenommen.[65]

K. Švedčikov verwies auf den Erfolg der kommerziellen Ausrichtung vieler sowjetischer Produktionsfirmen. Allein von Oktober 1925 bis Oktober 1927 habe man die Zahl der im Verleih befindlichen Kopien von 3.789 auf 11.574 erhöht. Wenn die Partei mehr Filme wolle, müsse sie auch die Staatsbank dazu anhalten, Kredite für Filmproduktionen frei zu geben, um eine wirtschaftliche Arbeitsweise zu ermöglichen.[66]

Švedčikov stellte bereits während der Diskussionen auf der Kino-Versammlung die entscheidende Leitfrage, die die Filmpolitik der nächsten Jahre bestimmte: *Wir müssen nicht darüber reden, dass wir Filme mit ideologischem Inhalt brauchen, künstlerisch wertvolle und fesselnde Filme - darüber streitet niemand - sondern darüber, wie wir sie machen sollen, darin besteht die Frage. Es müssen praktische Maßnahmen getroffen werden, mit denen man die Filmindustrie unterstützen kann.*[67]

K. Švedčikovs kritische Anmerkungen wurden in den großspurigen Resolutionen der Kino-Versammlung nur unzureichend gewürdigt. So ignorierte die Versammlung seinen Hinweis auf die mangelnde Popularität sowjetischer Filme im Ausland und stellte lapidar fest: *Der Export sowjetischer Filme muss maximal entwickelt werden.*[68]

Auch Švedčikovs Verweis auf die hohen Kosten für einen möglichen Ausbau des Kinonetzes schreckte die Versammlung nicht. Sie setzte sich über seine Warnungen hinweg und ging davon aus, dass der Neubau von Filmtheatern auf dem Lande schon kostenneutral zu bewerkstelligen sein würde. Das ländliche Kinonetz solle, so die Resolution, ausgebaut werden *auf der Grundlage der Kostendeckung plus eines normalen Gewinnes.*[69]

Während die wirtschaftlichen Grundannahmen der meisten Versammlungsteilnehmer insgesamt eher unrealistisch waren, markierten ihre Beschlüsse zur politischen Einflussnahme auf die Filmproduktion den Beginn einer neuen praktischen Politik. So finden sich in den Resolutionen bereits die Forderungen nach einer Einbindung von Gewerkschaften, gesellschaftlichen Organisationen und (Partei-)Presse in den schöpferischen Prozess und die Planung von Filmprojekten. Als möglicher Angriffspunkt für die parteiliche Einflussnahme werden bereits hier die <u>Drehbücher</u> genannt. Diese sollten bereits <u>vor</u> Beginn der Dreharbeiten veröffentlicht und diskutiert werden. Außerdem wurde - nach dem Vorbild der Theater - die Einrichtung „Künstlerischer Räte" (*chudožestvennye sovety*) vorgeschlagen. Diese Organe, deren Hauptaufgabe die Kontrolle der ansonsten unabhängig arbeitenden Regisseure war, wurden bald bei allen Studios eingerichtet.

II.1.3. Die Ergebnisse der Kino-Versammlung

Die auf dem Feld der Kulturpolitik aktive und durchaus maßgebliche Lenin-Witwe Nadežda Krupskaja (sie war immerhin CK-Mitglied und später stellvertretende Bildungskommissarin der RSFSR) wies mit dem bereits klassischen Lenin-Zitat auf die Bedeutung der Kino-Versammlung hin: *Das lebendige Abbild ist [...] überzeugender als logische Beweise. Deshalb sagte Il'ič* [Lenin] *auch, dass das Kino die wichtigste der Künste ist.* [70]
Diese Erkenntnis hatte die Partei bei der Einberufung der Versammlung geleitet. Das Hauptergebnis der Versammlung war ihre öffentliche Signalwirkung: Die Partei hatte nun laut und unmissverständlich ihren Anspruch auf politische Führung in allen Fragen der Filmindustrie angemeldet. Im Folgenden sollen die konkreten Beschlüsse der Versammlung im Einzelnen näher untersucht werden.

Die meisten auf der Versammlung angesprochenen Themen fanden - soweit sie nicht in den oben zitierten Einzelbeschlüssen bereits zum Ausdruck gebracht worden waren - den Weg in die umfassende Abschlussresolution unter dem Titel

Die Bilanz des Ausbaus der Filmindustrie in der UdSSR und die Aufgaben der sowjetischen Kinematografie[71].

Die geforderte Umorientierung der Filmindustrie wurde dort zunächst eingeordnet in den allgemeinen Zusammenhang der „Kulturrevolution". Zu deren besonderen Aufgaben gehörten - so die Resolution - vor allem auch die Integration der Bauernschaft, sowie die Überwindung der Dominanz „kleinbürgerlicher" Strömungen in der Kultur.[72]

Die Versammlung brachte in ihrer Resolution enthusiastische Erwartungen an die Möglichkeiten der Kunst insgesamt und des Kinos im Besonderen zum Ausdruck: *Die Kunst in den Händen des Proletariats besitzt sehr reiche Mittel, um die Gefühle, Stimmungen und Gedanken der Massen in Besitz zu nehmen, um den zurückgebliebensten Schichten der Werktätigen, besonders auf dem Dorf, die Perspektiven und Aufgaben des sozialistischen Aufbaus verständlich zu machen, um sehr überzeugend die entstehenden und sich entwickelnden sozialistischen Elemente in den gesellschaftlichen Beziehungen, in der Lebensweise, in der Psyche der menschlichen Persönlichkeit zu zeigen, um ein sehr scharfes Mittel des Proletariats im Kampf gegen feindliche, sich widersetzende Kräfte des Alten zu sein.*[73]

Die Versammlung bewegte sich auf dem Boden der sowjetmarxistischen Interpretation, indem sie feststellte: *Das Kino kann, wie jede Kunst, nicht apolitisch sein.*

Anders als exklusivere bzw. weniger wirkmächtige Kunstformen habe das Kino aber - neben der rein ideologischen Funktion - ein sehr viel größeres Potential, erzieherisch auf die Massen einzuwirken und auch deren Freizeitgestaltung organisier- und damit kontrollierbar zu machen. Die Versammlung sah *das Kino* [...] *als Mittel der breiten Bildungsarbeit und der kommunistischen Propaganda, der Organisation und Erziehung der Massen in Bezug auf die Aufgaben der Partei, als Mittel der Organisation und künstlerischen Erziehung sowie der gezielten Gestaltung von Freizeit und Unterhaltung [celesoobraznogo otdycha i razvlečenija].*

Die Versammlung erkannte auch eine weitere Besonderheit des Films gegenüber anderen, technisch weniger aufwendigen, Kunstformen an. *Die Kinematografie* sei nicht nur *ein wichtiger politischer und kultureller Faktor,* sondern eben auch *eine Industrie* und *ein System kommerzieller Unternehmen .*[74]

Die Versammlung nahm auch zur Kenntnis, dass sich *Widersprüche* ergäben *zwischen den Forderungen nach ideologischem Gehalt und künstlerischem Wert der Filme und der Forderung nach einem kommerziellen Vorteil des Kinos* (gemeint ist ein zu erwirtschaftender Gewinn des jeweiligen Filmtheaters).

Die zukünftige Kino-Politik der Partei habe deshalb dreierlei Aufgaben: 1) die Ausarbeitung einer *Ideologie des Kinos*; 2) die Klärung der Frage der *Kader*; die Ausarbeitung *organisatorisch-wirtschaftlicher* Fragen.

Zum ersten Bereich ,der Frage des ideologischen Gehalts von Filmen, stellte die Versammlung eine ausführliche, allerdings wenig systematische und überdies einigermaßen abstrakte Liste von Forderungen auf. Sowjetische Filme sollten Folgendes zeigen: [...] *die neuen sozialistische Elemente in der Wirtschaft, in den gesellschaftlichen Beziehungen, in der Lebensweise und in der Persönlichkeit des Menschen; den Kampf gegen die Überbleibsel der alten Ordnung;* Überdies sollte das Kino folgenden Zielen dienen: *Aufklärung der Massen, ihre Erziehung und Organisation in Bezug auf die kulturellen, ökonomischen und politischen Aufgaben des Proletariats und seiner Partei [...]; Klassen bezogene Beleuchtung historischer Ereignisse und gesellschaftlicher Phänomene;* Vom Kino erwarteten sich die Versammlungsteilnehmer außerdem Unterstützung bei der Integration der höchst unterschiedlichen sozialen und nationalen Bevölkerungsgruppen der Sowjetunion. So solle das Kino die *Bauern an die Arbeiter annähern.* Es solle die *Beziehungen zwischen den Nationalitäten der Union* fördern. Unter diesem Gesichtspunkt sei auch die *Stärkung und Entwicklung der nationalen Film-Produktionsstätten* in den jeweiligen nationalen Sowjetrepubliken notwendig. In diesem Zusammenhang beklagte die Versammlung, dass Filme über Themen der nationalen Minderheiten noch vollkommen fehlten. Obwohl doch gerade der Film ein großes Potential zur *Entwicklung der kulturell zurückgebliebenen Minderheiten* habe. Außerdem sei das Kino in der Lage, folgende gesellschaftliche Ziele zu fördern: [...] *die Verbreitung von Allgemeinwissen und die internationalistische Erziehung der Massen, die Überwindung nationalistischer Vorurteile und provinzieller Begrenztheit und die Heranfüh-*

rung der Massen an alle Errungenschaften der sowjetischen Kultur und der Weltkultur.
Das Kino wurde auch als Möglichkeit gesehen, einerseits Unterhaltung zu bieten und andererseits diese Unterhaltung politisch nutzbar zu machen. Das Kino, so die Resolution, habe folgende Aufgabe: [...] *die Organisation der Freizeit und der Unterhaltung, dergestalt, dass auch das „unterhaltende" Material des Kinos die Gedanken und Gefühle des Zuschauers in die dem Proletariat nötige Richtung organisiert.*
Die Versammlung ging offenbar davon aus, dass das Genre der bisherigen „revolutionären" Filme (etwa Ėjzenštejns und Dovženkos) die Forderung nach Ideologisierung und Popularität nicht erfüllte. Auch von den älteren Regisseuren des vorrevolutionären Kinos (wie etwa Jakov Protazanov), die Erfahrung in der Herstellung kommerziell orientierter, populärer Filme hatten, erwarteten die Versammlungsteilnehmer offenbar nicht die von ihnen gewünschten Filme. Die Versammlung forderte deshalb *neue Genres.* Sie beklagte das Fehlen von Kinderfilmen und Wochenschauen (Wochenschauen), von *Humor und Satire,* von antireligiösen Filmen und von Filmen für die Dorfbevölkerung. Es gebe auch einen Bedarf an Filmen zur Bildung und Aufklärung, etwa für den Einsatz an Schulen, darunter auch an Trickfilmen und Wochenschauen.
Um diese neuen Film-Genres zu entwickeln, müsse man *junge schöpferische Kräfte aus proletarischen Kreisen und aus Kreisen der revolutionären Intelligenz* heranziehen. Außerdem benötigten die Regisseure mehr *politische, inhaltliche Führung.* Für die Abfassung der Drehbücher der „neuen" Filme sollten revolutionäre Schriftsteller gewonnen werden. Damit könne, so die Überzeugung der Versammlungsteilnehmer, auch zur Überwindung der andauernden „Drehbuchkrise" (gemeint ist der ständige Mangel an guten Drehbüchern) beigetragen werden. Die Versammlung stellte also die Forderung nach neuen, „sowjetischen", künstlerischen Formen auf und geißelte die Dominanz ausländischer Filme, die unter dem *Druck, (...) das finanzstarke Publikum* zu bedienen, einem „kleinbürgerlichen Geschmack" Vorschub leisteten. Sie enthielt sich aber explizit jeglicher konkreter Bestimmungen, wie der neue „proletarische" Film auszusehen habe: *In den Fragen der künstlerischen Form kann die Partei keinerlei besondere Unterstützung der einen oder anderen Strömung, Richtung oder Gruppierung leisten. Sie lässt den Wettbewerb zwischen den verschiedenen formal-künstlerischen Richtungen und die Möglichkeit zum Experiment zu [...].*
Maßgeblich in Fragen der künstlerischen Form sei nur das *grundlegende Kriterium [...], dass das Kino eine „Form, die den Millionen verständlich ist",* haben solle. Die einzig konkrete Äußerung war die Feststellung der Versammlung, es müsse der *Kampf gegen Erscheinungen von ungesundem Slapstick, Rowdytum und Pornographie* im Kino verstärkt werden. Diese Kritik bezog sich vor allem

auf die ungeheuer populären (und damit für die Kinos und Verleihfirmen profitablen) Komödien und Melodramen, die vor allem aus Hollywood kamen. Die Versammlung betonte außerdem die wichtige Rolle der Filmmusik. Sie sah hier eine entscheidende Entwicklung richtig voraus, obwohl zu diesem Zeitpunkt (1928) die Sowjetunion noch weit von der Produktion von Tonfilmen entfernt war, die im Westen bereits zum Standard zu werden begann.[75] Bezeichnend für eine gewisse Konzept- und Hilflosigkeit bei der klaren Bestimmung von Formen und Inhalten des so vehement geforderten neuen sowjetischen Films war die Forderung nach „theoretisch-wissenschaftlicher Bearbeitung" des Films.

Eine stärkere politische Kontrolle der Filmproduktion wollte die Versammlung durch die *Verbindung des Kinos mit der Öffentlichkeit* erreichen. Dazu seien etwa öffentlich ausgeschriebene Drehbuch-Wettbewerbe geeignet, vor allem aber die frühzeitige Veröffentlichung von Filmprojekten und ganzen Drehbüchern, die dann in der (Partei-)Presse, in Arbeiterklubs, Gewerkschaftszirkeln, ODSK-Gruppen und bei politischen Veranstaltungen auf dem Dorfe diskutiert würden.

Von wenig Sachkenntnis geprägt sind die Beschlüsse der Parteiversammlung zur wirtschaftlichen und organisatorischen Struktur der Filmindustrie. Die Versammlung stellte vor allem großspurige Postulate auf, ohne sich darum zu kümmern, wie die hochgesteckten Ziele konkret zu erreichen seien.

Die Versammlung forderte ganz allgemein, die sowjetische Filmindustrie solle sich aus ihrer *Abhängigkeit vom ausländischen Markt* und ihrer *schweren finanziellen Lage* befreien. Die Erzielung neuer Gewinne stellte sich die Versammlung offenbar sehr einfach vor: *Die Entwicklung des Kinos […] die Erreichung einer maximalen Rentabilität des Kinos und die Erfüllung der Aufgabe, den Wodka durch das Kino zu verdrängen, stößt auf Schwierigkeiten in der Begrenztheit des Marktes, der von der Kinoproduktion zur Zeit erfasst wird.* Nötig sei deshalb eine bloße *Erweiterung des Kinomarktes, vor allem durch Gewinnung der Arbeiter- und Bauernmassen auf dem Wege des Baus von Filmtheatern in Arbeitervierteln und der Entwicklung des Filmverleihs an Klubs* gemeinsam mit einer Ausdehnung der beweglichen und stationären Projektoren für den Einsatz auf dem Dorf. Gleichzeitig müssten, so die Versammlung, die Zahl der im Verleih befindlichen Kopien erhöht und die Kosten gesenkt werden. Dadurch werde man höhere Gewinne erzielen.

Die Versammlung ging hier sehr leichtfertig davon aus, dass die von ihr politisch gewünschte Umorientierung der Filmindustrie und des Verleihs - weg vom zahlungskräftigen, „bourgeoisen", städtischen Publikum und hin zu Arbeitern und Bauern - gleichzeitig auch für mehr Profit sorgen würde. So konstatierten die Delegierten, es sei ein Fehler, nur jenes Filmtheater-Netz zu fördern, *das den zahlungskräftigen Zuschauer erfasst,* und *die Peripherie, besonders das*

Dorf, zu unterschätzen. Die wichtigste Aufgabe sei deshalb die *Kinofizierung* [*kinofikacija*] *der UdSSR.* Die Versammlung nahm allerdings auch zur Kenntnis, dass diese „Kinofizierung" (die Erschließung von Gebieten ohne Filmtheater durch forcierten Neubau) zunächst ungeheure Summen kosten würde. Ganz im Sinne der bisherigen NĖP-Politik wollte man sich hier marktwirtschaftliche Elemente zunutze machen. Erwünscht sei die *Initiative vor Ort. Da aus dem Staatsbudget keine bedeutenden Mittel für den Bau von Kinos zugeteilt werden können,* sollte die *Investition lokaler, ja sogar privater Geldmittel* forciert werden. Dazu sollten *Unternehmen auf Anteilsbasis, Kooperativen und andere Firmen* gegründet werden. Als Blütentraum ist wohl die Vorstellung zu charakterisieren, man könne so den (in der Resolution zitierten) Beschluss der 15. Parteiversammlung erfüllen, der da lautete: *Es ist mit der schrittweisen Zurückdrängung des Wodkas zu beginnen, indem anstelle des Wodka*[verkauf]*s Einnahmequellen wie Radio und Kino eingeführt werden.*[76]

Die Versammlung machte sich nicht wirklich die Mühe, die Rahmenbedingungen für eine profitable Entwicklung der Filmindustrie im Detail zu durchdenken. Sie stellte vielmehr ein Postulat auf: Es solle der *unrichtige Gegensatz zwischen „Kommerz" und „Ideologie"* für die sowjetische Filmindustrie beendet werden: *Das sowjetische Kino kann und muss ein rentables Unternehmen sein.*

Die nicht zu übersehende Tatsache, dass die sowjetische Filmindustrie von dieser harmonischen Vereinigung von Ideologie und Kommerz noch weit entfernt war, wurde kurzerhand mit Übergangsschwierigkeiten erklärt: […] *das Kino in der UdSSR bildet alle Besonderheiten der Übergangsperiode und die Schwierigkeiten bei der Umgestaltung der Menschen und ihrer Geschmäcker, sowie im Kampf für den neuen Menschen und gegen den alten, ab.*

Die Ausarbeitung der ökonomischen Grundlagen einer Umstrukturierung der Filmindustrie wurde gleichsam an die zuständigen Stellen überwiesen. Die Versammlung beschloss, es solle ein Fünfjahresplan für die Kinoindustrie ausgearbeitet werden. Dieser sollte detaillierte Planziffern für die Entwicklung des Kinonetzes sowie für den Ausbau der Industrie im engeren Sinne (Rohfilm-Fabriken, Produktions-Studios etc) vorsehen. Als einzige Rahmenvorgabe für die Planung wurde die *Beschränkung des Imports von Filmen* gefordert. Außerdem sollte der *Export*[77] *maximal entwickelt werden,* wobei auf die Unterstützung durch *ausländische Arbeiter-Kinoorganisationen* zu rechnen sei[78]. Auch Koproduktionen mit diesen Organisationen wurden angeregt. Die Versammlung stellte fest, *die Losung der Unabhängigkeit der UdSSR* gelte *auch im Bereich des Kino.* Die sowjetische Filmindustrie solle *sich vom ausländischen Markt emanzipieren* und selber für die *Produktion von* [Roh-] *Film, Apparatur und chemischen Präparaten* sorgen.[79]

Zusammenfassend lässt sich sagen, dass in den maßgeblichen Einlassungen und Beschlüssen auf der *Parteiversammlung zu Fragen des Kinos* im März 1928 bereits die wichtigsten Charakteristika der Kinopolitik der folgenden 10 Jahre erkennbar sind: 1. Eine vollkommen falsche Einschätzung der ökonomischen Realitäten in der Filmindustrie durch die Parteiführung: überhöhte Gewinnerwartungen und Unterschätzung der Kosten. 2. Die Absicht, das Kino als Vehikel ideologischer Einflussnahme zu nutzen und zu diesem Zweck die Produktion und Kontrolle ideologisierter Filme auszuweiten und das Kinonetz systematisch und in großem Stil auszubauen. 3. Das Fehlen einer klaren inhaltlichen Konzeption, wie der politisch gewünschte, „neue" sowjetische Film auszusehen habe. Die sehr allgemeinen und stets wiederholten Forderungen waren Popularität und (wie auch immer zu gestaltende) Ideologisierung.

II.2. Erste Schritte zum Umbau der Filmindustrie

Schon während der ersten Parteiversammlung zu Kinofragen hatte die Lenin-Witwe Nadežda Krupskaja in einem programmatischen Artikel in der *Pravda* festgestellt: *Die Effektivität der Versammlung wird davon abhängen, wie realistisch die praktischen Vorschläge durchdacht und ausgearbeitet werden [...].*[80]

Tatsächlich begannen im Anschluss an die Kinokonferenz gleich mehrere sowjetische Institutionen mit der Ausarbeitung konkreter Vorschläge zur Umstrukturierung der Filmindustrie. Zu nennen sind insbesondere die Tätigkeit der staatlichen Planungsbehörde GOSPLAN, verschiedener Abteilungen und Institutionen des CK und des SNK, der Republik-Regierungen, sowie Maßnahmen auf der Ebene untergeordneter Parteiorganisationen und die Arbeit der Produktionsfirmen selbst.

II.2.1 Der erste Fünfjahresplan der sowjetischen Filmindustrie

Die planerische Umsetzung des „Kinofizierungs"-Beschlusses der Kinoversammlung nahm sich vergleichsweise bescheiden aus. Anstelle einer umfassenden Versorgung der gesamten Sowjetunion und insbesondere der ländlichen Gebiete sahen die Planer der GOSPLAN für die Dauer des ersten Fünfjahresplans (bis 1933) unionsweit nur den Neubau von insgesamt 42 Kinos vor. Davon entfielen allein 20 vorgesehene Filmtheater-Neubauten auf Moskau und weitere 15 auf Leningrad. Von den verbleibenden geplanten sieben „Provinzkinos" waren drei in größeren Städten des europäischen Russlands geplant (ein Filmtheater in Pskov und zwei in Voronež). Eine wirkliche Erfassung weiter Teile der nationalen Minderheiten und der Landbevölkerung versprachen der geplante Bau von lediglich einem Kino in der Autonomen Sozialistischen Sowjetrepublik Dagestan, sowie von drei neuen Filmtheatern in der Kirgizischen ASSR wohl nicht.[81] Tatsächlich verließen sich die Planer auf Unionsebene weitgehend auf die Initiative untergeordneter Instanzen, besonders der Republik-Regierungen, die jeweils für die „Kinofizierung" zuständig waren. Die Regierung der RSFSR plante zum Beispiel den Bau von 50 städtischen Kinos mit je 500 Plätzen, weiteren 300 städtischen Kinos mit je 300 Plätzen, sowie von 2000 Kinos für größere Siedlungen mit jeweils 250 Plätzen und die Bereitstellung von weiteren 3000 beweglichen Projektionseinheiten (*peredvižki*) für die Dörfer. Dafür waren insgesamt über 105 Millionen Rubel vorgesehen.[82] Diese Planung entsprach ungefähr den Kosten-Schätzungen, die der SOVKINO-Chef K. Švedčikov auf der Kino-Konferenz vorgetragen hatte.

Die Zurückhaltung der Zentrale beim Neubau von Kinos schreckte die Planer nicht davon ab, bei ihren „Kontrollziffern" davon auszugehen, dass die zuständigen Republikorgane während des ersten Fünfjahresplans 42.016 bewegliche Projektoren und 9.372 stationäre Projektionsanlagen kaufen bzw. errichten würden.[83]

Die Teilnehmer der Kinokonferenz hatten sich, insbesondere angesichts des hohen Anteils von Analphabeten unter den Bauern, gerade auf dem Land eine besonders intensive Propagandawirkung durch den Einsatz von Kinofilmen erhofft. Deshalb hatte die Versammlung wiederholt und deutlich die Forderung aufgestellt, gerade den bäuerlichen Massen durch Kino-Neubauten auf dem Land Zugang zu Filmen zu verschaffen. Diese Forderung nach einem Ausbau des dörflichen Kinonetzes wurde in der Planung jedoch ausdrücklich konterkariert. Das Ziel, Alkoholismus und Rowdytum durch den Bau von Kinos einzudämmen (auch das hatte die Kino-Versammlung gefordert), hatte für die Planer Priorität. Die Kontrolle der potentiell unruhigen, weil in starker sozialer Bewegung befindlichen, städtischen Bevölkerung war offenbar dringlicher als die Agitierung der Bauern. So berichteten die Planer in einem Bericht *über die Zuteilung von Mitteln für den Bau von Kinos*:

Nach Erkenntnissen der Gesellschaft für den Kampf mit dem Alkoholismus blüht die Trunksucht am stärksten in Arbeitervierteln und in Arbeitersiedlungen bei großen Fabrik-Unternehmen. Die Gesellschaft für den Kampf mit dem Alkoholismus zählt, völlig zu Recht, das Kino zu den wirksamsten Mitteln, die in der Lage sind, die Arbeiter von der schädlichen Begeisterung für den Wodka abzubringen.

Deshalb, so der Bericht weiter, habe die Regierung der RSFSR im Zusammenhang mit ihrem Gesetz über die Kinofizierung *die Direktive gegeben, aus den Fonds der Kinofizierung in erster Linie den Bau von Kinos an Orten mit überwiegender Arbeiterbevölkerung zu finanzieren.*[84]

Es gab also seitens der Regierung der RSFSR (immerhin der größten Sowjetrepublik) ein ernst zu nehmendes Engagement beim Neubau von Kinos – auch wenn die Regierung der RSFSR eindeutig die Städte gegenüber dem Land bevorzugte. Die Zeitung *Kino* stellte Anfang 1932 in einem Leitartikel fest: *Die Geographie der Verteilung des Kino-Netzes [...] entspricht nicht der neuen Geografie der Sowjetunion. Der Prozentsatz von Kinos in der Stadt ist höher als auf dem Dorf, und in der Stadt sind sie* [die Filmtheater] *in der Regel im Zentrum konzentriert.*[85]

Die kleineren Sowjetrepubliken, die von der Zentrale beim Neubau von Kinos weitgehend allein gelassen wurden, taten sich viel schwerer. So berichtete der Zentralverband der Rabis[86] in der ASSR Azerbajdžan im Sommer 1930 über die Bauvorhaben in der azerbajdžanischen Sowjetrepublik. Der Verband beklagte ein *Fehlen ausreichender Mittel für den Neubau* von Kinos bei gleichzeitigem *Mangel an vorhandenen Filmtheatern.* Die Behörden hätten daher sehr kreative und unorthodoxe Pläne, um der azerbajdžanischen Bevölkerung dennoch Zugang zu Kinofilmen zu verschaffen: [Die azerbajdžanische Verwaltung] *richtet im während des Sommers unbenutzten Zirkusgebäude ein Kino ein und benutzt den Hof der Kriegsschule als Sommer-Kino. Sie eröffnet ein Sommerkino in der Siedlung Bachmaljary im Gandžinsk-Kreis ein und baut eine stationäre Projektionsanlage in der Kolchose des Karabach-Kreises.*

Auch hier war also die zentrale städtische Siedlung am besten versorgt. Der Bericht sprach von sechs Kinos in Baku, die *allerdings nicht zeitgemäßen Standards* entsprächen und überdies *bei weitem nicht ausreichend* seien.[87] Trotz der eindeutigen Unterversorgung schloss sich aber auch die azerbajdžanische Verwaltung einem Trend jener Jahre an, indem sie anstelle des Baus vieler kleiner Kinos für 1931/32 den Bau eines einzigen *erstklassigen* Vorzeige-Kinos mit 1.500 Plätzen in Baku selbst projektierte.[88]

Die GOSPLAN, die selbst nur geringe Mittel für den Kinobau aus Unionskassen zur Verfügung stellen konnte, plante dennoch gemeinsam mit den wichtigsten Produktionsfirmen (SOVKINO, BELGOSKINO, VOSTOKKINO), der Rabis sowie dem Gewerkschaftsverband, wie die flächendeckende Kinofizierung während des ersten Fünfjahresplans vor sich zu gehen habe. So setzte die Kinokommission der GOSPLAN unter ihrem Vorsitzenden Gol'dman Anfang 1930 fest, dass *jede Siedlung, die mehr als tausend Einwohner zählt, mit einer stationären Projektionsanlage versorgt wird.*

Die Kommission sah außerdem vor, dass die Kinofizierung auf dem Lande weitgehend der bereits geschaffenen Infrastruktur zur Agitation der Bevölkerung folgen solle: *In erster Linie unterliegen der Kinofizierung mit stationären Projektionsanlagen alle Kulturhäuser [doma kul'tury], Kolchoz-Klubs, die Zentren von Kollektivisierungs-Rajons, Maschinen-Traktor-Stationen und große Siedlungen von Sovchozen und Kolchozen.*[89]

Bei der Bestimmung der Zielsetzungen des ersten Fünfjahresplans spielte auch das Volkskommissariat der Arbeiter- und Bauernkontrolle (NK RKI) der

RSFSR eine Rolle. Das Kollegium des Kommissariats beschloss Anfang 1930, dass in Zukunft insgesamt mehr Filme zu produzieren seien, die zudem auch noch in der Herstellung billiger sein sollten. Gleichzeitig seien aber auch mehr politische Planung und Führung notwendig.[90] Diese Zielsetzungen und die damit verbundenen Vorstellungen und Erwartungen geben ziemlich genau die Denkweise der meisten Parteikader in Bezug auf die Filmindustrie wieder, von der auch die ökonomisch gebildeten Mitarbeiter der Planungsbehörde GOSPLAN keineswegs frei waren. Bezeichnend sind hier die Vorstellungen über eine mögliche Erhöhung der Arbeitsproduktivität bei der Filmproduktion. So waren 1929 durchschnittlich 214 Arbeitstage für die Produktion eines Films nötig. Zugrunde gelegt wurde dabei die Herstellung eines eher kurzen Streifens von 1800m Länge. Nach den Planungen sollte 1933 ein solcher Film in nur 112 Tagen fertig sein, also fast doppelt so schnell. Während ein Produktionsteam[91] 1929 durchschnittlich 1,23 Filme fertig stellte, sollte ein Team zum Ende des Fünfjahresplans (also 1933) im Schnitt 2,4 Filme pro Jahr produzieren.[92]

Ein wunder Punkt der sowjetischen Filmindustrie war ihre Abhängigkeit vom Import von Rohfilm, Apparatur und Chemikalien.[93] Diesen Umstand hatte auch die Kino-Versammlung beklagt. Die zuständige Abteilung bei der GOSPLAN sah allein für 1929/30 einen Import-Bedarf von 3.770.000m Negativ-Rohfilm und 59.900.000m Positiv-Rohfilm. Die Planer stellten allerdings fest, dass das Handelsministerium für den Rohfilm-Import nur 5 Millionen Rubel zugeteilt habe. Das seien angesichts des errechneten Bedarfs allein 1,32 Millionen Rubel zu wenig. Diese Summe wiesen die Planer als zu erwartendes „Defizit" aus.[94] Noch 1934 stellte der oberste Funktionär der sowjetischen Filmindustrie, Boris Šumjackij, in einem geheimen Brief an den SNK-Vorsitzenden Molotov kategorisch fest: *Die wichtigste Beschränkung jeder Film-Arbeit ist der Rohfilm.*[95]

In allen Bereichen stießen die Planer bei der Umsetzung der umfassenden politischen Vorgaben an enge - meist finanzielle - Grenzen. Die Planer der GOSPLAN sahen sich überfordert: Der stellvertretende GOSPLAN-Vorsitzende Kržižanovskij schrieb an das Kino-Komitee beim Rat der Volkskommissare der UdSSR: *Wir können die Ausführung von Aufgaben des Kino-Komitees nicht auf uns nehmen.*[96]

II.2.2. Die Maßnahmen des CK

Neben der Ausweitung der sowjetischen Filmproduktion und dem Ausbau des Kinonetzes hatte die Kino-Versammlung vor allem eine stärkere politische Kontrolle der Filmindustrie sowie die verstärkte Produktion von ideologisierten Filmen gefordert. Während die Planung und Durchführung der wirtschaftlich-organisatorischen Forderungen den Planungsbehörden, sowie den Republikregierungen und örtlichen Verwaltungen oblag, war die politische Kontrolle ein

Thema, das die sowjetische Führungsspitze beschäftigte. Politische Kontrolle wurde nach dem Verständnis der Sowjetführung und insbesondere Stalins selbst in erster Linie über die Personalpolitik ausgeübt. So war es das Sekretariat des CK, das unmittelbar dem Generalsekretär Stalin unterstand, das im Januar 1929 die entscheidende Resolution *über die Führungskader der Beschäftigten in der Filmindustrie* (redigiert vom CK-Mitglied A.P. Smirnov) verabschiedete. Darin hieß es:

Das Kino ist eines der wichtigsten Mittel der Kulturrevolution und soll einen bedeutenden Platz in der Arbeit der Partei einnehmen als sehr wirkmächtiges Mittel der Massenagitation und Propaganda, der kommunistischen Aufklärung und der Organisation der breiten Massen in Bezug auf die Losungen und Aufgaben der Partei, sowie als Mittel der kultivierten Freizeitgestaltung und Unterhaltung der Massen.

Die Parteiführung unterstrich hier die bereits von der Parteiversammlung geforderte Doppelfunktion des Kinos als Propaganda- und Unterhaltungsmittel. Für sich nahm die Parteiführung die ideologische Kontrolle im engeren Sinne in Anspruch. So hieß es in der Resolution weiter: *Aufgabe der Partei ist es, die Aufsicht über die Arbeit der Produktionsfirmen zu intensivieren […], für ideologische Inhalte der Kinoproduktionen zu sorgen, […] entschlossen gegen Versuche zu kämpfen, das sowjetische Kino der Ideologie nicht proletarischer Schichten anzupassen.*

Das CK[97] zeigte sich in dieser Hinsicht sehr unzufrieden mit dem in den neun Monaten seit der Kino-Versammlung Erreichten. So stellte das CK fest, dass *trotz des Beschlusses der Kino-Versammlung die Produktionsfirmen noch nicht genug Hilfe in ihrer Arbeit bekommen.*

Mit *Hilfe in ihrer Arbeit* war in der zeitüblichen Diktion politische Kontrolle gemeint. Konkret bemängelte die Parteiführung in ihrer Resolution, dass immer noch keine „proletarischen" Schriftsteller und Arbeiterkorrespondenten als Drehbuchschreiber mit den Produktionsunternehmen kooperierten. Es gebe überdies auch noch nicht die geforderte öffentliche Diskussion und Kino-Kritik in der Presse, und auch eine systematische Ausbildung von Filmschaffenden sei immer noch nicht gesichert. In diesem Zusammenhang forderte das CK erneut die untergeordneten Partei-, Gewerkschafts- und Komsomol-Organisationen auf, sich stärker in die Filmproduktion einzumischen, um damit eine *Atmosphäre kollegialer Hilfe* zu schaffen. Alle diese Organisationen sollten auch eigene Kader für die Filmindustrie heranbilden. Die SOVKINO und andere Produktionsfirmen sollten nach den Vorstellungen des CK gemeinsam mit den Gewerkschaftsorganisationen *Arbeitskonferenzen und Versammlungen* abhalten.

Auch auf diesem Gebiet ist also die Tendenz der Zentrale zu erkennen, die Umsetzung eigener politischer Forderungen auf untergeordnete Organe abzuwälzen.

Besonders die Personalstruktur der Filmindustrie wollte die Parteiführung in ihrem Sinne ändern, diese Programmatik war ja bereits im Titel der Resolution angedeutet. So beschloss das CK (in diesem Falle das CK-Sekretariat), neben der Heranziehung proletarischer Schriftsteller als Drehbuchautoren[98], die Einrichtung von Drehbuch-Workshops bei den Produktionsfirmen. Die Agitpropabteilung sollte monatliche Berichte über die Drehbucharbeit liefern. Die Aufgabe der Heranbildung neuen Personals und die Überprüfung des systematischen Personalaustauschs oblag jedoch den Regierungen der einzelnen Sowjetrepubliken. So sollten die jeweiligen Volkskommissariate für Bildung dafür sorgen, dass an den Film-Ausbildungsstätten (*Kinotechnikumy*) *zu 75% die Gruppe der Arbeiter und Bauern* vertreten sei. Außerdem sollten sich die Produktionsfirmen gemeinsam mit den Rabis-Organisationen um die Gewinnung neuer (junger, proletarischer) Regisseure und Assistenten kümmern. Als besonders dringlich empfand das CK die Werbung von Regisseuren und Drehbuchautoren für Kultur-, Dorf- und Kinderfilme. Die Volkskommissariate (NK RKI) für die Arbeiter- und Bauerinspektion der UdSSR und der Unionsrepubliken sollten außerdem Überprüfungen des Personals der Produktionsfirmen und der ODSK durchführen. Die Bewerkstelligung dieser Maßnahmen legte das CK in die Hände der jeweiligen Unions-CKs.[99] Einige - wichtigere - Personalentscheidungen behielt sich die Parteizentrale aber auch selbst vor. So bestimmte das CK(-Sekretariat) in der Folgezeit selbst über die Führung der Produktionsgesellschaft MEŽRABPOM-FIL'M[100], über die Leitung des Foto-Chemikalien-Trusts[101]und über die Leitung des Theater- und Kino-Verlags TEA-KINO-PEČAT'[102].

II.2.3. Zensur

Viele Aufgaben, die die Umsetzung der Beschlüsse zur Umstrukturierung der Filmindustrie betrafen, wurden in die Hände untergeordneter Behörden gelegt. Grundsatzfragen der Zensur behandelte die sowjetische Führungsspitze jedoch selbst.

Zur Frage der Zensur traf das CK-Sekretariat in derselben Sitzung, in der auch die für die Öffentlichkeit bestimmte Resolution *über die Führungskader der Beschäftigten in der Filmindustrie* verabschiedet wurde, eine Reihe von nicht veröffentlichen Beschlüssen. So wurde vor allem die Rolle des Glavrepertkom (GRK) neu bestimmt, das bisher - ebenso wie für das Theater - allein die Rolle der obersten Zensurbehörde innehatte. Das CK beschloss: *Das Glavrepertkom bei der Glaviskusstvo übernimmt allein die politische Kontrolle der Libretti und*

Drehbücher und gibt Filme für den Verleih frei. Die künstlerisch-ideologische Führung liegt bei den Studios, die von der Kinoabteilung der Glaviskusstvo beaufsichtigt werden.

Das bisher relativ eindeutig geregelte Zensurverfahren wurde durch diese Maßnahme erheblich verkompliziert. Bisher hatten die Studios einen fertigen Film beim GRK genehmigen lassen müssen. Dieses erteilte die Erlaubnis zum Verleih, bzw. äußerte Änderungswünsche. Nun sollte die Zensur in die Studios selbst hineingetragen werden. Konflikte der verschiedenen Zensurebenen, die damit eingeführt wurden, waren vorprogrammiert. Denn die Zensur „vor Ort", in den Studios, sollte keineswegs von den dort bereits tätigen Mitarbeitern ausgeübt werden. Für diese Funktion wurden eigene Instanzen geschaffen: *Zur Sicherung einer engeren Abstimmung der Arbeit der Glaviskusstvo und der Studios sind in den Bestand der Führungskollegien der Spielfilmstudios verantwortliche Vertreter der Glaviskusstvo einzuführen.* [103]

In den Studios wurden in der Folgezeit (wie zuvor bereits bei den Theatern) „Künstlerische Räte" (*chudožestvennye sovety/chudsovety*) eingesetzt, denen neben Regisseuren und Studiomitarbeitern auch die politischen Kontrolleure angehörten. Diese Räte traten zusammen, um Filmprojekte, Drehbücher und bereits gedrehte Szenen zu diskutieren und gegebenenfalls in den laufenden Prozess einer Filmproduktion korrigierend einzugreifen. Diese Maßnahme führte zu einer Komplizierung der Abläufe und zu zahlreichen Konflikten. Ihre Absicht war jedoch, ein verbreitetes Problem zu lösen: Da die Zensur bisher erst bei den fertigen Filmen einsetzte, war das Verbot eines Film aus ideologischen Gründen regelmäßig eine mittlere ökonomische Katastrophe: Im Unterschied zu Kompositionen, Literatur oder selbst Theaterproduktionen waren Filme so ungeheuer teuer (besonders angesichts der Abhängigkeit von den für die Sowjetunion extrem teueren Materialimporten), dass ein Verbot wohlüberlegt sein wollte: Jeder verbotene Film war auch ein ungeheurer materieller Verlust, und die so verschwendeten Mittel hätten, so das gängige Argument, ja für einen anderen Film verwendet werden können. Der Zugriff der Zensur auf die Ebene der Produktion war also durchaus wohlbegründet: Man hoffte so, Filme, die ideologisch „falsch" zu werden drohten, bereits während der Produktion zu korrigieren, um so die „Verschwendung" von Geldern rechtzeitig zu verhindern. Der für Filme zuständige GRK-Funktionär P. Bljachin etwa beklagte, dass seine Behörde im Jahre 1931 allein 16% der gesamten Filmproduktion habe verbieten müssen, was Verluste von 3 Millionen Rubeln bedeutet habe. [104]

Die Hoffnung, durch ein klareres und rigideres Zensursystem die Zahl fertiggestellter und <u>anschließend</u> verbotener Filme zu reduzieren, erwies sich in der Folge als trügerisch. Da es keine allgemeingültigen Maßstäbe gab, wie ein Film zu sein hatte, und welche Filme aus welchen Gründen zu verbieten waren, blieben die Zensoren der verschiedenen Ebenen auf ihr eigenes Urteil angewiesen. Dieses konnte im Einzelfall erheblich vom Urteil anderer Zensoren auf übergeordneten Ebenen abweichen, zumal die Kompetenz der mit der Durchsicht von Drehbüchern und Filmen betrauten Mitarbeiter nicht immer groß war. Das OB wies die Agitpropabteilung beim CK im Sommer 1933 eigens an, *ein Aktiv aus Rezensenten für Drehbücher und Kinofilme zusammenzustellen, das aus kommunistischen Schriftstellern, hochqualifizierten Propagandisten und Parteiarbeitern, aber auch aus kommunistischen Arbeitern bestehen*[105] sollte. Hinter dieser Maßnahme verbarg sich die - eher naive - Hoffnung, dass eine entsprechende Personalauswahl den Mangel an inhaltlichen Vorgaben für die Zensur ausgleichen möge. Gleichzeitig neigten alle Zensoren dazu, möglichst wenig Verantwortung zu übernehmen, und schoben die schwierigeren Entscheidungen gerne an andere ab, um im Falle eines Fehlers nicht verantwortlich gemacht zu werden. Tatsächlich nahm die Zahl der verbotenen Filme in der Folge nicht ab, was ja das eigentliche Ziel der Maßnahmen gewesen war: Während 1929 nur 5 Spielfilme verboten wurden, kam es 1930 (als das neue System zu greifen begann) zu 12 Verboten, 1931 wurden 19 Filme verboten und 1932 immerhin noch 9. Die Zahl der Verbote nahm erst 1933, infolge der Gründung der GUKF wieder merklich ab.[106]

Die Parteiführung gab nicht nur keine klaren inhaltlichen Vorgaben für die Bewertungskriterien der Zensoren. Sie mischte sich überdies immer wieder selbst in die Zensurprozesse ein, was die Abläufe zusätzlich verlangsamte und verkomplizierte. Die GUKF musste später jährliche „Themenpläne" vorlegen, die im CK (in der Regel beim OB) ausführlich diskutiert wurden. 1933 setzte das OB eine spezielle 13-köpfige Kommission ein, die eine Präsentation der Themenplanung im OB vorbereitete. Das OB behielt sich gleichzeitig in einem ausdrücklichen Beschluss die endgültige Genehmigung selbst vor: *Es ist festzulegen, dass nicht ein einziges Thema ohne vorherige Sanktion des CK für die Bearbeitung zugelassen wird und dass nicht ein einziger Film ohne Prüfung durch diese Kommission zugelassen wird.*[107]

Abgesehen davon war der mit den Zensurverfahren verbundene Verwaltungsaufwand ohnehin enorm. Die zur Freigabe für den Verleih eines Films notwendige Erlaubnis des GRK enthielt eine ausführliche Liste aller Einstellungen, Schnittfolgen sowie gegebenenfalls von Zwischen- und Untertiteln (um nachträgliches Umschneiden etc. eines Films auszuschließen). Dem GRK mussten überdies, neben Spielfilmen, sämtliche technischen Lehr-, Kurz-, Schul- und Dokumentarfilme bzw. Wochenschauen vorgelegt werden. Das GRK war mit dieser aufwendigen Arbeit ständig überfordert, was zu dauernden Verzögerungen bei den Filmstarts und damit zu Umsatzeinbußen für die Produktionsgesellschaften führte.[108]

II.2.4. Das erste Kino-Komitee

Das CK hatte sich bereits bei seinen obengenannten Entscheidungen vor allem vom stellvertretenden Leiter der Agitpropabteilung P.M. Keržencev, von A.I. Krinickij und dem SOVKINO-Chef K. Švedčikov beraten lassen. Zwei Wochen, nachdem das CK-Sekretariat die Resolution *über die Führungskader der Beschäftigten in der Filmindustrie* verabschiedet hatte, setzte es nun eine permanente Kommission ein, die im folgenden als *Kino-Komitee beim Rat der Volkskommissare* fungierte[109]. Die Zusammensetzung dieses Organs lässt bereits den großen Ehrgeiz ahnen, mit dem der Umbau der Filmindustrie begonnen werden sollte. Den Vorsitz hatte Ja.È. Rudzutak inne, als CK-Sekretär Mitglied der obersten Führungsriege, der 1934 auch als Vollmitglied ins Politbüro aufstieg. Neben K. Švedčikov und Krinickij gehörten dem personell enorm aufgeblähten Komitee außerdem noch 39 weitere Mitglieder an. Darunter waren auch die Regisseure S.M. Èjzenštejn und V.I. Pudovkin (beide parteilos) sowie die Leiter der Produktionsfirma MEŽRABPOM-FIL'M, der ukrainischen Kinoorganisation VUFKU, der weißrussischen Produktionsorganisation BELGOSKINO, sowie des Armeestudios GOSVOENKINO. Auch der Bildungskommissar A.I. Lunačarskij war Mitglied des Komitees, er tat sich jedoch in der Folgezeit durch keinerlei bedeutende Initiativen in der Filmpolitik hervor. Auch die Führung der Rabis, des Gewerkschaftsverbandes, der ODSK, der ARK, der VOAPP und des Komsomol waren vertreten, ebenso wie der Volkswirtschaftsrat und das Handelskommissariat sowie der Foto-Chemikalien-Trust. Die Zusammensetzung des Komitees spiegelt die Vielschichtigkeit der geplanten Umstrukturierung der Filmindustrie wider, die Filminhalte ebenso betreffen sollte, wie Wirtschaftsfragen. Der Ehrgeiz, ein spezifisch „sowjetisches" Arbeiterkino aufzubauen, das „kultivierte" Massenunterhaltung mit Massenpropaganda und Erziehung verbinden sollte, zeigt sich an der Auswahl der übrigen Komitee-Mitglieder: Neben einem Vertreter der Gesellschaft für den Kampf mit dem Alkoholismus waren allein sieben Agitatoren, Propagandisten und Arbeiterklub-Leiter sowie einfache Arbeiter aus verschiedenen Fabriken vertreten.[110]

VLADIMIR MICHAJLOV weist aber zurecht auf den rein konsultativen Charakter des Kino-Komitees hin, das weder mit eigenen Geldmitteln noch mit wirklichen Befugnissen ausgestattet war. Immerhin arbeitete es aber die Vorschläge für den ersten substantiellen Zentralisierungsschritt in der Filmindustrie aus, den Plan für die Gründung der SOJUZKINO.[111]

II.2.5. Die Gründung der SOJUZKINO

Im Frühjahr 1930 berieten das CK-Sekretariat sowie das OB mehrfach über die Gründung einer unionsweiten, zentralen Kino-Organisation (*kino-ob-edinenie*).

[112] Die CK-Organe fällten ihre Beschlüsse auf der Grundlage von Vorlagen und Vorträgen aus dem Kino-Komitee und besonders von Ja.È. Rudzutak und dem in Kino-Fragen sehr aktiven Aleksej Ivanovič Steckij, der im selben Jahr die Leitung der Agitprop-Abteilung beim CK übernahm. Offiziell wurde die Gründung der SOJUZKINO bereits Mitte Februar verkündet, als Verordnung des SNK SSSR *Über die Bildung einer allsowjetischen Organisation der Kino-Foto-Industrie*, die dem Volkswirtschaftsrat (VSNCh) zugeordnet wurde. Die Bezeichnung und die institutionelle Zuordnung ließen bereits erkennen, dass die Hauptaufgaben der neuen Institution wirtschaftlicher Natur waren: Die SOJUZKINO sollte sich um den Ausbau der Kinoindustrie kümmern, insbesondere um die Entwicklung der inländischen Produktionskapazitäten für Rohfilm, Chemikalien und Apparate. Allerdings sahen die Beschlüsse der Parteiführung zu diesem Thema auch eine zentrale Steuerung des Verleihs, eine Zentralisierung der Budgets, sowie eine zentrale Planung vor, was die bisherige Unabhängigkeit der Studios durch komplette Abhängigkeit ersetzt hätte.[113] Bei der Besetzung der Position des Leiters der neuen Behörde wurde der erfahrene, erfolgreiche und engagierte SOVKINO-Chef K. Švedčikov übergangen. Die Leitung der SOJUZKINO wurde zunächst dem noch relativ jungen - und in Fragen der Filmindustrie unerfahrenen - N.M. Rjutin übertragen, der seine Leitungsfunktion „weise" (MICHAJLOV[114]) ausübte und den Studios eine gewisse Unabhängigkeit ließ. Eine so massive Umwälzung in so kurzer Zeit hätte, wäre sie wirklich konsequent umgesetzt worden, wohl auch zunächst zum Stillstand der Produktion geführt (wie dies 1938 geschah, als eine radikale Zentralisierung in kürzester Zeit konsequent durchgeführt wurde). Rjutin wurde bereits nach einem halben Jahr abgesetzt. Er war im Zusammenhang mit seinen oppositionellen Aktivitäten gegen Stalin, die in der berühmt gewordenen „Rjutin-Plattform" gipfelten, in Schwierigkeiten geraten und letztlich verhaftet worden.[115]
Auf den Posten des Leiters der neugeschaffenen zentralen Kinobehörde wurde nun der 46-jährige Sibirier Boris Zacharovič Šumjackij berufen, der sich seine Partei-Sporen unter anderem als Vorsitzender des Sibirischen Parteikomitees und als Gesandter in Persien verdient hatte. Šumjackij war ein zuverlässiger Partei-Funktionär, aber ohne jede Kenntnis der Filmindustrie. Sein Biograph beschreibt sehr bildhaft (allerdings ohne Quellenangabe), wie Šumjackij seine Versetzung in der Agitprop-Abteilung des CK mitgeteilt bekam: „*Es besteht der Vorschlag*", sagte man ihm dort, „*Ihnen die Leitung der sowjetischen Kinematografie zu übertragen.*" „*Werde ich damit fertig werden?*" zweifelte Boris Zacharovič. „*Ich habe mich schließlich niemals mit dieser Angelegenheit befasst.*" „*Wir glauben, dass Sie das schon schaffen. Sie haben eine revolutionäre Schulung, große Erfahrung in Partei- und Staatstätigkeit. Und was die Spezifik*

*des Kinos angeht, die können Sie sich ohne Weiteres in kurzer Zeit aneig-
nen.* "[116]

Diese Szene verdeutlicht sehr bildhaft die neue Personalpolitik in der Filmindustrie, bei der politische Zuverlässigkeit gegenüber fachlicher Kompetenz Vor-
rang hatte.

Trotz (oder gerade wegen) seiner fehlenden Erfahrung stürzte sich der neue
Leiter der Filmindustrie mit großer Energie in die Arbeit. Immerhin stand ihm
der in Kino-Fragen sehr erfahrene ehemalige SOVKINO-Chef K. Švedčikov als
einer seiner Stellvertreter zur Seite.

II.2.6. Die „Säuberung" der ARRK und die Auseinandersetzung mit dem „Formalismus"

Im Rahmen der allgemeinen „Kulturrevolution" wurden insbesondere die unterschiedlichen Künstler-Verbände einer radikalen Säuberung und Umorganisation unterworfen. Es wurden insgesamt besonders die radikal-"linken" Tendenzen zurückgeschnitten, die eine rein „proletarische" und ausschließlich „parteiliche" Kunst forderten und parteilose Künstler isolieren wollten. Die Zentrale wollte hier einen gemäßigteren Weg im Umgang mit den parteilosen „Mitläufern" („*poputčiki*") durchsetzen und gleichzeitig eine zentrale politische Kontrolle der Künstler erreichen - in der Regel durch die Schaffung zentraler Verbände, etwa des Schriftstellerverbandes. In diesem Zusammenhang wurde im April 1932 die RAPP aufgelöst, die als radikal-"linke" Schriftstellervereinigung selbst zuvor erfolgreich die zahlreichen unabhängigen Schriftstellergruppierungen bekämpft hatte. Unter dem starken Einfluss der RAPP, und ihres militanten Vorsitzenden L.L. Averbach stand auch die Organisation der Mitarbeiter der Filmindustrie, die ARRK. Sie geriet in den Sog der Konflikte um die RAPP, entging jedoch der Auflösung durch ausführliche „Selbstkritik". Schon 1930 gab es eine erste ARRK-Versammlung, die radikale Maßnahmen zur Gleichschaltung beschloss. So hieß es in einer programmatischen Stellungnahme der ARRK-Leitung: *Die sowjetische Kinematografie [...] muss ihre Reihen schnell umbauen mit dem Ziel der unmittelbaren Verwirklichung der Parteidirektiven.*

Die Versammlung bestätigte diese Linie in ihrer Resolution. Letztlich liefen alle geplanten Maßnahmen auf eine personelle *Säuberung* der eigenen Organisation heraus. So meldete die Versammlung, man habe *die Organisation nicht nur von schädlichen Elementen und Ballast befreit, sondern überhaupt die Persönlichkeit jedes einzelnen Mitglieds überprüft.* Es wurde allerdings auch eine unvermeidliche Folge dieser Maßnahme beklagt, nämlich ein massiver Mitgliederschwund, der durch Neuaufnahmen auszugleichen sei.

Die Versammlung beschloss, auch weiterhin *das Feuer auf den Formalismus* zu richten und den *Kampf mit vereinfachenden Strömungen* zu führen.[117] Diese vagen inhaltlichen Leitlinien wurden auch in der Folge nur unvollständig konkretisiert, insbesondere auf einer Versammlung mit Rechenschaftsbericht und Vorstands-Neuwahlen (*otčetno-vybornaja konferencija*) im Februar 1932. Dort wurden die Losungen ausgegeben, dass auf künstlerischem Gebiet der *Formalismus zurückgeschlagen werden* müsse, dass die ARRK *nicht mit dem Gesicht zur Produktion* gerichtet sei und dass man aus der *ARRK eine echte ideell-schöpferische, erzieherische Organisation* machen müsse. In der Resolution der Konferenz wurden erstmals systematisch linksradikale „formalistische" Tendenzen verurteilt[118]: *In den sowjetischen Filmproduktions-Organisationen hatten*

wir die direkte Einwirkung der Ideologie des Trotzkismus sowohl auf einzelne schöpferische als auch auf theoretische Kräfte.
Namentlich als „Formalisten" angeprangert wurden unter anderem der Theoretiker und Drehbuchautor Viktor Šklovskij und der Regisseur und Montage-Pionier Lev Kulešov. Als Vorreiter „formalistischer" Tendenzen wurde besonders scharf Andreevskij angegriffen, der mit seinem Buch über die Prinzipen des Tonfilms eine *feindliche Theorie* begründet habe.
Scharf verurteilt wurde auch der von Dziga Vertov begründete Stil („*Dokumentalismus*") eines Kinos, das sich ganz auf die Montage von Dokumentar-Aufnahmen (besonders aus der Industrie) konzentrierte, die Kamera als eine Art Auge des „Neuen Menschen" (*kino-glaz*) betrachtete und Spielszenen ablehnte. Vertov selbst und (unter anderen) Ėsfir Šub wurden *vulgärer Materialismus und Mechanizismus* vorgeworfen, die auf *kleinbürgerlichem Empirizismus* basierten und insbesondere den *Primat der Ideologie über die Form des Kunstwerkes* ignorierten.
Allgemein beschied die Versammlung, dass Schluss sein müsse mit dem *Bestreben, die effektvollsten Seiten der Wirklichkeit zu zeigen.* Stattdessen gehe es um eine *vertiefte Darstellung der Bewegung der sozialen und klassenmäßigen Kräfte.* Ausdrücklich verurteilt wurden unter anderen die Filme *Oktjabr'/Oktober* (Ėjzenštejn), *Veselaja kanarejka/Der fröhliche Kanarienvogel* (Kulešov) und *Simfonija Donbassa/Donbass-Sinfonie* (Vertov; späterer Verleihtitel: *Ėntuziazm/Enthusiasmus*).
Hinter den wolkigen Formulierungen der Resolution und der zunächst etwas willkürlich anmutenden Auswahl kritisierter Filme verbirgt sich die ideologische Linie für die Bestimmung der künstlerischen Stile, die in der Folge erlaubt, bzw. verboten sein sollten: Das keineswegs einheitlich gebrauchte Schlagwort „Formalismus" bezog sich auf all jene Filme, deren hoher künstlerischer Anspruch bzw. experimenteller Charakter die Allgemeinverständlichkeit eines Films für die „breiten Massen" gefährdete. Zu hohe künstlerische Ambitionen wurden unter diesem Schlagwort verurteilt. Regisseure, die sich (wie Ėjzenštejn mit seiner in der Tat nicht immer zuschauerfreundlichen Montagetechnik[119]) des „Formalismus" schuldig machten, bekamen in der Folgezeit keine Aufträge mehr für neue Filme. Es sei denn, sie erklärten sich bereit, leicht verständliche Filme mit volkstümlichen Helden, einfachen Fabeln und simplen Schnittfolgen zu drehen.
Der zweite Vorwurf, der des „Dokumentalismus", wandte sich gegen zu starken Realismus in der Abbildung der sowjetischen Realität. In den dreißiger Jahren wurden immer wieder Filme verboten, weil sie zu „naturalistisch" die Alltags-Wirklichkeit der Sowjetunion abbildeten, anstatt - im Sinne des später festgeschriebenen „Sozialistischen Realismus" - die Wirklichkeit zu zeigen, wie sie

sein sollte. Beide Begriffe („Formalismus" und „Dokumentalimus"-"Naturalismus") dienten aber in der Folgezeit nur als beliebig einsetzbare Wortschablonen für Angriffe auf einzelne Filme und Regisseure. Sie stellten keine klare Handlungsanleitung für die Regisseure dar, die nach wie vor nur ungefähr wussten, was sie nicht tun durften, weil es ideologisch „schädlich" sei. Wie ein guter, ideologisch und künstlerisch „korrekter" Film aussah, war damit immer noch nicht entschieden. Dabei blieb es auch bis zur enthusiastischen Aufnahme von *Čapaev* im Jahre 1934.

II.2.7. Die nationalen Kino-Organisationen

Nicht nur auf nationaler Ebene und bei den wichtigsten Studios in Moskau und Leningrad wurde das Personal auf politische Zuverlässigkeit hin überprüft und gegebenenfalls ausgetauscht, sowie eine stärkere politische Kontrolle der Regisseure angemahnt. Die Zentrale bemühte sich auch erstmals um einen Zugriff auf die nationalen Film-Organisationen in den einzelnen Unionsrepubliken, die nun weitgehend ihre Selbständigkeit verloren. Einige nationale Studios, darunter die deutsche NEMKINO, die TATKINO und die ČUVAŠKINO wurden ganz aufgelöst, mehrere vorher selbständige Studios der VOSTOKKINO zugeordnet[120]. Die Leitung der SOJUZKINO entsandte im Sommer 1931 eigens Untersuchungskommissionen nach Georgien, Armenien und Azerbajdžan, um die dortigen Film-Organisationen (GOSKINPROM GRUZII, ARMENKINO, AZERKINO) zu überprüfen.

Die Georgien-Kommission meldete der Moskauer Zentrale, dass die GOSKINPROM GRUZII in desolatem Zustand sei: *Die Leitung der Goskinprom führt ihre künstlerisch-schöpferischen Angestellten sehr schwach.* Die Kommission forderte insbesondere einen jährlichen Themen-Plan ein, der die Kontrolle der in Georgien produzierten Filme durch die Zentrale wesentlich erleichterte. Eine *politische Anleitung* für Drehbuchautoren und Aufnahmegruppen (einschließlich ihrer Leiter, der Regisseure) gebe es praktisch nicht, die Einrichtung von Künstlerischen Räten (*chudsovety*) sei dringend erforderlich. Nötig sei weiterhin die *Organisation von Zirkeln und Seminaren zum Studium des dialektischen Materialismus.*

Man müsse in Georgien überdies *die Situation der politischen Aufklärungsarbeit um die Filme herum verstärken* und *systematisch Dispute über die interessantesten sowjetischen Filme organisieren.* Die systematische Nutzbarmachung des Films für die Propaganda bezog sich ausdrücklich nicht nur auf die Produktion ideologisch „gehaltvoller" Filme. Der Ausbau des Kinonetzes und der verstärkte Einsatz von mobilen Projektoren gehörten ebenso dazu, machten sie doch einen Einsatz von Filmen als Propagandamittel bei den „Massen" überhaupt erst möglich. Ein wichtiger Punkt in der Kritik der Kommission war denn auch das mangelnde Engagement der GOSKINPROM GRUZII bei *den Fragen der Kinofikacija und Verbreitung von Filmen.*[121]

Die von der SOJUZKINO nach Armenien geschickte Kommission kam zu ähnlichen Ergebnissen für die ARMENKINO: Neben einer ungenügenden politischen Kontrolle bemängelten die Kontrolleure aus Moskau hier auch die mangelnde künstlerische Qualität der Filme. Es sollten Abendkurse für zukünftige Drehbuchautoren abgehalten werden, um die Qualitätsstandards zu heben, so der Vorschlag der Kommission. Man dürfe überdies auf keinen Fall weiterhin die Produktion von Filmen *ohne endgültige Bestätigung der Drehbücher und Kostenvoranschläge* erlauben. Auch hier vermischte sich also der Wille der Zentrale zu politischer Kontrolle der Peripherie mit ökonomischen Interessen. Ein konkreter Vorschlag der Kommission war, den erfolgreichen armenischen Regisseur Amo Bek-Nazarov zurück nach Armenien zu schicken. Bek-Nazarov hatte Armenien längst verlassen und sich inzwischen erfolgreich beim Studio der VOSTOKKINO in Jalta etabliert, wo er gerade *Čelovek s ordenom/Der Mann mit dem Orden* drehte, der 1932 in die Kinos kam. Bek-Nazarov kehrte danach aber tatsächlich, wie von der Kommission vorgeschlagen, nach Erevan zurück, wo die Produktionsbedingungen (und damit die Aussichten für einen ambitionierten Regisseur, unionsweit erfolgreiche Filme zu machen) erheblich schlechter waren. Dennoch gelangen ihm in den Folgejahren mit seinen für die ARMENKINO gedrehten Streifen *Pėpo/Pepo* (1935) und *Sangesur* (1938) zwei unionsweite Erfolge. Beide Filme hatten eine spezifisch armenische, revolutions-historische bzw. sozialkritische Thematik. Das armenische Kino der nächsten Jahre wurde wesentlich von der erneuten Tätigkeit Bek-Nazarovs in Armenien geprägt.[122]

Noch detaillierter waren die Vorschläge, die eine nach Azerbajdžan entsandte Kommission der SOJUZKINO machte. So sollte, nach den Vorstellungen der Moskauer Kontrolleure, die AZERKINO sofort ein *Künstlerisches Büro* einrichten, dass systematisch die Drehbücher kontrollieren sollte. Außerdem müssten, so die Kommission weiter, die lokalen Parteiorganisationen sofort *drei verantwortliche Kommunisten* in die Studios entsenden, zwecks *Verstärkung der künstlerisch-politischen Leitung.*

Auch hier mussten die Mitarbeiter der Moskauer Zentrale allerdings feststellen, dass die Produktion ideologisierter Filme allein den Massenerfolg filmischer Propaganda keineswegs sicherte. Auch in Azerbajdžan war der Mangel an Polit-Filmen nicht das einzige Problem. Die Propagandawirkung von Filmen hing auch davon ab, dass der Vorführer in der Lage war, den häufig illiteraten Zuschauern die (in aller Regel stummen) Filme entsprechend zu erklären. Die Kommission empfahl daher,

der Sojuzkino-Abteilung für die Verbreitung von Filmen den Vorschlag zu unterbreiten, einen politischen Aufklärungs-Arbeiter [politprosvet-rabotnik] oder einen Methoden-Arbeiter [metod-rabotnik] für mindestens einen Monat in die Azerkino zu entsenden, als Inspiration und Hilfe vor Ort.
Egal ob Unterhaltung oder Propaganda - auch in Azerbajdžan kamen die meisten Bürger ohnedies gar nicht erst in den Genuss von Filmen. Auch hier rächte sich die Politik der Zentrale, die darin bestand, selbst kaum Kinos zu bauen, aber von den lokalen Behörden einen Ausbau des Kinonetzes in großem Stil zu erwarten, wofür es weder eine materielle noch eine organisatorische Grundlage gab. So kam die Kommission zu dem Ergebnis, dass die von der Zentrale für die AZERKINO im zweiten Quartal 1931 erwarteten Einnahmen in Höhe von 590.000 Rubeln aus den azerbajdžanischen Kinos völlig unrealistisch seien. Die Kinofizierung komme deshalb auch nicht voran, weil es schlicht an Mitteln fehle. Darüber hinaus sei aber auch die Materialversorgung vollkommen ungenügend. So sei für 1931 der Neubau von 165 stationären Projektionsanlagen in Azerbajdžan geplant gewesen. Da aber insgesamt nur 22 Projektoren mit Zubehör geliefert worden seien, *ergab sich eine völlige Vereitelung des Plans der Kinofizierung für das Jahr 1931.* Für die immerhin zwei geplanten azerbajdžanischen Tonfilmtheater sei überhaupt keine Ausrüstung geliefert worden. Die Kommission konnte hier lediglich die Hoffnung der AZERKINO weitergeben, dass demnächst doch noch wenigstens ein Tonfilmkino gebaut werden könne.[123]
Insgesamt kam die eigenständige Filmproduktion in den einzelnen nichtrussischen Sowjetrepubliken nur langsam in Gang. Das hing natürlich auch mit den politischen Entscheidungen in Moskau zusammen, wo zu Beginn der dreißiger Jahre einige Verwirrung darüber herrschte, ob und inwieweit die jeweiligen Sowjetrepubliken eine eigene Filmverwaltung und -infrastruktur unterhalten und unabhängig verwalten sollten. GRIGORIJ ZEL'DOVIČ kam rückschauend jedenfalls zu dem Schluss, dass es für die Kinematografie der nichtrussischen Republiken erst 1936 den eigentlichen „Durchbruch" gegeben habe, als in der belorussischen Sowjetrepublik und in Azerbajdžan immerhin jeweils vier abendfüllende Spielfilme entstanden, in Turkmenistan einer, in Georgien drei und in der ukrainischen Sowjetrepublik immerhin ganze sieben.[124]

II.2.8. Erste Versuche mit mäßigem Erfolg - Ergebnisse der sowjetischen Kinopolitik vor 1933

Das neue System mit einer zentralen Steuerung der Filmindustrie durch die SOJUZKINO, die ihrerseits unter direkter Kontrolle der obersten Parteispitze stand, sah eine unmittelbare politische Kontrolle aller Filmproduktionen vor, die schon vor Beginn der Dreharbeiten einsetzte. Außerdem sollte die Zentrale das Personal aller Studios überprüfen und gegebenenfalls auswechseln. Eine zentrale Planung, Budgetierung und Steuerung des Verleihs sollten die hierarchische Steuerbarkeit der Filmindustrie perfekt machen.

In der Praxis scheiterten die meisten dieser Vorgaben an Personalmangel, Überbürokratisierung, Geld- und Materialmangel - oder anders ausgedrückt: Die Zentrale, in Gestalt der Überbehörde SOJUZKINO, war schlichtweg überfordert mit der Umsetzung der hochfliegenden Pläne der Parteiführung. Im schlechtesten Fall führte dies zum Stillstand oder zur Verschleppung teurer Filmprojekte, deren Bearbeitung irgendwo in der Hierarchie stecken blieb. Sehr häufig nutzten die Studios und einzelne Regisseure aber die Überforderung der Zentrale aus, und setzten einzelne Projekte einfach ungefragt um, an den zuständigen Stellen vorbei. Die große Vielfalt und zum Teil hohe künstlerische Qualität der Filme dieser Jahre (1929-1933) zeugen davon.

Indirekt trug die Parteiführung dieser Situation Rechnung, als sie den nächsten Schritt im dauernden Umbau der Filmindustrie vorbereitete, die Gründung der GUKF.

II.3. Die Gründung der GUKF

II.3.1. Die Kino-Kommission beim OB des CK

Die Parteiführung sah bald ein, dass die zu starke Zentralisierung sich lähmend auf die Filmproduktion auswirkte. Alle Projekte, auch die der entlegeneren Studios, etwa in den kaukasischen Republiken, liefen über die Schreibtische der Moskauer SOJUZKINO-Bürokraten. Die daraus resultierende Lähmung war doppelt unerwünscht: Einerseits wurde die ständig wachsende Nachfrage des Publikums nach neuen Filmen und besonders der Wunsch der Parteiorgane nach ideologisierten Filmen noch weniger befriedigt als vorher. Andererseits bedrohte der Mangel an neuen Filmen auch die finanzielle Grundlage und damit den Ausbau der Filmindustrie, die auf Einnahmen aus dem Verleih angewiesen war. Die politische Kontrolle, die auf mehrere Ebenen verteilt war, funktionierte auch nicht wie gewünscht und trug mehr zur Erstarrung der Produktion insgesamt bei als zur Stimulation der Produktion von Propagandafilmen.

1932 begannen intensive Diskussionen beim OB des CK über neue Wege für die Organisation der Filmindustrie. Die Hauptwortführer dieser Diskussion waren der Bildungskommissar der RSFSR, A.S. Bubnov, und der Leiter der Agitprop-Abteilung beim CK, A.I. Steckij.

Um endlich die gewünschten Erfolge bei der Produktion von massenwirksamen und populären Propagandafilmen zu erreichen, setzte das OB zunächst eine Kommission ein, die sich höchstselbst um die Betreuung ausgewählter Projekte kümmern sollte. Dieser *Kommission des OB zur Prüfung von Themen und Projekten für Kino-Filme* saßen abwechselnd Bubnov und Steckij vor.[125] Die Kommission begutachtete verschiedene Filme, die zum Teil auch im OB selbst diskutiert wurden. So machte die Kommission auf der Grundlage einer Diskussion im OB konkrete Vorschläge, wie der noch in der Produktion befindliche Streifen *Vstrečnyj/Der Gegenplan* von Fridrich Ėrmler und Sergej Jutkevič zu verändern sei: *Der Film soll ein deutliches Abbild des angespannten und heldenhaften Kampfes der führenden Arbeiter um die Beherrschung der neuen Technik und der gleichzeitigen Umgestaltung der Teilnehmer dieses Prozesses in bewusste und aktive Erbauer der sozialistischen Gesellschaft liefern. Der Film soll im Prozess des Kampfes um den „Gegenplan" die alten Arbeiterkader zeigen, die Komsomol-Jugend, ihre Rolle in der Produktion, den Widerstand und die Schädlingstätigkeit [vreditel'stvo] des reaktionären Teils der alten Spezialisten, den Heroismus und die Hartnäckigkeit der proletarischen technischen Intelligenz sowie die aufrichtige Teilnahme von Vertretern der vorrevolutionären Spezialisten am sozialistischen Aufbau.*[126]

Das OB bestätigte auch selbst Jutkevič und Ėrmler[127] als Regisseure, die Drehbuchautoren Leo Arnštam und D. Dėl' (Pseudonym für Leonid Ljubaševskij), sowie Dmitrij Šostakovič als Komponisten der Filmmusik. In einer sehr detaillierten Diskussion, in der sich besonders das CKK-Mitglied M. Škirjatov und das CK-Mitglied S. Lobov hervortaten, kritisierte die Kommission besonders eine geplante Szene mit einem Kamel, in der die „alten" Arbeiter lächerlich gemacht werden sollten. Diese ältere Generation von „Helden der Arbeit" sollte nach Ansicht des OB nicht der Verunglimpfung preisgegeben werden. In der fertigen Filmfassung spielten die alten Arbeiter, nach einigen Anlaufschwierigkeiten, tatsächlich eine positive Rolle an der Seite der Komsomol-Aktivisten.

Die Kino-Kommission wehrte sich außerdem gegen allzu plakative Elemente von *Agitprop-Film-Methoden"* („*agitprop-fil'movščina"*).[128]

Die Parteiführung schlug hier also einen neuen Weg ein. Da die politische Durchdringung der Filmindustrie auf dem Wege der Auswechslung des Personals und der Einrichtung von Kontrollinstanzen auf allen Ebenen nicht den gewünschten Effekt hatte, nämlich die vermehrte Produktion von künstlerisch ansprechenden, technisch professionell gemachten und unterhaltsamen Propagandafilmen in großem Umfang, kümmerte sie sich selbst um ausgewählte Prestigeprojekte. Der Film *Der Gegenplan* sollte die Kampagne zum ersten Fünfjahresplan unterstützen. Von den sowjetischen Arbeitern (darunter viele ehemalige Bauern, die vor der Kollektivierung geflohen waren) wurde hohe Arbeitsdisziplin, Bereitschaft zur Weiterbildung, Motivation und politische Zuverlässigkeit verlangt. Gleichzeitig begannen erste politische Kampagnen gegen die „alten" Spezialisten, die ihre (höhere) Bildung noch unter dem letzten Zaren erhalten hatten, verbunden mit einer verstärkten Ausbildung „proletarischer" Spezialisten (insbesondere Ingenieure und Facharbeiter), vor allem an den „Arbeiterfakultäten" (*„rabfak"*).

Die sehr konkreten Vorgaben des OB für den Film *Der Gegenplan* wurden von den beauftragten Regisseuren gewissenhaft umgesetzt: Im Mittelpunkt des Films steht ein alter Arbeiter, der sich einige schlechte Gewohnheiten aus vorrevolutionärer Zeit (so die Darstellung) bewahrt hat, besonders seinen Alkoholismus. Im Rahmen des „Gegenplans" (ein vom Werk aufgestellter Plan, der die Vorgaben des Fünfjahresplans noch übertreffen soll) wird sein Ehrgeiz geweckt. Dazu tragen vor allem der Enthusiasmus des jungen Ingenieurs und die geschickte Menschenführung des (ebenfalls jungen) Parteikommissars bei. Der alte Arbeiter überwindet seinen Alkoholismus. Ein junger „proletarischer" Arbeiter, der sich bei einem „alten Spezialisten" mit deutlich vorrevolutionären Allüren (er singt zur Klavierbegleitung seiner Mutter, kleidet sich elegant und verachtet die kommunistischen Arbeiter) zum Ingenieur ausbilden lässt, entdeckt einen Fehler, den sein eigener Lehrer absichtlich (als Sabotageakt) eingeplant hatte. Gemeinsam mit einem kooperationswilligen „alten Spezialisten" (der dem anderen, dem Sowjetstaat und seinen Repräsentanten feindlich gesonnenen Ingenieur alter Schule gegenübergestellt wird) bauen sie einen neuen Generator, der auch von einem englischen Beobachter bewundert wird. Damit wird auch die stalinsche Losung vom „Einholen und Überholen" des Westens im Film eindringlich in Szene gesetzt.

Es finden sich also in diesem Film genau die Figuren und Konstellationen wieder, die das OB in seinem Beschluss gewünscht hatte. Eine solch konkrete und detailgenaue Planung von Filmen markierte eine neue Qualität in der Filmpolitik der sowjetischen Führung.

Die Regisseure sorgten durch eine gekonnte Schauspielerführung, eindrucksvolle Charaktere und eine Dreiecks-Liebesgeschichte (zwischen dem Komsomol-Ingenieur, dem Parteifunktionär und einer jungen Arbeiterin) für einen hohen Unterhaltungswert, der auch durch Šostakovičs Musik unterstützt wurde, und sicherten dem Streifen so Popularität und Massenwirksamkeit. Der Spielfilm *Der Gegenplan* kann als ein erster Erfolg der neuen Kino-Politik gewertet werden, die auf qualitativ hochwertige, populäre und damit massenwirksame Propaganda-Filme setzte, die auch unterhalten sollten. Das hieß aber auch, dass solche Projekte überproportional hohe Aufmerksamkeit, immensen Arbeitsaufwand (unter anderem auch der Verwaltungs-Institutionen) und überdurchschnittliche Kosten verursachten. Die Forcierung solcher Prestige-Propaganda-Projekte bedeutete, dass insgesamt weniger Filme realisiert werden konnten. Ende 1933 wies das OB den obersten Filmfunktionär Boris Šumjackij ausdrücklich an, *nicht weniger als 10 bedeutende Themen für Kinofilme vorzu-*

schlagen. Für die Produktion dieser Kinofilme sind bedeutende Drehbuchautoren, Regisseure und Schauspieler auszuwählen, ohne dabei eine höhere Bezahlung der Arbeit bei der Produktion dieser Kinofilme zu scheuen.[129]
Nach demselben Muster wie bei den Beschlüssen zum Film *Der Gegenplan* verfuhr die Kommission noch mit einigen weiteren Filmen, etwa *Der Dezertir/Deserteur* (Arbeitstitel *Teplochod pjatiletka*, MEŽRABPOM-FIL'M 1933) von Vsevolod Pudovkin, der nach den Vorstellungen des OB *die Figur eines parteilosen deutschen Arbeiters* zeigen sollte, der *durch einen Streik und den Klassenkampf im heutigen Deutschland gegangen ist* und *sich unter den Bedingungen des sozialistischen Aufbaus in der UdSSR in einen aktiven und beständigen Kämpfer für den Sozialismus und die proletarische Revolution verwandelt.* Die Stossrichtung des Films sollte vor allem eine Diskreditierung des „kapitalistischen" Auslands, in diesem Fall Deutschlands, beim sowjetischen Publikum sein. Deshalb war der *verschärfte Klassenkampf unter den Bedingungen des Polizeiterrors und der Faschisierung des Staatsapparats*[130] zu zeigen. Das Filmprojekt wurde der MEŽRABPOM-FIL'M[131] übergeben, die ihre deutschen Kontakte nutzte und für den Film Aufnahmen in Hamburg machte.

Das Kino-Komitee beschloss außerdem Änderungen für den geplanten Film *Černoe zoloto/Schwarzes Gold* nach einem Drehbuch von Aleksej Tolstoj. Außerdem sollten dem Drehbuchautoren Ermolinskij und dem Regisseur Julij Raizman der Auftrag für einen Film unter dem Arbeitstitel *Žorž Filippar* gegeben werden, der anhand der *Rettung von „Žorž Filippar"* den *Zusammenprall zweier Welten (der Welt des Sozialismus und der Welt des gegenwärtigen Kapitalismus mit seiner Heuchelei, Unterdrückung, Gewalt, Ausbeutung und schändlichen Kolonialpolitik)* zeigen sollte.[132]
Nicht alle Anregungen des OB und seiner Kommission wurden auch wirklich in Filme umgesetzt. Immerhin brachte die Kommission aber einige wichtige Propaganda-Filmprojekte auf den Weg, die in den Folgejahren für die weitere Entwicklung der Film-Stilistik maßgeblich werden sollten. Darunter waren *Junost' Maksima/Maxims Jugend* (LENFIL'M 1934) von Grigorij Kozincev und Leonid Trauberg, *Pėpo* (ARMENKINO 1935) von Amo Bek-Nazarov, *Pyška/Fettklößchen* (MOSFIL'M 1934, nach der Novelle *Boule de suif* von Guy de Maupassant) von Michail Romm, *Tri pesni o Lenine/Drei Lieder über Lenin* (MEŽRABPOMFIL'M 1934) von Dziga Vertov und der aufwendige, technisch ausgefeilte Puppentrickfilm *Novyj Gulliver/Der neue Gulliver* (MOSFIL'M 1935) von Aleksandr Ptuško. Auch mit einer ersten Fassung des Drehbuchs für den späteren Erfolgsfilm *Čapaev* beschäftigte sich die Kommission bereits im Sommer 1932 nach einem Vortrag der jungen Regisseure Georgij und Sergej Vasil'ev (den Vasil'ev-"Brüdern").[133]

Letztlich scheiterte jedoch der Versuch, politische Propagandafilme auf höchster politischer Ebene zu planen und detailliert zu kontrollieren wiederum am Fehlen einer einheitlichen Vorstellung, wie ein „guter" (bzw. „schlechter") Film im Sinne der Partei auszusehen habe. Immerhin waren in der Kommission hochrangige Partei-Politiker vertreten, die sehr unterschiedliche Erfahrungen und Vorstellungen mit dem Kino verbanden. Neben dem sehr kompetenten und aktiven Filmpolitiker, dem Leiter der Agitpropabteilung beim CK, A.I. Steckij wurden auch kulturpolitisch weniger kompetente Funktionäre mit der Beurteilung einzelner Filme betraut, wie etwa A.I. Mikojan oder S.S. Dinamov. Eine gewisse Beliebigkeit der Urteile war insofern vorprogrammiert. V. LISTOV bemerkt sogar, dass in einigen *Bemühungen der Kommission die scheinbar weit entferntesten Sphären des Lebens verbunden und zusammengebracht wurden. Als Experten traten Leute auf, deren Kompetenz für das Kino schwer zu bestimmen war: Parteiarbeiter, Gelehrte, Journalisten, Offiziere.*[134]

In einem Brief an das CK vom Sommer 1927 beklagte dann auch der Kommissions-Leiter A.S. Bubnov: *Die Arbeit der Kommission ist in eine Sackgasse geraten.* Die Kommission habe intensiv verschiedene Filme mit politischem Inhalt diskutiert und jedes Mal zahlreiche Änderungswünsche geäußert. Damit lege sie, so Bubnov, den vorgesehenen Betrieb lahm: *So hat es die Kommission bis jetzt noch nicht für möglich befunden, auch nur einen einzigen Film zur Bestätigung durch das OB des CK vorzustellen. Wenn das so weitergeht, dann steht uns möglicherweise eine Situation bevor, wo wir Dutzende Drehbücher und Filme durchsehen und nicht einen einzigen dem CK zur Bestätigung vorlegen.* Bubnov bat daher darum, die Arbeit der Kommission seitens der Parteiführung zu überprüfen.[135]

Diese reagierte auf die Erfahrungen, sowohl mit der SOJUZKINO als auch mit der bisherigen Kino-Kommission, auf überaus charakteristische Weise: mit der Einsetzung einer weiteren Kommission. Diese begann ihre Arbeit im Winter 1932 unter der Leitung von Volksbildungskommissar Bubnov. Der aktive und kompetente Steckij wurde diesmal übergangen und gehörte der neuen - stark verkleinerten - Kommission nicht einmal mehr an. Das neue Gremium sollte weitreichende Vorschläge machen *Zur Organisation der Leitung der Filmindustrie.*[136] Eine erneute Umstrukturierung der Filmindustrie stand auf der Agenda: Die Gründung der *Hauptverwaltung der Kino-Foto-Industrie* (*Glavnoe upravlenie kino-foto-promyšlennosti*), abgekürzt „GUKF".

II.3.2. Die Vorbereitung der GUKF-Gründung

Die Planungen der OB-Kommission im Winter 1932/33 wurden von einer intensiven Lobbyarbeit aus den südlichen Unionsrepubliken begleitet. Das Sekretariat des CK der Ukrainischen Parteiorganisation wandte sich mit einem Schreiben

an das Moskauer CK. Darin wurde ein Abbau der Überzentralisierung und bürokratischen Gängelung durch die SOJUZKINO gefordert: *Das CK der KPbU hält die Zentralisierung der Versorgung mit Ersatzteilen und Projektionsanlagen für vollkommen überflüssig, und für die Errichtung eines unnötigen und überflüssigen Überbaus.*
Außerdem wehrten sich die ukrainischen Parteigenossen *entschlossen gegen* eine geplante Einrichtung *sogenannter Kinos von Allunions-Bedeutung*, die privilegiert und direkt von der Moskauer Zentrale gesteuert werden sollten. Stattdessen forderte das ukrainische CK, dass *der Bau von Industrieanlagen und der Bau von Kinos von der jeweiligen Film-Organisation* [der jeweiligen Unionsrepublik] *durchgeführt* werden solle.[137]
Auch die kaukasischen Republiken mit ihren vormals unabhängigen Film-Unternehmen nutzten die neue Umbruchsphase, um gegen den Zentralismus zu agitieren. Die Vorsitzenden der Regierungen (SNK) von Georgien[138], Azerbajdžan und Armenien schrieben ihrerseits einen gemeinsamen Brief an die Moskauer Parteizentrale, der sehr detaillierte Forderungen enthielt. Die SOJUZKINO habe die ihr von der Parteiführung gestellte Aufgabe, die Filmorganisationen der nationalen Unionsrepubliken zu stärken, nicht erfüllt: *Die „SOJUZKINO" hat in der Leitung der Kinematografie Georgiens, Armeniens und Azerbajdžans eine übermäßige Zentralisierung zugelassen. Sie beraubte die Studios ihrer operativen wirtschaftlichen Eigenständigkeit und Initiative. Sie nahm den Republik-Organen der ZSFSR die Leitung der Kinoproduktion und des Verleihs.*
Die Folge dieser Politik der SOJUZKINO sei eine *dauernde finanzielle Krise* in der Filmindustrie der einzelnen Teilrepubliken. Explizit griffen die Regierungschefs in ihrem Brief die Planungen Bubnovs an, dessen Projekt für die Einrichtung einer GUKF erklärtermaßen auch das Ziel einer Dezentralisierung verfolgte: *So begründet das Projekt des Genossen Bubnov, das formal eine Dezentralisierung durchführt und angeblich die übermäßige Zentralisierung liquidiert, die schlimmste Art von (maskiertem) Zentralismus.*
Kernpunkt des Streits zwischen Bubnov und den sich verzweifelt wehrenden nationalen Kino-Organisationen war die Frage der Verleihrechte, der Haupt-Einkommensquelle. Die Vertreter der Kaukasusrepubliken forderten: *Die Kino-Trusts der nationalen Republiken müssen das Verleihrecht in den Unionsrepubliken erhalten, auf der Basis direkter Verträge mit den Film-Trusts oder den Studios der nationalen Republiken.*
Hinter dieser etwas wolkigen Formulierung verbarg sich folgende Forderung: Die nationalen Verleih-Organisationen wollten auch die Verleihrechte für die gewinnträchtigen Großproduktionen der Moskauer und Leningrader Studios bekommen - auf der Basis von direkten Verträgen mit diesen. So hätten sie auch durch die Einnahmen aus diesen Filmen eigene Projekte finanzieren können.

Eine Zentralisierung des Verleihs, eine direkte Zuordnung der privilegierten Premierenkinos in den eigenen Republik-Hauptstädten (wo die größten Gewinne aus populären Großfilmen eingefahren wurden) zur Moskauer GUKF oder ein Verbleiben der Rechte bei den Moskauer und Leningrader Studios hätten die Unionsrepubliken und ihre Studios dieser wichtigen Einkommensquelle beraubt. So wiesen die kaukasischen Regierungschefs darauf hin, dass *die Übergabe von großen kommerziellen Kinos in eine Nutzung durch die Hauptverwaltung beim Rat der Volkskommissare der Union* (gemeint ist die geplante GUKF) gleichbedeutend sei mit *einem Wegnehmen der notwendigen Einkommensquellen der nationalen Film-Trusts.*

In einem eigenen Beschlussvorschlag für das Moskauer CK zeichneten die kaukasischen Regierungschefs das Bild einer dezentralisierten Filmwirtschaft, die wesentlich auf marktwirtschaftlichen Grundsätzen beruhen sollte und, besonders auf dem Gebiet des Verleihs, eine Gleichberechtigung aller Marktteilnehmer gesichert hätte, die ihre Beziehungen auf der Basis von Verträgen frei aushandeln sollten. Wobei allerdings die Kino-Trusts der Teilrepubliken nach diesen Vorstellungen auf ihrem eigenen Territorium privilegiert worden wären.[139]

Obwohl die Kino-Organisationen der Teilrepubliken in der Kommission des Moskauer OB vertreten waren, setzten sie sich mit ihren Vorstellungen nur unvollständig durch. Die Zahl der umstrittenen „Kinos von unionsweiter Bedeutung", die direkt der GUKF unterstellt werden sollten, wurde vom CK während der Vorbereitung des Gründungsbeschlusses sogar von zunächst 5 auf 24 erhöht, von denen sich allein 3 in der Ukraine befanden. Die kaukasischen Republiken konnten die Souveränität über ihre Premierenkinos allerdings bewahren.[140]

In der Überarbeitung der Beschlussvorlage von Bubnov strich das OB aber den von Bubnov vorgesehenen Hinweis auf *die Ziele einer gewissen Dezentralisierung der Verwaltung der Kino-Foto-Industrie und einer Stärkung des Einflusses der nationalen Republiken.*[141]

Eine Dezentralisierung war offenbar vom OB nicht gewünscht, zumindest vermied es die Parteiführung, diese beim Namen zu nennen. Der Beschluss, den das OB schließlich im Januar 1933 fasste, bedeutete nämlich in Wirklichkeit doch zumindest eine leichte Verbesserung für die Film-Organisationen der Unionsrepubliken, die einen Teil ihrer Unabhängigkeit zurückgewannen.

II.3.3. Die Gründung der GUKF

Bei der OB-Sitzung am 19.1.1933 stand der Punkt *Über die Organisation der Leitung der Filmindustrie* ganz oben auf der - wie üblich sehr umfangreichen -

Tagesordnung. Das OB verabschiedete einen umfassenden Beschluss, der eine erneute Wende in der Filmpolitik der sowjetischen Führung einleitete[142]:

Mit dem Ziel einer Vergrößerung der Rolle und Bedeutung der Kinematografie als sehr bedeutendem Faktor des kulturellen Aufschwungs und mit dem Ziel einer maximalen Nutzung der verschiedenen Ressourcen der Unions-Organisationen und der Unions-Republiken ist die folgende Reorganisation der SOJUZKINO vorzunehmen: 1. Der Unions-Kino-Zusammenschluß (SOJUZKINO) ist als Hauptverwaltung der Kino-Foto-Industrie [GUKF] zu reorganisieren und direkt dem Rat der Volkskommissare der UdSSR zu unterstellen;[143]

In der Präambel zum Beschluss war zwar das Wort „Dezentralisierung" gestrichen worden (s.o.), aber die Nennung der nationalen Unionsrepubliken deutete bereits darauf hin, dass die Reorganisation eine gewisse Dezentralisierung mit sich bringen würde. Gleichzeitig bedeutete die Gründung der GUKF als „Hauptverwaltung" (*„glavnoe upravlenie"*) mehr als nur einen Etikettenwechsel der gleichzeitig aufgelösten SOJUZKINO. Als unmittelbar dem Rat der Volkskommissare unterstellte Behörde hatte die zentrale Kinoverwaltung nun einen Status, der dem eines eigenen Volkskommissariats (Ministeriums) sehr nahe kam. Šumjackijs[144] Tätigkeit wurde dadurch erheblich vereinfacht, hatte er doch seine Wünsche bislang nur schwer mit den verschiedenen zuständigen Volkskommissariaten (besonders denen für Schwer- und Leichtindustrie sowie dem Handelskommissariat) abstimmen können. Seine Rolle als Bittsteller gegenüber diesen Institutionen wurde deutlich verbessert. Noch stärker wurde seine Position durch den nächsten Punkt des OB-Beschlusses:

2. Unter der unmittelbaren Verwaltung der GUKF befinden sich die folgenden unionsweiten Trusts:

a) der Trust für Produktion von [Roh-]Film und Foto-Chemikalien

b) der Trust für Produktion von Kino-Apparaturen und Ersatzteilen

c) der Spielfilm-Produktions-Trust, der Kino-Bestellungen auf dem Gebiet der RSFSR ausführt;

d) der Trust für Produktion von Lehr-, Wissenschafts-, Technik- und Kriegstechnik-Filmen. Die GUKF wird verpflichtet, die entsprechenden technischen Voraussetzungen für die Produktion von sowohl technischen als auch kriegstechnischen Filmen zu sichern;

e) den Trust der Kino-Chronika[145]

Šumjackij hatte nun endlich beide wichtigen Zweige der Filmindustrie in der Hand: zum Einen die eigentliche Industrie im engeren Sinne, d.h. die Fabriken zur Produktion von Rohfilm, Chemikalien, Kameras und Projektoren usw.; zum Anderen die Studios - zumindest die auf dem Territorium der RSFSR befindlichen und damit die maßgeblichen Studios in Moskau und Leningrad[146]. Šumjackijs Tätigkeit wurde durch diese Zusammenlegung einerseits erheblich vereinfacht. Andererseits wurden aber seine Aufgaben erweitert: Er sollte sich nun auch um die Produktion von Lehrfilmen und besonders „ Wochenschauen" (Wochenschauen) kümmern und für eine entsprechende Ausstattung der Studios sorgen. Dies führte dazu, dass Šumjackij sich zunächst fast ausschließlich um wirtschaftliche Fragen kümmern musste, die etwa die Erweiterung der Produktion von Rohfilm, Chemikalien und Apparaten betrafen. Šumjackij organisierte den Neubau von Fabriken, den Ausbau alter Werke und die Ausbildung technischen Personals. In der OB-Resolution war die Einrichtung und Leitung von Ausbildungsstätten durch die GUKF ausdrücklich festgeschrieben wurde. Diese Arbeitsbelastung ließ Šumjackij in den Folgejahren kaum Zeit für seine eigentliche Aufgabe. Er kam kaum dazu, die Produktion von Spielfilmen und Wochenschauen anzuregen und zu kontrollieren, was aber laut OB-Resolution zu seinen Pflichten zählte: *Die GUKF überwacht den Inhalt von Spielfilmen, prüft und bestätigt die allgemeinen Produktionspläne für die wichtigsten Kino-Filme.*[147]

Dieser Aufgabe wurde Šumjackij, der sich um die industrielle Produktion kümmerte, nur unvollständig gerecht. Sein „Versagen" bei der Ausweitung der eigentlichen Filmproduktion wurde ihm denn auch ab Mitte der dreißiger Jahre in immer schärferer Form vorgeworfen.

Einen weiteren Schritt in Richtung Unabhängigkeit für Šumjackij bedeutete der Passus der OB-Resolution, in dem der GUKF auch die Kontrolle über Export und Import von Rohmaterial und Spielfilmen zugesichert wurde, wofür bisher das Außenhandelskommissariat zuständig gewesen war.[148]

Die Diskussionen um die Unabhängigkeit der Film-Organisationen in den Unionsrepubliken und deren „Gängelung" durch die SOJUZKINO beendete die OB-Resolution mit einer Kompromisslösung. Zunächst bekamen die Produktions-Organisationen der Teilrepubliken formal ihre Unabhängigkeit von der Zentrale zurück: *Aus dem System der SOJUZKINO werden die Republik-Trusts für Filmproduktion und für Filmverleih herausgelöst, die unmittelbar den Regierungen [SNK] der Unionsrepubliken unterstellt werden. Diese Trusts produzieren, nach einem von der GUKF bestätigten Plan und im Rahmen der ihnen jeweils zugeteilten Mittel und materiellen Ressourcen, für den Bedarf der vom jeweiligen Trust bedienten Republik Spielfilme, Wissenschafts-, Lehr- und Technik-Filme sowie Kino- Wochenschauen* [Wochenschauen].[149]

Die Unionsrepubliken bekamen also die Leitung der Studios auf ihrem Territorium zurück. Diese wurden jedoch - wie auch alle anderen ehemals kommerziellen Studios - in „Trusts" umgewandelt und direkt dem jeweiligen Rat der Volkskommissare unterstellt. Das kam einer Zentralisierung und Ausweitung der Kontrolle innerhalb der jeweiligen Republik gleich. So wie der Leiter der

GUKF alle russischen Studios direkt überwachte, war nun der jeweilige SNK-Vorsitzende oberster Chef aller Studios einer Unionsrepublik. Die Politik hatte damit endgültig die Leitung der Studios übernommen, wenn auch formal dezentral. Das dezentrale Element wurde aber gleich zweifach ausgehöhlt: Einerseits sollte die GUKF die „allgemeinen Themenpläne" nicht nur der russischen Studios sondern auch der Studios in den Republiken kontrollieren und bestätigen. Damit wurde sie zur obersten Zensur-Behörde (im dauernden Kompetenzstreit mit dem GRK) auch für die Unionsrepubliken. Andererseits verbarg sich hinter der vagen Formulierung, dass die Republiken „im Rahmen ihrer finanziellen Möglichkeiten" Filme machen sollten, fast ein Todesurteil für deren unabhängige Filmproduktion. Die Studios der Unionsrepubliken litten nämlich unter permanentem Geldmangel. Die Politik der SOJUZKINO hatte ihre Finanzkrise noch verschärft. Dem Wunsch, einen zentralen GUKF-Fonds einzurichten, aus dem *die in Not befindlichen und zurückgebliebenen* Filmwirtschaften einiger Republiken Geld bekommen sollten[150], kam das OB in seinem Beschluss nicht nach. Und auch die wichtigste eigene Geldquelle, der Verleih, wurde den Republiken beschnitten. Das OB stellte in einer Art Kompromissentscheidung, oberflächlich betrachtet, Gleichberechtigung her: *Sowohl die unionsweiten Spielfilm-Produktions-Trusts als auch die Republik-Trusts haben das Verleihrecht auf dem gesamten Territorium der UdSSR. Die wechselseitigen Beziehungen auf dem Gebiet des Verleihs, sowohl zwischen der „Sojuzfil'm" und den Republik-Trusts, als auch zwischen allen Republik-Trusts, werden durch eigens zwischen diesen abgeschlossene Verträge geregelt.*[151]
Diese quasi-marktwirtschaftliche Vertragsfreiheit (diese war eine Forderung der Republikregierungen gewesen) war für die Teilrepubliken in der Realität mehr oder weniger wertlos: Wirklich gewinnträchtig waren nur einige wenige Großproduktionen, die in der Regel aus den finanziell (zum Teil mit Unterstützung aus Unionsmitteln) besser ausgestatteten Moskauer und Leningrader Studios kamen. Um Geld zu verdienen, brauchte man die Verleihrechte an solchen Filmen. Die neue Regelung erlaubte es aber der Verleihorganisation der RSFSR (der eigens zu gründenden ROSKINO), solche gewinnträchtigen Großproduktionen selbst auch in den Teilrepubliken zu verleihen. Diese hatten ausdrücklich gewünscht, auf dem eigenen Territorium ausschließlich selbst verleihen zu dürfen. Dass die Teilrepubliken im Gegenzug auch das Recht bekamen, ihre eigenen Produktionen in anderen Republiken zu verleihen (einschließlich der RSFSR, wo in Moskau und Leningrad die weitaus meisten zahlenden Zuschauer erreicht wurden), war ein schwacher Trost: Spielfilme aus Baku oder Tiflis waren, wenn sie überhaupt eine technisch vorzeigbare Qualität erreichten, außerhalb der eigenen Republik wenig populär.

Das bevorstehende wirtschaftliche Fiasko der Filmproduktion in den Unionsrepubliken sah der in Fragen der Filmwirtschaft versierte und wohlinformierte
Leiter der Agitprop-Abteilung beim CK, A.I. Steckij, bereits voraus. Er war an
der Vorbereitung der GUKF-Gründung nicht beteiligt worden. Umso weniger
ließ er es sich nehmen, den (trotzdem angenommenen) Plan der Bubnov-
Kommission in einem Brief ans CK zu kritisieren:

*Im Übrigen hat die Kommission beschlossen, die wirtschaftliche Basis der uni-
onsweiten Verleih-Organisation zu liquidieren.*

*1931 und 1932 wurden die nationalen Trusts [der Unionsrepubliken] der
SOJUZKINO zugeordnet und alle von ihnen neubegonnenen Filmproduktionen
wurden bei der Übergabe unmittelbar von der SOJUZKINO voll bezahlt. Die Ge-
samtsumme dieser Zahlungen erreichte 1931 18 Millionen Rubel und 1932 25-
27 Millionen Rubel. Deshalb kann nach der vom Genossen Bubnov vorgeschlagenen, angeblich im Interesse aller nationalen Trusts liegenden Dezentralisierung des Film-Verleihs, nur ein einziger nationaler Trust, nämlich die „Ukrainfil'm", dank der Einnahmen aus seinen eigenen Kinos seine 1933 auf den Markt
gebrachten neuen Filme selbst bezahlen - obwohl die Qualität seiner Filme zur
Zeit noch eine der niedrigsten ist. Die übrigen 6 nationalen Trusts werden nicht
in der Lage sein, ihre Filmproduktion zu bezahlen, weil sie zu wenige Kinos haben und ihre Filme ein zu geringes spezifisches Gewicht haben im allgemeinen
Fonds von Filmen in der Union. Nach ihrem Plan für das Jahr 1933 zu urteilen
werden sie Subventionen in der Höhe von 3-3,5 Millionen Rubeln brauchen.*

*Dasselbe gilt auch für die 5 Trusts, die im System der Unions-Hauptverwaltung
[GUKF] verbleiben. Nach der neuen Beschlussvorlage des Genossen Bubnov
wird der unionsweite Verleih liquidiert und damit die Möglichkeit, auf seiner
Basis die neuen Filme aller nationalen Trusts zu bezahlen. Das führt dazu, dass
aus dem rentablen System der Unions-Trusts[152] ein defizitäres gemacht wird,
das allein für 1933 Staatssubventionen von 12-15 Millionen Rubeln brauchen
wird. Es versteht sich von selbst, dass solche Subventionen nicht möglich sind.*[153]

Erstmals widmete die Parteiführung in ihrem Beschluss einem drängenden
Problem seine Aufmerksamkeit, das längst alle Bemühungen um ein „ideologi-
sches" Unterhaltungs-Kino zunichte zu machen drohte: der flächendeckenden
Versorgung der Kinos mit Filmen. Wirklich zuverlässig erreichten neue Filme
nur Moskau und Leningrad. Die Provinzstädte und besonders die Landbevölkerung befanden sich sehr oft in einer „Kino-Wüste". Filme kamen gar nicht erst
an, waren bereits beschädigt, wurden mit schadhaften Projektoren gezeigt, häufig ohne Ton. Der Neubau von Filmtheatern, die „Kinofizierung" (*„kinofikacija"*), war eine nationale Aufgabe. Aber auch hier warnte der Agitprop-Profi Ste-

ckij davor, dass die geplanten Änderungen den Neubau von Kinos eher behindern würden:

In den zwei Jahren der Existenz eines unionsweiten Systems der Filmindustrie auf der Grundlage eines Verleihmonopols im unionsweiten Maßstab ist es zum ersten Mal in der gesamten Zeit der Existenz der sowjetischen Kinematografie gelungen, einen massenhaften Neubau von Kinos auf die Beine zu stellen, darunter auch Großkinos bei allen Neubau-Projekten [gemeint sind Dneprogės, Magnitogorsk etc.], *und in der Regel Tonfilm-Kinos. So sind in diesen zwei Jahren schon 37 solcher Kinos gebaut worden, darunter 26 in der RSFSR und 11 in den nationalen Republiken. Dagegen sind in den gesamten 13 Jahren davor, die die nationalen Trusts schon existieren, wegen des Fehlens eines unionsweiten Verleihmonopols in allen Republiken der UdSSR ganze 5 Kinos gebaut worden. Wenn der Vorschlag des Genossen Bubnov umgesetzt wird, ist ein weiterer massenhafter Neubau von Kinos nicht möglich.*[154]

Das bestehende Verleihsystem war überdies bereits fehleranfällig, so dass nicht jedes Kino wirklich die Filme bekam, die seine jeweiligen Zuschauer sehen wollten oder sollten. Das OB beschloss deshalb, dass sich Šumjackijs neue Behörde auch darum zu kümmern habe: *Die GUKF ist, gemeinsam mit der „Sojuzfil'm“ und den Republik-Trusts, verpflichtet, eine systematische Versendung von Film-Kopien an die Kinos auszuarbeiten, so dass jedes Kino die neueste Auswahl an Filmen bekommt, die der Nachfrage und dem Geschmack der Besucher des jeweiligen Kinos entsprechen.*[155]

Dies bedeutete eine neue, sehr umfangreiche Aufgabe für Šumjackij, der sich nun auch noch um die Versendung von Film-Kopien und die Auswahl bestimmter Filme für ein jeweiliges Publikum in allen Ecken der Sowjetunion kümmern sollte.

Diese zentrale Kontrolle widersprach bereits im Ansatz der gleichzeitig vorgenommenen Dezentralisierung, die die Probleme mit der Kontrolle des Verleihs eher vergrößern würde. Dass diese beiden einander konterkarierenden Maßnahmen neues Chaos schaffen würden, sah wiederum A.I. Steckij voraus. Er warnte das CK davor, dass die politischen Vorgaben - etwa der Wunsch, dass teure und aufwendige Propagandafilme auch wirklich überall gezeigt würden - vor Ort kaum umgesetzt würden, wenn sie den ökonomischen Interessen der jeweiligen Kino-Betreiber und Film-Trusts widersprächen:

Nur auf der Grundlage eines unionsweiten Verleihmonopols für Kinofilme ist auch die Umsetzung des vom Genossen Kaganovič gemachten Vorschlags möglich, dass jedes Kino frei jeden Film wählen können soll, den es seinen Zuschauern zeigen möchte. Denn anderenfalls ist der Besitzer aller Kinos in einer jeden Republik der jeweilige nationale Film-Trust. Dieser wird mit dem gesamten System seiner Organisation dazu drängen, nur seine Filme abzunehmen o-

der, bestenfalls, nur in begrenztem Umfang Filme von anderen Trusts abzuneh-
men. Auf dieser Grundlage ist es unausweichlich, dass erneut der Kampf darum
ausbricht, wie die verschiedenen Trusts ihre Filme auf die Leinwände bringen,
einschließlich erneuter Zollgrenzen.[156]

Die OB-Resolution ließ den Teilrepubliken immerhin die Leitung der auf ihrem
Territorium befindlichen Kinos, und damit deren Einnahmen. An der Einrichtung von direkt der GUKF unterstellten Prestige-Kinos mit „unionsweiter Bedeutung" hielt sie jedoch fest.

Das System der „Künstlerischen Räte" (*chudsovety*), die eine politische Kontrolle der täglichen Arbeit in den Studios gewährleisten sollten, wurde in der
OB-Resolution endgültig festgeschrieben. In den Teilrepubliken sollten diese
den jeweiligen Kommissariaten (Ministerien) für Volksbildung unterstellt werden. Damit wurde eine neue Zwischenebene im immer unübersichtlicheren
System der Zensur-Instanzen eingefügt.

Der Beschluss des OB wurde dem PB vorgelegt, das ihn nach Vorträgen unter
anderem von Lazar Kaganovič und Boris Šumjackij am 8. Februar 1933 bestätigte.[157] Damit konnte die Neuregelung wie geplant zum 1.3.1933[158] in Kraft
treten, der PB-Beschluss mit Stalins Unterschrift wurde den betroffenen Institutionen zugeleitet.[159]

Die Gründung der GUKF bedeutet einerseits eine Aufwertung der zentralen Ki-
no-Verwaltung, andererseits eine teilweise Zurücknahme der Über-
Zentralisierung im System der SOJUZKINO. Allerdings hatten die Teilrepubliken
an der neu- bzw. wiedergewonnenen Unabhängigkeit wenig Freude, weil ihnen
die wirtschaftliche Grundlage für eine eigenständige Tätigkeit entzogen wurde.
Der sicher wichtigste Schritt war die Zusammenfassung der verschiedenen rele-
vanten Teile der Filmindustrie: der Produktionswerke für Rohfilm, Chemikalien
und Technik sowie der Studios und der Verleihfirmen. Sie alle standen nun unter einheitlicher Leitung. Eine systematische Überforderung der GUKF war damit aber vorprogrammiert. Besonders, da unentwegt die Produktion von immer
mehr Filmen gefordert wurde, die technisch und künstlerisch immer besser und
möglichst gleichzeitig immer billiger sein sollten, und die von der GUKF oben-
drein auch noch auf ihren ideologischen Gehalt zu prüfen waren. Der GUKF-
Chef Šumjackij konnte sich, realistisch betrachtet, nur entscheiden, welche dieser zahlreichen Funktionen er in der Folgezeit vernachlässigen, und worum er
sich wirklich kümmern würde. Da die Zensur und politische Kontrolle von Filmen ein unsicheres Gebiet war (zumal immer noch keine politisch-
ideologischen Standards festgelegt waren) und überdies zahlreiche andere Instanzen damit befasst waren, hielt sich der - in künstlerischen Fragen ohnehin
nicht sehr kompetente - Šumjackij in der Folgezeit auf diesem Gebiet eher zurück. Seine Aufmerksamkeit galt in erster Linie dem Ausbau der Industrie, um

die Abhängigkeit vom Import von Rohfilm, Chemikalien und Technik zu beenden. Auf diesem Gebiet erreichte Šumjackij unbestrittene Erfolge.[160] Das Importvolumen für Rohfilm sank beispielsweise von 332.590 Rubeln im Jahre 1933 auf 95.530 Rubel im Jahre 1933.[161] Für den Bereich der Tonfilm-Technologie stellte Z. ZALKIND in seinem Artikel *Über die Qualität der Tonaufzeichnung* bei der Filmproduktion 1935 fest: *Die sowjetischen Konstruktoren kauften in der Phase der Konstruktion von Tonaufnahme- und Tonwiedergabegeräten nicht ein einziges ausländisches Patent und gaben so nicht eine einzige Kopeke an Valuten aus.*[162] Zu dieser relativ positiven Entwicklung trug aber auch die sowjetische Praxis bei, für ausländische Technologie keine Lizenzen zu erwerben, sondern sie schlicht zu kopieren. So heißt es im Tätigkeitsbericht, den die Außenhandelsbehörde für die Kinoindustrie INTORGKINO für das Jahr 1932 vorlegte: *Um Muster der allerneuesten Foto-Kino-Apparaturen der ausländischen Filmwirtschaft zu erhalten, ist eine Ausstellung organisiert worden.* Zu dieser Ausstellung seien besonders ausländische Hersteller eingeladen worden. Auf der Grundlage der von diesen ausländischen Filmen erhaltenen „Mustern" seien dann eine eigene sowjetische Schmalfilm-Kamera und ein Schmalfilm-Projektor konstruiert worden.[163]

II.3.4. Die Praxis der GUKF

Um die praktische Arbeit der GUKF unter der Leitung Šumjackijs zu bewerten, empfiehlt es sich, sie an ihren eigenen Vorgaben zu messen. Genau das tat bereits Anfang 1934 die Zensurbehörde GRK. Ein umfassender Bericht des GRK[164] über *Die sowjetische Kinematografie im Jahre 1933* wurde bei einer Sitzung der Zentralen Rechenschaftskommission der GUKF Ende Januar 1934 besprochen. Das GRK konnte über die GUKF tatsächlich recht kompetent urteilen, denn *mit wenigen Ausnahmen geht die gesamte Film-Produktion der Sowjetunion durch das GRK, was die Möglichkeit eröffnet, sich ein vollständiges Bild von der Kinematografie zu machen.*[165] Im vorgelegten Bericht zeichnete sich bereits ab, dass Šumjackijs Arbeit in Zukunft an mehreren Ansprüchen gemessen werden würde: Daran, ob er in der Lage sein würde, die Filmproduktion (und die dazu nötige Materialproduktion) auszuweiten und gleichzeitig für technisch ansprechende unterhaltsame und bei den (zahlenden) Massen populäre Filme mit ideologischem Gehalt zu sorgen. Im GRK-Bericht hieß es: *Das vergangene Jahr ist vor allem charakterisiert durch den Kampf für die Verbesserung der künstlerisch-ideologischen Qualität der Kinoproduktion, für die Hebung des ideologisch-politischen Niveaus, für die Vielfalt der Genres, für Unterhaltsamkeit und Inhaltsreichtum der Spielfilme, für die Ausrichtung auf die nach vielen Millionen zählenden Zuschauer-Massen (Einfachheit und Natür-*

lichkeit), für eine aktuelle und den Parteiaufgaben entsprechende Thematik, für die Schaffung von munteren, lebensfrohen und mobilisierenden Werken.
Das GRK kritisierte aber bezeichnenderweise an erster Stelle gar nicht die inhaltliche Qualität der produzierten Spielfilme, sondern die Abnahme ihrer puren Zahl. So seien Ende der zwanziger Jahre noch über 100 Filme jährlich in der Sowjetunion produziert worden, 1931 (dem Jahr der Gründung der SOJUZKINO) seien es bereits nur noch 88 gewesen und 1932 nur 85. Im Jahr 1933, dem Jahr der Einsetzung der GUKF, waren aber gerade einmal 45 Filme produziert worden. Das sei zuwenig, befand die GRK-Führung: […] *wir müssen mit aller Entschiedenheit feststellen, dass für eine normale Versorgung unseres Kinonetzes mit 30.000 Kino-Einrichtungen und beweglichen Projektionsanlagen [peredvižki] 45 neue Filmtitel im Jahr entschieden zuwenig sind.*[166]
Es fehlte auch nicht der Hinweis, dass die Produktion von nur 45 Filmen auch *ein großer politischer Fehler der Kino-Führung*, also der GUKF, sei. Aber auch die ohnehin magere Zahl von 45 neuen Filmen musste nach Auffassung des GRK noch relativiert werden, da im zweiten Jahr seit der Begründung eines sowjetischen Tonkinos die Fortschritte auf diesem Gebiet noch immer dürftig seien. Wo es keine Tonfilmtheater gab, konnten auch keine Tonfilme gezeigt werden: *Die Lage des dörflichen Kinonetzes stellt sich erst recht völlig katastrophal dar, wenn man in Betracht zieht, dass es insgesamt stumm ist, und dass wir unter den neuen 45 Filmen nur 27 Stummfilme haben.*[167]
Problematisch war aber nicht nur der Zustand der Filmtheater und sonstigen Vorführeinrichtungen. Zu den zahlreichen Aufgaben der GUKF gehörte es schließlich sicherzustellen, dass neue Filme die Zuschauer auch erreichten. In dieser Beziehung bescheinigte das GRK Šumjackijs bisherigen Bemühungen einen Misserfolg auf der ganzen Linie: *Die Zahl 45 wird buchstäblich zu einem Tropfen im Meer, wenn man in Betracht zieht, dass aufgrund der schlechten Qualität auch die in den Beständen vorhandenen Kopien von Filmen der letzten Jahre völlig zerschlissen und in höchstem Maße abgenutzt sind.*
Bei einem großen Teil der Kopien fehlten, so der Bericht weiter, Anfang oder Schluss (oder gar beides), es fehlten ganze Szenen in der Mitte, die Kopien wiesen Risse auf usw. Die Betreiber der Kinos standen aber unter dem Druck, in jedem Fall ständig Filme zeigen zu müssen, um Umsatz zu machen. Das GRK kam zu der Einschätzung, man könne die Situation verbessern, indem man den Kino-Betreibern einfach verbot, alte Kopien – von in vielen Fällen immer noch sehr populären alten Filmen - vorzuführen. Es habe, so das GRK weiter, schließlich bereits einen entsprechenden SNK-Beschluss gegeben. Trotzdem würden die *Mitarbeiter der Verleih-Organisationen bis heute zulassen, dass unerträglicher Plunder* gezeigt werde, der häufig zu über 50% verdorben sei. Das, so das GRK, sei ein *räuberisches Verhalten gegenüber dem sowjetischen Zu-*

schauer.[168] Tatsächlich waren aber viele Kino-Betreiber darauf angewiesen, alte und zerschlissene Filmkopien zu zeigen – weil sie keine neueren hatten, und weil die alten Streifen der zwanziger Jahre, besonders die importierten, noch immer das Publikum begeisterten.

Die Wertungen des GRK sind symptomatisch für den politischen Stil in der Sowjetunion der dreißiger Jahre und insbesondere für die allgemein übliche Schärfe innerparteilicher Kritik, besonders zwischen verschiedenen Institutionen. In diesem Fall ist der scharfe Ton des GRK gegenüber der GUKF auch damit zu erklären, dass beide mit der politischen Kontrolle und Zensur von Kinofilmen betraut waren, ihre Kompetenzen aber unklar abgegrenzt waren, was immer wieder zu Reibereien führte - besonders, wenn die inhaltlichen Vorstellungen Bljachins (GRK) und Šumjackijs (GUKF) voneinander abwichen. Dennoch ist der sachlichen Gehalt der GRK-Analyse kaum zu bestreiten.

Im Zusammenhang mit der GUKF-Gründung fanden auch einmal mehr verstärkte Säuberungen der Parteizirkel innerhalb der Filmindustrie statt, die es seit 1929 – wie in allen anderen Bereichen der sowjetischen Wirtschaft und Verwaltung – immer wieder gegeben hatte. In den *Materialen zur Parteisäuberung innerhalb der Kinoorganisationen für die Jahre 1929-1933* finden sich vor allem zahlreiche Hinweise, dass die Parteiführung auch nach der Gründung der GUKF noch immer sehr unzufrieden mit ihrem als zu gering empfundenen ideologischen Einfluss auf die Filmproduktion war. So heißt es im geheimen Beschlussprotokoll einer der ersten Sitzungen des Parteizirkels innerhalb der neugegründeten GUKF, auf der im Spätsommer 1933 der Funktionär Satinskij *Über den Verlauf der Säuberung der Parteizirkel innerhalb der Trusts und der GUKF* berichtete: *Es ist festzustellen, dass während des Prozesses der Säuberung der Parteizirkel in den Trusts und in der GUKF mit besonderer Deutlichkeit die vollkommen ungenügende Teilnahme der Parteiorganisationen in der Frage der Produktion hochwertiger Filme offenbar wurde.*[169]

Die Kommission für die Parteisäuberung der Filmwirtschaft machte im Sommer 1933 konkrete Vorschläge für eine verbesserte und effektivere Einflussnahme der Partei auf die Filmproduktion. Bereits 1932 sei der Sekretär des Parteizirkels der damaligen SOJUZKINO ausgewechselt worden, so die Kommission. Das Parteibüro der GUKF solle sich nun in seiner neuen Zusammensetzung um folgende *Hauptaufgabe* kümmern: *den Kampf um die ideologische Qualität der Filmproduktion, den entschlossenen Kampf mit der Verzerrung der Generallinie der Partei.* Dies sei, so die Vorschläge der Kommission, zu erreichen über die *systematische Kontrolle des Finanzplans* der Produktionsfirmen, sowie eine bessere Vernetzung der Parteimitglieder.[170] Ein wichtiges Mittel, um den Zugriff auf das Personal zu verstärken, war nach den Kommissions-Vorschlägen das bereits bewährte Ritual der *Kritik und Selbstkritik*, das – so der Befund der

Kommission – im unteren Teil der Kino-Hierarchie bereits gut funktionierte, aber auch auf die höheren Funktionäre ausgeweitet werden müsste.[171]
Besonders wichtig sei der verstärkte Zugriff auf die Regisseure. Gegenüber den *Kreativ-Arbeitern* [*tvorčeskie kadry*] habe die Partei, so das Urteil der Säuberungskommission, bislang *besondere Passivität* gezeigt. Sie habe es insbesondere versäumt, *die Fragen der Einflussnahme der Partei auf sie* [die Kreativ-Arbeiter] *und auf den gesamten Prozess der Filmherstellung* zu klären und für *die Produktion eines künstlerisch und ideologisch wirklich gesunden Films* zu sorgen, sowie *den Ort der Parteiorganisation in dieser ganzen Arbeit* zu bestimmen.[172] In Zukunft sollten die jeweiligen Parteizirkel in den Film-Produktionsfirmen schon an der Planung jedes einzelnen Films teilnehmen, *das Zustandekommen, die Durchsicht, die Beglaubigung und Ausarbeitung des Drehbuchs* überwachen und beeinflussen, sowie während der Aufnahmen und bei der Durchsicht des fertigen Filmmaterials Kontrolle und Einfluss ausüben: *Mit einem Wort, es geht um die Beteiligung und Einflussnahme im gesamten Herstellungsprozess eines Films, beginnend mit dem Moment der ersten Idee* […][173]

II.3.5. Das Kino-Netz

Es mag zwar teilweise ungerecht gewesen sein, die anhaltend schlechte Versorgung der Bevölkerung mit Filmen (bzw. der Kinos mit Kopien) Šumjackij und der GUKF allein anzulasten. Die Parteiführung selbst hatte durch die Neuordnung des Verleihsystems strukturelle Probleme geschaffen[174]. Der kritische Befund des GRK-Berichtes über die Versorgungssituation der Filmtheater war jedoch in jedem Falle richtig.

In einem Bericht, den eine Untersuchungskommission über die neue Verleihorganisation ROSKINO anfertigte und der Kontrollkommission beim SNK (adressiert an den SNK-Vorsitzenden Molotov) zustellte, fanden sich einschlägige Zahlen: Im eher kleinstädtisch-provinziell geprägten Gebiet (*oblast'*) Ivanovo, etwa 200 km nordwestlich von Moskau, hatte die Zahl der Vorstellungen allein 1933 von 4.395 im ersten Quartal auf 3.983 im dritten Quartal abgenommen. Die Zahl der Zuschauer war in diesem Zeitraum um fast die Hälfte gesunken, von 1.274.300 auf 705.400.

Diese Entwicklung lief nicht nur dem Wunsch der Parteiführung zuwider, dass mühevoll organisierte, geprüfte und teuer bezahlte Propagandafilme auch wirklich von den „Massen" gesehen würden. Es war auch katastrophal für die wirtschaftliche Grundlage der Filmindustrie. Für die Kinos des Ivanovo-Gebietes bedeutete die rapide Abnahme der Anzahl von Vorstellungen und Zuschauern einen herben Umsatzeinbruch. Ihre Bruttoeinnahmen fielen zwischen dem ersten und dritten Quartal 1933 von 1.169.000 Rubel auf 645.800 Rubel, also fast um die Hälfte. Noch schlimmer sah es bei den eigentlichen Gewinnen aus: Diese fielen im gleichen Zeitraum von 177.900 Rubeln auf magere 51.500 Rubel, also um mehr als zwei Drittel.[175] Die Gründe für diese Misere lagen auf der Hand, auch das GRK hatte in seinem Bericht darauf hingewiesen: Die Untersuchungskommission des SNK stellte fest, dass die Kinos schlicht immer weniger Kopien geliefert bekamen, sie wurden gleichsam „ausgetrocknet" und mussten deshalb auf ältere Titel (und abgenutzte Kopien) zurückgreifen. Die von der Kommission untersuchten Kinos hatten noch 1930 im Schnitt 307 Kopien geliefert bekommen. Schon 1931 waren es nur noch 124. 1932 sank die Zahl der gelieferten Filmkopien auf 57 und erreichte 1933 den Tiefststand von ganzen 37 Kopien. Noch stärker war die Abnahme bei den nach wie vor in ihrer Popularität ungeschlagenen ausländischen Filmen: Die Kinos hatten 1930 noch je 41 Kopien von ausländischen (in der Regel amerikanischen) Filmtiteln erhalten. 1931 waren es schon nur noch 25, 1932 fiel ihre Zahl auf 11. 1933 bekamen die Kinos nur noch 3 Kopien ausländischer Filme[176]. Diese Entwicklung war - aufgrund der anhaltenden Popularität dieser Filme - für die Gewinnentwicklung der Kinos katastrophal. Sie war aber - zumindest teilweise - politisch gewollt.

Die Untersuchungskommission machte sich auch die Mühe, die Aufführungspraxis in einigen mit Filmprojektoren ausgestatteten Arbeiterklubs zu überprüfen. Im Gegensatz zu den kommerziellen Kinotheatern im engeren Sinne waren die Arbeiterklubs mit ihrer agitatorisch-erzieherischen Zielsetzung Orte, an denen genau das Publikum erreicht werden konnte, für das die meisten Propagandafilme gedacht waren. Um so überraschender war es für die Untersuchungskommission festzustellen, dass im Oktober/November 1933 in den Arbeiterklubs von Ivanovo typischerweise folgende Filme liefen: Die nicht mehr ganz neuen sowjetischen Streifen *Der Reiter aus dem Wilden Westen*[177], *Dornröschen, Jimmy Higgins*[178] und *Burja/Der Sturm,* sowie Charlie Chaplins bereits zwei Jahre alter Streifen *City Lights/Die Lichter der Großstadt* (UNITED ARTISTS 1931). Diesen Filmen war gemeinsam, dass sie ein ausländisches oder märchenhaftes Ambiente zeigten, also einen gewissen (für die zwanziger Jahre typischen) exotischen „Touch" hatten. Aus einheimischer Produktion stammte ebenfalls die bereits fünf Jahre alte (stumme) Verfilmung von Puškins *Die Kapitänstochter*[179], die den Betrachter tief in die vorrevolutionäre Vergangenheit zurück entführte. Aus der neueren sowjetischen Produktion schaffte es einzig ein 1932 fertiggestelltes Epos über revolutionäre Kämpfe in Baku 1918 auf die Leinwände der Arbeiterklubs von Ivanovo: *26 kommissarov/26 Kommissare* (Regie: Nikolaj Šengelaja, AZERKINO 1932).[180] Das große Prestige-Projekt der Parteiführung, der aktuelle Industriearbeiter-Film *Vstrečnyj/Der Gegenplan*[181], wurde den Industriearbeitern von Ivanovo (die zur Zielgruppe des Films gehörten) in dieser Zeit nicht gezeigt. Sie sahen anstelle eines zur Arbeitsdisziplin für

die Erfüllung der Vorgaben des aktuellen ersten Fünfjahresplans mobilisierenden Streifens (*Der Gegenplan*) Spielszenen über die Kämpfe der azerbajdžanischen Kommunisten mit türkisch-deutschen und englischen Interventionstrup-
pen in Baku 1918 (*26 Kommissare*), die sie wohl nur mit Mühe zu ihrem
täglichen Umfeld in Beziehung setzen konnten. Es drängt sich der Eindruck auf,
dass auch die Betreiber der Arbeiterklubs von Ivanovo eher interessiert waren,
ihre Säle zu füllen und populäre Unterhaltungsstreifen zu zeigen, als mit der
Vorführung von Propagandafilmen politische Vorgaben umzusetzen. Sie bedienten sich dabei offensichtlich aus ihren Lagerbeständen, denn auch die gezeigten sowjetischen Filme waren in der Regel nicht neu. Das Gebiets-
Parteikomitee von Ivanovo stellte fest, dass die *Verzögerung in der Lieferung
neuer Filme durch die Roskino [...] vollkommen inakzeptabel* sei. In der Regel
kämen neue Filme in Ivanovo erst nach drei- bis viermonatiger Verzögerung
an.[182]

Ein zweiter Bericht über die Vorführ-Praxis im Gebiet der ukrainischen Hauptstadt Kiev kam zu einem ähnlichen Ergebnis: 1933 seien dort in den staatlichen
Kinos zu 59,1% ausländische Filme gezeigt worden. Die kommerziellen Kinos
zeigten sogar zu 68,8% importierte (Unterhaltungs-) Filme. Etwas besser (aus
der Sicht der Parteiführung) war die Lage bei den unter strengerer politischer
Kontrolle befindlichen Dorfkinos, die nur zu 27,1% ausländische Filme zeigten
und bei den Arbeiterklubs, die aber immer noch auf einen Anteil von 20,3%
importierter Filme kamen. Dies hing unter anderem damit zusammen, dass die
kleineren Dorf- und Klub-Kinos in der Regel nicht in der Lage waren, Kopien
der begehrten und teuren ausländischen Streifen zu bekommen und sich in der
Konkurrenz mit den finanzstärkeren kommerziellen Kinos durchzusetzen. So
lässt sich auch die Tatsache erklären, dass die von der UKRAINFIL'M eingesetzten
Filmvorführer, die mit beweglichen Projektoren (*peredvižki*) über die Dörfer
zogen, zu 98,6% (billigere) sowjetische Produktionen zeigten.[183]

Man darf diese lokalen Befunde wohl ohne weiteres auf die gesamte Sowjetunion übertragen – jedenfalls auf die Gebiete außerhalb Moskaus und Leningrads
und mit Ausnahme einiger Prestige-Kinos in den Republikhauptstädten. Der
baškirische Gebiets-Rat der Rabis etwa beschwerte sich Anfang 1934 bitterlich
bei der Moskauer Zentrale, dass die Verleihorganisation *der Vervollständigung
und Auffrischung des Film-Fundus absolut keine ausreichende Aufmerksamkeit
widmet, weswegen die Versorgung des Kino-Netzes in Baškirien augenschein-
lich unbefriedigend ist.* Für die insgesamt 383 Vorführanlagen in den ländlichen
Teilen Baškiriens gebe es nur 115 Filmkopien.[184]

Die Lage der Filmtheater in der Sowjetunion insgesamt war eindeutig schlecht,
auch wenn keine genauen Daten zur Verfügung standen. So kommt ein weiterer
Teil-Bericht zu dem Ergebnis: *Nicht eine der Kino-Organisationen in der*

UdSSR kennt genau die Anzahl und insbesondere die qualitative Verfassung der Kinos.

Die Zahlen der einzelnen Organisationen, so der Bericht weiter, widersprächen sich stark. Man gehen zwar davon aus, dass die Zahl der stationären Vorführanlagen (*kino-punkty/Kino-Punkte*: d.h. Kinos, mit Projektoren ausgestattete Klubs u.ä.) von 10.000 im Jahre 1928 auf immerhin 29.000 im Jahre 1932 gestiegen sei. 1933 habe aber eine Trendwende stattgefunden, und die Zahl der „Kino-Punkte" nehme wieder ab. Sie sei allein auf dem Gebiet der RSFSR (nach den Zahlen der ROSKINO) von 18.500 auf 18.000 gefallen.[185] In der Ukraine habe die Zahl der dörflichen „Kino-Punkte" und mobilen Vorführanlagen (*peredvižki*) von 4.045 auf 3.291 abgenommen, wobei sogar außer Betrieb befindliche Projektoren mitgezählt seien.[186] Der Untersuchungsbericht zweifelt deshalb auch insgesamt die Aussagekraft der überhaupt verfügbaren Zahlen an: *Im übrigen ist ein großer Teil des* [Kino-]*Netzes außer Betrieb: zum 1.7.1933 funktionierten in der RSFSR 23,8% aller beweglichen Projektoren* [*peredvižki*] *auf dem Dorf nicht; in der Ukraine sind 30% des gesamten Netzes außer Betrieb* [...][187]

Die Untersuchungskommission präsentierte dem SNK natürlich auch einen Schuldigen für die (eigentlich strukturell bedingte) Misere. Schuld sei die *überhaupt nicht zufriedenstellende Führung seitens der GUKF, der Unions- und der Republik-Trusts.*[188]

Als oberste Unionsbehörde war die GUKF als Hauptschuldiger festzustellen, so der Bericht weiter, der - ganz im Stil der Zeit - die Schuldzuweisung auch konkret personalisierte:

Die Führung der GUKF (Šumjackij, Pletnev) verdient eine entschlossene Verurteilung ihrer Arbeit, die zu solchen negativen Resultaten geführt hat.[189]

II.4. *Kinematografie für Millionen* - Maßnahmen und Initiativen der GUKF und ihres Leiters, Boris Zacharovič Šumjackij

II.4.1. Neue Filme für die neue Gesellschaft

In der Hochstimmung nach der 15-Jahr-Feier der Kino-Industrie Anfang 1935 schrieb der GUKF-Chef Šumjackij ein ganzes Buch mit dem programmatischen Titel *Kinematografie für Millionen*[190], mit dem er eine Lücke schließen wollte. Es hatte in der Tat zwar seit Beginn der dreißiger Jahre eine intensive, von der Partei geförderte Debatte um „neue Filme" gegeben. Bisher waren aber noch keine konkreten Ergebnisse abzusehen, die man als allgemeingültige Maximen für die Regisseure hätte festschreiben können. Es blieb weiterhin unklar, wie der „Neue Film" auszusehen hatte.

Es gab aber inzwischen deutlich konkretere Vorgaben. Šumjackij hatte bereits die fast komplett der 15-Jahr-Feier gewidmete Ausgabe der Parteizeitung *Pravda* für einen programmatischen Artikel unter dem Titel *Kunst für Millionen* genutzt[191]. Darin hatte er die wesentlichen Charakteristika seines eigenen Programms für die sowjetische Kinematografie entwickelt: massenwirksame Filme, neue Genres, starke Helden und verständliche Sujets. In seinem Artikel berief sich Šumjackij auf die Unterstützung der obersten Führung für seine Programmatik: *Unsere nächsten Perspektiven und Aufgaben gehen von dem unumstößlichen Fakt aus, dass die sowjetische Kinematografie, die sich unter der Führung der Partei und des Genossen Stalin auf die unverbrüchliche Bindung mit dem Millionenpublikum stützt, bereits den Schlüssel zur Grundlegung eines wahrhaft sozialistischen Kinos in der Hand hält.*

Die Zielsetzung einer Orientierung auf ein breites Massenpublikum war also nach Šumjackijs Darstellung klar. Es gab auch Musterbeispiele, an denen sich die zukünftigen „wahrhaft sozialistischen" Filme orientieren konnten. Šumjackij nannte, neben dem obligatorischen Hinweis auf *Čapaev*, die Filme *Der Gegenplan* (*Vstrečnyj*, s.o., Kap. II.3.1.), *Der Sturm* (*Groza*, Regie: Vladimir Petrov, SOJUZFIL'M/Studio Leningrad 1934, nach dem gleichnamigen Theaterstück von A.N. Ostrovskij) und *Maxims Jugend* (*Junost' Maksima*, auch unter dem Verleihtitel *Bol'ševik*, Regie: Grigorij Kozincev und Leonid Trauberg, Musik: Dmitrij Šostakovič, LENFIL'M 1934). Damit waren die maßgeblichen neuen Genres aufgezählt:

1. Die revolutionshistorische Abenteuer-Epopöe (*Čapaev, Maxims Jugend*), die die Abbildung realer Begebenheiten (allerdings in ideologisierter Interpretation) mit fiktiven Elementen mischt.

2. Der ideologisch aufgeladene Film über die „Helden" und Aufgaben der Gegenwart (*Der Gegenplan*) mit fiktiver Handlung.

3. Die historisierende Literatur- (Dramen-/Roman-)Verfilmung mit häufig sozialgeschichtlicher Thematik (*Groza*).

Šumjackij nannte noch ein weiteres neues Genre, für das er sich persönlich ganz besonders einsetzte: die Musical-Komödie. Er nannte jedoch kein Beispiel. Wegen der zum Teil aggressiven Konflikte um den von ihm gegen massive Widerstände durchgesetzten Streifen *Veselye rebjata/Die fröhlichen Gesellen* (Regie: Grigorij Aleksandrov, Musik: Isaak Dunaevskij, MOSKINOKOMBINAT 1934), vermied Šumjackij es offenbar, diesen zu nennen. Er gehört dennoch als Beispiel an diese Stelle:

4. Die unterhaltende Musical-Komödie, die inmitten der Sowjetgesellschaft der Gegenwart spielt (*Die fröhlichen Gesellen*).

In seinem *Pravda-* Artikel gab Šumjackij einige allgemeine Leitlinien aus, die für alle diese Genres zu gelten hatten. Sie alle hatten *starke Sujets* aufzuweisen, d.h. das Drehbuch sollte einer klassischen, nachvollziehbaren Fabel folgen. Diese Festlegung wandte sich gegen die als „formalistisch" gebrandmarkten Ideen etwa Viktor Šklovskijs, Dziga Vertovs oder Sergej Ėjzenštejns, die Filme ohne Helden und ohne „Plot" machen wollten (und bereits gemacht hatten). Diese Filme machten dem Massenpublikum die Identifikation schwer und waren unpopulär und schwer verständlich. Die Forderung nach einem *starken Sujet* enthält im Kern eine konservative Tendenz, die (ebenso wie in der bildenden Kunst) hinter die künstlerische Moderne zurückfiel und zu einem darstellerischen Realismus in der Kunst zurückkehren wollte, wie ihn das 19. Jahrhundert geprägt hatte. Deshalb boten sich auch Verfilmungen literarischer Werke des 19. Jahrhunderts besonders an.

Šumjackij forderte außerdem leicht zugängliche „Helden", die als Identifikationsfiguren für das Massenpublikum taugten und gleichzeitig die „neue Gesellschaft" propagierten: Es sollten *große und im Gedächtnis haftende Gestalten* gezeigt werden, *der Bol'ševik, der junge Arbeiter, die Proletarierfrau, der Kolchoz-Arbeiter* usw.

Šumjackij verteidigte vehement sein Lieblingsprojekt, die Komödie. Es handele sich dabei nicht um reine, gleichsam sinnlose, Unterhaltung: Die neuen sowjetischen Komödien seien vielmehr *Filme, die an der Grenzlinie zum Drama stehen, deren Unterscheidungsmerkmal jedoch ihre stark ermunternde Festlichkeit [bol'šaja bodrjaščaja pripodnjatost'], die hellen Farben und der Überfluss an Lachen und Fröhlichkeit ist.* Der Unterhaltungscharakter der Komödien war nicht als Selbstzweck bestimmt, sondern als Mittel zur „Mobilisierung" der Massen und zu ihrer stärkeren Identifikation mit der Sowjetunion.

In seinem Buch führte Šumjackij diese Gedanken noch sehr viel detaillierter aus. Es fand sich hier die erste wirklich gründliche Festschreibung der Forderungen an den „neuen sowjetischen Film", die in den Folgejahren - insbesondere im Zusammenhang mit der verbindlichen Festlegung des „sozialistischen Realismus" auch für das Kino - weitgehend umgesetzt wurden.

Die sicher wichtigste Forderung Šumjackijs war die nach „Helden". Das Wort „Held" („*geroj*") hatte in der Mitte der dreißiger Jahre Konjunktur. Es wurden „Helden der Arbeit" (wie Alekseij Stachanov), Flieger-"Helden" (Valerij Čkalov) oder heldenhafte Wissenschaftler bei Expeditionen in die Arktis (die Mannschaft des Eismeerschiffes „Čeljuskin") systematisch gefördert und auf breiter Front in Presse und Wochenschauen bekannt gemacht. Die Grundbotschaft war: In der Sowjetunion kann jeder ein Held sein, und jeder sollte ein Held sein wollen. Dahinter verbarg sich die Forderung nach angestrengter und disziplinierter Arbeit und nach „Enthusiasmus" beim „sozialistischen Aufbau". Šumjackij schrieb über die neuen sowjetischen Filme: *Die Gestalten dieser Filme - das sind die Gestalten der Helden unserer Zeit, das sind wir selbst.*[192]

Šumjackij definierte in seinem Buch auch den „sozialistischen Realismus" in seiner Anwendung für das Kino: *Wahrheitstreue und die Fähigkeit, im Heute das noch herrlichere „Morgen" zu zeigen; der Heroismus der Kunst, die den Heroismus unseres Lebens abbildet; eine große Bildhaftigkeit; Größe des Themas; tiefe Ideologisierung [glubokaja idejnost'] und Optimismus; zuletzt die Klarheit, Einfachheit und Ausdrucksstärke, die aller großen Kunst eigen sind - das sind die charakteristischen Eigenschaften dieses Stils.*[193]

Den Gedanken, dass Massenwirksamkeit und Unterhaltsamkeit vor allem durch eine Erweiterung der Genre-Vielfalt zu erreichen seien, führte Šumjackij in seinem Buch noch weiter aus. Er forderte neben den oben genannten Genres auch die Ausweitung der Produktion von Trickfilmen. Mit Šumjackijs Unterstützung arbeitete der sehr engagierte Aleksandr Ptuško gerade an seinem später auch international beachteten Puppentrickfilm *Novyj Gulliver/Der neue Gulliver* (MOSFIL'M 1935), den Šumjackij als den *ersten abendfüllenden Trickfilm der Welt* rühmte.[194] Außerdem nannte er den im Altaj spielenden Streifen *Zolotoe ozero/Der goldene See* (MEŽRABPOM-FIL'M 1935) von Vladimir Šnejderov als Beispiel für das weiter zu verfolgende Genre der Abenteuerfilme[195]. Šumjackij forderte außerdem mehr Kinderfilme und Science-Fiction-Filme[196]. Tatsächlich sind alle diese Genres in der Folgezeit ausgebaut worden, mit Ausnahme der Science-Fiction-Filme. Warum hier nicht an den Erfolg von Jakov Protazanovs Klassiker *Aėlita* (Mežrabpom-Rus' 1924) angeknüpft wurde, der auf spannende Weise einen Detektiv-Thriller mit der Geschichte einer Revolution auf dem Mars verwoben hatte, lässt sich nur vermuten. Die Ausrichtung auf eine fiktive, aber als real dargestellte „lichte" Zukunft, die auf dem Wege des wissenschaftlichen Fortschritts zu erreichen war, gehörte zu den Hauptcharakteristika der „sozialistisch-realistischen" Filme der Folgezeit. Die dauernde Beschwörung eines bevorstehenden glücklichen technischen Zeitalters war außerdem ein Grundzug der Sowjetkultur und -ideologie jener Jahre. Ein gewisses Element von „Science-Fiction" war der Sowjetkultur insgesamt zu eigen, mit ihrer hypertrophen Vorliebe für alles gigantische und „zukünftige" und der ständigen Forderung, das „Unmögliche möglich" zu machen. Aus dieser Kultur heraus wurde nicht zufällig das erste Raumfahrtprogramm der Welt geboren. Science-Fiction-Filme im westlichen Verständnis widersprachen vehement den Grundannahmen dieser Kultur, da sie das Dargestellte als „phantastisch" kennzeichneten, während im Rahmen der Sowjetkultur auch all jenes als „real" darzustellen war, was es noch gar nicht gab (und auch nie gegeben hat).

II.4.2. Die Wochenschau als „Bühne der Nation"

Boris Šumjackij hatte sich bereits 1932, im Rahmen seiner Beschäftigung mit der Aufführungspraxis der sowjetischen Kinos, mit der Situation der „Wochenschauen" (Wochenschauen, *Kinochroniki*) auseinandergesetzt. In einer von ihm angeordneten Untersuchung aus dem Herbst 1932 stellten seine Mitarbeiter kritisch *das Fehlen jeglicher Reklame* für die Wochenschauen in den Kinos fest: *Die Chronik wird nur von Fall zu Fall auf die Leinwand gebracht, ohne irgendeine Rücksicht auf besondere Merkmale und Umstände, ohne jeden methodischen Plan. Sie kommt mit bedeutender Verspätung gegenüber der Massen-Presse heraus.*[197]

In dieser Feststellung war bereits das Dilemma der Wochenschauen zu erkennen: Die politische Führung betrachtete sie als wichtiges Vehikel, um laufende Kampagnen (etwa zur Stoßarbeiterbewegung, zur Werbung für die Neubauprojekte, oder später für die neue Verfassung), die ansonsten vor allem über die Presse liefen, wirksam zu unterstützen. Dies hing aber davon ab, dass entsprechende Wochenschauen zu bestimmten - termingebundenen - Themen (etwa Paraden auf dem Moskauer Roten Platz) auch zeitnah zum Ereignis gezeigt wurden, um eine unionsweite propagandistische Breitenwirkung zu sichern. Insbesondere die Betreiber der kommerziellen[198] Kinos hatten aber wenig Interesse, die Wochenschauen zu zeigen, da diese nicht immer geeignet waren, ein zahlendes Publikum in die Kinos zu locken. Die Wochenschauen waren für sie eher eine lästige Pflicht. Sie waren nie länger als 10 Minuten, ihre Qualität schwankte stark, und sie brachten die Aufführungsplanung für die Spielfilme durcheinander. Zwar waren einzelne Ausgaben durchaus nicht unpopulär, wenn sie etwa spektakuläre Sportereignisse, Bilder aus dem Ausland u.ä. enthielten. Die Kino-Betreiber verzichteten aber trotzdem in der Regel lieber darauf, wie üblich die *Chronika* vor dem Hauptfilm zu zeigen. So konnten sie während der täglich mehreren Vorstellungen genug Zeit einsparen, um noch einen weiteren Hauptfilm zu zeigen - und damit mehr Eintrittskarten verkaufen.[199]

Šumjackij kümmerte sich intensiv um die Verbesserung dieser Situation. Zunächst warb er um Unterstützung bei der Parteispitze für sein Vorhaben, die *Chronika* zu stärken. Ende 1933 pries er in einem Brief an CK-Sekretär (und PB-Mitglied) L.M. Kaganovič in den höchsten Tönen das propagandistische Potential, das die Wochenschauen seiner Meinung nach hatten[200]: *Das ungeheure Wachstum und die bedeutende Popularität der sowjetischen Kino-Wochenschauen [...] nicht nur bei uns sondern auch im Ausland (insgesamt sehen jährlich 500 Millionen Zuschauer unsere Kino-Chronika) veranlasst mich, Sie darum zu bitten, meinen Bericht über unsere Kino-Chronika mit ihren konkreten Aufgaben und Bedürfnissen auf die Tagesordnung des CK zu setzen.*

Es entsprach Šumjackijs Führungsstil, für alle Maßnahmen die allerhöchste Sanktion (durch das CK) einzuholen. Er wandte sich häufig persönlich an Vertreter der Parteiführung und bemühte sich, möglichst konkrete CK-Beschlüsse auch zu Einzelfragen herbeizuführen. Diese Praxis ist Ausdruck der immer noch ungeklärten Konkurrenzsituation, in der sich Šumjackijs GUKF mit anderen Behörden (dem Volksbildungskommissariat, verschiedenen wirtschaftlichen Organisationen, dem GRK etc.) befand. Mit einem CK-Beschluss in der Hand konnte sich Šumjackij in Streitfragen durchsetzen. Viel Energie, Arbeit und Zeit verbrauchte Šumjackij so für eher „politische" Aufgaben, was eine effektive Führung der eigentlichen praktischen Angelegenheiten erschwerte.

In diesem Fall formulierte der Partei-Funktionär Šumjackij aber erstmals so etwas wie ein eigenes Programm, eine eigene Vision für das sowjetische Kino[201]. Die bisherige Stoßrichtung der Partei in Kinofragen bedürfe, so Šumjackij in seinem Brief, der Korrektur: *Bis heute haben wir, wenn wir über die Kinematografie gesprochen haben, immer vor allem die Spielfilmproduktion im Blick, und nicht die Produktion von Wochenschauen. Die Zeit ist jetzt reif, wo wir - nach dem Spielfilm - auch der Kino-Chronika ernsthafte Aufmerksamkeit widmen und ihre Lenkung und Unterstützung sichern müssen. Sie ist dank ihrer großen Einsatzmöglichkeiten und ihrer Mobilität in letzter Zeit neben der Presse zu einem der kämpferischsten und eindrücklichsten Mittel der Massen-Agitation und Propaganda für die Losungen von Partei und Regierung geworden.*

Šumjackij bemühte sich, seinem Ansinnen durch die Berufung auf große Namen Gewicht zu verleihen. Er hielt es deshalb in seinem Brief *für nötig hinzuzufügen*, dass sich auch die CK-Mitglieder Postyšev, Kirov und Šeboldaev *inzwischen aktiv für die Kino-Chronika interessieren* und sogar *aktive organisatorische, materielle und wirtschaftliche Hilfe* geleistet hätten.

Šumjackijs Bitte wurde stattgegeben, wenn auch nicht sofort. Im Januar 1934 beschäftigte sich das OB mit seinen Vorschlägen, die er dort vortrug - offenbar mit Erfolg, denn das OB beschloss, diese *im Grundsatz anzunehmen*. Die OB-Mitglieder machten sogar zusätzliche, sehr konkrete Vorschläge für die weitere Entwicklung der *Chronika*. So wurde beschlossen, *auf der Grundlage des auf der Sitzung stattgefundenen Meinungsaustausches die Thematik der Chronika zu erweitern, insbesondere mehr Naturaufnahmen zu machen und mehr von der Lebensweise [byt] in einzelnen Gebieten und Kreisen (Feste, Hochzeiten u.s.w.), sowie mehr Szenen aus der Produktion (Flößerei, Arbeit von Mähdreschern u.s.w.) zu zeigen.*[202]

Offenbar hatten einige CK-Mitglieder während der Sitzung ihre Partikularinteressen artikuliert, die darin bestanden, dass ihr jeweiliges Arbeitsfeld (etwa die Flößerei oder der Einsatz von Mähdreschern) auch einmal vor die Augen der

Sowjetöffentlichkeit geführt werden möge. Darüber hinaus lässt sich das Bemühen erkennen, die *Chronika* als Mittel zur Integration der kulturell und sozial ungeheuer disparaten Sowjetbevölkerung einzusetzen: Auf der Leinwand konnten sich die Zuschauer mit den Sitten und Gebräuchen verschiedener Nationalitäten und mit Landwirtschaft, Klima, Bodenschätzen und Industrie anderer Gebiete der Sowjetunion vertraut machen. Dies konnte zur gewünschten Identifizierung mit der „sowjetischen Heimat" („*sovetskaja rodina*") beitragen. Eine als *Arbeiterin der Fabrik „Rote Rose", N. Smirnova*, vorgestellte Autorin beschrieb anlässlich der 15-Jahr-Feier der sowjetischen Kinematografie ihre Eindrücke von den Wochenschauen so: *Sie ist schon eine bemerkenswerte Sache, diese Chronika. Oft lesen wir in den Zeitungen etwas über unsere großen Erfolge, über den Bau von Fabriken, Kraftwerken und neuen Städten. Über das Kolchoz-Leben und die neue Lebensart, über interessante wissenschaftliche Entdeckungen, über die Errungenschaften auf dem Gebiet der Luftfahrt. Aber beim Lesen bekommt man niemals eine so deutliche Vorstellung von irgendetwas, wie wenn man es selbst vor Augen sieht. Die Kino-Chronika hilft uns, alles selbst vor Augen zu sehen.*
Die Vorführung der Wochenschau [kinožurnala] dauert einige Minuten, und im Verlauf dieser Minuten macht man sozusagen eine große Reise durch die Sowjetunion. Man sieht, wie die Menschen unseres Landes leben und kämpfen, wie die junge Generation wächst und sich entwickelt. Mit eigenen Augen sieht man, wie von Jahr zu Jahr die Stärke der Roten Armee wächst, wie die Verteidigungsbereitschaft unserer großartigen Heimat gestärkt wird.[203]
Es lohnt sich, einen genaueren Blick auf das von Šumjackij ausgearbeitete und von der Parteiführung abgesegnete Programm für die *Chronika* zu werfen[204]. Šumjackij stellte darin eine ganze Reihe von sehr konkreten und durchdachten Maßnahmen vor, deren politische Zielrichtung er zunächst einleitend so beschrieb: [Die *Kino-Chronika* hat] *immense Bedeutung bei der Durchführung politischer und wirtschaftlicher Maßnahmen von Partei und Regierung. [...] Ihre weitere Entwicklung ist unmöglich ohne die Stützung auf die Massen ihrer Liebhaber* [sic!] *(Arbeiterkorrespondenten, Dorfkorrespondenten, Arbeiter und Kolchoz-Arbeiter).*[205]
Die *Chronika* sollte also eingeordnet werden in die bestehenden Strukturen der parteigesteuerten Informationsvermittlung. Diese verlief bereits in zwei Richtungen: <u>aus</u> Dörfern und Betrieben in die Öffentlichkeit (bisher durch die Presse und die genannten Dorf-"Korrespondenten") einerseits, und andererseits - als Transportmittel für die parteioffiziellen Botschaften - <u>in</u> diese zurück. Der *Chronika* war die zentrale <u>Rolle eines Gemeinschaft stiftenden Mediums</u> zugedacht, vergleichbar mit der, die heute in den meisten Industriestaaten das Fernsehen übernimmt: Die Zuschauer werden (mehr oder weniger sachlich, bzw. i-

deologisch gefärbt) über Vorgänge in ihrem Lande und über Pläne der „Obrigkeit" informiert und erfahren mehr über das eigene Land, seine Bevölkerung, Wirtschaft, Kultur etc. Außerdem bekommen sie (ausgewählte) Informationen über das Ausland, die ihr Bild von der Welt und (in der Abgrenzung) die Identifikation mit dem eigenen Staat prägen. Darüber hinaus erhielten die Zuschauer in den Wochenschauen (wie später im Fernsehen, etwa bei Talk-Shows oder als „Augenzeugen" in Nachrichtenfilmen) die Möglichkeit, selbst an der medialen Inszenierung ihrer Wirklichkeit zu partizipieren: Sie konnten in Wochenschauen auftreten. Diese Qualität der Wochenschau wurde in den Folgejahren systematisch weiterentwickelt. Zu jedem politischen Thema wurden einzelne, namentlich genannte Arbeiter und ggf. ihre Familien gezeigt, die sich jeweils als Stoßarbeiter, Initiatoren von neuen Projekten, als Sportler, beim Päckchen Packen für spanische Partisanen etc. hervortaten. „Ganz normale" Sowjetbürger hatten in den dreißiger Jahren viele Möglichkeiten, zu nationalen „Helden" und damit zu „Stars" der Wochenschauen zu avancieren: Als Sportler, Flieger, einfallsreiche Ingenieure, Stoßarbeiter usw. [206]

Die Funktion der Wochenschau als wichtiges Vehikel von Parteikampagnen und als soziokultureller „Kitt", der die Bürger an ihre „sowjetische Heimat" band und ihnen das Gefühl gab, „dazuzugehören" und ernstgenommen zu werden, ist nicht zu unterschätzen.

Šumjackijs Entscheidung, die *Chronika* (in der genannten spezifischen Form) gegenüber dem Spielfilm stärker als bisher in den Vordergrund zu rücken, erscheint insofern als sehr hellsichtig. Es mag bei dieser Initiative aber auch die schwierige Situation bei den Propaganda-Spielfilmen eine Rolle gespielt haben: Noch immer gab es keine detaillierten Kriterien, wie „gute" ideologisierte Unterhaltungsfilme zu machen waren. Immer wieder kam es zu mühsamen, aufreibenden Konflikten über einzelne Filme, weil verschiedene Institutionen und Funktionäre ihre unterschiedlichen Sichtweisen (oft sehr polemisch) zum Ausdruck brachten. Das Geschäft der politischen Kontrolle von propagandistischen Spielfilmen war für Šumjackij alles andere als einfach und erfreulich. Bei den Wochenschauen lag der Fall einfacher, weil hier die zähen Diskussionen über die künstlerische Form, Drehbücher, etc. weitgehend entfielen, und die *Chronika* einfach die jeweils aktuellen tagespolitischen Ereignisse und politischen Losungen der Partei bebildern konnte - ohne diese vertiefen oder künstlerisch überhöhen zu müssen.

Šumjackij brachte das OB dazu, ihn in seinen mühevollen Auseinandersetzungen mit anderen Institutionen zu unterstützen, um sein ehrgeiziges Programm für die *Chronika* durchführen zu können. So plante er die Fertigstellung des Prototyps einer strapazierfähigen tragbaren Kamera für die *Chronika*-Teams schon für das erste Quartal 1934. Sie sollte bereits im zweiten Quartal 1934 in

Serie gefertigt werden. Dafür sollte das OB die Hauptabteilung für Maschinen-
bau beim Volkskommissariat für Schwerindustrie in die Pflicht nehmen. Nach
dem Vorbild der „Arbeiterkorrespondenten-Bewegung" in der Presse sollte die
Chronika sich auf eine breite Basis von Zuträgern und Partizipanten (den
„Liebhabern") aus dem Volke stützen. Für den Aufbau dieser Strukturen forderte Šumjackij die Unterstützung der Agitprop-Abteilung beim CK.
Šumjackij ließ auch seine inhaltlichen Vorstellungen, die die Machart der Wochenschauen betrafen, vom OB absegnen. Darin war explizit das oben dargestellte Verfahren der „exemplarischen" Zurschaustellung „heldenhafter" Sowjetbürger enthalten. So sollte die *Chronika* sich auf die Darstellung *aller
wichtigsten politischen und wirtschaftlichen Kampagnen und laufenden Ereignisse* konzentrieren. *In erster Linie* sollte sie jene *Fabriken aufnehmen, die bereits eine erstklassige Bedeutung erlangt haben,* [sowie] *die besten Kolchozen,
Sovchozen und MTS, die als Vorbild [obraz] für die Intensivierung der Anstrengungen aller übrigen dienen können.*[207]
Selbstverständlich orientierte sich die Auswahl der „exemplarischen" Betriebe
und Arbeiter für die Vorstellung in der *Chronika* daran, die Sowjetunion als
aufblühendes Land darzustellen und den Sowjetbürgern im Zuschauerraum das
Gefühl zu geben, dass „das Leben leichter und heller geworden" war, wie Stalins berühmte Losung für diese Periode lautete. Die Darstellung des gesellschaftlichen Aufbruchs und wachsenden Wohlstands formulierte Šumjackij
ausdrücklich als Zielvorgabe für die *Chronika: Besonders hervorzuheben ist die
Darstellung der Politabteilungen in der Landwirtschaft und im Transportwesen
durch die Chronika, ebenso wie die allerdeutlichsten Beispiele der ökonomisch-
organisatorischen Stärkung der Kolchozen und des wachsenden Wohlstands der
Kolchoz-Arbeiter.*[208]
Šumjackijs Vorstellung von der Funktion der *Chronika* im System der stalinschen Inszenierung von Staat und Gesellschaft folgte den allgemeinen Kon-
struktionsprinzipen von Stalins „Gesamtkunstwerk" (B. GROYS[209]): In einer Art
Kreislauf wurden zunächst einzelne Menschen und Betriebe als Vorbilder ausgewählt und (in diesem Fall im Film) der Gesamtgesellschaft vorgeführt, die sie
imitieren sollte. Diese Imitation der „von oben" inszenierten Wirklichkeit äußerte sich ihrerseits als „Inszenierung von unten": Betriebsleiter, Gebietskomitees, Brigadeführer usw. inszenierten selbst neue Einzelereignisse, die „der Abbildung wert" waren und dann selbst wieder (in gefilmter Form als Vorbild) für
andere dienten. Beispiele für dieses System sind etwa die „Stachanov-
Bewegung" oder die zahlreichen Sportveranstaltungen und Paraden. Bis heute
von vielen Russen bewunderte bzw. nostalgisch verklärte Veranstaltungen waren die „Sportler-Paraden" (*parady fizkul'turnikov*) auf dem Roten Platz, die an
zahlreichen Orten in kleinerer Form imitiert wurden. Diese Großereignisse

dienten allein der Inszenierung von Gemeinschaft: Sportler konnte jeder werden, jeder konnte (theoretisch) teilnehmen, alle gesellschaftlichen Gruppen (sogar die Eisenbahner oder die Metroarbeiter) waren in oft phantasievollen Wagen und Installationen repräsentiert. Der einzige Zweck der Veranstaltung war ihr Stattfinden selbst, bzw. die Bilder davon, die dieses Stattfinden dokumentierten und allen zugänglich machten. Jeder konnte sozusagen „sich selbst" als Helden und Teil des „großen" Sowjetvolkes auf der Leinwand sehen. Durch Schnitt und Kameraeinstellung wurde diese Gemeinschaft in unmittelbare Beziehung zu Stalin gesetzt, der die Zusammengehörigkeit der einzelnen „Helden" im „heldenhaften Sowjetvolk" als bildlicher Schlussstein konstituierte. Diese Symbolik spiegelte sich in den immer gleichen, stereotypen Schnittfolgen der Wochenschauen: Gezeigt wurden zunächst die einzelnen Teilnehmer einer Parade, die in bildhafter Pose, mit Werkzeugen oder Waffen in der Hand, ihre Funktion im Sowjetstaat zum Ausdruck brachten. In der nächsten Einstellung wurden diese Einzelnen als Gruppe gezeigt - zur Marschkolonne geordnet und damit gleichsam bereits einem abstrakten Konstruktionsprinzip unterworfen. In der letzten Einstellung kulminierte diese hierarchisierende Schnittfolge regelmäßig im Bild Stalins, der die Kolonnen grüßte und so symbolisch ihre funktionale Gemeinschaftlichkeit konstituierte.

Im Rahmen des ersten Fünfjahresplans und von Stalins Ideologie des „Sozialismus in einem Land" sollten - so die gängige Losung - die westlichen Industriestaaten von der Sowjetunion auf wirtschaftlichem Gebiet „eingeholt und überholt" werden. Gleichzeitig wurde systematisch ein Bedrohungsgefühl angesichts der „kapitalistischen Einkreisung" aufgebaut. Eine besondere Rolle spielte daher die Darstellung des Auslands in der *Chronika*. Šumjackij sah vor, dass *zur Bereicherung des Inhaltes der Sojuz-Kino-Chronika in jeder regulären Ausgabe die wichtigsten ausländischen Ereignisse dargestellt werden sollten.* Für die Bezahlung von Auslands-Reisen bzw. den Kauf ausländischen Materials sollte der STO Valuten zur Verfügung stellen, die aus den Einnahmen des *Chronika*-Exports genommen werden sollten. Auf diese Einnahmen hatte der alles andere als allgewaltige Chef der Filmindustrie nämlich immer noch keinen direkten Zugriff.[210]

Um die ihr von Šumjackij zugedachte Rolle zu übernehmen, musste die *Chronika* von möglichst vielen (wenn nicht allen) Sowjetbürgern gesehen und verstanden werden. Šumjackij widmete dem Problem, dass die *Chronika* zu den Menschen gebracht werden musste, einen ausführlichen Passus. In der Tendenz liefen Šumjackijs Vorstellungen darauf hinaus, das Problem per Anordnung zu „lösen" und auf untergeordnete Behörden abzuwälzen: *Es sind alle Kinos, Klubs und mobilen Vorführeinheiten [peredvižki] der Union zu verpflichten, vor der Vorführung von Spielfilmen unbedingt auch die Chronika zu zeigen. Die CK der nationalen kommunistischen Parteien, die Kreis-, Gebiets- und Ortskomitees haben diese Direktive besonders zu überwachen. Sie sollen auch den Beschluss umsetzen, dass in allen Kultur- und Erholungs-Parks, Stadien, bei Kolchoz-Bazaren und auf Bahnhöfen die Vorführung der Chronika zu organisieren ist.*

Auch die Politabteilungen der verschiedenen Volkskommissariate sollten bei ihrer agitatorischen Tätigkeit die *Chronika systematisch einsetzen.*[211]

Zunächst waren aber gewisse künstlerisch-technische Standards zu sichern. Wichtig war auch die Behandlung lokaler Themen in jeweiligen Regional-Ausgaben, die die Themen der zentral produzierten Unions-Kino-Wochenschauen im lokalen Bezugsrahmen widerspiegelten. Nur so war ein dauerhaftes Interesse der Zuschauer (und damit der Kino-Betreiber) an den Wochenschauen zu wecken und zu erhalten. Šumjackij nahm in seine Beschlussvorlage auch hierfür konkrete Zielsetzungen auf: *Es muss die Qualität der Arbeit nicht nur der allgemeinen regulären und Sonder-Ausgaben der Unions-Kino-Chronika gesichert werden, sondern auch die aller lokalen Ausgaben. Es sind regelmäßige Termine für ihre Vorführung festzulegen.*

Hinter dieser allgemeinen Forderung nach einer lokalen Einbindung verbarg sich ein umfangreiches Projekt, das die Mitarbeit sämtlicher zuständiger Stellen auf allen Ebenen verlangte. Um diese dafür zu gewinnen, holte sich Šumjackij ebenfalls die Sanktion des OB. In seiner Beschlussvorlage hieß es dazu: *[...] es ist den CK der nationalen Parteikomitees, den Kreis- und Gebietskomitees und den Leitern aller Bildungskommissariate und Organisationen der Union anzuordnen, dass sie die Arbeit der Unions-Kino-Chronika gleichberechtigt mit der Presse unterstützen und die Ausführung dieser Direktive systematisch überprüfen.*[212]

Insgesamt handelte es sich um eine ehrgeizige und umfassende Initiative, die eine neue Qualität in der politisch-propagandistischen Indienstnahme des Kinos durch die Partei bedeutete. Um das ambitionierte Projekt wirklich umzusetzen, waren aber zunächst die materiellen Voraussetzungen zu schaffen. Diese Aufgabe war Šumjackij im CK-Beschluss zur GUKF-Gründung ausdrücklich übertragen worden.[213] Šumjackij stieß aber immer wieder an die Grenzen seiner Möglichkeiten, weil er von der Finanzierung durch den SNK abhängig war und ständig in Kompetenzstreitereien mit zahlreichen anderen Institutionen geriet. Deshalb präsentierte er dem OB detaillierte Wünsche, die auch „im Grundsatz" angenommen wurden. So sollten nach Šumjackijs Wünschen STO und SNK eigens Mittel für den Bau und die technische Ausstattung von Studios und Außenposten (*s-ëmočnye bazy*) der *Sojuzkinochronika* bereitstellen.[214] Für die Ausrüstung *der Außenposten der Kino-Chronika in Leningrad, dem Fernöstlichen Kreis [Dal'ne-vostočnyj kraj, DVK], dem Nordkaukasus und Kazachstan mit*

modernstem Gerät seien außer Geldern der Zentrale auch *örtliche Mittel* heran-
zuziehen. Hier zeigt sich einmal mehr Šumjackijs Tendenz, Verantwortung und
finanzielle Verpflichtungen zu delegieren. Er verlangte von den Behörden der
genannten Regionen auch noch, dass sie sich um geeignetes Führungspersonal
und *entsprechende parteigemäße Anleitung* kümmern sollten. Sie sollten also
Aufgaben übernehmen, die nach dem GUKF-Statut zu denen Šumjackijs gehörten.[215]

Šumjackij entwickelte bei seinen ehrgeizigen Plänen für den Ausbau der *Chronika* zur allgegenwärtigen „Wanderbühne", in der sich das Sowjetvolk sozusagen ständig selbst (in freilich ideologisch verklärter Form) bespiegeln sollte,
einige Phantasie. So sollte die *Chronika* im wahrsten Sinne mobil werden, um
zum Volke zu kommen: *Die Arbeit der wichtigsten Studios und Außenposten
der Unions-Kino-Chronika ist zu motorisieren (mit beweglichen Aufnahme-
Beleuchtungs-Aggregaten). Dafür sind im ersten Quartal 1934 vom STO die
Zuteilung von 36 schweren und von 16 leichten Kraftfahrzeugen für die GUKF
zu erbitten. […] Für die Erreichung einer größtmöglichen Operativität in der
Arbeit der Sojuz-Kino-Chronika und für die Ausweitung ihrer Beweglichkeit ist
dem Gen. Unšlicht*[216] *anzuordnen, der GUKF zwei Flugzeuge zuzuteilen, die
schnellstens für die Arbeit der Kino-Chronika ausgestattet werden müssen.*[217]

Als guter Behördenleiter kümmerte sich Šumjackij auch um das Wohl seiner
Angestellten. Wie allen wertvollen „Kreativarbeitern", die im Dienste des Sowjetstaates Propaganda in literarischer, musikalischer, gemalter oder eben auch
gefilmter Form produzierten, sollten auch den Mitarbeitern der *Chronika* gewisse Privilegien zuteil werden: *Es ist dem Versorgungskommissariat (Gen. Gros-
man*[218]*) anzuordnen, die Versorgung der Kreativarbeiter [tvorčeskich rabotni-
kov] der Kino-Chronika mit Lebensmitteln und Konsumgütern aus den
geschlossenen Sonderverteilungsstellen zu sichern.*[219]

II.4.3. Der Kinozug als „Wanderbühne der Nation"

Charakteristisch für den Einfallsreichtum und das Engagement der sowjetischen
Kinomacher und für ihr Bestreben, gerade die entlegenen Gebiete des weiten
Landes mit ihren Filmen zu erreichen und es so gleichsam enger zusammenrü-
cken zu lassen, ist der Kinozug (*Kinopoezd*). Bereits in der Frühphase der
Sowjetunion waren Projektoren in Zugwaggons installiert worden, um für das
neue System Propaganda zu machen. In den dreißiger Jahren war der Kinozug,
der seit seiner Indienstnahme 1932 unter der Leitung des Regisseurs A. Medvedkin stand, eine ständige Institution. Medvedkin schrieb im Februar 1933[220]:
*Der Kinozug ist ein „fahrendes" Filmstudio, das auf drei große Passagier-
Waggons montiert ist. Die technische Ausstattung dieses Studios sichert eine
sehr schnelle Aufführung der verschiedensten Kinofilme direkt am Ort ihrer*

Aufnahme. So hat der Kinozug am 10. Oktober, dem Eröffnungstag des Dnepro-gèz[221], abends 6 Exemplare [Positiv-Kopien] *des Films „Die Eröffnung des Dneprostroj" fertiggestellt. Am selben Abend sind die Filme unter dem Applaus der Zuschauer auf dem Dneprogèz und in Dnepropetrovsk gezeigt worden. Schon am 11. sahen Char'kov und Moskau „Die Eröffnung des Dneprostroj". Am 12. schickten in Kiev und Stalino* [dem späteren Doneck] *zum Anschauen des Films versammelte große Arbeiter-Meetings ihre Grußworte an die Erbauer des Dneprostroj und an das CK der Partei.*

Der Kinozug versinnbildlicht sehr deutlich die Rolle der *Chronika*: Die auf Prestigeprojekte ausgerichtete stalinsche Aufbau-Propaganda lebte davon, dass die Bilder von solchen Projekten zu den Menschen transportiert wurden, um sie so mit dem gezeigten „Enthusiasmus" für den „sozialistischen Aufbau" und je-nem Arbeits-Pathos anzustecken, das auch in den fiktiven Spielfilmen eine gro-ße Rolle propagiert wurde: *Die Filme sind oft dem Bau eines imaginären neuen, herrlichen industriellen oder kulturellen Massenpalastes gewidmet, wobei der reale Bau der Metro oder anderer vergleichbarer Prestigeobjekte umgehend verfilmt wird, so dass der Eindruck entsteht, dass dieses Objekt nur gebaut worden ist, um gefilmt oder fotografiert zu werden.[222]*

Die Arbeiter der Prestigeprojekte wurden auf der Leinwand zu Helden. Wer hätte nicht auch ein solcher Held sein wollen?

Die Zeitschrift *Kino* beschrieb diese Funktion des Kinozuges (und damit die der Wochenschau-Propaganda) 1923 so: Der Kinozug nutze bei seinen Propaganda-Aktionen nicht mehr allein die traditionelle *primitive agitka[223]* sondern die *neu-esten Errungenschaften der Kinematografie.* Dabei fügten sich *Spielfilme, Wo-chenschauen, technische Lehrfilme, Zeichentrickfilme*, die alle zum großen Teil *vor Ort aufgenommen* wurden nahtlos ein in das umfassende und mittlerweile sehr ausdifferenzierte Arsenal der Propagandaveranstaltungen, zu denen neben Vorträgen auch *Zeitschriften, Zeitungen* sowie *Extrem-Flugvorführungen* ge-hörten.[224] Der per se einigermaßen spektakuläre Auftritt des Kinozuges brachte die Inszenierung einer umfassenden Propaganda-Show mit Erlebnischarakter zu den Menschen.

Šumjackij hatte wohl völlig richtig das große Potential der Wochenschauen als Propagandamittel und Integrationsfaktor, eben als „Bühne der Nation", einge-schätzt. Die großen Pläne und die Bitte um Geldmittel, besonders aber Šumja-ckijs Drängen, das CK möge doch die lokalen und regionalen Parteistrukturen in die Pflicht nehmen, deuten auf die enormen Schwierigkeiten hin, die die *So-juzkinochronika* Anfang der dreißiger Jahre noch hatte. Auch dafür ist der Chef des Kinozuges, A. Medvedkin, ein exzellenter Zeuge. Denn er war der einzige, der den gesamten Prozess von der Konzeption einer Wochenschau über die Aufnahmen, Schnitt und Produktion bis hin zur Vorführung verfolgen konnte.

Er kannte nicht nur die technischen Schwierigkeiten der Aufnahmeteams und Produktions-Techniker. Auch die Rezeption der Wochenschauen durch die Zuschauer kannte Medvedkin aus eigener Anschauung: *Das ernsthafteste Minus bei der Arbeit des Kinozuges ist die niedrige kinematografische Qualität eines bedeutenden Teils seiner Filme (trockene und statische Darstellung, Langatmigkeit, ein Überfluss an Zwischentiteln), die Unfähigkeit, lokales Material so verallgemeinernd und fesselnd aufzubereiten, dass der Film auch eine längere Zeit in verschiedenen Betrieben vorgeführt werden kann. Aber sogar die langweiligsten und kinematografisch armseligsten Filme des Zuges, wie „Berichterstatter" [„Dokladčiki"], werden auf Produktions-Versammlungen von den Arbeitern und Kolchozniki mit beharrlichem Interesse aufgenommen. Es besteht daher die Gefahr der bekannten Demobilisierung des künstlerischen Personals im Kampf um die Verbesserung der Qualität.*[225]

Einerseits war der „Film-Hunger" gerade der Landbevölkerung und der Arbeiter in den Provinzstädten so groß, dass diese Alles mit Vergnügen ansahen, was man ihnen vorsetzte. Sicher ist aber gerade deshalb das propagandistische Potential, das in dieser großen Empfänglichkeit des Publikums steckte, von den Machern nicht immer ausgeschöpft worden. Wenn die Zuschauer so unkritisch waren, warum sollten sich die Produzenten dann anstrengen?

II.4.4. Die Arbeit des wolgadeutschen Wochenschau-Studios

Es soll an dieser Stelle nur kurz auf die Arbeit des Wochenschaustudios in der autonomen Republik der Wolgadeutschen (KINOSTUDIJA RESPUBLIKI NEMCEV POVOL'ŽIJA) in der Stadt Engel's hingewiesen werden. Dieser Seitenaspekt der sowjetischen Filmindustrie der dreißiger Jahre kann hier nicht erschöpfend behandelt werden und wäre sicherlich eine eigene Studie wert. Die Fachzeitung *Kino-Gazeta* widmete dem Zustand des Studios im Sommer 1937 einen eingehenden Artikel.[226] Darin ist die Rede von der insgesamt *schwachen Arbeit* des Studios, das nur noch selten (Dokumentar-)Filme produziere und ausschließlich solche über lokale Themen. Eine kurz zuvor erfolgte Eingliederung in die zentrale Organisation der *Sojuzkinochronika* habe aber die Produktion wieder in Gang gebracht. Dies darf als Hinweis auf ein wiedererstandenes Interesse der Zentrale am offenbar brachliegenden wolgadeutschen Filmstudio gewertet werden. Es wird weiter von den aktuellen Produktionen des Studios berichtet. Darunter seien zum Beispiel ein Streifen über die *Feier des 1. Mai* in der Wolgarepublik, und ein Bericht über die *10. Sitzung der Räte der ASSR der Wolgadeutschen*. In zwei vom wolgadeutschen Studio produzierten Wochenschauen unter dem Titel *Die Republik der Wolgadeutschen* seien unter anderem die neugebaute Druckerei in Engel's, eine *beispielhafte deutsche Schule, eine Gymnastik-Schule und eine Reihe von Episoden, die dem Andenken des Gen.*

Sergo Ordžonikidze gewidmet waren, gezeigt worden. Zur Zeit (Sommer 1937) würden sowohl für die örtliche als auch für die allsowjetische Wochenschau zu verschiedenen Themen Aufnahmen gemacht. Gefilmt würden *insbesondere die Herbstsaat, die Vorbereitung der Republik zur Allunions-Landwirtschaftsausstellung, die Arbeit der örtlichen Elektro-Pflug-Station u.s.w.*

II.5. Das Jahr 1935

Das Jahr 1935 markiert in vielerlei Hinsicht den Höhepunkt des sowjetischen Kinos der dreißiger Jahre. Dies gilt nicht nur für die Filmproduktion selbst. Für den GUKF-Chef Šumjackij fielen die größten „Sternstunden" seiner Tätigkeit in dieses Jahr: Die Jubiläumsfeier zum 15-jährigen Bestehen der sowjetischen Filmindustrie, das internationale Filmfestival in Moskau und seine Auslandsreise, die ihn gemeinsam mit einigen ausgewählten Mitarbeitern nach Europa und in die USA führte und von der er die ambitionierte Idee eines „sowjetischen Hollywood" (*sovetskij gollivud*) mitbrachte.

II.5.1. Die 15-Jahr-Feier der sowjetischen Kinematografie

Die sowjetische Führung und Stalin selbst ließen den Repräsentanten der sowjetischen Filmindustrie - insbesondere den Regisseuren und Schauspielern, sowie dem GUKF-Chef Šumjackij - Anfang 1935 eine Ehrung zuteil werden, die alles auf dem Gebiet der anderen Künste bisher Bekannte in den Schatten stellte. Gleichzeitig nutzte die Parteiführung, und in diesem Fall auch in hohem Maße Stalin persönlich, das Ereignis zur Festschreibung einer Programmatik für die sowjetische Kinematografie. Schon die Planungen zur 15-Jahr-Feier[227] deuteten darauf hin. In einem Beschluss des OB von Silvester 1934[228] hieß es: *Bei Versammlungen sollen die bedeutenden Errungenschaften der sowjetischen Kinematografie gewürdigt werden. Es muss die Notwendigkeit zum weiteren Kampf für die Schaffung qualitativ hochwertiger Filmwerke unterstrichen werden, die für die Massen verständlich und bei ihnen beliebt sind und die im Geiste des Sozialismus erziehen. Ebenso muss die Bedeutung des Kampfes für eine ausgereifte Technologie der Kinematografie und für die umfassende Verbreitung von Kinofilmen in allen Städte und Dörfern der Sowjetunion unterstrichen werden. Es sind in den größten Zentren des Landes Versammlungen und Abende für die Arbeiter der Kinematografie zu organisieren, gemeinsam mit den Repräsentanten der sowjetischen Öffentlichkeit (Stoßarbeiter, Wissenschaftler, Künstler, Presseleute, Techniker usw.).*

Außerdem sollten Broschüren und ein Sammelband gedruckt werden. Es sollten Kino-Abende, Ausstellungen und Filmzyklen zur Entwicklung der sowjetischen Kinematografie organisiert werden. Das wichtigste aber waren die Auszeichnungen von Filmschaffenden und Funktionären mit verschiedenen Orden bei der Hauptveranstaltung im neugebauten Moskauer „Haus des Kino" (*Dom Kino*). Zwar hatte das OB in seiner vorbereitenden Entschließung eigens gefordert, *die Zahl der Ausgezeichneten zu verkleinern und die Form der Auszeichnung zu ändern*, da Šumjackijs Vorschläge offenbar zu zahlreich und zu ehrgeizig waren. Dennoch erhielten beim Festakt in Anwesenheit von Stalin selbst so zahlreiche Vertreter der Kinematografie allerhöchste Auszeichnungen, wie dies bislang in keiner anderen Kunstsparte in der Sowjetunion geschehen war. Symptomatisch war die von vielen Beobachtern mit Erstaunen zur Kenntnis genommene Ernennung des Schauspielers Boris A. Babočkin zum „Künstler des Volkes" (*Narodnyj artist*), kurz vor dessen 31. Geburtstag. Diese Auszeichnung bekamen ansonsten nur etablierte und bereits seit langem prominente Künstler für ihr Lebenswerk. Die Auszeichnung eines so jungen Mannes mit diesem Titel war ein Präzedenzfall. Es drückte sich darin auch die außerordentliche Wertschätzung für den Film „*Čapaev*" aus, in dem Babočkin die Titelrolle gespielt hatte. Der Film wurde überall als Vorbild für die gesamte Branche gelobt. Auch in Stalins Grußwort an die Filmschaffenden fand er ausdrücklich Erwähnung. Auf einer parallel zu den Feierlichkeiten stattfindenden Künstlerversammlung der Filmschaffenden sagte der für Filme zuständige oberste GRK-Zensor Pavel Bljachin zu diesem Grußwort: *Ihr wisst, dass der Genosse Stalin bisher niemandem, nicht einem Zweig der sowjetischen Kunst, einen Brief geschrieben hat. (Applaus)*
In keinem anderen Wirtschafts- oder Kunstzweig, so Bljachin weiter, hätten die Mitarbeiter so viele Auszeichnungen erhalten wie die Kinoschaffenden, die insgesamt 87 Orden und Titel bekommen hätten. Auch Bljachin wies ausdrücklich auf den Fall Babočkins hin, der bereits nach seiner ersten großen Filmrolle die Auszeichnung „Künstler des Volkes" bekommen habe.[229]
Am 11.1.1935 war die gesamte erste Seite der Parteizeitung *Pravda* der Kinematografie gewidmet. Unter einem Foto von Stalin und anderen PB-Mitgliedern *im Kreise von Mitarbeitern der Sojuz-Kino-Chronika* waren die Namen der Ausgezeichneten aufgelistet. Daneben fanden sich die Grußworte des CK, des SNK und des VCSPS. Das wichtigste aber war das links oben - an der prominentesten Stelle der *Pravda* - abgedruckte Grußwort Stalins *mit den besten Wünschen an die Mitarbeiter der sowjetischen Kinematografie zum Tag ihres ruhmreichen 15-jährigen Bestehens.*[230] Die Analyse des Entwurfs für dieses Grußwort mit Stalins eigenen, ausführlichen und gründlichen Korrekturen er-

laubt es, Stalins eigene Vorstellungen einer Programmatik für das sowjetische Kino zu untersuchen.

Stalin änderte den ursprünglichen Satz: *Das Kino in den Händen des siegreichen Proletariats, in den Händen der Erbauer des Sozialismus ist eine ungeheure Macht.* Für Stalin war das Kino offenbar weniger „Allgemeinbesitz" (wie es für ein kulturelles Medium charakteristisch wäre) als vielmehr politisches Mittel zur Durchsetzung von Zwecken. Er nahm in seiner Korrektur das Kino aus den Händen des „Proletariats" und legte es in die Hände der Staatsführung: *Das Kino in den Händen der Sowjetmacht stellt eine ungeheure und unschätzbare Macht dar.*

Der Entwurf hatte festgestellt: *Das Kino hat einmalige Möglichkeiten der Beeinflussung und hilft so der Partei und der Regierung, die Massen zu organisieren [...], die Anfänge einer neuen Ästhetik zu festigen, die auf einer starken Ideologisierung [na vysokoj idejnosti] basiert.* Stalin präzisierte diesen Passus in bezeichnender Weise. In seiner Version las er sich so: *Das Kino hat einmalige Möglichkeiten der geistigen Beeinflussung [duchovnogo vozdejstvija na massy] der Massen und hilft so der Arbeiterklasse und ihrer Partei, die Werktätigen in Geiste des Sozialismus zu erziehen, die Massen zum Kampf für den Sozialismus zu organisieren, ihre Kultur und politische Kampfkraft zu heben.* Die kunstspezifischen Feinheiten (die Fragen der „neuen Ästhetik" und der *„Ideologisierung"/"idejnost'„*) interessierten den Generalsekretär offenbar weit weniger als die politische Stoßrichtung der Filme, die er gleichzeitig explizit als Erziehungsmittel (und nicht als Kunst- bzw. Unterhaltungs-Medium) definierte. Hier ist eine doppelte Orientierung auffällig: Einerseits sollte das Kino die Arbeiter „kultivierter" machen, d.h. sie zu Ordnung, Sauberkeit, Disziplin etc. erziehen. Andererseits sollte es aber auch präzise politische Inhalte transportieren, um ihre „politische Kampffähigkeit" zu verbessern - also Schlagworte, Losungen usw. zu liefern und den öffentlichen Sprachgebrauch (insbesondere über die Sowjetunion und ihre „Errungenschaften") normativ regeln. Es fällt das - allerdings durchaus zeitübliche - militante Vokabular (*„Kampffähigkeit"/"boesposobnost'„*) auf, das durchaus nicht nur bildhaft gemeint ist, wie der nächste Satz zeigt: Ursprünglich hatte es geheißen: *Die Partei und das Land erwarten von Euch neue Erfolge - neue Filme, die so wie der unvergessliche „Čapaev", die Großartigkeit historischer Taten rühmen [...]* Den hier gepriesenen allgemeinen Trend zu „historischen" Filmen wollte Stalin offenbar programmatisch enger fassen. Er konkretisierte zunächst das Subjekt (statt „Partei und Land" hieß es nun wieder „Sowjetmacht") und formulierte neu: *Die Sowjetmacht erwartet von euch neue Erfolge - neue Filme, die wie[231] „Čapaev" die Großartigkeit der historischen Taten der Arbeiter und Bauern der Sowjetunion im Kampf um die Macht rühmen [...]* Es sollte nicht allgemein um Historien-

Epen gehen, die allerdings durchaus weiterhin gedreht wurden. Historienfilme sollten sich eindeutig an den „Kämpfen" orientieren, die letztlich zur Macht-übernahme der Bol'ševiki (bzw. zur Festigung ihrer Macht im Bürgerkrieg) ge-führt hatten. Geschichte war nicht beliebig darzustellen, sondern als zielgerich-teter, chiliastischer Prozess mit dem Ziel der „Sowjetmacht". In der Tat begründete *„Čapaev"* das überaus erfolgreiche und nicht nur bei der Parteifüh-rung beliebte Genre der revolutionshistorischen (Abenteuer-)Filme (*istoriko-revoljucionnyj fil'm*).[232]

Außerdem forderte Stalin Optimismus in der Darstellung der Sowjetunion. Das schwere Leben der Sowjetbürger sollte ja, gemäß der gängigen Losung „leichter und heller" geworden sein. Also gab sich Stalin mit der ursprünglichen Ent-wurfsfassung nicht zufrieden. Diese hatte Filme gefordert, *die mobilisieren zur Erfüllung der neuen Aufgaben und die an die Schwierigkeiten des sozialisti-schen Aufbaus erinnern*. Stalin verfügte in seiner Korrektur, dass die Filme nicht nur an „die Schwierigkeiten des sozialistischen Aufbaus", sondern *sowohl an die Errungenschaften, als auch an die Schwierigkeiten* erinnern sollten. Zu zeigen waren nicht nur Lasten und Mühen der Vergangenheit sondern auch „Er-folge" der Gegenwart.

Bezeichnend ist, dass Stalin den gesamten letzten Absatz des Entwurfs für sein Grußwort komplett strich. Darin war die Rede gewesen von der *schnellstmögli-che*[n] *Grundlegung einer neuen technischen Basis der Kinematografie*, die bis dato die Hauptbeschäftigung (und größte Leistung) des GUKF-Chefs Šumjackij war. Auch von neuen technischen Errungenschaften, wie Schmalfilm, Neubau von Tonfilmtheatern oder Fernsehen, die im Entwurf genannt wurden, wollte Stalin offensichtlich nichts wissen: Er interessierte sich einzig für die Filme selbst und deren politischen Nutzen im Zusammenhang mit den Interessen der Partei- und Staatsführung, also seiner eigenen. Die technischen, und damit die wirtschaftlichen Probleme der Filmindustrie überließ er den entsprechenden Funktionären. Die weitere Entwicklung der sowjetischen Kinematografie war in der Tat geprägt von einer immer deutlicheren Beschränkung auf einige wenige immer stärker ideologisierte Prestige-Filme. Die wirtschaftliche Basis der Filmindustrie wurde immer stärker vernachlässigt, nicht zuletzt weil die Pro-duktion von wirklichen Unterhaltungsfilmen (die Geld in die Kassen der Kinos und der Studios brachten) insbesondere nach der Umstrukturierung der Filmin-dustrie von 1938 praktisch eingestellt wurde. Es lässt sich also schon an Stalins Korrekturen für das Grußwort zur 15-Jahr-Feier die Stoßrichtung der stalin-schen Filmpolitik der nächsten Jahre ablesen.

Es ist auffällig, dass sich in Bezug auf die technische Seite der Kinematografie das Grußwort des CK von dem Stalins stark unterscheidet. In der *Pravda* wurde es direkt unter dem Stalins abgedruckt.[233] Neben den allgemeinen guten Wünschen und dem Lob für alle Beschäftigten der Filmindustrie formulierte die CK-Note nur sehr allgemeine politische Vorgaben. So sollten weiterhin *künstlerisch hochwertige Filme* produziert werden, die *die Massen im Geiste des Sozialismus erziehen und die von den Massen geliebt und verstanden werden.* Damit wurde nur die längst allgemeingültige Losung wiederholt. Anschließend folgte eine Auflistung von Forderungen, die genau die (von Stalin ignorierte) technische Basis betrafen. So sollten die Mitarbeiter der Filmindustrie in Zukunft *für hochwertiges Filmmaterial, für eine erstklassige Ausstattung der Kinos und Studios und für eine weite Verbreitung der Filme in alle Städte und Dörfer der Sowjetunion sorgen.* Diese Forderungen betrafen die tatsächlichen Nöte der Filmindustrie, die in der täglichen Praxis die wichtigste Rolle spielten, während Stalin offenbar nur auf die Ergebnisse fixiert war, die er auf der Leinwand seines eigenen Vorführsaals im Kreml zu sehen bekam.

II.5.2. Das Moskauer Internationale Filmfestival 1935

Bereits 1934 hatte die sowjetische Filmindustrie unter Šumjackijs Ägide einen großen Erfolg verbuchen können: Beim Filmfestival in Venedig war das sowjetische Programm u.a. mit *Die fröhlichen Gesellen, Der Sturm, Maxims Jugend, Eine Petersburger Nacht* (*Peterburgskaja noč'*, Regie: Georgij Rošal' und Vera Stroeva, SOJUZFIL'M 1934, nach Motiven von F.M. Dostoevskij) als bester Gesamtbeitrag eines Landes ausgezeichnet worden. In Venedig hatte Šumjackij sich mit dem Stand des ausländischen Films vertraut gemacht und viele Kontakte geknüpft. Offenbar hatte man nun das Gefühl, den Westen auf dem Gebiet des Kino zumindest „eingeholt" zu haben und fühlte sich reif, selbst ein internationales Filmfestival auszurichten.

Das geplante Moskauer Festival war angelegt als Bühne für die Feier der eigenen Erfolge. Der bislang größte Erfolg - nicht nur nach offizieller Lesart - des Sowjetkinos der dreißiger Jahre, *Čapaev*, war nicht rechtzeitig fertiggestellt worden, um auf der Mostra in Venedig 1934 gezeigt zu werden. Das Erste Internationale Moskauer Filmfestival war die richtige Gelegenheit dazu. Schon die Zusammensetzung der Jury sicherte den „Erfolg" der sowjetischen Eigenproduktionen im „Wettbewerb". Als Vorsitzender der Jury fungierte Šumjackij selbst. Von den fünf einfachen Mitgliedern waren vier Sowjetbürger: Neben den international renommierten Regisseuren V. Pudovkin, S. Ėjzenštejn und A. Dovženko gehörte A. Arosev dem Gremium an. Der einzige Ausländer, der in der Jury des immerhin „internationalen" Filmfestivals nicht fehlen durfte, war der Franzose A. Débris.[234]

Gleich zu Beginn des Festivals wurde *Čapaev* gezeigt, und die ausländischen Gäste durften ihre Lobeshymnen auf das Werk publikumswirksam in der *Pravda* veröffentlichen.[235] Die ausländischen Wettbewerbsbeiträge waren relativ beliebig (offenbar nach Šumjackijs Geschmack und Kenntnisstand) ausgewählt worden. Ein - im weitesten Sinne - sozialkritisches Thema war ihnen jedoch gemeinsam. Neben *Der letzte Milliardär/Le dernier milliardaire* von René Clair liefen unter anderen King Vidors Sozialdrama *Unser täglich Brot/Our Daily Bread* und Alfred Greens Film *Gentlemen are born*, der die neue amerikanische Jugend porträtierte. Besonders beeindruckt zeigten sich die Zuschauer von Charles Laughton, der die Titelrolle in *The private life of Henry VIII* spielte. Jack Conways Produktion *Viva Villa!* über den Bauernrevolutionär Pancho Villa erhielt hohe Aufmerksamkeit als Beispiel dafür, wie *das bourgeoise Klassen-Kino die Geschichte des Kampfes der Arbeiterklasse abbildet*.[236] Insgesamt fanden die ausländischen Wettbewerbsbeiträge Lob lediglich für Ausstattung und technische Brillanz, während die sowjetischen Rezensenten regelmäßig pflichtgemäß den „falschen" Klassenstandpunkt der fremden Produktionen kritisierten.[237]

Diese Haltung spiegelte sich auch im Urteil der Jury wieder. Den ersten Preis erhielt das Leningrader Studio LENFIL'M für *Čapaev, Maxims Jugend* und *Krest'jane/Bauern* (LENFIL'M 1934, Regie: Fridrich Ėrmler). Den zweiten Preis bekam *Der letzte Milliardär* von René Clair. Interessant ist jedoch die Vergabe des dritten Preises, der an Walt Disney ging *für Zeichentrick-Spielfilme, die ein Vorbild von hoher Meisterschaft sind (große Bildqualität der Farbe, graphische Kultur und außerordentliche Musikalität)*.[238]

In dieser Wahl kam einmal mehr Šumjackijs eigene Programmatik zum Ausdruck, der vor allem den Unterhaltungsfilm innerhalb der sowjetischen Kinematografie fördern wollte und ein besonderes Faible für Trick- und Musikfilme hatte.

II.5.3. *Eine ernsthafte Lektion* - die große Reise nach Westen

Von der Mostra in Venedig hatten die Mitglieder der sehr erfolgreichen sowjetischen Delegation wichtige Eindrücke mitgenommen. Das Moskauer Internationale Kinofestival im Februar 1935 war von den sowjetischen Filmschaffenden und -funktionären bereits als *ernsthafte Lektion* [*serëznyj urok*] aufgenommen worden. Man brauchte sich nicht zu schämen. Man konnte aber auch nicht übersehen, wo vom Westen noch etwas zu lernen war. In einem *Pravda*-Beitrag unter dem Titel *Eine ernsthafte Lektion* zog D. Zaslavskij ein Fazit des Festivals, das die Befindlichkeit der Mitarbeiter des gesamten Filmsektors widergespiegelt haben dürfte:

Unsere Errungenschaften auf dem Gebiet des Kinos sind so groß und offensichtlich, unsere Vorreiterrolle in einigen sehr wichtigen Bereichen ist so unbestreitbar, dass wir ohne jede Mühe auch unsere substantielle Rückständigkeit in nicht unwichtigen Teilen zugeben können.[239]

Die dauernden organisatorischen Veränderungen, die die Filmindustrie zwischen 1929 und 1933 immer wieder gelähmt hatten, waren nun mehr oder weniger verdaut. Nun sah die GUKF-Führung die Zeit gekommen, endlich wieder auf dem internationalen Markt an die Erfolge der zwanziger Jahre (etwa mit den Filmen Ėjzenštejns und Pudovkins) anzuknüpfen. Außerdem wollten die Moskauer Filmfunktionäre, allen voran der GUKF-Chef Šumjackij, vom Westen lernen, wie man populäre Filme macht. Dazu erschien besonders Šumjackij auch eine Aneignung der technischen Standards und des filmhandwerklichen Knowhows der westlichen Kinoindustrie notwendig. Schon im Oktober 1934 hatte er an den SNK-Vorsitzenden Molotov geschrieben:

Im Jahre 1935 ist es kategorisch nötig, einige Gruppen von Mitarbeitern der Filmindustrie ins Ausland zu schicken, um sich mit folgenden Fragen zu beschäftigen: - Filmproduktion/Studio-Organisation (12 Personen) – Produktion von Film-Apparatur (7 Personen) – Produktion von Rohfilm (7 Personen) – Filmtheater/Verleih (5 Personen).[240]

Mitte Mai 1935 - die zahlreichen Ehrungen, Ausstellungen, Veranstaltungen etc. im Zusammenhang mit der 15-Jahr-Feier der sowjetischen Kinematografie und dem Filmfestival waren gerade vorüber - lag dem OB ein neuer Antrag des GUKF-Leiters vor, nämlich die

Bitte B.Z. Šumjackijs, eine Kommission von 13 Personen zur Aneignung der Erfahrungen der neuesten Kinotechnologie für 3 Monate in die USA, nach Deutschland und Frankreich abzukommandieren.[241]

Unter den vorgeschlagenen Kommissionsmitgliedern fanden sich u.a. die Regisseure Fridrich Ėrmler und Julij Raizman, der Kameramann Vladimir Nil'sen sowie der technische Direktor der Lenfil'm B.V. Dubrovskij-Ėške. Den ursprünglich als Kommissionsmitglied vorgesehenen Regisseur Leonid Trauberg ließ Šumjackij durch Georgij V. Vasil'ev ersetzen. Für diese Änderung, wie für die Zusammensetzung der Kommission insgesamt, ist die Bevorzugung junger und politisch zuverlässiger Filmschaffender charakteristisch. Auch der zweite der Vasil'ev-"Brüder", Sergej D. Vasil'ev gehörte zu Šumjackijs Reisegruppe.[242]

Schon zwei Wochen nach Erteilung der Reiseerlaubnis durch das OB traf die Abordnung in Paris ein, wo die Teilnehmer bei Filmaufnahmen zusahen und Kopierwerke besichtigten. Außerdem überbrachten sie medienwirksam die Preise, die französische Filme auf dem Moskauer Internationalen Filmfestival erhalten hatten. So bekam *Der letzte Milliardär* von René Clair als *interessanter Versuch einer Sozialsatire, der mit großer formaler Meisterschaft ausgeführt wurde*, den zweiten Preis.[243]

Einige Mitglieder von Šumjackijs Studien-Reisegruppe blieben anschließend in Frankreich, während sich Šumjackij selbst in Begleitung von Ėrmler, Nil'sen und dem Physiker A. Šorin in die USA aufmachte.[244]

Dort wollte der lernbegierige oberste Filmfunktionär der Sowjetunion vor allem Hollywood sehen, wo er einen ganzen Monat zu verbringen vorhatte. Der *Pravda* sagte er am Telefon: *Wir werden an der Arbeit der Aufnahme-Teams amerikanischer Regisseure teilnehmen und werden gemeinsam mit ihnen sämtliche Stadien der Filmproduktion durchlaufen.*[245]

Zunächst aber kam der sowjetische Gast mit dem Schiff in New York an - und ging ins Kino. Bezeichnend ist, welche Filme sich der GUKF-Funktionär aussuchte – es waren Produkte der Massenunterhaltung, von denen zu lernen er schließlich gekommen war Šumjackij sah die „Gute-alte-Zeit"-Komödie *Ruggles of Red Gap* mit Charles Laughton[246] und den Gangsterfilm *G-Men* mit James Cagney[247]. Insgesamt habe er, so Šumjackij in einem *Pravda*-Feuilleton[248], den Eindruck einer gewissen *Schablonenhaftigkeit [standardnost']*. *Vom künstlerischen Standpunkt* hätten diese Filme nicht viel Neues zu bieten. Šumjackij war allerdings sehr angetan vom Spiel der Hauptdarsteller, die beide zu diesem Zeitpunkt bereits Stars waren. Charles Laughton spiele *ohne karikierende Übertreibung, mit herrlichem Tempo und Rhythmus.* Über James Cagney schrieb Šumjackij: *Die grundlegende Methode seines Spiels ist die Einfachheit. Die Amerikaner sagen von ihm: Er spielt, wie er lebt.*

In diesen Urteilen verbirgt sich ein gewisser Unmut über einige der sowjetischen Filmschauspieler. Diese hatten zum Teil die Spielweise der Stummfilme noch immer nicht abgelegt. Mit ihrer übertriebenen Gestik und Mimik wirkten sie oft eher schwerfällig und operettenhaft, was in als Unterhaltungsfilmen gemeinten Produktionen besonders unangenehm auffiel.

Die uneingeschränkte Bewunderung Šumjackijs fand die *hervorragende Technik, die wir immer noch von unseren amerikanischen Kollegen lernen müssen.*

Wie zuvor schon auf Ėjzenštejn, der ihn bereits 1930 getroffen hatte[249], machte Charlie Chaplin großen Eindruck auch auf Šumjackij. In zwei umfangreichen „Briefen" berichtete er den Lesern der *Pravda* im August 1935 von seiner Begegnung mit dem *großen Meister*.[250] Chaplins Arbeit entsprach in sehr vorbildhafter Weise dem, was Šumjackij sich für das sowjetische Kino wünschte: Chaplins Filme verbanden Komik und Unterhaltungswert mit - wie Šumjackij es verstand - Sozialkritik am Kapitalismus, sie waren insofern gleichzeitig „populär" und „politisch". Chaplin arbeitete zur Zeit des Besuchs gerade an seinem Film *Modern Times/Moderne Zeiten*, der ein Jahr später uraufgeführt wurde. Das Thema selbst und die Behandlung des Stoffs durch Chaplin faszinierten Šumjackij: *Sein Thema - die Tragödie des Kleinbürgertums in der kapitalistischen Gesellschaft - bearbeitet Chaplin jedes Mal originell und auf neue Weise, in herrlichem Takt, mit wunderbarem Talent und mit großer Meisterschaft.*[251]

Chaplin habe, so Šumjackij weiter, ihm und seinen Begleitern Szenen des noch unfertigen Streifens *Moderne Zeiten* gezeigt, und es habe sich eine Diskussion

entsponnen: *Wir sprachen mit Chaplin über Ideologie und über Dramaturgie
[...] Im ausführlichen Gespräch kostete es uns keine große Anstrengung, Chaplin die Widersprüche in seiner Weltanschauung und die Grundlosigkeit der pessimistischen Untergangs-Philosophie seiner Helden zu beweisen.*[252]

In *Moderne Zeiten* karikierte Chaplin die Entfremdung und Ausbeutung des Industriearbeiters im frühen 20. Jahrhundert, dessen Leben vom Takt des Fließbands diktiert wurde. Für Šumjackij war dies eine Kritik am Kapitalismus und nicht an der Industriegesellschaft insgesamt, denn in der Sowjetunion war die Arbeit schließlich nicht „entfremdet". Der Film gehörte zu den wenigen in der zweiten Hälfte der dreißiger Jahre überhaupt noch in der Sowjetunion gezeigten ausländischen Produktionen. Es ist jedoch schwer vorstellbar, dass die sowjetischen Industriearbeiter, die unter mindestens genauso harten Bedingungen arbeiteten wie ihre amerikanischen Kollegen, Chaplins Satire nicht auch auf ihre eigene Situation bezogen.

Šumjackij und seine Begleiter, der Kameramann Nil'sen und der Regisseur Ėrmler, besichtigten in Hollywood unter anderem noch die Studios der METRO-GOLDWYN-MAYER, der FOX-FILM, die Anlagen der UNITED ARTISTS, der PARAMOUNT und von WARNER BROTHERS. Sie machten so Bekanntschaft mit den wichtigsten und erfolgreichsten Produzenten von Unterhaltungsfilmen. Dies war das Hauptinteresse der Kommission, weshalb sie auch die Studios von Walt Disney besuchte, sowie die von Hal Roach, der unter anderem die Komödien mit Stan Laurel und Oliver Hardy produzierte.

Šumjackijs Kommission machte sich auch mit den technischen Standards der Produktion von Rohfilm bei EASTMAN-KODAK und den Kameras von MITCHELL vertraut.

Die zweite sowjetische Exkursions-Gruppe, die in Europa geblieben war, konzentrierte sich noch stärker auf technische Fragen. Sie besuchte unter anderem die AEG und die ZEISS-IKON (mit der später Verhandlungen über einen Austausch von Ingenieuren geführt wurden) in Deutschland und die ILFORD-Werke in England. Aber auch Besuche unter anderem bei der UFA und der UNION-FILM standen auf dem Programm der Deutschland-Besucher. Auch sie konzentrierten sich also auf die erfolgreichen Produzenten von Unterhaltungsfilmen.

Es lag in der Logik der Reiseplanung und der gesammelten Eindrücke, dass Šumjackij der sowjetischen Öffentlichkeit, wie gewohnt in der *Pravda*, seine *amerikanischen Eindrücke* unter dem Titel *Die Jagd nach dem Zuschauer* [*Pogonja za zritelem*] mitteilte[253]. Zwar beeilte sich der Chef der sowjetischen Filmindustrie, zunächst pflichtgemäß die typisch „kapitalistischen" Züge der amerikanischen Filmwirtschaft zu verurteilen. So bekannte Šumjackij seine grundsätzliche Ablehnung der rein kommerziellen Ausrichtung amerikanischer Filmproduktionen, die nicht auf einen künstlerischen „Geschmack" ausgerichtet seien. Und überhaupt handele es sich in Hollywood natürlich um ein Ausbeutungssystem, das zum größten Teil von nicht mehr als 5 Großkonzernen kontrolliert werde und dessen einziges Ziel es sei, den Zuschauern das Geld aus der Tasche zu ziehen. Šumjackij konnte aber seine Bewunderung für die Perfektion der Vernetzung von Produktion, Vermarktung, Verleih und Filmtheater-Betrieben in den USA nicht verhehlen.

Zunächst rühmte er ausführlich die großen Premieren-Kinos, in denen die wichtigsten Filme zuerst unter großer Aufmerksamkeit der Presse und eines handverlesenen Premieren-Publikums gezeigt wurden. Besonderen Eindruck machte auf Šumjackij *eine außerordentlich interessante Sache*, nämlich die *künstliche Kühlung der Kinos* (air-conditioning). Die systematische Orientierung an der Zufriedenheit der Zuschauer beeindruckte Šumjackij offenbar tief: *Spezialisten arbeiten monatelang an den Plänen einer effektiven und gleichzeitig bequemen Inneneinrichtung des gesamten Gebäudes und kümmern sich um die herrlichen Foyers und Zuschauersäle. Sie kümmern sich um die Reklame in der Presse, erfinden unermüdlich originelle Plakate und Ständer, schreiben dem Zuschauer seinen künstlerischen Geschmack vor.*

Šumjackij stellte fest, dass das amerikanische Vermarktungssystem, das aus reiner Profitorientierung entstanden war, sich tatsächlich zur Manipulation und Beeinflussung der Zuschauer eignete, und damit bestens auch für die sowjetischen Ziele einsetzbar war. Er interessierte sich in diesem Zusammenhang besonders für die systematische Betreuung der Presse durch *die spezielle Werbeabteilung* beim jeweiligen Studio, die Broschüren, Starfotos, Interviews etc. lancierte, und damit das Interesse der Öffentlichkeit gleichzeitig wach hielt und steuerte: *Die Premiere eines neuen Films wird noch feierlicher und pompöser umrahmt als eine Theaterpremiere. Bei einer Premiere versammeln sich Vertreter der Kunstwelt, der Presse und Kinogrößen. [...]*
Erst nach [der Aufführung in] *den Premierenkinos, nach dem Geschrei der Presse und dem Lärm der Reklame kommt der Film zum Massenpublikum, das durch alle vorherigen Stadien ausreichend vorbereitet ist.*

Besondere Aufmerksamkeit widmete Šumjackij der amerikanischen Verleihpraxis. Der schleppende und fehleranfällige Verleih war schließlich (s.o., Kap.II.3.5.) ein ständiger Störfaktor im System der sowjetischen Filmwirtschaft: *Der Verleih ist in Amerika nicht von der Produktion zu trennen. [...] Der Verleih hat großen Einfluss auf die Produktion, weil gerade vom Verleih die finanzielle Basis der Filmunternehmen abhängt.*

Šumjackij erkannte also auf einer Reise nach Amerika einmal mehr jene Grundregel der Filmwirtschaft, nach der nur der Verleih die Finanzierung von Filmen sichern kann, dass also, wer Filme machen will, (am besten selbst) dafür sorgen muss, dass diese auch gesehen werden. Bei der Gründung der GUKF, an der

Šumjackij maßgeblich beteiligt gewesen war, hatte die sowjetische Führung diesen Umstand nicht entsprechend berücksichtigt. Produktion und Verleih waren entkoppelt worden, um die Interessen der verschiedenen politischen Institutionen (besonders in den Unionsrepubliken) zu wahren (s.o., Kap.II.3.3.). Nun stellte Šumjackij, zwei Jahre später, bei seinem USA-Besuch fest, dass dort der - weitaus effektivere - Verleih kaum ein Drittel der eingespielten Kosten verschlang: [Ist das] *Billig? Zweifellos! Besonders, wenn man sich erinnert, dass bei uns in der UdSSR die Verleih-Organisationen für eine nicht ausreichend kultivierte Bedienung der Zuschauer (man muss das ehrlich zugeben) große Summen bekommen. Zudem sind auch noch die Besucherzahlen in unseren Kinos zweimal höher* […]

Man könne und müsse, so Šumjackijs Fazit, also eine Menge lernen von den Amerikanern, was man selbst in der Sowjetunion zur Anwendung bringen könne: *Wir sprechen von einer kultivierten Vorführung von Filmen, von einer geschickten Reklame, von einer interessanten Zusammenstellung der Programme für Vorführungen, von herrlichen Kino-Neubauten* […]

Das wichtigste aber war für Šumjackij: […] *die sowjetischen Filmverleih-Organisationen sollen von Achtung vor dem Zuschauer des sozialistischen Landes geleitet werden und von dem Wunsch, dessen Freizeit kultiviert und fröhlich [kul'turno i radostno] zu organisieren.*

Von Amerika lernen - so Šumjackijs Botschaft - hieß, die Kunst der Unterhaltung lernen.[254] Es hieß aber auch, die Kunst der Produktions- und Kosteneffizienz zu lernen.

II.5.4. Neue Impulse

Seine Eindrücke aus den USA ließen Šumjackij die Lage der sowjetischen Filmindustrie in neuem Licht erscheinen. Auf der siebten allsowjetischen Produktions- und Themenversammlung der sowjetischen Kinematografie im Dezember 1935, also kurz nach seiner Rückkehr aus den USA, sagte Šumjackij:

Man muss geradezu sagen, Genossen, dass wir nicht alles getan haben, was wir konnten, was wir hätten tun müssen. Um es ehrlicher zu sagen - wir haben schlicht verschwindend wenig getan. Die sowjetische Kinematografie bleibt immer noch hinter dem Leben zurück. […] Wir, die sowjetische Kinematografie, produzieren nicht nur wenige Filme, sondern unsere Filme sind auch bei weitem nicht immer so aktuell, so bedeutend in ihrer Thematik, in ihren Ideen, in ihren Bildern, wie dies die Etappe des „guten und fröhlichen" Lebens erfordert, in die unser Land eingetreten ist.[255]

Voller Elan machte sich der aus den USA in die Sowjetunion heimgekehrte Šumjackij an die Umsetzung seiner zahlreichen neuen Ideen. Er machte das sowjetische Publikum mit einigen Filmen bekannt, die er in den USA gesehen hatte. So brachte er den Horror-Streifen *The Invisible Man/Der Unsichtbare* (UNIVERSAL 1933, Regie: James Whale) mit, der für die erste Tonfilm-Synchronisation mit den Stimmen russischer Schauspieler ausgewählt wurde.[256] Außerdem brachte Šumjackij Disney-Zeichentrickfilme auf die sowjetischen Leinwände[257] und kündigte eigens in der *Pravda* an, dass die Sowjetunion Charlie Chaplins *Moderne Zeiten* sofort kaufen werde, sobald der Film fertig sei[258].

Diese Initiativen zeigen Šumjackijs immer deutlichere Bevorzugung des Unterhaltungsfilm-Sektors gegenüber anderen Bereichen. Sie lassen aber auch die erneute Bereitschaft erkennen, den mittlerweile weitgehend „geschlossenen" sowjetischen Markt wieder für ausländische Filmproduktionen zu öffnen.

Šumjackij arbeitete ehrgeizige Projekte und Pläne aus, um die sowjetische Filmindustrie der amerikanischen ebenbürtig zu machen. Voller Selbstbewusstsein verfolgte er das Projekt eines zweiten Internationalen Moskauer Filmfestivals, mit dem sich auch das OB noch im Dezember 1935 befasste.[259]

Tatsächlich wurde in der Mitte der dreißiger Jahre die Kinowerbung entscheidend verbessert. Der von der GUKF kontrollierte Verlag KINOFOTOIZDAT gab zum Teil reich bebilderte populäre Broschüren über die neuen Stars des Sowjet-Unterhaltungsfilms heraus, die auch auf Postern und Karten zu ihren Fans kamen.[260] Šumjackij selbst nutzte die *Pravda*, um das Kino stärker ins Bewusstsein der Öffentlichkeit zu rücken. Er lancierte Meldungen und schrieb selbst Artikel. Die Studios schalteten jetzt erstmals große bebilderte Werbeanzeigen für ihre neuen Filme. Schon über die Produktion eines neuen Filmes wurde ausführlich berichtet, um so den Erfolg der späteren Premiere bereits frühzeitig zu sichern. Es gab Plakate, wohlorganisierte feierliche Premieren und prachtvolle Kino-Neubauten nach amerikanischen Vorbild (vgl. dazu unten, Kapitel VI.). Erfahrungen für diese propagandistische Film-Vermarktungsstrategie nach amerikanischem Vorbild hatte die GUKF-Führung bereits bei der Kampagne für *Čapaev* gesammelt. Unter dem auf hochgehaltenen Plakaten immer wieder bekräftigen Motto *Wir gehen „Čapaev" schauen* [*My idem smotret' „Čapaeva"*] setzten sich ganze Armeeabteilungen und Betriebsgruppen in Marsch in die Filmtheater. Die sowjetische Wochenschau Nr.36/535 von 1934[261] widmete dem Phänomen eine ganze Unterabteilung unter dem Titel *Das ganze Land sieht „Čapaev"*. So zeigen die Bilder aus dem Ural, dass der Besuch des Films eine regelrechte Auszeichnung ist, wie der Zwischentitel feststellt: *Die ersten Tage der Vorführung dieses bemerkenswerten Films sind den besten Stoßarbeitern von Sverdlovsk vorbehalten.* Anschließend sind dann ein Zug von Schulkindern und eine Armeeeinheit in Reih und Glied zu sehen, die jeweils das bereits oben erwähnte Plakat hochhalten. Weitere Sequenzen zeigen, dass auch in Stalingrad *die Filmtheater noch nie einen solchen Ansturm von Zuschauern gesehen ha-*

ben. Sogar die Tatsache, dass der ältere Bruder Michail des zum Filmhelden verewigten Vasilij Ivanovič Čapaev im Kino sitzt, ist eine eigene Meldung und eine kurze Szene wert, die auch den Gegenschnitt auf ein bewunderndes Kindergesicht enthält. Im Falle von *Čapaev* war der Führung der sowjetischen Filmindustrie wohl erstmals ein organisierter und wohlgeplanter „Kult" um einen Großfilm gelungen, wie er in den USA längst üblich war.

Die Verbesserung der Bewerbung und Vermarktung von Filmen gehört gewiss zu Šumjackijs Verdiensten als Leiter der GUKF. Das Problem des Verleihs, der über mehrere verschiedene Organisationen verteilt und höchst ineffektiv und dabei teuer war, konnte Šumjackij allerdings aus eigener Kraft nicht lösen. Dies bedurfte einer Korrektur in der Gesetzesgrundlage für die Organisationsstruktur der sowjetischen Filmindustrie, die Šumjackij nicht mehr erlebte.

II.5.5. Die *Kinostadt* - Das *sowjetische Hollywood*

Šumjackijs wohl ehrgeizigstes Projekt war die *Kinostadt* (*Kinogorod*). Offenbar hatten ihn in Hollywood die großen Produktionszentren der amerikanischen Filmkonzerne stark beeindruckt. Dort standen die Verwaltungs-, Planungs- und Buchhaltungsabteilungen auf demselben Gelände wie die großen Hallen und Freiluftkulissen für die Filmaufnahmen. Die Produzenten konnten so leicht den gesamten Produktionsprozess planen, kontrollieren und steuern, somit Kosten sparen und die Produktionsgeschwindigkeit erhöhen. Noch im Dezember 1935 verkündete Šumjackij über die *Pravda*[262], dass die Planungsbehörde GOSPLAN bereits für 1936 die nötigen Mittel vorgesehen habe und man schon einen geeigneten Ort suche. In einer ersten Bauphase sollten Möglichkeiten geschaffen werden, die es erlaubten, in der Kinostadt 200 Filme pro Jahr zu produzieren. Nach Beendigung der zweiten Bauphase sollten dort sogar 650-700 Filme pro Jahr produziert werden. Ein ehrgeiziges Ziel, wurden doch zu diesem Zeitpunkt, so die Angabe der *Pravda*, gerade 65-70 Filme pro Jahr in der Sowjetunion produziert (offenbar waren hier auch kürzere Filme und Sonderausgaben der Wochenschauen eingerechnet, denn die Zahl der jährlich fertiggestellten abendfüllenden Spielfilmen lag regelmäßig unter 40).

Und noch eines hatte Šumjackij in Hollywood gelernt: Die verlässliche Sonneneinstrahlung in Kalifornien gewährleistete eine größtmögliche Ausnutzung der Produktionsanlagen das ganze Jahr über. Šumjackij wollte seine sowjetische *Kinostadt* deshalb an einem Ort bauen, wo die Wetter- und Lichtverhältnisse denen in Kalifornien entsprachen: *Für die Gründung des kinematografischen Zentrums ist einer der sonnigsten Punkte der UdSSR vorgesehen - die Kaukasusregion oder die Krim. Das erlaubt eine möglichst effektive Ausnutzung der Kapitaleinlagen und verbilligt die Produktion.*

Šumjackijs Enthusiasmus war offenbar ansteckend. Sergej Ėjzenštejn etwa fühlte sich durch den Plan für das „sowjetische Hollywood" und die verbreitete Aufbau-Begeisterung der Kino-Funktionäre zu der folgenden ironischen Phantasterei unter dem Titel *Gedanken eines Bürgers der Kinostadt* inspiriert. Ėjzenštejn persiflierte darin gleichzeitig die dauernden Kampagnen für andere Großprojekte, etwa Komsomol'sk oder Magnitogorsk: *„Das ganze Land baut die Kino-Stadt!" Vor den in die Zukunft schauenden Augen läuft schon diese Losung über Zeitungsseiten, Fabrikwände und Zugwaggons der nächsten Jahre. Vor den in die Gegenwart schauenden Augen treffen sich schon kinematografischen mit Architekten, treffen sich Geophysiker mit Künstlern des Volkes, treffen sich die besten Baufachleute mit den besten Leuten aus der Kunst, um in heißen Diskussionen über Form und Aussehen des beispiellosen Giganten der sozialistischen Kinematografie, der alles bisher Dagewesene in den Schatten stellen soll, ihre Meinung zu sagen.*[263]

Die Jahre 1936 und 1937 brachten jedoch eine erhebliche Verschlechterung von Šumjackijs Position mit sich, der sich immer schärferer Kritik ausgesetzt sah. Sein Lieblings-Projekt, das sowjetische Hollywood, wurde nicht mehr weiterverfolgt.

Ähnlich erging es Šumjackijs Planungen für ein zweites Internationales Filmfestival, das im Herbst 1936 in Leningrad hätte stattfinden sollen.[264] Šumjackij wollte dorthin nicht weniger als *100 ausländische Meister und wichtige Filmleute* aus Frankreich, der Tschechoslowakei, Spanien, den USA, Schweden, Norwegen, Spanien, Italien, Polen, China, der Türkei, Persien, Indien und Japan einladen. Das zweite Festival hätte insofern das erste noch deutlich übertroffen. Der Ablauf des Wettbewerbs wäre allerdings dem bewährten Muster gefolgt: Der diesmal zehnköpfigen Jury sollten ganze drei Ausländer angehören. Šumjackij bat das CK auch darum, der Valuten-Kommission, der Gosplan und dem Finanz-Kommissariat Anweisung zu geben, entsprechende Mittel bereitzustellen. Auch aus diesem Projekt wurde allerdings nichts.

II.6. Kritik und verschärfte Kontrolle

II.6.1. Der erste Schritt: die Liquidation der MEŽRABPOM-FIL'M

Das erste größere Opfer einer in der zweiten Hälfte der dreißiger Jahre einsetzenden schärferen Kulturpolitik auch auf dem Filmsektor war das Produktionsunternehmen MEŽRABPOM-FIL'M. Es handelte sich um eines der ältesten und erfolgreichsten Studios der Sowjetunion. Bereits Anfang der zwanziger Jahre hatte die Aktiengesellschaft RUS' sich mit der Berliner INTERNATIONALEN

ARBEITERHILFE (russ.: *Meždunarodnaja rabočaja pomošč'*, abgekürzt *Mežrabpom*) zusammengetan und am 1. August 1924 das gemeinsame Studio MEŽRABPOM-RUS' gegründet.[265] Im Zuge der SOJUZKINO-Gründung waren bereits das ausländische Kapital und das Bankenkapital aus der Firma gezogen worden, die wie alle Produktionsunternehmen der neuen Zentralbehörde zugeordnet wurde. Dennoch arbeitete das Studio unter dem neuen Namen MEŽRABPOM-FIL'M erfolgreich weiter. Mit internationalen Kontakten und mit Erfolgs-Regisseuren - wie dem erfahrenen Unterhaltungsfilmer Jakov Protazanov, der bereits vor der Revolution große Kassenerfolge produziert hatte, oder dem Komik-Experimentator Boris Barnet - war MEŽRABPOM-FIL'M eines der interessantesten und kommerziell erfolgreichsten Studios der Sowjetunion. Es hatte sich aber auch gerade durch seine treffsicheren Unterhaltungsfilme immer wieder Feinde unter den linken Kritikern gemacht, die seine Orientierung am „kleinbürgerlichen" Massengeschmack verurteilten.

Die MEŽRABPOM-FIL'M produzierte 1931 mit großem Erfolg den ersten abendfüllenden Tonfilm der Sowjetunion, *Putevka v žizn'*/*Die Reise ins Leben* (Regie: Nikolaj Ėkk), der bis heute als Meilenstein des frühen Sowjetkinos und besonders des sowjetischen Kinderkinos gilt.

Die MEŽRABPOM-FIL'M war eng verbunden mit der internationalen sozialistischen Theaterorganisation MORT. Der MORT-Vorsitzende, der Italiener Francesco Misiano, wollte auf der Basis dieser Kooperation international wirksame Propagandafilme für die Sowjetunion machen. Vorgesehen waren Koproduktionen mit befreundeten ausländischen Produktionsfirmen (etwa den Studios der Berliner INTERNATIONALEN ARBEITERHILFE, der WELTFILM, den ARGUS- und SPARTAK-Studios). Zu diesem Zweck kam auch der Berliner Regisseur Erwin Piscator nach Moskau, wo er Anna Seghers' Erzählung *Aufstand der Fischer von St. Barbara* verfilmte. Der Streifen wurde allerdings erst nach vielen Schwierigkeiten (für die nicht zuletzt der in Filmfragen unerfahrene Piscator verantwortlich war) erst 1934 fertiggestellt und hatte wenig Erfolg. Der Film sollte ursprünglich vor allem in Deutschland laufen, was aber wegen des zwischenzeitlichen Machtantritts der Nationalsozialisten bereits unmöglich war. Ins Ausland wurde der Film erst 1935 gebracht, um 1936 erstmals deutschen Emigranten in Paris gezeigt zu werden.[266]

Trotz der eher negativen Erfahrungen und der unübersehbaren Zurückhaltung, mit der die sowjetischen Funktionäre seinen Vorschlägen begegneten, verfolgte der MORT-Chef Misiano, der auch als Vertreter des Zentralkomitees der Berliner INTERNATIONALEN ARBEITERHILFE in Moskau fungierte, seine Pläne weiter. In einem Brief an Steckij, den Chef der Agitpropabteilung beim CK, versuchte er im Frühjahr 1935 einmal mehr, der sowjetischen Parteiführung seine Ideen attraktiv zu machen: *Mit dem Ziel der Unterstützung des Kampfes der kommu-*

nistischen Parteien gegen Krieg und Faschismus im Ausland, aber auch zur Popularisierung der Sowjetunion ist es nötig, eine spezielle Kino-Produktion zu begründen, die sich ausschließlich dieses Problems annehmen soll. [...] Zur Verstärkung ihres Erfolges ist es wünschenswert, dass sie [die von dieser Organisation produzierten Filme] *nicht als Filme sowjetischer Produktion figurieren, sondern als Filme ausländischer Kino-Firmen.*

Die Leitung dieses Projektes, so Misianos Vorschlag, solle die MEŽRABPOM-FIL'M übernehmen, die auch unmittelbar die Verhandlungen mit den ausländischen Partnern führen sollte.[267]

Misiano beschwerte sich mehrfach beim CK, dass ihm von den zuständigen Stellen keine Valuten für sein Projekt zur Verfügung gestellt würden.[268] Und auch Piscator selbst, der das Projekt trotz aller Widerstände nicht aufgeben wollte, beschwerte sich beim CK-Mitglied A.S. Ščerbakov über mangelnde Kooperation: *Ich weiß nicht, inwieweit Ihnen bekannt ist, dass meine Tätigkeit bei der Mežrabpom-Fil'm nicht erfolgreich ist, sowohl jetzt als auch in der Vergangenheit*[269]. *Es gab Störungen bei der Produktion und insbesondere verschiedene Erschwernisse für mich persönlich, die sich aus materiellen Problemen ergeben, sowie die Darstellung des Films auf Russisch, auf Deutsch und in anderen ausländischen Sprachen betreffen, usw. Ich habe schon über ein Jahr lang keine Möglichkeit zu arbeiten, weil ich kein passendes Drehbuch habe. Ich habe zuletzt die Inszenierung des Stückes „Die Rundköpfe und die Spitzköpfe" von B. Brecht vorgeschlagen. In der Mežrabpom-Fil'm wäre man bereit gewesen, dieses bereits fertige Material anzunehmen. Aber der Autor hat die Bedingung gestellt, dass er im Falle des Verleihs* [des fertigen Films] *im Ausland sein Honorar in Valuten bekommt.*[270]

Piscator hätte zu diesem Zeitpunkt bereits bemerken können, dass die Blockade der sowjetischen Stellen kein Zufall war, sondern dass sein Projekt - wie die MEŽRABPOM-FIL'M insgesamt - zu diesem Zeitpunkt bereits alles andere als wohlgelitten war. Dass aus Piscators Projekt nichts wurde, lag also nicht nur an den materiellen Ansprüchen des „Arbeiterdichters" Brecht, der nicht bereit war, den „sowjetischen Genossen" bei den Honorarforderungen entgegenzukommen. Piscator selbst wies in seinem Brief darauf hin, dass die MEŽRABPOM-FIL'M nicht selbst über ihre (aus dem Auslandsverleih stammenden) Valuten verfügen dürfe. Daraus hätte er schließen können, dass es sich um eine bewusste Blockade durch die höheren Stellen handelte.

Selbst als Ende Dezember 1935 bereits untrügliche Zeichen auf die bevorstehende Liquidierung der MEŽRABPOM-FIL'M deuteten, gab Piscator nicht auf. Er wandte sich erneut vertrauensvoll an Ščerbakov und berichtete diesem empört die neuesten Entwicklungen: *Am 11. Dezember rief der Genosse Dynamov die neue Sekretärin unseres Sekretariats* [Sekretariat der MORT], *die Genossin*

Barkowa an und teilte ihr offiziell mit, dass <u>MORT liquidiert sei,</u> und dass wir die Fortführung sämtlicher Arbeiten einstellen sollten.[271] Nachfragen, so Piscator weiter, hätten zwar ergeben, dass es sich noch nicht wirklich um eine „Liquidation" handele, dass aber eine „Reorganisation" bevorstehe. Jetzt endlich begriff Piscator offenbar, dass die MEŽRABPOM-FIL'M und die MORT nichts Gutes zu erwarten hatten. Der ganze Vorgang kann als charakteristisch für die Vorgehensweise der sowjetischen Behörden eingeschätzt werden.

Die endgültige Liquidation der MEŽRABPOM-FIL'M ließ nicht lange auf sich warten. Das OB beschäftigte sich im Mai mit dem Thema[272] um schon Anfang Juni die endgültige Entscheidung zu treffen. Die anwesenden OB-Mitglieder, unter ihnen der CK-Sekretär A.A. Andreev, der Chef der Agitprop-Abteilung beim CK, Steckij, der Volksbildungskommissar Bubnov, sowie - bezeichnenderweise - der KPK-Vorsitzende N.I. Ežov und der spätere notorische Agitprop-Chef Ždanov, beschlossen[273]: *1. Die „MEŽRABPOM-FIL'M" ist zu liquidieren. 2. Innerhalb eines Monats sind das Personal, das gesamte Eigentum und Inventar der Studios, die Drehbücher und in Produktion befindlichen Filme der „MEŽRABPOM-FIL'M" an die GUKF zu übergeben, die verpflichtet wird, auf der Basis der „MEŽRABPOM-FIL'M" ein Studio für Kinderfilme zu organisieren. Die der „MEŽRABPOM-FIL'M" gehörenden Kinos sind in diesem Zeitraum an die Mosgorkino [Moskauer Stadt-Kinoverwaltung] und die Leningradkino [Leningrader Stadt-Kinoverwaltung] zu übergeben, mit Ausnahme des Kinos „Moskva", das der GUKF zu übergeben ist.* Für die Auflösung der MEŽRABPOM-FIL'M wurden - wie üblich - keine Gründe angegeben. Diese werden aber aus den Umständen und auch aus dem dritten Punkt des Beschlusses klar. Das OB sah offenbar einen bleibenden Bedarf für Filme, die im Ausland als pro-sowjetische Propaganda eingesetzt werden konnten. Diese sollten aber nicht von einer - besonders angesichts der zahlreichen Auslandsverbindungen über die INTERNATIONALE ARBEITERHILFE und die MORT - für die Funktionäre kaum zu durchschauenden, geschweige denn zu kontrollierenden, unabhängigen Organisation wie der MEŽRABPOM-FIL'M produziert werden. In Punkt drei des Beschlusses setzte das OB fest, dass die GUKF jährlich mindestens fünf bis sieben abendfüllende Spielfilme *über internationale Themen und in Fremdsprachen* machen sollte, *nach Drehbüchern, die vom IKKI bestätigt werden müssen.* Für die Organisation und Kontrolle dieser Filme sollte eigens die Position eines speziell für diese Fragen zuständigen Stellvertreters des GUKF-Leiters geschaffen werden. Die Umstrukturierung sollte von einer *Liquidations-Kommission* unter Leitung des stellvertretenden KSK-Chefs M.N. Belen'kij durchgeführt werden.

Diese Maßnahme gehört in den Kontext der neuen außenpolitischen Strategie der Sowjetführung, die nach den Kampagnen gegen die als „Sozialfaschisten" geschmähten Sozialdemokraten zunächst zu einer kooperativen „Volksfront"- Politik überging. Vor allem aber erschienen den Verantwortlichen die Filme für die Auslandspropaganda zu wichtig, als dass man sie einer Organisation über- lassen konnte, die undurchschaubare Auslandskontakte hatte. Solche Kontakte waren zu diesem Zeitpunkt bereits verdächtig und reichten für die misstraui- schen Funktionäre, um die MEŽRABPOM-FIL'M für so etwas wie eine verkappte „Spionage-Organisation" (EVGENIJ GROMOV[274]) zu halten. Filme für das Aus- land waren zentral (also durch die GUKF) zu kontrollieren und mit der Politik der Komintern abzustimmen.

Piscator beeilte sich nun, abzureisen und auch nach Möglichkeit gleich das MORT-Sekretariat mitzunehmen. Das teilte er dem CK-Sekretär A.A. Andreev keine zwei Wochen nach dem OB-Beschluss brieflich mit. Als Begründung führte Piscator an, die Verlegung sei notwendig, damit die MORT *der Intelli- gencija, den Künstlern und Kunstschaffenden der kapitalistischen Länder* näher sei.[275]

Piscator hatte Glück und entging dem Zugriff der Geheimdienste, die auch vor deutschen Emigranten in vielen Fällen nicht Halt machen.[276] Piscator hatte an- scheinend, als er in die Sowjetunion kam, noch wenig Erfahrung im Umgang mit Sowjetbürokraten, denn sein Verhalten ist insgesamt als einigermaßen naiv einzuschätzen.

II.6.2. Ein neuer Wind: *Kritik und Selbstkritik* in der Filmindustrie

Das erste Signal für einen verstärkten Zugriff der politischen Führung auf die - immer noch insgesamt relativ liberale - sowjetische Filmszene war die pro- grammatische Rede des CK-Sekretärs A.A. Andreev auf einer Versammlung, die im Dezember 1935 den Film-Produktionsplan der GUKF für das Jahr 1936 diskutieren sollte. Andreev zeigte sich insgesamt unzufrieden und rief die Kino- schaffenden zu umfassender „Selbstkritik" auf.[277] Auf diesen Signalruf konnten sich die zahlreichen Kritiker aus verschiedenen Kreisen der Partei und der ge- sellschaftlichen Organisationen in der Folgezeit berufen.

Ein massive Kritik-Kampagne begann. Wie die Musik[278], die Dramaturgie[279] und die bildenden Künste[280] wurde auch die Kinematografie im Parteiorgan *Pravda* heftig attackiert. Zunächst erschienen kritische Artikel zu allgemeinen Fragen. Der armenische Regisseur Amo Bek-Nazarov fragte noch im Dezember 1936 in der *Pravda*: *Warum ist die Vorführung unserer Kinofilme so schlecht?*[281] Er kritisierte in militanter Sprache die mangelnde Qualität der Ar- beit in den Kopierfabriken, die schlechte Tonqualität und besonders die Ver- leihpraxis: *Die Frontlinie unserer Kinematografie braucht eine Begradigung.*

Die zurückgebliebenen Zweige müssen zu größerer Disziplin angehalten werden. Und in erster Linie müssen die Fragen des Verleihs im Zentrum der Aufmerksamkeit aller Kinematografisten stehen.

Von solcher Kritik musste sich besonders Šumjackij selbst, als Leiter der Filmindustrie, getroffen fühlen. Indirekt war hier bereits der Vorwurf enthalten, er habe sich (etwa mit seinem „Kinostadt"-Projekt) gleichsam auf „Nebenkriegsschauplätzen" verrannt und seine reguläre Arbeit vernachlässigt. Bereits Ende Januar 1936 wurden Šumjackij und seine „amerikanischen" Ideen explizit kritisiert. So schrieb A.L. Morov in der *Pravda*[282]: *Seit der Rückkehr der Kommission des Genossen Šumjackij von der Europa- und Amerika-Reise wird in Kinokreisen viel über die Anwendung ausländischer Erfahrungen gesprochen, [...], über den Bau einer Kinostadt nach dem Vorbild des amerikanischen Hollywood, über die Ausweitung der Produktion auf 800 Filme jährlich, und über vieles Andere, das nicht weniger atemberaubend ist, was den Maßstab betrifft.[...]*

Morov zitiert an dieser Stelle den CK-Sekretär Andreev, der in seiner Rede vom Dezember 1935 zu den Filmschaffenden gesagt habe: *„Habt ihr die Möglichkeiten, auch auf der Basis, die die sowjetische Kinematografie bietet, mehr Filme zu produzieren? Zweifellos!"*

Die Kinematografisten, so Morov in seinem Artikel, hätten Andreev lautstark applaudiert. Es sei aber bisher - außer luftigen Planungen für ehrgeizige Projekte - nichts geschehen. Es sei ja gut und schön, so sein Fazit, in einer zukünftigen „Kinostadt" 800 Filme jährlich produzieren zu wollen: *Aber angesichts der jetzigen Arbeitsmethoden kann man überhaupt nicht erst an die Ausführung einer so großen Aufgabe denken. Man muss verstärkt an die Erfüllung der Pläne einer großen sowjetischen Kinematografie gehen. Das aber bedeutet die Notwendigkeit, sich zunächst in erster Linie ernsthaft damit zu beschäftigen, die eigene Wirtschaft in Ordnung zu bringen.*

Dies war ein offener Angriff auf Šumjackij und seine Politik. Die nächste Stufe der Kritik-Kampagne ließ nicht lange auf sich warten. In einem Artikel, der bereits die militante Überschrift *Ausschussproduzenten im Kino* [*Brakodely v kino*] trug, zitierte der Autor V. Veršinin ganze Absätze aus Šumjackijs programmatischem Buch *Kinematografie für Millionen* [*Kinematografija millionov*], um diese dann mit der „Realität" zu konfrontieren und Šumjackij so vor den Augen der sowjetischen Öffentlichkeit zu diskreditieren.[283]

Eine scharfe bol'ševistische Selbstkritik sei jetzt *mehr als an der Zeit*. Diesmal richtete sich die Kritik auf die produzierten Filme selbst. Anstatt, wie in den Planungen der GUKF vorgesehen, 120 Filme im Jahr zu produzieren, habe die gesamte sowjetische Filmindustrie 1935 nur magere 35 abendfüllende und acht Kurzfilme hervorgebracht. Schlimmer noch sehe es aus, wenn man die Inhalte dieser Filme betrachte. Fünf Filme hätten nach ihrer Fertigstellung verboten werden müssen[284]. Die GUKF selbst habe *noch vor ihrer offiziellen Vorführung* eine ganze Reihe weiterer Filme verboten, die auch bereits vollendet gewesen seien.[285] Außerdem, so Veršinin weiter, sei auch die Qualität der tatsächlich für den Verleih zugelassenen Filme fragwürdig. Besonders kritisierte er den Film *Mjač i serdce/Ball und Herz*, eine MOSFIL'M-Produktion über den Konflikt einer schwangeren Sportlerin und die UKRAINFIL'M-Produktion *Prometej/Prometheus* von Ivan Kavaleridze.

Zum ersten Mal wurde hier auch eine fundamentale und kaum zu widerlegende Kritik ausgesprochen: Die Tatsache, dass so viele Filme verboten wurden, bedeutete schlicht und einfach eine Geldvernichtung und eine Verschwendung kreativen Potentials, die sich die Sowjetunion nicht leisten konnte. Für die Produktion von *schwachen, hilflosen* Filmen, die *ein falsches Abbild des Lebens bieten*, machte Veršinin in seinem *Pravda*-Beitrag bezeichnenderweise keineswegs die Regisseure verantwortlich, sondern die politische Führung - also Šumjackij: *Der eigentliche Produktionsprozess der Filme wird fast überhaupt nicht kontrolliert. Mit dem Kinoregisseur wird nur zu Beginn seiner Tätigkeit gesprochen, und da auch nur in groben Zügen. Danach ist er praktisch völlig sich selbst überlassen. Sich auf die Überprüfung der Endergebnisse des Produktionsprozesses zu beschränken, wenn Änderungen faktisch nicht mehr möglich sind, heißt bloß noch den angerichteten Schaden festzustellen.*

Die Regisseure wurden sogar explizit in Schutz genommen. Dies entsprach der Praxis der sowjetischen Führung, anpassungsunwillige oder -unfähige Künstler in der Regel allenfalls ruhig zu stellen und zu ignorieren, während sie selten dem Terror zum Opfer fielen. Im Gegensatz zu einem Polit-Funktionär ließ sich ein künstlerisch-kreatives Talent weitaus schwieriger ersetzen.[286] Insofern deckt sich Veršinins Verteidigung der Regisseure mit der gängigen Praxis der Parteiführung und Stalins selbst. Ein Regisseur hätte, so Veršinin weiter, *oft keine ausreichende Schulung*. Und wenn ihm *die Unterstützung der Führung fehlt*, seien Fehler nicht seine Schuld: *Mit den zahlreichen Aufgaben seiner Arbeit beschäftigt und, natürlich, von ihr begeistert, bemerkt er nicht immer seine Fehler, kommt vom Weg des sozialistischen Realismus ab und auf den Weg des Naturalismus und Formalismus, auf den Weg einer falschen Darstellung der Wirklichkeit.*

Es hagelte Kritik von allen Seiten. Der Regisseur Aleksandr Dovženko fragte *Warum wird die Zulassung unserer Filme aufgehalten?*[287] und beklagte *Wir brauchen lange für die Produktion eine Films*[288]. Zahlreiche weitere kritische Artikel erschienen im Sommer 1936.[289] Der maßgebliche Artikel, der die Kampagne zur kritischen Kursbestimmung in der Filmpolitik ins Rollen gebracht hatte, war ein schon zu Beginn des selben

Jahres erschienener ausführlicher Verriss von Kavaleridzes Streifen *Prometheus* gewesen, der den historischen Kampf der Kaukasusvölker gegen die zarische Besatzung thematisierte. Der Artikel unter dem Titel *Ein grobes Schema anstelle historischer Wahrheit*[290] war nicht namentlich gekennzeichnet. Es deuten aber (besonders im Vergleich mit den entsprechenden Artikeln zu anderen Kunstrichtungen, s.o.) der hölzerne Stil, die Thematik, sowie Aufbau, Wortwahl und Platzierung zumindest auf eine Beteiligung Stalins selbst hin. Dieser interessierte sich sehr für künstlerische Bearbeitungen der Geschichte des Kaukasus (einschließlich seiner georgischen Heimat, die im Artikel immer wieder erwähnt wird). Der Artikel brachte keine wirklich neuen Argumente. Er nutzte die Kritik an Kavaleridzes Film lediglich für eine grundsätzliche Positionsbestimmung: *Der Misserfolg des Regisseurs Kavaleridze ist lehrreich nicht nur für ihn allein. Er hat die grundsätzlichen Forderungen des sozialistischen Realismus missachtet. Jedes Kunstwerk, darunter auch ein Spielfilm, muss wahrheitsgetreu [pravdivo] und verständlich sowie mit jener großen Einfachheit gemacht sein, die allein das Resultat großer Meisterschaft ist.*

Der sozialistische Realismus war für das sowjetische Kino bereits seit der Themenversammlung vom Januar 1935 (parallel zur 15-Jahr-Feier) als verbindliche Stilform festgeschrieben. Die Charakteristika, die im *Pravda*-Artikel an Kavaleridzes Film kritisch hervorgehoben wurden, waren ebenfalls altbekannt: *Naturalismus* und *Formalismus*. Der „Formalismus" des Films bestand darin, dass *jegliches zusammenhängende und klare Sujet* fehlt, dass *alle Personen des Films hölzerne und ausgedachte Figuren und Masken* [sind]*, und keine lebendigen Menschen.* Hier wurde die (in großem Stil) seit Beginn der dreißiger Jahre vertretene Linie bekräftigt, die auf klare Fabeln und leicht zugängliche Helden als Identifikationsfiguren setzte und eine zu große künstlerische Verkomplizierung von Filmen zu vermeiden suchte - um so Verständlichkeit, Massenwirksamkeit und Unterhaltungswert zu steigern. Jede Abweichung von diesem Konzept wurde schon jahrelang unter dem Schlagwort „Formalismus" angeprangert. Der *Pravda*-Artikel kritisierte allerdings auch den *groben Naturalismus* von *Prometheus*: *Es gibt sehr viel Theaterblut. Verwundete krümmen sich vor Schmerz, krampfhaft sind die Finger der Toten zusammengepresst, verwesende Körper nehmen einen nicht geringen Raum ein. […] Naturalistisch grob und hilflos sind einige Szenen gemacht, die im Bordell spielen […]*

Jede Anspielung auf Sexualität galt ebenfalls bereits seit Beginn der dreißiger Jahre als zumindest „ungehörig". Stalins Prüderie in Bezug auf die Kunst und seine vehementen Reaktionen auf die leisesten erotischen Andeutungen in Spielfilmen waren bekannt.[291] Diese ablehnende Haltung fand ihre Entsprechung in der allgemeinen Disziplinierungskampagne in Bezug auf die Sexualität, in deren Rahmen etwa vorbildliche Studentenkommunen von sich behaupteten: *Bei uns gibt es keine Flirts, nur Sport!* [*Flirta u nas net, fizkul'tura est'!*][292].

Zu großer Realismus in der Darstellung von Kriegsschrecken war ebenfalls tabu, was auch die Zensurpraxis bestimmte. P. Bljachin, der oberste Filmzensor des GRK beschrieb Anfang 1934, warum unter anderem der Film *Moja rodina/Meine Heimat* (Regie: Aleksandr Zarchi und Josif Chejfic, ROSFIL'M/Leningrad 1933) zunächst umgeschnitten und dann, nach der Premiere, verboten worden war. Der Film habe *pazifistische Tendenzen* gehabt und *die biologischen Schrecken des Krieges* gezeigt. Es fehlte in diesem Zusammenhang auch nicht Bljachins Hinweis auf den *zukünftige*[n] *Krieg*, auf den die Sowjetunion *vorbereitet* sein müsse.[293]

Eine allzu realistische Darstellung von Kriegsschrecken widersprach der militärischen Mobilisierungspolitik, die die Sowjetbürger in Wehrübungen und politischen Unterrichtsveranstaltungen auf die Verteidigung ihrer „sozialistischen Heimat" gegen die „kapitalistische Einkreisung" einstimmte.

Der *Pravda*-Artikel gegen *Prometheus* brachte also nichts wirklich Neues. Die Abgrenzung des verbindlichen „sozialistischen Realismus"[294] gegenüber den genannten verurteilten Tendenzen, die unter den Schlagworten „Formalismus" und „Naturalismus" zusammengefasst wurden, war in der gängigen Diskussion längst üblich. Die Funktion des Artikels war seine Signalwirkung. Er kündigte einen neuen verstärkten Zugriff der politischen Führung auf die Kinematografie an, wie er in einer Art „stalinistischer Kulturrevolution" auch in den anderen Kunstbereichen durch ähnliche Artikel eingeleitet worden war.

Šumjackij verstand dieses Signal, das auch für ihn persönlich nichts Gutes verhieß, sehr gut. Er bemühte sich, seine eigenen Kanäle zur Eindämmung der kritischen Angriffe, die von allen Seiten kamen, zu nutzen. In einem Schreiben wies er seine Mitarbeiter V.A. Usievič und V.S. Bruk an, wenigstens innerhalb der eigenen GUKF-Einflusssphäre für Ruhe zu sorgen: *Die Diskussion in unserem „Haus des Kinos" muss unverzüglich unterbunden werden. Sie wird vorgeblich aus Anlass der Artikel in der Presse geführt, aber in Wirklichkeit wird sie schamlos von verschiedenen Elementen für andere Ziele genutzt. Das „Haus des Kinos" - das ist doch schließlich Teil unserer GUKF.*[295]

Šumjackij tat das, was er als Sowjet-Funktionär einzig tun konnte: Er stellte sich auf die neue Linie ein und schrieb selbst einen *Pravda*-Artikel[296], in dem er sich auf die Seite der Kritiker stellte und deutlich machte, dass er die Zielrichtung der Kunstkampagne in der *Pravda* verstanden und sich zu Herzen genommen habe. Er übte „bol'ševistische Selbstkritik": *In den Pravda-Artikeln über formalistische und naturalistische Fehler in der Musik, Architektur, Kinematografie und Theater-Dramaturgie ist ein echtes bol'ševistisches Handlungs-Programm für die gesamte Front der sowjetischen Künste entwickelt worden.*

Um seine eigene, hart angegriffene Position abzusichern wandte er eine für die Hochphase des Stalinismus charakteristische Strategie an: Er wandte sich selbst mit scharfer Kritik an jemand anderen, um sozusagen die Wucht des Angriffs abzuleiten. In diesem Fall war das (wie schon einmal zu Beginn der dreißiger Jahre im Zusammenhang mit der Umstrukturierung der ARRK) die ARRK-Zeitung *Kino*. Ähnlich wie die Autoren des *Pravda*-Artikels über den Film *Prometheus* machte auch Šumjackij seine Kritik an einem (relativ beliebig ausgewählten) konkreten Beispiel deutlich, denn - so Šumjackij - *das Fehlen konkreter Kritik hält nur das Wachstum unserer Kunst auf.* Šumjackij geißelte die Diskussion, die über den Film *Dubrovskij* (Regie: Aleksandr Ivanovskij, LENFIL'M 1935, nach einer gleichnamigen Erzählung von A.S. Puškin) in der Zeitung *Kino* geführt worden war. Im Grunde ging es aber gar nicht um die Bewertung des Films selbst, sondern - wie auch in den anderen *Pravda*-Artikeln - um ein Signal: Es sollten in der Öffentlichkeit keine Diskussionen mehr geführt werden, in der verschiedene Meinungen zu ästhetischen Fragen geäußert würden, wie das bisher in der einigermaßen vielfältigen Kino-Presse noch der Fall war. Die Presse habe, so Šumjackijs Botschaft, fortan stets sofort eine einheitliche Linie zu beziehen und zur Unterstützung der Propaganda-Absichten, die mit einem jeweiligen Film verbunden waren, als Verlautbarungsorgan zu fungieren. So war, nach Šumjackijs Bewertung, der Haupt-"Fehler" der Diskussionsbeiträge in *Kino* ihre mangelnde Eindeutigkeit: *In der Bewertung einzelner Filme lässt die Zeitung die allergröbsten Fehler zu. Sie spricht über gute Filme genauso wie über schädliche. Sie mischt ihre Bewertungen des einen oder anderen Films und nivelliert so gute und schlechte, indem sie sie über einen Kamm schert.*
Die Zeiten der Vielfalt in der Filmkunst, so das Signal, waren vorbei.[297]

II.6.3. Ein Exempel wird statuiert: Éjzenštejn und *Die Bežin-Wiese*

Ein für das stalinsche System charakteristisches Verfahren zur Festlegung und öffentlichen Propagierung einer neuen Linie war das Statuieren eines Exempels. Ihren Höhepunkt fand diese Strategie in den Moskauer „Schauprozessen" 1936-1938.[298]
Auch in der Kunst folgte die Parteiführung diesem Prinzip. Bereits die kritischen *Pravda*-Artikel hatten die neuen Richtungsbestimmungen anhand des Angriffs auf einzelne Werke und ihre jeweiligen Schöpfer vorgeführt. Es war nur konsequent, dass - so wie Šostakovič auf dem Gebiet der Musik - auch in der Filmkunst ein Prominenter als Opfer für die Exemplifizierung der Kampagne herhalten musste. Einen ähnlichen Vorschlag machte später noch einmal Grigorij Zel'dovič in seiner Aussage gegen Šumjackij. Er brachte dabei sehr plastisch die mit diesen Prinzipien verbundene Denkweise zum Ausdruck: *Es wäre*

sehr wichtig, eine der „Autoritäten" zu stürzen [svergnut'], seine Amoralität zu entlarven usw. Das könnte G. Aleksandrov sein oder noch jemand anderes. Vielleicht muss irgendeiner von den „Sanften" [iz „tichon'„] schlimmer als die anderen durchwühlt werden [poryt'sja].[299]

Zur Statuierung eines Exempels eignete sich der „Formalist" Ėjzenštejn aber viel besser als Aleksandrov, der Schöpfer der auch von Stalin selbst geschätzten populären Musical-Komödien. Ėjzenštejn hatte sich bei Stalin bereits durch seinen langen Auslandsaufenthalt Anfang der dreißiger Jahre als „Deserteur" verdächtig gemacht.[300] Ihn griff Šumjackij nun an und statuierte anhand von dessen noch in der Produktion befindlichen Film *Bežin lug/Die Bežin-Wiese* ein Exempel. Er verbot am 17.3.1937 alle weiteren Aufnahmen und begann eine öffentliche Kampagne, die erneut mit einem programmatischen *Pravda*-Artikel begann[301]. Der *verdiente Kunstschaffende [zaslužennyj dejatel' iskusstva]* Ėjzenštejn, der in den zwanziger Jahren eine international gefeierte „Autorität" und ein hervorragendes Aushängeschild für die Sowjetunion gewesen war, hatte sich in den Dreißigern als wenig nützlich für die Parteiführung erwiesen. Seine künstlerische Methode, die „Montage von Attraktionen", war alles andere als massenwirksam. Und auch Ėjzenštejns Schwierigkeiten mit dem Tonfilm machten ihn nicht zu einem wirksamen Rad im Propagandagetriebe. Ein „Sturz" Ėjzenštejns bedeutete zu diesem Zeitpunkt, wo er sich bereits in seine Lehrtätigkeit am VGIK[302], in das Verfassen von Schriften und privates Zeichnen geflüchtet hatte, also keinen wirklichen „Verlust" für die Parteiführung. Ėjzenštejns immer noch große Reputation gewährleistete aber eine größtmögliche Breitenwirkung für das zu statuierende Exempel.

Šumjackij geißelte scharf sowohl die politische „Unzuverlässigkeit" als auch die unverbesserliche künstlerische Fixierung auf den „Formalismus" Ėjzenštejns: *Zu Beginn der Aufnahmen [für den Film Die Bežin-Wiese] verband Ėjzenštejn diese Arbeit mit der Notwendigkeit einer entschiedenen Neuorientierung. Er versprach, sein Gesicht den neuen Anforderungen zuzuwenden, die während der Jahre seines langen künstlerischen Schweigens in höchstem Maße entstanden sind. Die Dauer dieses Schweigens wurde noch dadurch verstärkt, dass Ėjzenštejn auch seine vorherige Filmproduktion „Das Neue und das Alte" [Novoe i staroe[303]] mit bedeutenden Fehlern beendete, nicht nur in der Methode, sondern auch im Inhalt des Werkes. Ėjzenštejn habe deshalb vorher seinen starken Wunsch* angekündigt, *auf die neue Art zu arbeiten, im Stil des sozialistische Realismus zu arbeiten, er sagte sich öffentlich los von seinen vorherigen ernsthaften künstlerischen Fehlern. Man habe ihm vertraut,* so Šumjackij weiter, *und das Mosfil'm-Studio hat ihm mit vollem Einverständnis der GUKF die allerbesten Bedingungen für die Produktion geschaffen.*

Er, Šumjackij, habe nun aber, nach Ansicht einzelner Szenen des noch nicht vollendeten Films festgestellt, *dass die Produktion von „Die Bežin-Wiese" S. Ėjzenštejn nur als Gelegenheit für schädliche formalistische Übungen interessierte.* Diese Kritik war nicht neu. Schon in der Vergangenheit war Ėjzenštejn (wie andere auch) scharf wegen seines „Formalismus" angegriffen worden. Im Kern lief die Kritik auf zu große künstlerische Kompliziertheit der Filme heraus, die sie für die „Massen" unverständlich und damit für die Propaganda untauglich machten. Ėjzenštejns neue Produktion rechtfertigte also nicht wirklich die große Aufregung, die nun um sie herum inszeniert wurde. Šumjackij benutzte den berühmten Regisseur lediglich als Vehikel für seine eigene „Selbstkritik" und als Signal für den neuen Kurs, der eine stärkere Kontrolle aller Filmproduktionen vorsah, einschließlich der Überwachung von Ausgaben und der regelmäßigen Sichtung von Zwischenergebnissen: *S. Ėjzenštejn hat eine der entscheidenden Grundlagen für die Entwicklung der sowjetischen Kunst ignoriert - die Führung [rukovodstvo]. [...] Ėjzenštejn konnte und wollte für die staatlichen Mittel* [mit denen seine Produktionen finanziert wurden] *keine Rechenschaft ablegen.*[304].

Für *Die Bežin-Wiese* seien bereits um die 2 Millionen Rubel ausgegeben worden, eine ungeheure Summe, die Ėjzenštejn nach Šumjackijs Behauptung als „*Kleinigkeit"* darstelle. Dieses Verhalten, so Šumjackij, habe sein Einschreiten erfordert: *Diese empörende Situation im Zusammenhang mit der Produktion von „Die Bežin-Wiese" forderte eine Einmischung des CK VKP(b). Das CK VKP(b) analysierte eine bedeutende Anzahl von aufgenommenen Szenen und erklärte den Film für antikünstlerisch und für politisch klar ungenügend.*

Die Vorführung von unverbundenen Einzelszenen (was den Eindruck von „Unverständlichkeit" und „Formalismus" verstärken musste) aus einem noch in Arbeit befindlichen Film vor Vertretern der höchsten politischen Ebene war in der Tat ein Präzedenzfall. Šumjackij selbst hatte offenbar die Vorführung im PB durchgesetzt[305], um ein Exempel zu statuieren für die verstärkte Einmischung der Partei in die Produktion von Filmen und wahrscheinlich auch, um selbst Handlungsfähigkeit zu beweisen. Er verknüpfte, wohl um seine Haut zu retten, den Fall der *Bežin-Wiese* mit offener Selbstkritik. So sei zwar natürlich in erster Linie die MOSFIL'M-Führung dafür zu kritisieren, dass sie Ėjzenštejn bei der Produktion nicht genügend überwacht habe. Die Verantwortung, so Šumjackij in seiner „bolschewistischen Selbstkritik" in der *Pravda*, liege aber eben letztlich auf der höchsten Führungsebene: *Es versteht sich von selbst, dass ich als Leiter der GUKF die Verantwortung für all dies trage: Es war unzulässig, einen Film ohne vorherige Bestätigung des genauen Drehbuchs und der Dialoge zuzulassen.*

Damit war die neue Linie öffentlich signalisiert: Von nun an würde jeder Film von der Vorlage des Drehbuchs über die Produktion bis zur Endmontage genau überwacht werden. Das verhieß nichts Gutes für die Arbeit der Regisseure, die bislang noch einigen kreativen Spielraum gehabt hatten. Es war auch abzusehen, dass eine solche Praxis die Filmproduktion erheblich bürokratisieren und damit verlangsamen würde, was zu einem Einbruch der Produktionszahlen führen musste.

Die Partei, so klang es selbstbewusst aus Šumjackijs Artikel, meldete ihren Führungsanspruch für alle Betroffenen hörbar und spürbar an: *Anhand dieses Beispiels hat die Partei einmal mehr gezeigt, wie man auf bol'ševistische Art Kunstfragen löst. Anhand des Beispiels der „Bežin-Wiese" hat sie gezeigt, wie man mit allen Mitteln die gesunde künstlerische Arbeit vieler unserer Meister anspornt und gleichzeitig entschlossen die schädlichen Überreste des Formalismus mit der Wurzel ausrottet.*

Šumjackij hatte sich bei der Kampagne gegen Ėjzenštejn aller verfügbaren Mittel bedient. Neben seinem *Pravda*-Artikel und der Vorführung und Diskussion im PB inszenierte er auch zwei Diskussionen im VGIK (am 25.April und am 13.Mai 1937), bei der Ėjzenštejns Kollegen (als Regisseure und VGIK-Dozenten) über ihn herfielen.

Der Regisseur und Drehbuchautor D.S. Mar'jan nutzte diese Gelegenheit um Ėjzenštejns gesamtes Werk rückwirkend in Grund und Boden zu verdammen: *Als wir [...] den schöpferischen Weg von Sergej Michajlovič [Ėjzenštejn] analysiert haben, stellten wir fest, dass wir seine gesamte schöpferische Biographie nach dem völlig glänzenden Höhenflug des „Panzerkreuzers 'Potemkin',", der weltweite Bedeutung errang, als eine Reihe beispielloser Misserfolge werten mussten.*

Ėjzenštejn musste auch hier wieder als Sündenbock herhalten, an dem stellvertretend der „Kampf gegen den Formalismus" vorexerziert wurde. Mar'jans militante Sprache war symptomatisch für die ganze Kampagne, die auf eine (noch) stärkere Ideologisierung aller Filme abzielte: *Dort, wo bei bemerkenswerter Darstellung ideologische Armut herrscht, wo der brillante Meißel des Meisters sich mit ideologischer Armut verbindet, dort sucht den Formalismus und schlagt ihn ohne Gnade! Er ist der Feind der ideologischen Ausrichtung* [idejnost'], *der Feind aller großen Gegenwartskunst, der Kunst der Revolution.* [306]

In der üblichen „Selbstkritik" im Zusammenhang mit der Kampagne gegen ihn, musste Ėjzenštejn selbst öffentlich auf Distanz zu seinem eigenen bisherigen filmischen Schaffen gehen: *Er verurteilte seinen Individualismus, den er als Pathologie einstufte, und bezeichnete seine Experimente mit ausgefallenen Kompositionen, Lichtstimmungen, Kamerastandpunkten, statischen Einstellun-*

gen und Masken anstelle realistischer Charaktere als Entartung. Seine Ästhetik hätte ihn zu dieser politischen Verfehlung geführt.
Diese Schlussfolgerung entsprach dem Ton der Formalismus-Kampagne, die seinen Film [Die Bežin-Wiese] genauso zu einem Präzedenz-Fall machte wie die Šostakovič-Oper.[307]

Es ist symptomatisch für den politischen Stil in der stalinschen Sowjetunion der dreißiger Jahre, besonders auf dem Gebiet der Künste, dass das „Schlagen" von „feindlichen Tendenzen" und ihren (vermeintlichen oder dazu erklärten) Repräsentanten nur metaphorisch war, soweit es Künstler (einschließlich Regisseure) betraf. Sie wurden selten Opfer von Terrormaßnahmen - ganz im Gegensatz zu den leichter ersetzbaren Funktionären. So gab auch der prominente Filmkritiker und -theoretiker N.M. Iezuitov bei einer der Diskussionen im VGIK die entsprechende Parole für den weiteren Umgang mit Ėjzenštejn aus: *Natürlich können wir nicht sagen, dass Ėjzenštejn den Staub der Kinematografie abschütteln und sie verlassen soll. Und es wäre unbolschewistisch und unsowjetisch [ne po-bol'ševistskij i ne po-sovetskij], einen Menschen aus diesem Gebiet herauszuwerfen, mit dem er verbunden ist, und wo er von Nutzen sein könnte. Aber in jedem Falle muss Ėjzenštejn für eine gewisse Zeit aussetzen, um sich gedanklich und gefühlsmäßig umzustellen [čtoby peredumat' i perečuvstvovat'].*[308]

Der große Meister wurde noch gebraucht. Er musste sich sozusagen nur die „Kritik" zu Herzen nehmen, sich auf die neue Linie einstellen und einwilligen, sich „benutzen" zu lassen. Dann würde man ihm auch wieder Aufträge geben.
Tatsächlich beschloss das PB höchstselbst bereits wenige Tage <u>vor</u> dieser zweiten Kritik-Versammlung im VGIK, dass Ėjzenštejn - entsprechende Kooperationsbereitschaft seinerseits und politische Kontrolle seitens der Partei vorausgesetzt - einen prestigeträchtigen neuen Filmauftrag bekommen solle. Die Entschließung liest sich fast wie eine Gnadenurkunde: <u>Über S. Ėjzenštejn:</u> *Der Genosse Šumjackij wird angewiesen, Ėjzenštejn nutzbar zu machen [izpol'zovat'] und ihm eine Aufgabe (ein Thema) zu geben, wobei vorab das Drehbuch, der Text usw. zu bestätigen sind.*[309]

Ėjzenštejn akzeptierte das neue, von Stalin persönlich angeregte Projekt, einen nationalistischen und anti-deutschen Historien-Film über den mittelalterlichen Russen-Fürsten Aleksandr Nevskij[310] zu machen. In diesem Werk vollzog Ėjzenštejn auch die verlangte künstlerische Wende: Der Film hatte eine klare und verständliche Fabel, verzichtet auf jede „Montage von Attraktionen" und war eher konservativ geschnitten. Der Film präsentierte „volksnahe" Identifikationsfiguren und arbeitete meisterhaft mit den Mitteln der Musik und besonders des (patriotischen) Liedes. Ėjzenštejn fügte sich somit den Weisungen „von oben", behielt seine Privilegien und machte weiter Filme mit weit überdurchschnittlich hohen Budgets. Es ist lange Zeit nicht bekannt gewesen (bzw. anerkannt worden), dass Ėjzenštejn seine künstlerische Wende - seiner Gewohnheit entsprechend - auch theoretisch-schriftlich untermauerte. Das Massenpublikum hatte seinen Filmen stets nur schwer folgen können, weil diese bewusst auf einheitliche Erzählstränge und identifizierbare Protagonisten verzichteten. In seiner jüngst wieder veröffentlichten Schrift *Montage 1938* nahm Ėjzenštejn 1940 rückwirkend Abschied von seiner „Montage der Attraktionen", einer eher dialektischen Schnittmethode, deren starke Sprünge und Gegensätze seine Filme für ein breites Publikum noch unverständlicher gemacht hatten: *Gar nicht zu reden von einem spannenden und logisch aufeinanderfolgenden Erzählstrang, so geht sogar ein schlicht zusammenhängender Erzählstrang in vielen Fällen sogar den ganz außerordentlichen Meistern des Kinos aus den unterschiedlichsten Genres verloren. Das erfordert natürlich nicht so sehr eine Kritik an diesen Meistern, sondern vor allem einen Kampf für die bei vielen verlorengegangene Kunst der Montage. Um so mehr, als unsere Aufgabe nicht nur ein logisch verknüpfter, sondern eben ein maximal spannender emotionaler Erzählstrang ist.*[311]

Ėjzenštejn hatte offensichtlich das von Iezuitov angemahnte „Umdenken" vollzogen. In dem ihm eigenen umständlichen Stil beanspruchte Ėjzenštejn in seinem Artikel eine Führungsrolle auch für die neue Filmkunst, auf deren Kurs er eingeschwenkt war. Er hatte seine „Montage der Attraktionen", zu deren konstituierenden Elementen die Abwesenheit eines einheitlichen Erzählstranges zählte und die von den Zuschauern alles andere als „spannend" empfunden wurde, zu den Akten gelegt. Nun begründete er eine neue Montage-Theorie, die gerade das Gegenteil - nämlich eine maximale Einheitlichkeit des Erzählstranges - gewährleisten sollte. Ėjzenštejn wird häufig in einer Art Opferrolle beschrieben, als ein „vom Regime" bzw. „von Stalin" unterdrückter Künstler. Er hat sich aber durchaus den Umständen angepasst, nicht zuletzt um weiterhin (teure und aufwendige) Filme machen zu können.[312]

II.6.4. Terrormaßnahmen - Das Ende der GUKF

Die Auflösung der GUKF und die Repressionen gegen ihre Führungskader und zahlreiche Mitarbeiter müssen von langer Hand vorbereitet gewesen sein. Spätestens seit 1937, wahrscheinlich schon früher, haben die entsprechenden Organe damit begonnen, „Kompromat" (*kompromitirujuščij material/kompromittierendes Material*) gegen sie zu sammeln.[313] Die Vorbereitung des Schlages gegen die GUKF und ihre Leitung lässt sich anhand einer Geheimakte mit dem unscheinbaren Titel *Materialien über die Arbeit und die Kader der Hauptverwaltung der Filmindustrie* [GUKF] nachvollziehen.[314]

Die Einbeziehung und Kooperation einiger Mitarbeiter der Filmindustrie bei der Vorbereitung der Repressionen lässt sich sehr eindrucksvoll in ihren Diskussionsbeiträgen bei einer konspirativen Sitzung im Dezember 1937 verfolgen.[315] Anhand dieser Unterlagen lässt sich auch feststellen, dass Šumjackijs Schicksal offenbar - während er noch durch seinen Aktionismus im Zusammenhang mit der Affäre um Èjzenštejns Film *Die Bežin-Wiese* Punkte wettzumachen hoffte - auf höchster Ebene längst entschieden war. Auf der geheimen Versammlung, die Ende Dezember 1937 beim Chef der Planungsabteilung des CK-Kinokomitees, D'jakov, stattfand, präsentierte ein gewisser Dubrovskij ein von langer Hand vorbereitetes Projekt, für das er sich auf Stalin selbst berief. Das war äußerst unüblich und stellte einen allerhöchsten Autoritätsbeweis dar. Dubrovskij dankte den Anwesenden – unter ihnen die Regisseure B. Barnet, V. Pudovkin, A. Ptuško, G. Rošal' und der Ausstatter Dubrovskij-Èške[316] - dafür, dass sie ihm die Möglichkeit gäben, sein *Projekt vorzustellen, und zu verteidigen und damit meine Bitte an den Genossen Stalin zu erfüllen, dass mein Projekt der Diskussion unterworfen wird.*

So war den Anwesenden bereits unverblümt zu verstehen gegeben, wie sie die Versammlung, auf der sie sich befanden, einzuordnen und wie sie sich zu verhalten hatten. Was nun kommen sollte, kam „von ganz oben". Dubrovskij fuhr fort: [...] *als einfacher Mitarbeiter der Kinematografie habe ich einige Jahre lang* [!] *die Fehler und Anomalitäten in der Kinematografie beobachtet, begann sie zu analysieren, begann diese Materialien zu systematisieren und zu sammeln* [...][317]

Dubrovskijs Hinweis darauf, er sei nur „ein einfacher Mitarbeiter" in der Filmindustrie ist ein durchsichtiger Euphemismus dafür, dass seine Haupttätigkeit offenbar darin bestand, unter dem Deckmantel einer „einfachen Tätigkeit" im Auftrag der Geheimorgane die Mitarbeiter der Filmindustrie, insbesondere der GUKF, auszuspionieren und kompromittierendes Material zu sammeln. Es entsprach der Praxis in der Sowjetunion der dreißiger Jahre, und insbesondere Stalins persönlichem Stil, über alle mehr oder minder wichtigen Personen solche Materialien zu sammeln, um sie „bei Bedarf" gegen diese zu benutzen. Dubrovskij war, so sein Vortrag weiter, zu dem Ergebnis gekommen, [...] *dass die gesamte vorhandene Arbeit der Kinematografie bis zum heutigen Tage wirklich von oben bis unten fehlerhaft ist und grundlegend umgebaut werden muss.*

Dubrovskij wiederholte nun den auch öffentlich bereits häufig geäußerten Vorwurf, dass in der Sowjetunion zuwenig eigene Filme produziert würden. Er zog die - nicht zu leugnende - Negativbilanz der sowjetischen Filmindustrie: Einem geschätzten Bedarf von 300 Filmen jährlich stünden, so Dubrovskij, ganze 239 Filme gegenüber, die während der gesamten Periode des zweiten Fünfjahresplans entstanden seien, was einem Durchschnitt von 37 Filmen jährlich entspreche. Und selbst von diesen Filmen seien nur 185 abendfüllende Spielfilme, während die übrigen 44 Dokumentarfilme (Wochenschau-Sonderausgaben und technische Lehrfilme) seien. Ergänzt worden sei das - insgesamt magere - Programm der sowjetischen Filmtheater durch weitere 10 ausländische Filme (v.a. Chaplin- und Disney-Produktionen, sowie die auf dem Moskauer Internationalen Filmfestival 1935 ausgezeichneten ausländischen Wettbewerbsbeiträge). Damit sei der Plan, der 110 Filme jährlich vorgesehen habe, gerade zu einem Drittel erfüllt worden. Schlimmer noch stehe es um die Filmproduktion in den nationalen Sowjetrepubliken: Die AZER-, die TURKMEN- und die TADŽIKKINO produzierten, so Dubrovskij, im Schnitt weniger als einen Film jährlich.[318]

Diese kritische Bilanz des dauernden Defizits in der Versorgung der Bevölkerung mit Filmen war keine Neuigkeit. Auch Šumjackij hatte dieses Problem längst anerkannt. Seine USA-Reise und sein im Anschluss daran entstandenes Projekt der „Kino-Stadt" zielten gerade auf die Ausweitung der Produktion durch Steigerung der Effizienz. Šumjackij war jedoch in seinem Bestreben, die Produktion auszubauen, durch die Wünsche gerade der Parteiführung und Stalins selbst behindert worden. Diese hatten immer wieder eine genaue Überwachung und Kontrolle von Inhalt und Qualität der wichtigsten und prestigeträchtigsten Propagandafilme eingefordert. Diese banden überproportional hohe Kapazitäten, sowohl in der Verwaltung der GUKF als auch bei den Studios selbst. Dort verschlangen solche Großproduktionen immense Mittel und banden personelle Ressourcen, die damit für andere Produktionen nicht zur Verfügung standen. Šumjackij hatte aufgrund der materiellen Situation der sowjetischen Filmindustrie realistisch betrachtet nur die Wahl gehabt, entweder viele schlechte Filme zu machen oder wenige gute. Er entschied sich für letzteres und setzte auf den Effekt einiger weniger Großfilme. Er glaubte, dabei die Unterstützung der Parteiführung und Stalins selbst zu haben. Grigorij Zel'dovič berichtete, wie Šumjackij auf die sich verschärfende Kritik, und besonders auf einen im Oktober 1936 erschienenen *Pravda*-Artikel reagierte, der die schleppende Filmproduktion kritisiert hatte.[319] Nach der Vorführung der Filme *Partijnyj bilet/Der Parteiausweis* (Regie: Ivan Pyr'ev, MOSFIL'M 1936) und *My iz Kronštadta/Wir aus Kronštadt* (Regie: Efim Dzigan, MOSFIL'M 1936) habe, so die von Šumjackij selbst in Umlauf gesetzte und von Zel'dovič weitergegebene Kolportage, *Stalin Šumjackij auf die Schulter geklopft und gesagt: „Alle beschimpfen ihn, aber er macht gute Filme."*

Auch im Zusammenhang mit der Auflösung der VOSTOKKINO 1936, *als alle mit Fingern auf die GUKF zeigten, auf Šumjackij selbst, habe dieser Ruhe bewahrt,* so Zel'dovič. Šumjackij sei aus dem Urlaub wiedergekommen, habe eine Mitarbeiterversammlung einberufen, und folgende Rede gehalten, wobei er sich auf

Informationen direkt aus der KSK berief: „*Was soll die Panik. Wir sind nicht verpflichtet, uns von der Presse an der Leine führen zu lassen. Feindliche Einflüsse dringen auch dahin vor. Mir haben führende Genossen gesagt, dass wir nicht der Planerfüllung hinterher jagen müssen, sondern dass wir sehr bedeutende Filme produzieren sollen, das ist die Hauptsache. Sollen sie uns doch für die Nichterfüllung des Planes prügeln, aber dafür werden wir anständig vor der Partei dastehen, weil wir kein Mittelmaß produzieren.*"[320]
Šumjackij wiegte sich offenbar in Sicherheit, bzw. wurde in Sicherheit gewiegt. Und tatsächlich konnte man die materiellen Defizite und organisatorischen Schwierigkeiten, die durch die ständige Einmischung der Parteispitze noch verstärkt wurden, sicher nicht ihm und seiner Amtsführung anlasten. Es entsprach aber der gängigen Praxis, für strukturelle Mängel Einzelpersonen verantwortlich zu machen.

So fand auch Dubrovskij in seinem Vortrag vor der konspirativen Versammlung einen Schuldigen für die von ihm angeprangerte Misere in der Filmindustrie: *Alle diese Fakten sprechen von der äußerst unnormalen, unbefriedigenden Situation einer Reihe von Studios, vor allem der nationalen Studios* [in den nationalen Republiken]. *Die Sorge um diese sollte eigentlich einen der wichtigsten Plätze in der Arbeit der GUKF einnehmen. Eine solche Sorge hat es offensichtlich nicht gegeben.*[321]
Die GUKF, das war Šumjackij - und auf ihn münzte Dubrovskij konsequenterweise seine Hauptkritik: *Der Genosse Šumjackij hat die staatlichen Organisationen und die Partei betrogen, als er behauptet hat, er produziere 1936 nach Plan 51 Filme. In dieser Zeit wurden real nur 21 Filme produziert.*
Dubrovskij langweilte die Versammlung noch mit einer Fülle von (den Anwesenden in der Regel bekannten) Details über nicht fertiggestellte Filme, herausgeworfenes Geld etc. Er ließ kaum einen Bereich aus und kritisierte unter anderem, dass *nicht ein einziger Farbfilm* produziert worden sei. Er kam zu dem Schluss, dass die Plan-Nichterfüllung in der sowjetischen Filmindustrie der Normalzustand sei, wofür die GUKF - und damit Šumjackij - verantwortlich zu machen sei: *Das ist schon so eine Art Norm für die GUKF*[322] *geworden. Ist eine solche Lage zu tolerieren? [...] Es ist offensichtlich: Die Lage unserer Kinematografie ist rückständig.*[323]
In Dubrovskijs Vortrag finden sich eindeutige Hinweise darauf, dass das Schicksal der GUKF zu diesem Zeitpunkt bereits längst besiegelt war. Es ist sehr wahrscheinlich, dass zumindest Šumjackij und seine Stellvertreter bereits verhaftet worden waren. Und offenbar waren auch die Pläne für die Neustrukturierung der Filmindustrie bereits weitgehend fertig. Dubrovskij wies seine Zuhörer darauf hin, dass *Schädlinge in der Kinematografie waren, dass sich Schädlinge an der Spitze der GUKF befanden, und auch unter dem Führungs-*

personal fast aller Studios [...][324] Dubrovskij erklärte weiter, dass *das Planungssystem der GUKF ein Schädlingssystem* [*vreditel'skij sistem*] sei.[325] Die Organisationsform der GUKF, die seinerzeit durchaus ihre Berechtigung gehabt habe, sei jetzt *eine Bremse für die weitere Entwicklung.*[326] Im übrigen, so Dubrovskij euphemistisch, sei es ja nicht verwunderlich, dass *Šumjackij mit der Regulierung der gesamten sowjetischen Kinematografie nicht alleine fertig* werde.[327] Diese Bemerkung konnte nichts anderes heißen, als dass man den GUKF-Chef zumindest seines Amtes entheben, wahrscheinlich aber auch anklagen und verurteilen würde. Dubrovskij benutzte bei seinem Verweis auf Šumjackij bereits nicht mehr die sonst übliche Form „Genosse Šumjackij", womit er ihn sprachlich bereits gleichsam aus der Gemeinschaft entfernt hatte. Die physische Liquidation ließ nicht lange auf sich warten.

Dubrovskij machte die Anwesenden auch mit den Planungen für die bevorstehende Reorganisation vertraut. Zunächst einmal müsse es 1938, nach der anvisierten Umstrukturierung, endlich mehr Filme geben: *In dem Bericht, den ich an den Genossen Stalin geschickt habe, habe ich von Filmen in der Größenordnung von 200* [pro Jahr] *gesprochen. Jetzt halte ich es für realistisch von 170 zu sprechen.*[328]

Darunter sollten allerdings nur 125 eigentliche Spielfilme sein. Für den Rest wären nach Dubrovskijs Vorstellungen Opernfilme, populärwissenschaftliche Filme und Wochenschau-Sonderausgaben vorzusehen. Außerdem sollten auch wieder mehr ausländische Filme gezeigt werden: Dubrovskij sprach von zehn zu importierenden Filmen, die auch synchronisiert werden sollten - ein ehrgeiziges Ziel, da dieses Verfahren in der Sowjetunion immer noch teuer und wenig erprobt war. In den fünf Jahren vorher waren nur insgesamt zehn ausländische Filme gezeigt worden.[329]

Noch wichtiger war aber offenbar eine Verschärfung der politischen Kontrolle bei der Filmproduktion. Anscheinend waren die Parteiführung und Stalin selbst, auf den Dubrovskij sich berief, mit der (immer noch sehr vielfältigen) Produktion unzufrieden. Es gebe, so Dubrovskijs Vorwurf, kein *Drehbuch über die Stalinverfassung, keins über das Recht auf Erholung, über Bildung.* Die Stalinverfassung müsste als Filmthema an erster Stelle stehen, *danach kommt der Kampf mit den Volksfeinden. Das dritte müssen Filme über die Rote Armee sein.* [...] Von den gerade einmal zwei Filmen über die Rote Armee sei einer (*Moja Rodina/Meine Heimat*, s.o., Kap. II.6.2) verboten worden. Der zweite (*Gorjačie deněčki/Heiße Tage*, Regie: Aleksandr Zarchi, Josif Chejfic, LENFIL'M 1935) war eine Liebeskomödie und erfüllte damit nicht unbedingt die Anforderungen an ein Propaganda-Epos über die Rote Armee. *Die Schädlinge*, so Dubrovskij anklagend, *haben bewusst keine Filme über die Rote Armee gemacht.*[330]

Dubrovskij stellte ein neues, strengeres Kontrollsystem vor. Bisher habe die Themenplanung der GUKF so funktioniert: *Einmal jährlich wird fürs nächste Jahr eine Liste mit Filmtiteln und Regisseuren, die sie drehen sollen, für jedes Studio aufgestellt.*[331]
Zu diesem Zeitpunkt sei aber meistens noch gar kein Drehbuch vorhanden, das also auch noch nicht geprüft werden könne. Außerdem werde das Drehbuch für einen so geplanten Film in vielen Fällen letztlich gar nicht fertiggestellt. Die Themenplanung und politische Kontrolle der Filminhalte müsse, so Dubrovskij, der Leitung der Filmindustrie aus der Hand genommen werden. Das unübersichtliche Zensursystem sollte wieder in einer Hand zusammengeführt werden: *Meiner Meinung nach gibt es im System des Komitees*[332] *ein genügend kompetentes und starkes politisches Organ - das GRK. Warum soll man denn ein zweites Repertoire-Komitee in der GUKF einrichten, dass aus unqualifizierten Leuten besteht. [...] Die GUKF sollte mit den Drehbüchern überhaupt nichts zu tun haben, für sie gibt es auch so viel zu tun. Auf diese Weise werden die Drehbücher nur zu einer Instanz geschickt - zum GRK beim Komitee für Kunstfragen. Es darf keine Vielfalt von Instanzen geben.*[333]
Mit dem GRK, der obersten Zensurbehörde, die zunächst dem Volksbildungskommissariat, dann dem Komitee für Kunstfragen zugeordnet war, hatte sich die GUKF tatsächlich in einem ständigen Kompetenzgerangel befunden. Besonders die regelmäßigen Streitereien Šumjackijs mit dem für das Kino zuständigen GRK-Funktionär P. Bljachin hatten mehr als einmal zu bürokratischen Stillständen geführt. Das hatte regelmäßig die Produktion und Freigabe von Filmen behindert und damit insgesamt viel Geld und Zeit gekostet.[334] Es war ein typisches Verfahren der politischen Führung und Stalins selbst, verschiedene Institutionen (und die entsprechenden Personen) miteinander konkurrieren zu lassen. Das CK, das hieß in der Regel das PB, konnte so immer wieder die Rolle des Vermittlers spielen, und Personen und Behörden nach Bedarf gegeneinander ausspielen, was die Macht der Zentrale - und Stalins - verstärkte.[335]
Neben einer Klärung der Zensurinstanzen sollte aber auch, so Dubrovskij in seinem Vortrag, die unmittelbare Kontrolle der Regisseure verstärkt werden, die bisher in ihrer täglichen Arbeit noch weitgehend unbehelligt waren. Šumjackij selbst hatte mit der von ihm inszenierten Affäre um Ėjzenštejns Film *Die Bežin-Wiese* bereits ein Zeichen in diese Richtung gesetzt. Dubrovskij gab sich damit aber nicht zufrieden: *[...] wenn Ėjzenštejn ein Kollektiv gehabt hätte, dann hätte er „Die Bežin-Wiese" nicht verdorben. Denn das Kollektiv hätte darauf geachtet, dass sein Leiter nicht danebengreift [provalilsja].*[336]
Solche politisch zuverlässigen „schöpferischen Kollektive", mit denen Dubrovskij die Regisseure umgeben wollte, sollten eine tagtägliche Überwachung gewährleisten.

Dubrovskijs Zuhörer waren offensichtlich erst unmittelbar vor Beginn der Veranstaltung zu dem konspirativen Treffen eingeladen worden. Es sollte wohl verhindert werden, dass diese sich vorab absprächen oder eigene Pläne mitbrächten. Sie alle zeigten sich vollkommen überrumpelt von Dubrovskijs massiven Angriffen gegen Šumjackij und die gesamte GUKF-Führung. Solange sich die - überaus gefährliche - Situation nicht weiter klärte, übten sie sich alle in Zurückhaltung, um sich selbst zu schützen. Einer der Anwesenden, der „Gen. Kravcov" äußerte den Wunsch, es möge doch eine erneute Zusammenkunft einberufen werden, an der auch die GUKF-Vertreter teilnehmen sollten. Der Ausstatter Dubrovskij-Ėške äußerte sich sehr vorsichtig: Er könne über die vorgestellten Pläne erst urteilen, wenn er sie selbst gelesen habe, und wolle außerdem die Reaktion der GUKF abwarten.[337] Krupnov aus dem Parteikomitee der MOSFIL'M entschuldigte sich, man sei ja gerade eben erst gekommen und habe gar keine Zeit gehabt, das vorgestellte Projekt zu lesen. Und, so fügte Krupnov wolkig hinzu, man solle doch eine so umfassende Angelegenheit wie die Umstrukturierung der gesamten Filmindustrie in Ruhe überlegen. Der Regisseur G. Rošal' zeigte sich etwas mutiger mit seiner allgemeinen Einschätzung, dass ihm das gesamte Projekt doch alles in allem noch sehr unausgereift erscheine.[338] Ein zweiter Regisseur, der Altmeister Vsevolod Pudovkin, schlug dagegen vor, man solle nicht auseinandergehen, ohne konkrete Beschlüsse zu fassen.[339] Der Regisseur Boris Barnet, der in der Vergangenheit viel unter Šumjackij zu leiden und als MEŽRABPOM-FIL'M-Mitarbeiter und wegen verschiedener Filme erhebliche Schwierigkeiten mit der „Obrigkeit" gehabt hatte, zeigte sich eher naiv. Er wollte - trotz der diametral entgegengesetzten Tendenzen, die in Dubrovskijs Vortrag nicht zu überhören gewesen waren - offensichtlich die Gelegenheit nutzen, um bei der bevorstehenden Umorganisation mehr Freiräume für die Regisseure zu erreichen. Man dürfe, so Barnet, nicht immer nur die Menge der Filme und deren Kosten im Blick haben:

Es ist wichtig, die schöpferischen Kader zu schützen. Es geht wirklich nicht, dass ein Mensch [gemeint ist Šumjackij] *90 Künstlern vorsteht. Ich könnte eine Million Menschen herbringen, die sich im Zustande der Depression befinden und Menschen, die in Unsicherheit über ihre zukünftige Arbeit und ihre künstlerischen Perspektiven sind. Dieses Unglück trifft vor allem die gesamte Jugend, die buchstäblich hilflos ist.*[340]

Eine Wende in der Filmpolitik, so Barnet, sei deshalb grundsätzlich zu begrüßen.

Die verbreitete Missstimmung unter - besonders jüngeren - Regisseuren gab Barnet zwar sicherlich richtig wieder. Šumjackij hatte immer wieder auf Großprojekte mit bereits bekannten Namen gesetzt und war, wohl aus guten Gründen, wenig risikofreudig gewesen und hatte selten jungen Kräften eine Chance gegeben (die prominenteste Ausnahme ist *Čapaev*, das hocherfolgreiche Erst-lingswerk der jungen Vasil'ev-"Brüder"). Auch die ebenfalls anwesende Ge-werkschaftsvertreterin Miroljubova bestätigte Barnets Bewertung: *Bei uns im Gewerkschaftsbüro drängeln sich die Mitarbeiter der arbeitslosen Studios.*[341] Dass Barnet sich aber in dieser gefährlichen Situation ausgerechnet eine Ver-besserung für die Filmschaffenden erhoffte, ist schwer verständlich.

D'jakov, der Gastgeber der geheimen Versammlung und Chef der Planungsab-teilung beim Komitee für Kunstfragen, beantwortete den verschiedentlich vor-getragenen Wunsch, doch auch die GUKF-Führung selbst zu den Beschuldi-gungen anzuhören. Das vorliegende Projekt sei, so D'jakov, Šumjackij zugesandt worden, damit dieser es kommentiere, und damit das Komitee es an-schließend Stalin selbst präsentieren könne. Man habe aber von Šumjackij erst nach zwei Monaten eine - auch nur völlig unbefriedigende - Antwort erhalten. Natürlich, so D'jakov, wolle man auch Šumjackij selbst hören. Er solle zur nächsten Sitzung natürlich auch kommen und *die gleiche Stimme haben, wie Rošal', Pudovkin und alle anderen.* Aber er, D'jakov, könne Šumjackij schließ-lich nicht zwingen zu erscheinen. Diese Einlassung von D'jakov ist als zynisch zu bewerten, da Šumjackij kaum wirklich die Gelegenheit zu einer ernsthaften Verteidigung gehabt haben dürfte.[342]

Bereits im November 1937 wurde Šumjackijs Spielraum spürbar enger. Der Chef der LENFIL'M, Smirnov, führte beispielsweise einen offenen Krieg mit ihm und fühlte sich seiner Sache auffallend sicher. Er befand es bereits nicht mehr für nötig, auf Vermittlungsversuche überhaupt noch einzugehen.[343] Šumjackij wurde bereits zur Unperson, mit der man nicht mehr verhandeln musste.

Aus den Quellen wird deutlich, dass zu diesem Zeitpunkt längst eine Kommis-sion unter der Leitung des altgedienten Geheimdienst-Funktionärs Semën S. Dukel'skij an der Demontage der GUKF arbeitete.

Bereits im Juli 1937 fand eine „Überprüfung" (*proverka*) der GUKF-Kader statt. Der Geheimbericht, der danach angefertigt wurde, kam zu folgendem Er-gebnis: *Bei der Überprüfung ist festgestellt worden, dass im Apparat der GUKF über einen längeren Zeitraum hinweg eine trotzkistisch-bucharinistische Bande wirkte, an deren Spitze Šumjackij stand. Es arbeitet dort eine große Zahl von fremden und politisch zweifelhaften Elementen, darunter: ehemalige Offiziere; solche, die in anderen Parteien waren (Sozialrevolutionäre, Men'ševiki, Dašna-ken-Bündler und andere); solche, die aus den Ausbeuterklassen stammen, aus dem Adel, der Geistlichkeit, dem Kaufmannsstand; und andere.*[344]

Mit der ihnen eigenen Gründlichkeit hatten die „Organe" sämtliche 453 Mitar-beiter der GUKF, einschließlich der 58 Partei- und 29 Komsomolmitglieder, gründlich durchleuchtet. Sie hatten dabei besonders auf die zu dieser Zeit typi-scherweise besonders häufig als Vorwand für Repressionsmaßnahmen und Ver-

urteilungen genutzten „Flecken" in der Biographie der einzelnen Personen geachtet. So kamen sie zu dem Ergebnis, dass die GUKF 23 Personen beschäftige,
die *ehemalige Trotzkisten-Bucharinisten* seien, bzw. *Verbindungen mit Volksfeinden* hätten. Es gebe außerdem 22 ehemalige Offiziere, 28 Adlige, 10 Personen aus der Geistlichkeit. Besonderes Augenmerk richteten die Geheimdienstler
auf die 61 GUKF-Beschäftigten, *die ins Ausland gefahren* waren, und sich dadurch verdächtig gemacht hatten. Dies war besonders brisant, da der GUKF-
Chef Šumjackij ja selbst auch - im Parteiauftrag - ins Ausland gereist war.
Es gebe, so die Aufstellung weiter, sechs bereits ausgeschlossene ehemalige
Mitglieder der VKP(b) und vier ehemalige Mitglieder anderer Parteien. Es
folgte eine detaillierte Aufstellung mit den *Charakteristiken dieser anrüchigen
Individuen* [*ètich odioznych lic*], die bereits die Sammlung möglicher Anklage-
punkte beinhaltete.[345] Unter den minutiös gesammelten Anschuldigungspunkten
fanden sich Familiendetails von GUKF-Beschäftigten wie: *Hat Angehörige im
Ausland, in Litauen, Schwester der Mutter*[346], oder: *Im Dezember ist ihr Onkel
verhaftet worden, der mit ihr in einer Wohnung wohnte*[347]. Genauso fatal für die
Betroffenen waren „Enthüllungen" wie: *In seinem Fragebogen hat er seine adlige Herkunft verschwiegen, er schreibt er sei der Sohn eines Arztes.*[348] Noch
schlimmer war es zu diesem Zeitpunkt für einen Sowjetbürger, wenn entdeckt
wurde, dass er *Kontakt mit bereits Verhafteten* hatte, und sogar *zu ihnen in die
Wohnung ging*[349]. Insgesamt bezogen sich die meisten Vorwürfe auf das Sip-
penhaft-Prinzip, nicht auf konkret nachgewiesene Fehlleistungen. Symptomatisch sind daher Erkenntnisse wie: *Ist ein enger Freund Šumjackijs und des verhafteten Usievič* oder: *Wurde vom bereits verhafteten Usievič empfohlen*[350].
Einen interessanten Einblick sowohl in die Funktionsweise einer Sowjetinstitu-
tion jener Jahre als auch in die Arbeitsweise der „Dienste" bietet die Einordnung von Kriš Vilevič Bertajg: Der 47-jährige Lette wurde als Leiter der (offenbar existenten) Geheimabteilung (*sekretnaja čast'*) der GUKF ausgewiesen.
Bertajg, so der Bericht, habe bereits eine *Rüge für mangelnde Wachsamkeit* bekommen. Bertajg hatte also seine Aufgabe, die GUKF-Mitarbeiter - seine Kollegen - zu überwachen, nicht scharf genug ausgeübt. Der Bericht befand: *Er
kennt die Mitarbeiter der GUKF überhaupt nicht und hat der* [Untersuchungs-]
*Kommission überhaupt keine Materialien gegeben. Er hat dies damit begrün-
det, dass niemand ihm Materialen zugetragen habe.*[351]
Es existierte also ein Funktionär in der GUKF, dessen Aufgabe nicht nur darin
bestand, seine Kollegen zu überwachen und Material über (gegen) sie zu sammeln. Er sollte auch andere Mitarbeiter dazu anhalten, ihre Kollegen zu denun-
zieren.
Die NKVD-Kommission machte ihre Arbeit gründlich. Sie legte auch Empfeh-
lungen vor, wie gegen die GUKF konkret vorzugehen sei. In ihrem Fazit hieß es

in der zeitüblichen menschenverachtenden Diktion: *Die verantwortlichen Ar-
beitsbereiche der GUKF wurden in ihrer Mehrheit von Trotzkisten-
Bucharinisten geleitet, von moralisch verkommenen Elementen [otreb'em], von
Leuten, die politisch kein Vertrauen einflößen.* Deswegen ist es notwendig, entschlossene Maßnahmen durchzuführen zur Säuberung von zweifelhaften Elementen.

Man solle, so die Schlussfolgerung der Kommission 55 Personen *von der Arbeit
in der GUKF entfernen*, die vorsorglich auch gleich alle namentlich aufgeführt
wurden.[352]

Das eindrücklichste Dokument der Repressionsmaßnahmen gegen die GUKF
und besonders gegen Šumjackij ist das Aussageprotokoll von Grigorij Zel'dovič[353]. In der Funktion eines „Konsul'tanten" (etwa: Redakteur, Dramaturg) war
Zel'dovič ein enger Mitarbeiter Šumjackijs. Er betreute und überwachte einzelne Drehbücher und Filmprojekte und tat sich überdies immer wieder als Verfasser kleinerer Broschüren hervor, die er unter dem Pseudonym „Z. Grigor'ev"
veröffentlichte. In seiner Aussage, die sich bei den Unterlagen der Untersuchungskommission findet, bezichtigte Zel'dovič seinen Chef Šumjackij immer
wieder der „Lüge" und der „Schädlingsarbeit". Šumjackij sei ihm, so Zel'dovič,
„seltsam und wunderlich" vorgekommen. Er könne für Šumjackijs Fehlverhalten *Beispiele über Beispiele* nennen. Er wundere sich, so Zel'dovič weiter, *warum die Parteimitglieder und Abteilungsleiter das nicht der Kommission mel-
deten.*[354] Dieser Hinweis deutet darauf hin, dass Zel'dovič derjenige war, der
sich den NKVD-Leuten zur Verfügung stellte (bzw. in irgendeiner Weise „überzeugt" wurde), um die anderen anzuschwärzen. Seine Aussage ist auch als einzige bei den Materialien, die direkt beim CK gesammelt wurden. Zel'dovič berichtete, er habe bereits am 13.Januar [1938] einen Bericht an Dukel'skij mit
weiteren Beispielen abgeliefert. Diesen habe er *gemeinsam mit anderen Genossen* verfasst. Dies ist der einzige Hinweis auf weitere Zuträger aus der GUKF[355].
Zel'dovič stellte fest, dass er ein gutes und enges Verhältnis zu Šumjackij gehabt
habe, den er nun denunzierte. Er sei, wie andere Konsultanten auch, *blind hinter
Šumjackij gegangen.*[356] Er entschuldigte sich selbst damit, dass er *voll und ganz
unter dem Einfluss Šumjackijs gestanden* habe. Er habe zwar dessen *minder-
wertigen Charakter, seine Intriganz [politikanstvo] und Launischkeit* bemerkt.
Šumjackijs *ideologisch-künstlerische Politik* habe aber bei ihm, so Zel'dovič
weiter, *keinerlei Zweifel* hervorgerufen.[357]

Zel'dovič berichtete viele Details aus der täglichen Arbeit der GUKF und dem
Privatleben einiger Mitarbeiter und vor allem bekannter Regisseure. Diese Angaben ermöglichen eine Binnensicht (vgl. unten, Kap. II.6.5.) der Funktions-
weisen des ganzen Systems, die sich so aus anderen Quellen nur implizit rekon-
struieren lässt.

Ein sehr eindrückliches Zeugnis des Befragungsstils und des psychischen Drucks, unter dem die Betroffenen standen, sind Zel'dovičs Schlussworte, die hier in Auszügen als Illustration für den pathetischen Tonfall und erniedrigenden Stil der Säuberungen wiedergegeben werden sollen: *Das ist sehr schlimm für mich [mne tjaželo], Genossen, schlimm, weil ich fühle, spüre, dass ich nicht das Recht hatte, Šumjackij blind zu vertrauen. Jetzt werde ich heftig geschlagen* [offenbar fig.]. *Ich erweise mich als geeignete Zielscheibe. [...] Šumjackij ist nicht da, aber ich bin gerade zur Stelle und auf mich richtet man* [in der GUKF] *gern die Schläge. [...] Ich höre auf alles, beherzige alles. Viel bittere Wahrheit. Viel. [...] Jetzt, wo nach vielen Jahren des Schweigens die Kritik sich ihren Weg gebahnt hat. [...] Aber ein Mensch ist schließlich nur ein Mensch. [...] Ich trinke nicht, spiele nicht Karten, rauche nicht. [...] Es ist für mich persönlich sehr schlimm [...] dass man mich zur Zielscheibe macht [...] Das ist alles. Alles, Genossen.*   *Gr. Zel'dovič 18.1.1938*

Das PB hatte unterdessen schon in der ersten Januarwoche die Absetzung Šumjackijs beschlossen, und die vorübergehende Leitung der Filmindustrie dem NKVD-Chefermittler Dukel'skij übertragen. Der Beschluss vom 7.Januar 1938 lautete lapidar: *Über den Leiter der Hauptverwaltung der Filmindustrie* [GUKF] *1. Der Genosse Šumjackij ist von den Pflichten des Leiters der GUKF zu befreien. 2. Als Leiter der GUKF ist der Genosse Dukel'skij zu bestätigen. 3. Dem Genossen Šumjackij ist anzuweisen, die Wahrnehmung seiner Aufgaben abzugeben, dem Genossen Dukel'skij, sie anzunehmen - innerhalb einer Frist von fünf Tagen und unter Teilnahme der Genossen L.M. Kaganovič, Ždanov und Rubinštejn.*[358]

Bezeichnend ist die Beteiligung des notorischen A.A. Ždanov an der Aktion. Ždanov, der besonders für die verschärfte Kulturpolitik der Nachkriegszeit („*Ždanovščina*") verantwortlich gemacht wird, übernahm offiziell erst im November 1938 die Leitung der Agitpropabteilung beim CK. Seine Beteiligung an der Neubestimmung des filmpolitischen Kurses zeigt aber, dass er offenbar auch schon früher maßgeblich an kulturpolitischen Entscheidungsprozessen beteiligt war.

Die exakten Daten der Verhaftung und (sehr wahrscheinlichen) Aburteilung Šumjackijs sind nicht bekannt. Sein Biograph, der nach Šumjackijs Rehabilitation in der Brežnev-Ära die einzige Monographie über ihn schrieb, gibt als Todesdatum den 4.4.1943 an.[359] Diese Angabe ist kaum glaubhaft. Realistischer ist das in der letzten Auflage der *Großen Sowjetenzyklopädie* angegebene Datum, das möglicherweise den Rehabilitierungsunterlagen entnommen wurde. Danach wäre Šumjackij am 29.7.1938 gestorben (aller Wahrscheinlichkeit nach durch Erschießung).[360] Auch BESEDOVSKIJ gibt in seinem Buch über Repressionsopfer 1938 als Todesjahr für Šumjackij an.[361]

Es ist abschließend noch hinzuzufügen, dass der „Belastungszeuge" Grigorij Zel'dovič die „Säuberungen" des gesamten GUKF-Apparates unbeschadet überstand. Er arbeitete weiter in der Filmindustrie und veröffentlichte Broschüren, u.a. eine Überblicksdarstellung der sowjetischen Kinematografie, die 1940 erschien. Darin schrieb Zel'dovič über die Repressionen, bei denen er selbst eine unerfreuliche Rolle gespielt hatte: *Der Erfüllung dieses Wunsches* [nach mehr und besseren Filmen] *wurden künstliche Hindernisse in den Weg gelegt, von einigen Mitarbeitern, von denen einige vorsätzlich die Entwicklung der sowjetischen Kinematografie bremsten, während andere den Feinden unbewusst in die Hände spielten. Die Partei und die sowjetische Regierung bereiteten dem durch ihr weises Einschreiten ein Ende.*[362]

II.6.5. Eine Bilanz der Arbeit der GUKF und ihres Leiters Šumjackij

Es ist bereits darauf hingewiesen worden, dass die Vorwürfe gegen Šumjackij, der für die zu geringe Filmproduktion der Sowjetunion verantwortlich gemacht wurde, in ihrer Gesamtheit und Schärfe sicher nicht berechtigt waren. Im Rahmen seiner Möglichkeiten drang Šumjackij sehr stark auf die Produktion von unterhaltsamen und massenwirksamen Filmen. Dabei musste er auch interne Widerstände überwinden. Šumjackij war kein „Intellektueller" und machte sich bei vielen Regisseuren unbeliebt, weil er aus ihrer Sicht selten so etwas wie Kunstverstand bewies und stattdessen immer nur auf „Popularität" drang.[363]

Sergej Ėjzenštejn, der Šumjackij (nicht zuletzt wegen der Affäre um seinen Film *Die Bežin-Wiese*) besonders wenig leiden konnte, porträtierte den GUKF-Chef in seiner Autobiographie. Ėjzenštejn, der viel Sinn für exzentrische Einfälle aller Art hatte, schlüpfte dabei in die Rolle seines eigenen (fiktiven) Enkels. Der „Großvater" in der folgenden Episode ist also Ėjzenštejn selbst, der von Šumjackij empfangen wird: […] *Und der sagt zum Großvater: So und so Sergej Michailowitsch, ich habe da ein Thema für Sie in petto - einfach Zucker, Zitroneneis mit Sahne, man wird Sie beneiden. Der Großvater spitzt die Ohren. Was für eine Abscheulichkeit, was für ein faules Ei wird ihm Schumjazki da unterjubeln? Genauso ist es: Schumjazkis Vorschlag ist für Großvaters Stilistik wie mit der Sichel in die Eier, querdurch: „Stenka Rasin", Sergej Michailowitsch, ich schlage vor, Sie drehen „Stenka Rasin"! Die ganze Geschichte, mit der Fürstentochter und „er wirft sie über Bord" und dergleichen mehr. Schumjazkis Frechheit macht den Großvater wütend, sie bringt ihn hoch* […][364]

Šumjackij hatte nicht nur keinen Sinn für die feinsinnige Stilistik großer Filmkünstler vom Schlage eines Sergej Ėjzenštejn, er versuchte sogar diese davon abzubringen und auf einen „populäreren" Kurs zu leiten. Unterhaltungsfilme mit ideologischem Gehalt und publikumswirksame Historiendramen waren sein filmisches Programm. Deshalb erscheint es konsequent und symptomatisch,

dass er Ėjzenštejn die Verfilmung eines volkstümlichen historischen Räuber-
dramas wie *Stenka Razin* anbot. Ėjzenštejns Spätfilme waren immerhin auch
„großen" Persönlichkeiten der russischen Geschichte gewidmet, die Stalin als
Vorbilder für seine Vorstellung der Sowjetunion unter seiner Führung sah: Alexander Nevskij und Ivan IV. („der Schreckliche"/"Groznyj").

Šumjackij war ein typischer Vertreter der höchsten Sowjethierarchie in deren
intrigenreichem System er sich auskannte und insgesamt geschickt bewegte,
dem er letztlich aber auch zum Opfer fiel. KOZLOV charakterisiert den GUKF-
Chef so: *Boris Zacharovič Šumjackij war ein beschlagener stalinscher Zaren-
Höfling und ein erfahrener Meister der Intrige.*[365]

Šumjackij war ein fleißiger, energiereicher und effizienter Funktionär, der die
Filmindustrie in vielerlei Hinsicht voranbrachte. Schon als SOJUZKINO-Chef
hatte er Anfang der dreißiger Jahre die wirtschaftliche Basis der gerade erst
zentralisierten Filmindustrie konsolidiert. Dies erlaubte auch erstmals einen
systematischen Ausbau des Netzes von Filmtheatern in der Sowjetunion[366], so
dass nun nicht mehr nur vorwiegend besserverdienende (Groß-)Städter Zugang
zu neuen Filmen hatten.

Šumjackij hatte sich zunächst weniger um die Filme selbst und deren Inhalte
gekümmert. Neben dem Neubau von Filmtheatern forcierte er den Ausbau der
Produktionskapazitäten für Rohmaterial wie Chemikalien, Aufnahme-, Be-
leuchtungs- und Projektionsapparaturen sowie Rohfilm. Bis weit in die dreißiger Jahre hinein musste vor allem Rohfilm noch importiert werden. Der Neu-
und Ausbau, sowie die Unterhaltung der Industrieanlagen verschlangen stets
einen erheblichen Teil von Šumjackijs Budget, das 1937 immerhin knapp 127
Millionen Rubel betrug. Es war insofern nicht seine Schuld, und nicht (nur) das
Ergebnis von „Verschwendung und Misswirtschaft", dass für die Produktion
von Filmen nicht immer viel übrig blieb. So konnte Šumjackij 1937 den Studios
für deren laufende Filmproduktionen nur knapp 60 Millionen Rubel zuteilen,
also weniger als die Hälfte seines Budgets. Über 40 Millionen verschlangen allein die Fabriken für Rohfilm, weitere 20 Millionen kostete die Produktion von
Apparaten und immer noch 5 Millionen gingen an die Kopierwerke.[367] Šumjackij bekam bis zuletzt immer wieder Geldzuteilungen von allerhöchster Stelle,
etwa vom SNK oder dem CK, besonders wenn es um die Finanzierung von
Prestigeprojekten ging, die Stalin selbst mit Interesse verfolgte oder anregte.
Noch kurz vor Šumjackijs Verhaftung, Mitte Dezember 1937, schob das PB
Šumjackij knapp 5,5 Millionen Rubel aus nicht abgerufenen Kreditfonds zu,
zusätzlich zu seinem regulären Budget.[368] Šumjackij konnte auf die Unterstützung der Führungsspitze rechnen - solange er sich deren Sympathie dadurch
erhielt, dass er Filme vorzeigen konnte, die Stalin zufrieden stellten. Grundsätzlich stand Šumjackij, zugespitzt formuliert, vor der Entscheidung mit den

ihm zur Verfügung stehenden begrenzten Kapazitäten entweder viele Filme minderer Qualität machen zu lassen, oder die Produktion weniger - teurer - Prestigeprojekte zu fördern. Um den Ansprüchen des kritischen und unermüdlichen Zuschauers Stalin gerecht zu werden, konnte Šumjackij sich nur für die zweite Variante entscheiden. Dies führte dazu, dass zentrale, von der Parteiführung angeregte und mit besonderem Interesse beobachtete Großproduktionen wie *Vozvraščenie Maksima/Maxims Rückkehr* (Regie: Grigorij Kozincev, Leonid Trauberg, LENFIL'M 1937) oder *Lenin v Oktjabre/Lenin im Oktober* (Regie: Michail Romm, MOSFIL'M 1937) die ungeheuren Summen von 2,3 bzw. 2,5 Millionen Rubeln kosteten. Damit waren bereits zehn Prozent der 1937 für Filmproduktionen zur Verfügung stehenden Mittel für nur zwei Projekte aufgebraucht worden. Um für den Prestigefilm *Maxims Rückkehr* die gebotene Bildbrillanz zu sichern, war dieser außerdem zu über 80% auf importiertem Filmmaterial gedreht worden. Unter diesen Umständen war es kaum möglich, mehr als etwa 30-40 Filme pro Jahr zu produzieren.[369] Stalin und das OB waren völlig auf Großfilme fixiert, die sie wie „Schätze" behandelt sehen wollten. Das OB wies Šumjackij im Dezember 1935 an, das Negativ-Original von *Čapaev* in einem speziellen Safe aufzubewahren und den Schlüssel dafür ausschließlich selbst zu verwahren. Gemeinsam mit dem *Čapaev*-Original sollten auch einige andere ideologische Großfilme (darunter *Maxims Jugend* und Fridrich Ėrmlers *Bauern*) sowie alle Dokumentaraufnahmen von Lenin und Stalin im Safe gelagert werden. Die Aufnahmen des Schauspielers Boris Babočkin in der Rolle des *Čapaev* waren offenbar genauso „wertvoll" wie die Bilddokumente der Sowjetführer. Dies ist ein pittoreskes Beispiel dafür, wie im Kino alle Unterschiede zwischen „fiktiven" und „realen" Helden der Sowjetunion verwischt wurden.[370] Šumjackij hatte mit den zur Verfügung stehenden Mitteln der sowjetischen Filmindustrie entscheidende Impulse gegeben. Er hatte - gegen massive Widerstände und mit einer mutigen Intervention bei Stalin selbst - die Musical-Komödie als neues, spezifisch sowjetisches Unterhaltungsgenre mit ideologischer Botschaft etabliert. Grigorij Aleksandrovs und Ivan Pyr'evs Musicals mit Stars wie Ljubov' Orlova oder Marina Ladynina sind bis heute populäre Klassiker, die unter Šumjackijs Ägide und mit seiner persönlichen Unterstützung entstanden. Auch die Bewältigung der technischen - und ästhetischen - Schwierigkeiten, die mit der Einführung des Tonfilms verbunden waren, ist ihm zuzuschreiben. Nach einigen Anlaufschwierigkeiten wurden seit 1931 zunehmend Tonfilme produziert und auch die Zahl der mit entsprechender Apparatur ausgestatteten Filmtheatern wuchs. Die Regisseure und Schauspieler fanden zu einer spezifischen Ton-Filmsprache, die stark auf den Einsatz von Musik und Gesang und die intensive Nähe von Kamera und Mikrofon zu den Protagonisten setzte und so dem begeisterten Massenpublikum die Identifikation erleichterte:

Šumjackijs Leistung - auch wenn sie während der verkürzten Dauer seines Lebens vielleicht nicht ganz erreicht bzw. entsprechend gewürdigt worden ist - war es, die Grundlagen für ein sowjetisches Volkskino gelegt zu haben, das unterhielt, belustigte, und Zuschauer anzog, während es gleichzeitig die Agitation und Propaganda lieferte, die die Machthaber forderten. Er akzeptierte, dass Filmemacher eine gewisse Freiheit brauchten und dass sie Schutz brauchten sowohl vor administrativen Belastungen als auch vor äußeren finanziellen Zwängen: ohne Ėjzenštejn zu nahe treten zu wollen, aber an Šumjackij erinnern sich Veteranen unter den sowjetischen Filmemachern heute [1991] *als an den Mann, der ihre Bedürfnisse verstand und der sie ihre Arbeit machen ließ.*[371]

Es ist zwar richtig, dass Šumjackij vielen Regisseuren ihre Freiräume ließ und sie gelegentlich sogar vergrößerte, indem er ihnen über finanzielle Engpässe hinweg half und sich alles andere als „bürokratisch" verhielt, wenn es um die Überschreitung, bzw. überhaupt die Festsetzung von begrenzten Budgets ging. Dafür wurde er gegen Ende seiner Tätigkeit auch heftig kritisiert.[372] Viele Regisseure suchten oder schufen sich Nischen, in denen sie relativ ungestört und „frei" ihre eigenen Vorstellungen umsetzen konnten. Šumjackij ließ sie in der Regel gewähren[373], was die Vielfalt der vor 1938 gedrehten sowjetischen Filme eindrucksvoll bezeugt. Šumjackijs „Toleranz" war aber nicht eine Folge einer gleichsam „liberalen" oder besonders apolitisch-kunstfreundlichen Grundhaltung, wie TAYLOR in seinem oben zitierten Fazit unterstellt. Šumjackij befand sich vielmehr selbst in einem Dilemma: Es gab immer noch keine detaillierten Vorgaben, wie ein guter Sowjetfilm zu sein habe. Die allgemeine Festschreibung auf den „sozialistischen Realismus" half auch nur wenig, wenn es darum ging, konkrete Filmprojekte aufzustellen. Es spricht vieles dafür, dass auch Stalin die Tätigkeit Šumjackijs als eine Art Experimentierphase der Filmpolitik ansah. Stalins Interventionen waren unsystematisch und zufällig. Sie hatten häufig eher geschmäcklerischen Charakter und waren alles andere als konkret. Davon zeugen die immer wieder auftretenden Fälle jener Filme, die alle Zensurinstanzen durchlaufen hatten und bereits in die Kinos kamen, dann aber, unter Umständen Wochen nach dem Filmstart, plötzlich verboten wurden: Stalin hatte in solchen Fällen den Film erst nach dem offiziellen Start in den Kinos gesehen, und - für alle Beteiligten überraschend und unerwartet - irgendetwas auszusetzen gehabt. Meistens wurde Šumjackij dann beauftragt, „auf der Basis der Diskussion im PB" Änderungen vorzunehmen. Viel konnte er damit in der Regel nicht anfangen, weil er nie genaue Anweisungen bekam. Stalin ließ Šumjackij offenbar weitgehend gewähren, ließ ihn seine neuen Unterhaltungs-Genres und Historienfilme etc. produzieren, ausprobieren und entwickeln. Er selbst wählte dann aus, was ihm gefiel und was nicht. Erst nach 1938 wurde klar bestimmt, welche in der „Experimentierphase" der Ära Šumjackij entstandenen Tendenzen weitergeführt werden sollten und welche nicht. Šumjackij hatte ausgedient, es standen nun Rezepte zur Verfügung, die streng - und ohne neue Experimente - umgesetzt werden konnten. So erklärt sich auch, dass „Veteranen" rückblickend die Phase der GUKF als vergleichsweise liberal erinnern.[374] Diese Liberalität war aber nicht Konsequenz einer „liberalen" Politik, sondern eher die der Abwesenheit einer konsequenten Politik. Im Chaos gab es, bildlich ausgedrückt, immer Nischen für diejenigen, die sie zu nutzen wussten, und die das Glück hatten nicht - zufällig - ins Zielfeld der unberechenbaren Kritik zu geraten. Die Aussage des GUKF-Mitarbeiters Zel'dovič vor der NKVD-Kommission gibt eindrucksvoll Aufschluss darüber, wie sich die Unberechenbarkeit der Parteispitze auf die inhaltliche Arbeit der GUKF auswirkte. Alles hing offenbar davon ab, alle möglichen Einsprüche gegen einen Film oder ein Drehbuch, die von irgendeiner Seite kommen konnten, rechtzeitig zu testen, ohne viel Aufhebens davon zu machen. *Es war ein Verbrechen, so Zel'dovič, der Presse den eigenen Eindruck von einem noch nicht abgenommenen Film mitzuteilen.*[375] Jeder versuchte, sich um die Verantwortung für eine inhaltliche Entscheidung zu drücken, um im Falle eines Verbots oder öffentlicher Kritik nicht zur Zielscheibe zu werden. Auch Šumjackij selbst habe, so die Darstellung Zel'dovičs, nur *sehr allgemeine* Anweisungen gegeben, wenn es um Änderungen in einem Film ging: *Es bildete sich der Eindruck, dass Šumjackij sich rückversichert [perestrachovyvaetsja]. Es trat Konservatismus auf, Angst vor Neuerungen, originellen Interpretationen.*[376] Dies erschwerte die Arbeit enorm, und wirkte sich auch auf die Regisseure nicht immer angenehm aus. Zel'dovič sprach davon, dass Šumjackij gelegentlich - im typischen Stil eines Sowjetfunktionärs jener Jahre - mit Einschüchterungen operierte und dass es vor allem eine ständige Geheimniskrämerei gegeben habe. Diese *innere Mechanik des Systems Šumjackij*, so Zel'dovič, habe *die schöpferischen Mitarbeiter moralisch verdorben. [...] Jeder schöpferische Arbeiter wurde mit einem Maximum an Misstrauen empfangen.* Die Türen der Konsultanten, die für die Betreuung und Kontrolle der einzelnen Filmprojekte verantwortlich waren, seien oft sogar abgeschlossen gewesen.[377] So entstand eine relativ chaotische und unsichere Arbeitsatmosphäre, in der Šumjackij offenbar nicht nur Verantwortung, sondern auch den durch ständige Änderungswünsche entstehenden Arbeitsaufwand auf seine Mitarbeiter abwälzte. Zel'dovič beklagte sich in seiner Aussage, er sei Šumjackijs *Arbeitsvieh [rabočaja skotina]* gewesen, habe regelmäßig einen 14-Stunden-Tag gehabt und sei deshalb häufig unrasiert zum Dienst erschienen.[378] Es gab offenbar in der GUKF keine klaren Regeln, die die inhaltliche Kontrolle von Filmen betrafen: [Es gab] *in der Praxis der GUKF keinen geregelten Ablauf für die endgültige Genehmigung eines Drehbuchs. [...]*

[Bei zahlreichen Filmen aus der Produktion der Mosfil'm und der Lenfil'm] *wurden auf Initiative der GUKF mitten in der laufenden Produktion kolossale am Anfang nicht vorgesehene Änderungen durchgeführt, die mit einer Änderung des Drehbuchs verbunden waren. Šumjackij besaß zweifellos ein scharfes und kritisches Auge. Aber oft blies er den allerkleinsten Zweifel zu ungeheuren Ausmaßen auf, begann die ganze Arbeit zu bezweifeln. Den Regisseur, den Autor erfasste Aufregung, das Drehbuch wurde eiligst umgearbeitet, alle begeisterten sich für Šumjackijs entschlossenen Änderungs- und Verbesserungswillen, aber...*[379]

Aber, so Zel'dovič weiter, das alles nützte häufig wenig, weil nach kurzer Zeit auch die bereits vorgenommenen Änderungen wieder verworfen wurden. Diese Situation spiegelt die Konzeptionslosigkeit bzw. den chaotisch-experimentellen und voluntaristischen Grundzug der filmpolitischen Leitlinien wider, die Šumjackij von der Parteiführung, insbesondere von Stalin selbst, bekam. Zel'dovičs Fazit war daher wohl allgemeingültig: *Im Studio machten sie, oft unbemerkt von der GUKF, was sie wollten.*[380]

II.7. Eine neue Ära beginnt - Das Kino-Komitee beim Rat der Volkskommissare

Die Ziele der Neuordnung in der sowjetischen Filmindustrie waren ziemlich eindeutig: Zentralisierung, Straffung und verstärkte politische Kontrolle. Im Gegensatz zur Situation bei der Gründung der SOJUZKINO und der GUKF stand diesmal ein sehr viel klareres politisches Konzept hinter den nun sehr rasch aufeinanderfolgenden Maßnahmen. Anders als noch Anfang der dreißiger Jahre waren es auch nicht mehr das Sekretariat und vor allem das OB, die sich um die Details der Neuorganisation in der Filmindustrie kümmerten. Diesmal wurden die neuen Maßnahmen auf <u>aller</u>höchster Ebene, im PB selbst, verhandelt. Die Filmpolitik war endgültig zur „Chefsache" geworden.

Noch bevor das neue „Kino-Komitee beim SNK" als Nachfolgeorganisation der GUKF überhaupt eingesetzt wurde, zog die höchste politische Instanz der Sowjetunion, das PB, zunächst die unmittelbare Überwachung aller laufenden Filmproduktionen an sich. In einer Sitzung vom 26. Februar, bei der selbstverständlich auch Stalin anwesend war, beschloss das PB: *Über die Zulassung von Kinofilmen zur Vorführung in den Filmtheatern 1. Die existierende Regelung zur Ausgabe von Genehmigungen für die Zulassung von Kinofilmen zur Vorführung in den Filmtheatern ist zu ändern. 2. Die Genehmigung für die Zulassung von Kinofilmen ist einer Kommission zu übergeben, der die Genossen Andreev, Nazarov und Dukel'skij angehören.*[381]

Damit hatten diejenigen die politische Überwachung der Filmproduktion übernommen, die Šumjackijs Demontage bereits seit längerem vorbereitet und organisiert hatten. A.A. Andreev hatte schon Ende 1935 mit seiner Rede bei der Versammlung zur Diskussion des GUKF-Themenplans die Kritik-Kampagne gegen Šumjackij losgetreten. A.I. Nazarov, der 1938 die Leitung des „Komitees für Kunstangelegenheiten" übernahm, war so etwas wie ein Konkurrent Šumjackijs. Und S.S. Dukel'skij wurde sein Nachfolger und hatte die NKVD-Kommission geleitet, die die GUKF „gesäubert" hatte.

Bei der neuen Regelung, die eine Kontrolle <u>aller</u> Filme durch die Parteispitze vorsah, blieb es während der gesamten Stalin-Ära.

Ende März 1938 wurden - ebenfalls per Beschluss der höchsten Instanz, des PB - die Weichen für die endgültige Zentralisierung der sowjetischen Filmindustrie gestellt.[382] In der offiziellen (als SNK-Beschluss veröffentlichten) Fassung heißt es: *1. Mit dem Ziel der Verbesserung und Vereinheitlichung der Führung in der Kinematografie, der Ordnung der Angelegenheiten im Bereich der Kinofizierung, der Produktion und des Verleihs von Kinofilmen ist beim Rat der Volkskommissare der UdSSR das Komitee für Kinoangelegenheiten einzurichten. 2. Dem Komitee für Kinoangelegenheiten beim Rat der Volkskommissare der UdSSR ist die Leitung aller Angelegenheiten der Kinematografie zu übergeben, darunter die Leitung der Filmproduktion, der Kinofizierung und des Verleihs in der gesamten UdSSR.*[383]

Die Gründung der GUKF hatte seinerzeit eine gewisse Dezentralisierung bedeutet: Produktion und Verleih von Filmen in den einzelnen Unionsrepubliken waren in die Hände der jeweiligen Republik-Regierungen gelegt worden. Auch der Neubau von Filmtheatern („*Kinofizierung*"/"*kinofikacija*") war in den Unionsrepubliken von den jeweiligen regionalen „Komitees für Kinofizierung" geplant und ausgeführt worden. Ausnahme waren nur die Filmtheater „von unionsweiter Bedeutung" gewesen, die direkt der GUKF unterstanden. Mit dieser (freilich nur relativen) Unabhängigkeit der Filmindustrien in den einzelnen Republiken sollte nun Schluss sein. Dies bedeutete praktisch einen Rückschritt in das System der GUKF-Vorgängerorganisation SOJUZKINO, die bereits Anfang der dreißiger Jahre auch die Leitung der Filmindustrien in den einzelnen Republiken innegehabt hatte. Es sollten denn auch, so die (als SNK-Beschluss veröffentlichte) PB-Entschließung weiter, nicht nur *alle Unternehmen und Organisationen der Kinematografie*, die der GUKF unterstanden, an das neugegründete Komitee für Kinoangelegenheiten übergeben werden. Das PB legte darüber hinaus ausdrücklich fest, dass *auch die Studios der übrigen Unionsrepubliken: die Ukrainfil'm, die Belgoskino, die Goskinprom Gruzii, die Azerfil'm, die Uzbekfil'm, die Turkmenfil'm, die Tadžikfil'm* sowie deren *Kopierfabriken und Laboratorien* der neuen Zentralbehörde zu übergeben waren. Außerdem waren die *existierenden Verwaltungen für die Kinofizierung bei den Räten der Volkskommissare der Unionsrepubliken den neugegründeten Kinofizierungs-Verwaltungen einzugliedern*, die ihrerseits einer zentralen Kinofizierungs-Abteilung beim Moskauer Komitee für Kinoangelegenheiten direkt unterstanden.[384]

Die konsequente Zentralisierung betraf aber nicht nur die Filmproduktion und den Neubau von Filmtheatern. Die Schlüsselfrage bei der Dezentralisierungs-Diskussion im Zusammenhang mit der GUKF-Gründung war der Verleih gewesen. Seinerzeit hatte man sich im OB des CK auf einen Kompromiss geeinigt, der den Unionsrepubliken zumindest auf ihrem eigenen Territorium die Verleihrechte beließ (vgl. oben, Kap. II.3.2. u. II.3.3.). Der Verleih war der Schlüssel zur Organisation der Versorgung der Bevölkerung mit Filmen. Nur eine funktionierende Kontrolle des Verleihs konnte sicherstellen, dass ein Film auch zu den Zuschauern fand, für die er vorgesehen war - eine Grundvoraussetzung für funktionierende Filmpropaganda. Darüber hinaus war der Verleih (das ist eine Grundregel der Filmwirtschaft, die bis heute gilt) die ökonomische Grundlage der Filmindustrie: Wer den Verleih kontrollierte, bekam das Geld und konnte damit auch wieder neue Filme finanzieren - und deren Produktion kontrollieren. Das PB war in seiner Entschließung in dieser Beziehung eindeutig. Fortan sollte es ein zentral gesteuertes Verleihmonopol in der gesamten Sowjetunion geben: *Es ist im System des Komitees für Kinoangelegenheiten beim Rat der Volkskommissare der UdSSR ein Unionsweites Kontor für Filmverleih einzurichten, die „Sojuzkinoprokat", der das Monopol für die Verleihrechte von Kinofilmen in der Sowjetunion zu übertragen ist.*[385] Die Regierungen der Unionsrepubliken verloren also nicht nur den Einfluss darauf, welche Filme in den Studios auf ihrem Territorium gemacht wurden und wo welche neuen Filmtheater in ihrem Gebiet errichtet wurden. Sie konnten fortan auch keinen Einfluss mehr darauf ausüben, welche Filme wann und wo in ihrer Republik gezeigt wurden. Im Grunde verloren die Regierungen der nationalen Republiken jeden Aktionsspielraum auf dem Gebiet der Filmwirtschaft, weil sie neben den Produktionsstätten auch die Einnahmequellen (Verleihrechte und Filmtheater) verloren. Die Zentralisierung war perfekt. Sie blieb in dieser Form während der gesamten Ära Stalin bestehen. Das „Komitee für Kinoangelegenheiten" wurde konsequenterweise kurze Zeit später in den Status eines eigenen Ministeriums gehoben.

In einer weiteren Entschließung stellte das PB auch die Weichen für die inhaltliche Weiterentwicklung der sowjetischen Filme. Es beschloss, die Macher der neueren Filme *Lenin v Oktjabre/Lenin im Oktober* (Regie: Michail Romm, MOSFIL'M 1937), *Petr I-j/Peter I.* (Teil 1, Regie: Vladimir Petrov, nach einer Vorlage von Aleksej Tolstoj, LENFIL'M 1937) und *Bogataja nevesta/Die reiche Braut* (Regie: Ivan Pyr'ev, UKRAINFIL'M/Studio Kiev 1937) auszuzeichnen.[386] Damit waren klare Zeichen für ein inhaltliches Programm des sowjetischen Films gesetzt: Fortan dominierten genau die drei Genres die Produktion, die durch die ausgezeichneten Filme repräsentiert wurden:

- Das revolutions-historische „Doku-Drama" (*Lenin im Oktober*), das Ereignisse aus der sowjetischen Geschichte im Sinne der jeweils herrschenden Interpretation inszenierte und der offiziösen Geschichtsfälschung durch die Macht der Bilder Authentizität und Glaubwürdigkeit verlieh. 1937 stand noch der bereits langverstorbene Lenin im Zentrum der Handlung und der übermenschlichen Verklärung, während Stalin - in einer freilich historisch unrichtigen Überbewertung - als Nebenakteur der Oktoberrevolution auftauchte. Der Fokus verschob sich allerdings sehr rasch. In den Filmen Michail Ėdišerovič Čiaurelis, den überragenden Produktionen der späten Stalin-Ära, war es ausschließlich der „große Führer und Lehrer" selbst, um den sich die Handlung drehte.[387] Der Film *Lenin im Oktober* war bereits offen zum Teil der Gesamtinszenierung des stalinschen Systems gemacht worden, indem er ausgerechnet im Bol'šoj-Theater uraufgeführt worden war.

- Das historische Helden-Epos (*Peter I.*), das eine „große" Gestalt der (russischen) Geschichte zum Helden von übermenschlicher Dimension verklärte und implizit als Vorbild bzw. Vorläufer für Stalin und seine Politik in Anspruch nahm. Stalin suchte diese Vorbilder (es folgten u.a. Alexander Nevskij, Suvorov und Ivan IV. „der Schreckliche") selbst aus und kontrollierte und redigierte - sehr viel intensiver als in früheren Jahren - die Drehbücher.[388] Diese Filme spielten eine wichtige Rolle bei der - stark russifizierenden - Politik der Ausrichtung auf den „Sowjetpatriotismus". Der zweite Teil des bei der Weltausstellung in Paris ausgezeichneten Film-Epos *Peter I.* folgte noch 1938.

- Die volkstümliche Musik-Komödie, die den „einfachen" Sowjetbürger, den „neuen Menschen" zum Helden verklärt (*Die reiche Braut*). Diese Filme unterhielten nicht nur und kompensierten damit die noch immer schwierigen Lebensumstände der Bevölkerung. Sie übertrugen auch mehr oder minder offene ideologische Botschaften: Aufbaupathos und Arbeitsdisziplin; „Wachsamkeit" gegenüber „Feinden"; Arbeitsbrigade und Parteizirkel als Ersatz für die „überkommenen" Familienstrukturen und (besonders dörflichen) soziale Bande. Die entsprechende Parteilosung, die Anfang der dreißiger Jahre propagiert wurde lautete *Leben in der Kommune – arbeiteten in der Brigade* [*žit' kommunoj, rabotat' brigadoj*].[389]

Das PB wertete bei der Neuordnung des Filmwesens auch das Wochenschau- und Dokumentarfilm-Studio SOJUZKINOCHRONIKA insofern auf, als es - anders als die übrigen Studios, die zumindest als eigenständige Verwaltungseinheiten bestehen blieben - direkt dem Komitee zugeordnet wurde.[390] Die Wochenschauen wurden gleichsam zur „Chefsache" im Filmwesen gemacht und unter besonders intensive Überwachung genommen. Es ist tragisch, dass damit eine Initiative fortgeschrieben wurde, die ausgerechnet vom geschassten ehemaligen GUKF-Chef Šumjackij angeregt worden war, der sich besonders um den Ausbau der Wochenschauen bemüht hatte (s.o., Kap. II.4.2.). Šumjackij, dieser Eindruck drängt sich auf, hatte - wie der vielzitierte „Mohr" *Othello* in Shakespeares gleichnamigem Stück - „seine Schuldigkeit getan".

Šumjackij hatte in fast zehnjähriger intensiver Arbeit die sowjetische Filmindustrie wirtschaftlich konsolidiert und ausgebaut, die technische Neuerung des Tonfilms bewältigt und neue Impulse für ein spezifisch sowjetisches Unterhaltungs- und Propagandakino gegeben. Er hatte erfolgreich talentierte Regisseure gefördert, den Bau von Filmtheatern forciert und sich intensiv um die Verbesserung der Wochenschauproduktion gekümmert. Seine Nachfolger fanden eine solide Grundlage für ihren forcierten Ausbau der Filmindustrie zur reinen Propagandamaschinerie vor. Šumjackij selbst brauchten sie dafür nicht mehr.

III. UNTERHALTUNG UND PROPAGANDA: DIE FILME

III.1. Filmkomödien: *Das Lachen ist eine außerordentlich scharfe Waffe*

Nach der Rückkehr von der großen USA- und Mexiko-Reise, an der er als Ėjzenštejns Assistent teilgenommen hatte, erstattete Grigorij Aleksandrov dem Generalsekretär Stalin im August 1932 Bericht. Der nutzte die Gelegenheit, Aleksandrov und dem ebenfalls anwesenden Staats-Schriftsteller Maksim Gor'kij einen Kurzvortrag über seine Kunstauffassung zu halten. Aleksandrov erinnert sich in seinen Memoiren an diese Szene und zitiert Stalin mit folgenden Worten: *„Es ist bekannt, dass das Volk eine muntere und lebensfrohe Kunst [bodroe i žizneradostnoe iskusstvo] liebt, aber Sie wollen darauf nicht eingehen. Außerdem", so fügte Stalin mit unverhohlener Ironie hinzu, „sind im Bereich der Kunst jene Leute immer noch nicht verschwunden, die alles Komische unterdrücken. Aleksej Maksimovič", damit wandte er sich an Gor'kij, „wenn Sie nicht gegen das Fröhliche, Komische sind, dann helfen Sie, talentierte Literaten aufzurütteln, Meister des Lachens in der Kunst"* Aleksandrov urteilt in der Rückschau, dass *dieses Gespräch keinesfalls zufällig* geführt worden sei. Stalin habe, so Aleksandrov, die Literatur- und Filmschaffenden auf den Weg der Komödie bringen wollen.[391]

Es mag sein, dass Aleksandrov, dessen Memoiren über 40 Jahre nach dem zitierten Gespräch erschienen, Stalins Worte nicht vollkommen authentisch wiedergibt. Es besteht aber kein Zweifel daran, dass Stalin die Renaissance der sowjetischen Filmkomödie in den dreißiger Jahren maßgeblich mitinitiierte und gegen Widerstände auch aus den Reihen führender Bol'ševiki verteidigte.

Es gab in der Sowjetunion bereits eine eigene Tradition der Filmkomödie, die ihre Blüte in den zwanziger Jahren erlebt hatte. Junge Nachwuchsregisseure, die noch keine 30 Jahre alt waren, hatten die Offenheit und Spontaneität der zwanziger Jahre genutzt, um einen spezifisch „sowjetischen" Komödienstil zu entwickeln, der auf Slapstick und satirisch-realistische Milieuschilderung setzte. Opfer beißenden satirischen Spotts waren in diesen Filmen vor allem Vertreter der „Bourgeoisie". Typische Karikaturen waren etwa der Millionär in *Process o trech millionach/Der Prozess der drei Millionen* und der borniert-bürokratische und das Dorfvolk schikanierende Bahnvorsteher in *Don Diego i Pelageja/Don Diego und Pelageja* (beide Filme von Jakov Protazanov, MEŽRABPOM-RUS' 1926 und 1927). Ähnliche sozialpolitische Karikaturen lieferte Boris Barnet in *Devuška s korobkoj/Das Mädchen mit der Hutschachtel* und *Dom na Trubnoj/Das Haus auf der Trubnaja-Straße* (MEŽRABPOM-RUS' 1927 und 1928), in denen er das *Nėpmėn*-Milieu der kleinen Handwerker und Ladenbesitzer aufs Korn nahm. In allen diesen Filmen waren es die Vertreter „des Alten", die beißendem Spott ausgesetzt wurden. Die positiven Helden, die den Kampf gegen „die Alten" gewannen, waren regelmäßig junge, blühende Komsomol'cen, junge Arbeiter oder Kolchozbauern, die „die neue Gesellschaft" repräsentierten. Die satirische Schärfe der Drehbücher (etwa von dem begabten Dramatiker Nikolaj Ėrdman), die gekonnten Slapstick-Einlagen und die karikierende schauspielerische Überzeichnung, die vor allem der überaus populäre Igor' Il'inskij grandios beherrschte, waren insofern durchaus „politisch". Ebenso wie die regelmäßig vor allem im Parteiorgan *Pravda* erscheinenden bissigen Satiren von Il'ja Il'f und Evgenij Petrov prangerten die Komödienfilme der zwanziger Jahre „Missstände" an (etwa „Bürokratismus" oder „bourgeoises" bzw. „exzentrisches" Verhalten) und propagierten die „neue Lebensweise" (*novyj byt*[392]). Es war insofern zu Anfang der dreißiger Jahre ein reiches Potential an Know-how und erfahrenem Personal auf dem Gebiet der Filmkomödie vorhanden, das für eine propagandistische Nutzbarmachung des Genres eingespannt werden konnte. Das spezifische *exzentrische Element* (MARGOLIT), das die Qualität der zuletzt genannten Filme ausmachte und das diese mit den besten Traditionen des russischen und sowjetischen Kinos bis dahin verband, fiel jedoch in besonderem Maße der neuen Filmpolitik der dreißiger Jahre zum Opfer.[393]

Der politische Wille, eine Renaissance des seit Einsetzung der SOJUZKINO brachliegenden Komödiengenres einzuleiten, verband sich aber von Beginn an mit dem Willen zu politischer Kontrolle. Die Komödien der zwanziger Jahre waren vor allem bei der kommerziell sehr erfolgreichen Produktionsfirma MEŽRABPOM-RUS' bzw. MEŽRABPOM-FIL'M entstanden. Dieses liberale und weltoffene Studio geriet aber zu Beginn der dreißiger Jahre verstärkt ins Schussfeuer der Kritik und unter den Verdacht politischer Unzuverlässigkeit.[394] Der Neuanfang wurde deshalb unter zentraler Führung der GUKF und ihres Chefs Šumjackij beim Moskauer Hauptstadtstudio (MOSKINOKOMBINAT, seit 1936 MOSFIL'M) eingeleitet. Mit Grigorij Aleksandrov wurde ein talentierter und - als Ėjzenštejns Assistent - erfahrener Regisseur mit dem neuen Komödien-Projekt betraut. Da er aber (anders als etwa Barnet und Protazanov) noch nicht mit eigenen Produktionen in Erscheinung getreten war, konnte er als „unbelastet" bzw. als „unbeschriebenes Blatt" gelten. Aleksandrov bekam von der Parteiführung das Angebot, einen prestigeträchtigen und teuren Film zu machen (*Veselye rebjata*/*Die fröhlichen Gesellen*, MOSKINOKOMBINAT 1934), und damit die Möglichkeit, eine eigenständige Karriere glänzend zu beginnen. Dafür gab er seine Zusammenarbeit mit seinem bereits erkennbar in Ungnade fallenden Mentor Ėjzenštejn auf. Es entspricht dem politischen Führungsstil der dreißiger Jahre, neue Projekte an junge Leute zu übergeben, die so ihre Aufstiegschancen und ihr Schicksal an die Parteiführung banden, sich politisch instrumentalisieren und gegen ihre eigenen künstlerischen Lehrmeister ausspielen ließen. Dieses Modell der Zusammenarbeit funktionierte nicht nur in diesem Fall prächtig: Wie Aleksandrov machte auch der noch relativ junge und unerfahrene Ivan Pyr'ev in den dreißiger Jahren mit propagandistisch aufgeladenen Musical-Komödien in beispielloser Weise Karriere. Die Kooperation von Parteiführung und Jungregisseuren beruhte auf beiderseitigem Nutzen: Die Jungregisseure konnten aus dem Schatten der alten „Meister" (v.a. Ėjzenštejns) treten und sich Ruhm und Privilegien verschaffen. Die Parteiführung erhielt im Gegenzug die Filme, die sie wünschte.

Nicht ohne Bitterkeit erinnerte sich Sergej Ėjzenštejn 1946 an die „Treulosigkeit" seiner Schüler Pyr'ev und Aleksandrov: *Der eine hatte blaue Augen, war umgänglich und weich. Er balancierte später tadellos auf dem Seil. Der andere war grob und unversöhnlich [...] Der eine ist Grigori Alexandrow. Der andere Iwan Pyrjew. Beide spielten in meinen ganz frühen Inszenierungen. Mit Alexandrow habe ich viele Jahre lang gearbeitet. Pyrjew und ich haben uns nach drei Jahren getrennt. [...] Snobs und Ästheten mögen über die nicht immer ganz feinen Arbeiten Pyrjews die Nase rümpfen. Aber sogar ihnen fällt es mitunter schwer, den Filmen die Treffsicherheit abzusprechen, ihre thematische Stoßkraft, das Temperament und ihre ehrliche Begeisterung zu bestreiten. Und eines liegt auf der Hand: Iwan Pyrjew wurde viermal Stalinpreisträger.*[395]

Ėjzenštejn selbst, dessen internationale künstlerische Reputation immens war, hatte den Stalinpreis nur zweimal bekommen (1941 für den bereits 1938 fertiggestellten *Aleksandr Nevskij/Alexander Newski* und 1946 für den ersten Teil von *Ivan Groznyj/Iwan der Schreckliche*.

JURIJ BOGOMOLOV kommentiert den von der politischen Führung bewusst forcierten Generationenwechsel von der künstlerisch ambitionierten Avantgarde-Generation zur Generation der jüngeren Regisseure, die ihre Begabung nutzten, um populäre Musicals zu drehen, so: *Ėjzenštejn, Dovženko, Vertov und viele andere wollten vielleicht, wie der goldene Fisch in Puškins Märchen, der siegreichen Mythenbildung des kommando-administrativen Systems als Laufburschen dienen – wenn auch im Interesse des eigenen Nutzens – aber sie konnten es nicht. Die, die es konnten, bezahlten dafür mit ihrer himmlischen Gabe: ihrer Schöpferkraft.*[396]

Ivan Pyr'ev resümierte in seinen Erinnerungen recht knapp: *Natürlich wurde das, was die Künstler der älteren Generation nicht zu leisten im Stande waren, von anderen übernommen.*[397]

Zweifellos war die Stalin von Aleksandrov zugeschriebene Feststellung richtig, *dass im Bereich der Kunst jene Leute immer noch nicht verschwunden waren, die alles Komische unterdrücken* wollten. Eine breite Front von Rezensenten und kommunistischen Theoretikern wandte sich vehement gegen jede Form von Komik im sowjetischen Film, der ihrer Auffassung nach ernst zu sein habe.

Komik schien ihnen nicht in die sozialistische Gesellschaft zu passen, sie war für sie eine spezifische Form, die die Gegensätze in kapitalistischen Gesellschaften ausdrückte.

Auf einer eigens einberufenen programmatischen Versammlung der ARRK *Über die Entwicklungswege der sowjetischen Komödie* wurden 1932 die Komödiengegner auf die neue Linie eingeschworen und Leitlinien für das neue Genre festgelegt. In einem ausführlichen Vortrag setzte sich der Filmtheoretiker Jukov mit den Komödiengegnern auseinander. Deren These, dass es in der Sowjetunion keine Satire mehr geben könne, weil es in der sozialistischen Gesellschaft nichts mehr satirisch zu bekämpfen gebe, sei falsch. Das Gelächter habe stets eine soziale Funktion, unterstrich Jukov. Es könne negative Entwicklungen anprangern und Menschen, die durch Fehlverhalten auffallen, sozial ausgrenzen. Das sei, so Jukov weiter, sehr wohl auch in der Sowjetgesellschaft noch notwendig. Es gebe nämlich in der sowjetischen Jugend viel *überschüssige Energie* (*zarjadki*), die kein Ventil habe. So entstehende explosive Spannungen, *entladen sich*, so Jukovs Urteil, immer wieder in *exzentrischen Erscheinungen* und blankem *Rowdytum* (*chuliganstvo*). Diese Erscheinungen könne die Komödie auf zweifache Weise bekämpfen: Indem sie unterhaltend „überschüssige Energien" in Gelächter ableite, und indem sie „Exzentrismus" und „Rowdytum" durch karikierende Darstellung denunziere und damit die Zuschauer erziehe.[398]

Der oberste Filmzensor im GRK, P. Bljachin, gab bei der ARRK-Versammlung die neue parteiamtliche Losung aus: [...] *das Lachen ist eine außerordentlich scharfe Waffe.*[399]

Er bewertete auch die ältere sowjetische Komödienproduktion im Licht der neuen Anforderungen. Es habe bisher, so Bljachin, drei Gruppen von sowjetischen Komödien gegeben: *offensichtlich verpfuschte, langweilige* und *mehr oder weniger annehmbare*. Zur letzteren Gruppe zählte Bljachin die oben erwähnte Dorfmilieu-Satire *Don Diego und Pelageja* von Jakov Protazanov.[400]

Bljachin konstatierte eine *Krise der Komödie* im sowjetischen Kino.[401]

Damit hatte er zweifellos recht. Betrachtet man die reinen Produktionszahlen sowjetischer Komödien zu Beginn der dreißiger Jahre, so ergibt sich in der Tat ein trauriges Bild. 1928 bis 1930 waren wenigstens noch jährlich drei größere und bedeutendere komische Filme gedreht worden *Bez ključa/Ohne Schlüssel, Kukla s millionami/Eine Puppe mit Millionen, Oktjabrjuchov i dekabrjuchov/Oktjabrjuchov und Dekabrjuchov, Gorodskie neudači/Städtische Missgeschicke, Moja babuška/Meine Großmutter, Pižon/Der Geck, Gosudarstvennyj činovnik/Der Staatsbeamte, Prazdnik svjatogo Jorgena/Das Fest des heiligen Jörgen*. Die Komödie *Chameleon/Das Chamäleon* wurde verboten. In den Umbruchs-Jahren 1931-1933, in denen auch die ersten sowjetischen Tonfilmaufnahmen entstanden, wurden insgesamt nur ganze vier bedeutende Komödien gedreht (*Mechaničeskij Predatel'/Der mechanische Verräter, Chabarda, Izjašč-naja žizn'/Das elegante Leben, Išču protekcii/Ich suche Protektion*). In diesen Filmen waren vor allem Ausländer, die „Bourgeoisie", die *Nėpmėny* und Vertreter der alten Gesellschaftsordnung karikiert worden. So hatte die sehr exzentrische und innovative Komödie *Oktjabrjuchov i dekabrjuchov* (Regie: Aleksej Smirnov, VUFKU/Odessa 1928) durch die Montage von Dokumentar- und Trickaufnahmen den letzten Zaren Nikolaj II. und die Pariser Emigration aufs Korn genommen. In *Kukla s millionami* (Regie: Sergej Komarov, MEŽRABPOM-FIL'M 1928) verfolgten französische Erbschleicher die Spur des Erbes einer reichen Pariserin nach Moskau.

Der georgische Satire-Streifen *Moja babuška/Meine Großmutter* (Regie: Kotė Mikaberidzė, GOSKINPROM GRUZII 1929) hatte bereits den wachsenden Büro-kratismus in der Sowjetunion karikiert. Damit hatte der Film eigentlich die Hauptstoßrichtung von Bljachins 1932 vorgestelltem Komödien-Programm schon vorweggenommen. Er war aber verboten worden, weil er offenbar den schwierigen Balanceakt von satirischer Kritik im Kleinen und enthusiastischer Verherrlichung des Sowjetstaates als Ganzem nicht geschafft hatte, den Bljachin in seinem Vortrag bei der ARRK forderte.

Der Grund für die Krise der Komödie sei nämlich nicht, so Bljachins Urteil, *dass die Form der Komödie schwierig* sei. Die Krise sei vielmehr Ausdruck ei-nes Umbruchs. Die sowjetische Komödie brauche neue Inhalte, so Bljachin: *Wir müssen jetzt in der Komödie die neue revolutionäre Thematik bearbeiten und jene Übel und Missstände dem Gelächter aussetzen, die es im sowjetischen System und in der Arbeitswelt und, wie wir vermuten, auch in Partei, Gewerk-schaften und verschiedenen gesellschaftlichen Organisationen u.s.w. gibt. Wir sind bisher nicht in der Lage, diese Übel auf solche Weise lächerlich zu ma-chen, dass im Resultat der Zuschauer, nachdem er einen Film über Bürokratis-mus gesehen hat, in etwa Folgendes sagt: „Nieder mit dem Bürokratismus, man muss ihn vernichten, doch es lebe die Sowjetmacht!"*[402]

Bljachin gehörte also durchaus zu den Befürwortern des Komödiengenres. Er gehörte aber auch zu den vehementen Gegnern der Komödieninitiative des GUKF-Chefs Šumjackij. Dieser wollte bei der Neubegründung des Genres vor allem auf Volkstümlichkeit setzen, die sich in einfachen Charakteren, volks-tümlichem Ambiente, Liedern und naiv-verspieltem Slapstick ausdrückte. Diese Orientierung lag völlig auf der Linie der parteiamtlichen Forderung, „Partei-lichkeit" (*partijnost'*) mit „Volkstümlichkeit" (*narodnost'*) zu verbinden. Šumja-ckijs neues Komödienprojekt *Die fröhlichen Gesellen* war in dieser Hinsicht formal und inhaltlich programmatisch: Die Protagonisten waren ein singender Kolchoz-Viehhirte (gespielt von dem Varieté-Musiker Isaak Dunaevskij) und ein Dienstmädchen (gespielt von der burschikos-verschmitzten Ljubov' Orlova, die nach einer Theater- und Varieté-Karriere ihr Filmdebüt gab). Das Ambiente war damit eindeutig volkstümlich und bot reichlich Gelegenheit für witzige Tierszenen, ländlich-bäuerliche Techtelmechtel, fröhlichen Tanz und Gesang (in dieser Hinsicht war ja bereits der Titel programmatisch), sowie melodramatische Herz-Schmerz-Szenen mit rührseligen Liedern im Mondenschein. Damit war der Film eindeutig auf einen einfachen und breiten Publikumsgeschmack berechnet und darauf angelegt, die Hollywood-Vorherrschaft in der Gunst des sowjetischen Publikums zu brechen. Die auffälligste und vordringliche, im weitesten Sinne propagandistische Botschaft des Films bestand darin nachzuweisen, dass die Sowjetunion ein wunderbares Land sei, in dem fröhliche Menschen frei leben können. Der Film bebilderte gleichsam Stalins berühmt-berüchtigte Parole „Das Leben ist leichter geworden, Genossen, das Leben ist fröhlicher geworden!"[403]. Darüber hinaus enthielt der Plot des Musicals *Die fröhlichen Gesellen* aber auch ein weitreichendes künstlerisch-gesellschaftliches Programm, dass die Stoßrichtung des neu zu begründenden Komödien-Genres zum Ausdruck brachte: Der musikalische Viehhirt wird mit einem berühmten Komponisten verwechselt und das singende Dienstmädchen trällert mühelos die schwierigen Koloraturen, bei denen ihre reiche und elegante Dienstherrin versagt, die Ambitionen auf eine Opernkarriere hat. Es kommt wie es im klassischen Komödien-Märchen nach Hollywood-Strickmuster kommen muss: Die „einfachen" volkstümlichen Helden vom Lande setzen sich gegen die urban-elegante, reiche und internationale Kunstwelt durch und erobern in einem grandiosen Finale mit ihrer Unterhaltungsmusik-Band das Bol'šoj-Theater in Moskau. Der spontane Erfolg beim dortigen Publikum ist eine symbolische Bestätigung des allsowjetischen Sieges der „Volkskultur" über die „bourgeoise" Hochkultur. Dies war die programmatische Botschaft des Films.[404]

Šumjackij hatte eingesehen, dass Propaganda nur wirksam sein konnte, wenn sie populär war. Von Hollywood hatte er die Rezepte publikumswirksamen Filmemachens gelernt.[405] Nun war seine Botschaft gleichsam: Nieder mit filmischer Hochkunst und schwer zugänglichen „Kulturfilmen" (*kul'turfil'my*), es lebe das volkstümliche Musical!

Dieses Programm musste er zunächst gegen Widerstände auf höchster Ebene verteidigen. Insbesondere der gebildete Ästhet P. Bljachin vom GRK torpedierte die populistische Linie Šumjackijs, der aus Bljachins Sicht (und der vieler Regisseure, besonders Ėjzenštejns) eine Art „ungehobelter Klotz" ohne jeden künstlerischen Verstand war.

Boris Šumjackij, als Leiter der GUKF immerhin oberster Film-Funktionär der Sowjetunion, sah sich im Sommer 1934 genötigt, einen (selbstverständlich geheimen) Beschwerde-Brief an die allerhöchsten Repräsentanten der Sowjetmacht zu schreiben, an Kaganovič, Ždanov, Steckij und Stalin selbst. In seinem

Schreiben berichtete Šumjackij den hohen Herren folgendes Ereignis: *Auf der Sitzung der Kinokommission des OB (27.6. d. J.) unter dem Vorsitz des Gen. Steckij* [...] *geschah eine vollkommen unerhörte Sache. Die Komödie „Die lustigen Gesellen „* [*„Veselye rebjata"*] *von G.V. Aleksandrov,* [...] *die Sie und eine Reihe anderer Genossen gesehen haben, wurde „konterrevolutionär" (Bubnov), „minderwertig, rowdyhaft, durch und durch falsch" (Antipov) genannt.* [...] *Auf der Sitzung vom 25. Juli gab es eine stürmische Szene. Ich wurde aller möglichen Todsünden beschuldigt und es wurde gefordert, den ganzen Film zu zerschneiden,* [...]. *Jetzt wird mir mitgeteilt, dass in diesen Kampf, den die genannten Kommissions-Mitglieder mit mir führen, bereits die Organe des Volksbildungskommissariats eingeschaltet wurde. Das GRK - ein Organ des Volksbildungskommissariats der RSFSR - (Gen. Bljachin) verbot die Herausgabe von Dokumenten für die Ausfuhr des o.g. Films „Fröhliche Gesellen" zum internationalen Filmfestival* [in Venedig im August 1934], *wohin ich mit Erlaubnis des CK fahre*[...]. *Von der von Ihnen gesehenen musikalische Komödie „Die fröhlichen Gesellen" des Regisseurs Aleksandrov ist, aus böswilligem Spott, nur die erste Hälfte freigegeben worden. Drei Teile von ihr sind vom GRK - einem Organ des Gen. Bubnov - auf dem Bahnhof gestoppt worden und ihre Ausfuhr wurde verboten.*[...] *Ich bitte Sie, den Gen. Steckij und Bubnov den Befehl zu geben, unverzüglich das offensichtlich unbegründete Verbot des Films „Die fröhlichen Gesellen" aufzuheben und unverzüglich die Erlaubnis zur Ausfuhr des Films zum Festival zu erteilen*[...].[406]
Šumjackijs vehementes Eintreten für die Filmkomödie und sein Engagement für einen volkstümlichen Kurs hatten Erfolg. Der Streit um das Musical *Die fröhlichen Gesellen* wurde schließlich auf allerhöchster Ebene entschieden. Es kam zu einer Vorführung des Films im Kreml.
Stalin selbst stellte die Weichen für den Kurs der zukünftigen Filmkomödien, als er den Film nach der Vorführung, die er offensichtlich genossen hatte, mit folgenden Worten lobte: *Sehr gut! Ich fühle mich, als wäre ich einen Monat im Urlaub gewesen.*[407] Von nun an hatte Šumjackijs Linie allerhöchste Unterstützung. Der GUKF-Funktionär hatte sich gegen die Wächter der Hochkultur durchgesetzt. Stalins kolportiertes Diktum weist im übrigen auf eine wichtige Funktion hin, die alle Musical-Komödien - neben dem wirksamen Transport propagandistischer Inhalte - hatten: Sie konnten die immer noch schwierigen Lebensumstände der meisten Sowjetbürger kompensieren. Der Wunsch nach einer Traumwelt war groß. Die Sowjetbürger, die unter der verschärften Arbeitsdisziplin litten und zumeist nur unzureichend mit rationierten Lebensmitteln versorgt wurden, sahen sich offenbar mit Vergnügen fröhliche, dickliche Landarbeiter im Kino an, für die das Einbringen reicher Ernten eine Art fröhli-

cher gemeinsamer Freizeitgestaltung zu sein schien, und die sich an reich gedeckten Tischen neckisch-turtelnden Konversationen widmeten.

Gegenüber den „klassischen" sowjetischen Filmkomödien verschob sich nun der Akzent gleich auf mehreren Gebieten. Im Vordergrund stand nicht mehr die Karikatur „negativer" Helden und die naturalistische Porträtierung sozialer Milieus. Gezeigt wurden nun vor allem „positive" Helden, „neue Menschen", die die neue Gesellschaftsordnung und die neuen sozialen Beziehungen repräsentierten. Das fröhlich-volkstümliche Milieu, in dem sie sich bewegten, hatte freilich mit der Realität wenig gemein. Getreu den Prinzipen des „sozialistischen Realismus" wurde die Sowjetgesellschaft gezeigt, wie sie sein sollte, nicht wie sie war. Die bildnerische Umsetzung des schönen Scheins war allerdings sehr detailverliebt und überaus eindringlich. Es dürfte den Zuschauern nicht schwer gefallen sein, sich mit den neuen Helden und ihrer Lebenswelt zu identifizieren - selbst, wenn sie sich über den Abstand der Leinwandträume zur eigenen Lebenswirklichkeit voll im Klaren waren. Das Phänomen, dass Kinozuschauer um so stärker nach Kompensation und Weltflucht suchen und filmischen Realismus fliehen, je unangenehmer ihre eigenen Lebensumstände sind, ist ja auch aus anderen Ländern bekannt. Die amerikanischen Unterschichten, die von der Depression der dreißiger Jahre hart gebeutelt wurden, waren sich ebenfalls bewusst, dass sie weder wie Fred Astaire tanzen konnten, noch Zugang zu den luxuriösen Etablissements hatten, in denen er sich nicht nur auf der Leinwand bewegte. Dennoch strömten gerade arme Leute in die Filme mit Fred Astaire und Ginger Rogers. Auch die Kinozuschauer des im totalen Zusammenbruch befindlichen Deutschland sahen sich mit Vergnügen die bubenhaften Streiche Heinz Rühmanns (zuletzt noch in dem Streifen *Die Feuerzangenbowle*, der 1944 fertiggestellt wurde) an, der sich in seinen Filmen durch ein verklärtes ländlich-konservatives Deutschland bewegte, das eine heile Welt repräsentierte, wie sie die Zuschauer wohl nie gekannt hatten.

Die fröhlichen Gesellen war ein überaus erfolgreicher Film. So wie er Stalin überzeugt hatte, gewann er auch die Herzen der Zuschauer. Es folgte nun eine regelrechte Flut von ähnlichen Filmen. Dabei wurde das Genre weiter verfeinert und vor allem Defizite ausgeglichen, die der Film *Die fröhlichen Gesellen* vor allem wegen eines lückenhaften Drehbuchs und eines deshalb hin und wieder amateurhaft wirkenden Schnitts noch gehabt hatte. Die Drehbücher wurden präziser, vor allem die Charaktere der neuen „positiven" Komödienhelden, die den Aufbruch der neuen Sowjetgeneration repräsentieren sollten, wurden immer ausgefeilter. Ljubov' Orlova trat noch in mehreren Filmen Grigorij Aleksandrovs auf, den sie auch heiratete. Sie entwickelte sich, ähnlich wie Pyr'evs bevorzugte Hauptdarstellerin Marina Ladynina, zum Publikumsstar. Beide setzten Maßstäbe für die Vermittlung eines neuen spezifisch sowjetischen Frauenbildes.[408]

In Aleksandrovs Film *Cirk/Der Zirkus* (MOSFIL'M 1936, das Drehbuch schrieben zum großen Teil die bekannten Satiriker Il'ja Il'f und Evgenij Petrov) spielte Orlova eine junge Amerikanerin, die das Kind eines Schwarzen in der Sowjetunion zur Welt bringt. Das Zirkusambiente bot reichlich Gelegenheit für unterhaltende Akrobatik- und Slapstick-Einlagen. Die Figur des rassistischen deutschen Bösewichts, der die „Amerikanerin" Orlova ausnutzt, diente als Vehikel einer weiteren pro-sowjetischen Botschaft: Die Sowjetunion ist ein multiethnisches Land (dessen Herz, Moskau, jedoch dezidiert russisch ist), sie repräsentiert als Staat nicht nur die Überwindung der Klassen- sondern auch die der Rassengegensätze. Der Film endet mit einer Parade über den Roten Platz, bei der die „Amerikanerin" Orlova mit ihrem neuen russischen Partner optimistisch singend in der ersten Reihe mitmarschiert. Das dabei gesungene Lied *Marš o rodine/Marsch über die Heimat* (Musik: Isaak Dunaevskij, Text: Vasilij Lebedev-Kumač) brachte die Botschaft des Films auf den Punkt. Der Refrain lautete:

Weit ist mein großes Land,
in ihm sind viele Wälder, Flüsse und Felder.
Ich kenne kein zweites solches Land,
wo der Mensch so frei atmet.

(Široka strana moja bol'šaja
mnogo v nej lesov, polej i rek.
Ja drugoj takoj strany ne znaju,
gde tak vol'no dyšit čelovek.)

Der Kritiker der Pravda charakterisierte die Musik, die Dunaevskij für den Film *Cirk* geschrieben hatte, als *einfach, leicht und einfach zu behalten*[409]. Diese Eigenschaften der Musik dürften die nachhaltige Wirkung des Films auf die Zuschauer noch verstärkt haben.

Der überaus populäre Film erreichte sein Ziel sehr genau, die Zuschauer verstanden die Botschaft. In einem Fragebogen der Öffentlichkeitsabteilung des Studios MOSFIL'M wurden sie nach ihrer Meinung befragt. Eine Frage lautete *Worin sehen sie die Grundidee des Films?*. Eine repräsentative Zuschauer-Antwort lautete: *Unser Land ist gut. Unser Leben ist noch besser.*

Andere Zuschauer bemerkten, der Film hebe *den Stolz auf das eigene Land*, er wecke *Hass und Ekel gegenüber dem Kapitalismus und Faschismus* und mobilisiere so zur *Landesverteidigung*.

In öffentlichen Diskussionen wurde der Film gelobt dafür, dass er *große und hervorragende Erholung* und *fröhliche Spannung*, kurz *Unterhaltung* mit *einem tiefen politischen Gedanken* verbunden habe. Er habe das *echte, freudige Gefühl des Sowjetpatriotismus* geweckt.[410]

Ein weiterer Orlova/Aleksandrov-Film war *Volga, Volga/Wolga, Wolga* (MOSFIL'M 1938), der das Thema des Musicals *Die fröhlichen Gesellen* noch einmal wiederholte: Diesmal machten sich ein Symphonie-Orchester und ein Folklore-Ensemble auf den Weg nach Moskau, um dort einen Wettbewerb zu gewinnen. Natürlich siegte das „spontane", bunt zusammengewürfelte Folklore-Ensemble, das aus „Menschen, wie du und ich" bestand, über die professionellen Konzertmusiker. Der Film brachte auch erstmals ein utopisches, von Licht und Wasser durchströmtes Moskau auf die Leinwand, das mit der Realität der Stadt nichts zu tun hatte, und eher einer Art sozialistischem Jerusalem glich, dessen Tempelarchitektur (die aus Kulissen bestand) die Umbaumaßnahmen der Nachkriegszeit bereits vorwegnahm. Die Schlussszenen in Moskau glichen einer Art sowjetischem Hochamt. Es dominierten die traditionellen Sakral-Farben Weiß und (soweit in schwarz-weiß erkennbar) Gold, architektonische Strukturelemente waren vor allem Treppen und überdimensionierte Wappen und Abzeichen. *Wolga, Wolga* gilt als Stalins Lieblingsfilm, eine Kopie ging angeblich 1942 auf Geheiß des Generalsekretärs sogar an den amerikanischen Präsidenten Roosevelt, der dieses Geschenk als Aufforderung verstanden haben soll, die Eröffnung der „zweiten Front" gegen Deutschland zu beschleunigen.[411]

Die Komödienfilme sollten möglichst alle lebensweltlichen Bereiche der Sowjetbevölkerung abbilden. Wie bereits zuvor *Die fröhlichen Gesellen* war *Wolga, Wolga* im ländlichen Kolchoz-Milieu angesiedelt. Der Film *Wolga, Wolga* sollte gleichzeitig die Kampagne gegen den „Bürokratismus" unterstützen, die wesentlich darauf abzielte, die kleinen Funktionäre für politische und ökonomische Fehlleistungen, Defizite und systembedingte Strukturschwächen verantwortlich zu machen. In der Figur des „Byvalov" (gespielt von dem erfahrenen und begabten Slapstick-Komiker Igor' Il'inskij) war der unfähige, ungebildete, faule und anmaßende kleine Funktionär karikiert, der ein Leitmotiv des gleichzeitigen Terrors war. Den Zeitgenossen wird die Zielrichtung dieser Darstellungsweise unmittelbar verständlich gewesen sein: *Im Jahre 1938, als die Säuberungen noch wüteten, war dies eine Warnung an Volksfeinde.*[412]

Perfekter noch als in *Der Zirkus*, waren in *Wolga, Wolga* humoristische Einlagen und fröhliche Musik mit einer ernsten und vor dem Hintergrund der Säuberungen bedrohlichen Kernbotschaft verbunden: *Byvalov mag nicht mehr sein als ein Provinz-Fabrikmanager. Aber er spiegelt die Schwächen einer ganzen Bürokratie wieder. [...] Der Feind, Byvalov, war eindrucksvoller als der deutsche Impresario* [im Film *Cirk*], *weil er ein einheimischer Autokrat war. Und der Film gewann ungemein durch sein ausschließlich „russisches" setting.*[413]

Die Komödien von Ivan Pyr'ev waren ähnlich angelegt wie die Filme Grigorij Aleksandrovs. Pyr'ev stellte aber die Musik (und die Musiker) thematisch nicht ganz so stark in den Vordergrund, auch wenn Lieder und musikalisch unterlegte choreographierte Szenen auch bei ihm eine tragende Rolle spielten. Sein Thema war im weitesten Sinne die Arbeitswelt der „neuen Menschen". In seinem Film *Bogataja nevesta/Die reiche Braut* (UKRAINFIL'M/Studio Kiev 1937) porträtierte er die Landbevölkerung. Zu sehen waren fröhliche, wohlgenährte Kolchozniki, denen nichts mehr Spaß macht als ihre Arbeit: *Die* [in den Filmen Pyr'evs dargestellten] *Menschen fühlen ausschließlich die Stabilität der Lebensumstände und sind voll des Glaubens an eine noch bessere Zukunft. Sie singen sogar davon, und nicht nur in den Kultur- und Erholungs-Parks, sondern unmittelbar an den Arbeitsplätzen.*[414]

Die dargestellten Arbeiter standen in einer Art sportlichem Wettbewerb um die besten Tagesleistungen miteinander, mit denen sie sich spielerisch-neckisch immer wieder gegenseitig anfeuerten. Diese Sichtweise passte gut in den Rahmen jener Kampagnen, die unter dem Schlagwort des „sozialistischen Wettbewerbs" immer höhere Arbeitsleistungen von den Sowjetbürgern einforderten.[415]

Die - körperlich ungeheuer harte - Feldarbeit war im Bild zu sehen als choreographierter, mit Gesang und Musik unterlegter, rhythmisierter „Tanz". Die eindringliche Botschaft der Bilder lautete: Arbeit macht Spaß. Das charakteristische glockenhelle Lachen von Marina Ladynina (in der Titelrolle) war der nachhaltigste Eindruck des Films.

Pyr'ev definierte in seinen Komödien-Filmen (neben *Die reiche Braut* ist hier vor allem der 1939 in Kiev fertiggestellte Streifen *Traktoristy/Traktoristen* zu nennen) auch die traditionellen Werte und Sozialbeziehungen unter den Dorfbewohnern um.

Vordergründig bildete Pyr'ev die russische Dorfgesellschaft in jener idealisierenden Weise ab, wie es Bauernrevolutionäre und romantische Schriftsteller in Russland seit dem 19. Jahrhundert getan hatten: Die Bauern sind in Pyr'evs Darstellung verschmitzte, schlaue aber im Kern gutmütige Kerle, die fest zusammenhalten und sich aufeinander verlassen können. Sie haben Witz, werden auch mal grob, sind aber überaus liebenswerte Naturburschen, deren Potentiale unter entsprechender Anleitung konstruktiv zu nutzen sind. Die Kolchoz-Kollektive, die Pyr'ev abbildet, erinnern an das Idealbild der *obščina*, der solidarischen Dorfgemeinschaft, die für viele Theoretiker der Kern einer zukünftigen sozialistischen Gesellschaft gewesen war.[416]

Die negativen Helden in Pyr'evs Filmen sind jene Uneinsichtigen oder Böswilligen, die sich nicht der gemeinsamen Wirtschaftsform anschließen und statt dessen ihr Land weiter allein bewirtschaften wollen. Dieses Feindbild erinnert stark an die Missgunst, die den russischen Chutor-Bauern entgegenschlug, die sich im Anschluss an die Agrarreformen am Ende des 19. und Anfang des 20. Jahrhunderts selbständig machen wollten.[417] Die Charakteristika der Protagonisten entnahm Pyr'ev also der Tradition. Die „Guten" und die „Bösen" auf dem Dorfe trugen lediglich neue Namen, die sie ins Koordinatensystem des parteiamtlichen Sozialismus einordneten.

Auch die traditionell starken Familienbande auf dem Dorf fanden ihre Widerspiegelung in Pyr'evs Filmen. Die Rolle von Vätern und Müttern übernahmen hier Brigadeführer und Vorarbeiterinnen, die „Familie" war die Brigade bzw. das Arbeitskollektiv. Im Kolchoz-Film *Die reiche Braut* ist der männliche Protagonist ein Traktorfahrer, dessen väterlicher Betreuer und Ratgeber sein Brigadeführer ist. Die weibliche Hauptperson (gespielt von Marina Ladynina) ist als Stoßarbeiterin einer Brigade von Feldarbeiterinnen gleichsam die „Lieblingstochter" der Brigadeführerin. Wie in einer klassischen Dorfgeschichte stehen der Hochzeit der beiden Verliebten - neben einer Reihe komischer Verwicklungen - vor allem materielle Schwierigkeiten entgegen. Der Titel deutet dieses traditionelle Deutungsmuster an: Die Braut ist für eine Hochzeit nicht „reich" genug. Anders als in der Tradition ist es aber nicht der Besitz der Braut (bzw. ihres Vaters), da Eigenbesitz in der Kollektivwirtschaft entweder obsolet oder verpönt ist. Statt dessen ist der „Reichtum" die Arbeitsleistung der jungen Heldin, die in der abstrakten Rechengröße der „Tagewerke" (*trudodni*) täglich auf der Anschlagtafel für alle sichtbar ausgestellt wird - ähnlich wie in „vorsozialistischer Zeit" der väterliche Besitz in Form von reichen Gewändern, Kutschen oder Hausornamenten öffentlich zur Schau gestellt wurde. Im Happy End des Films heiraten die beiden jungen Helden, die Bestarbeiter ihrer jeweiligen Brigade sind, natürlich doch. Bei der Hochzeitsfeier trifft der Traktoristen-Brigadeführer sich im freundlichen Gespräch mit der Feldarbeiterinnen-Brigadeführerin. Beide nehmen so gleichsam die Stelle der Eltern bzw. Schwiegereltern ein und segnen an deren Stelle die eheliche Verbindung.

Pyr'ev hat sich mit seinen Dorfkomödien sehr erfolgreich Zugang zu den bäuerlichen Zuschauern verschafft haben. Diese fanden sich plastisch, charaktervoll und detailverliebt abgebildet, so wie sie sich ihrer eigenen Tradition folgend gerne sahen: Schlau, fröhlich, volkstümlich und wohlgenährt. Die Ausblendung der in Wahrheit katastrophalen Versorgungslage war allen Filmen gemeinsam, minderte aber nicht ihre Popularität. Die Bauern sahen in Pyr'evs Filmen eine Welt, in der zu leben sie sich durchaus wünschen konnten und in die sie ihre traditionellen Verhaltens- und Wertorientierungen einbringen konnten. Damit waren sie zugänglich für die in den Filmen enthaltenen parteiamtlichen Propaganda-Botschaften, nämlich die Forderungen nach Kollektivierung und Arbeitsdisziplin. Es war eine eklatante Fehleinschätzung des GUKF-Chefs Šumjackij, den Film *Die reiche Braut* zunächst nicht freizugeben, weil es in der Presse

Proteste gegen als „chauvinistische Falsifikation" der ukrainischen Realität gebrandmarkte Folklore-Darstellung gegeben hatte. Šumjackijs Nachfolger Dukel'skij gab den Film sofort frei – mit großem Erfolg, wie der Filmhistoriker ROSTISLAV JURENEV feststellt: *Obwohl das ländliche Leben nicht immer, überall und in allen Details den fröhlichen Streifzügen dieses lyrischen Films ähnelte, verstanden die Menschen, dass dies eine musikalische Komödie war und sie wollten glauben, dass das Leben so sein konnte.*[418]

Neben den von höchster Stelle forcierten und protegierten Musical-Filmen von Aleksandrov und Pyr'ev gab es in den dreißiger Jahren noch einige andere Versuche, die Komödientradition der zwanziger Jahre fortzusetzen. Zu nennen sind besonders *Prazdnik svjatogo Jorgena/Der Tag des heiligen Jörgen* (Regie: Jakov Protazanov, MEŽRABPOM-FIL'M 1930, vertont 1935), *Vratar'/Der Torwart* (Regie: Semën Timošenko, LENFIL'M 1936) und *U samogo sinego morja/Am blauesten der Meere* (Regie: Boris Barnet, MEŽRABPOM-FIL'M 1935).

Jakov Protazanovs Filmkomödie *Der Tag des heiligen Jörgen* war eine geschickt montierte Etüde über die Manipulation von Menschen durch Filme. In diesem Fall waren es Priester, die die Geschichte des „heiligen Jörgen", des Patrons ihrer Kirche, verfilmen ließen, um den Gläubigen dessen Wundergeschichten glaubhafter zu machen. Der erfahrene Unterhaltungsfilmer Protazanov, der bereits in verschiedenen Ländern und politischen Systemen gedreht hatte, wählte als Objekt des beißenden Spotts geschickt die Kirche aus. Damit war sein Film eindeutig als „politisch korrekt" im Sinne der herrschenden Bol'ševiki-Ideologie einzustufen. Kirchenkritik war nicht nur erlaubt, sondern sogar gewünscht. Dennoch ließ sich seine verschachtelte und mit reichlich Situationskomik (grandios umgesetzt von Igor' Il'inskij) angereicherte Satire ohne weiteres auf alle Mächtigen übertragen, die sich das Medium Film aneignen, um damit die Massen zu manipulieren. Der Film ist ein Meisterstück in Erzählweise, Schauspielkunst, Schnitt und Regieführung, das bis heute Bestand hat. Sein Zustandekommen ist ein Beweis für das noch relativ offene künstlerische Klima der dreißiger Jahre, das Experimente zuließ. Im Kompetenz-Chaos der konkurrierenden Institutionen und Konzepte für die Filmbranche fand mancher Regisseur eine Nische für ein ungewöhnliches Projekt.

Die Komödie *Der Tag des heiligen Jörgen* knüpft in vielerlei Hinsicht (besonders, was die verschachtelte Erzählstruktur und die hohe Geschwindigkeit der Slapstick- und Verfolgungsszenen angeht) an Protazanovs Erfolge der zwanziger Jahre (etwa das Mars-Märchen *Aèlita* von 1924 oder den Film *Don Diego und Pelageja* von 1928, beide mit Igor' Il'inskij) an, ist aber insgesamt ein eigenständiges Werk, dem auch keine vergleichbaren mehr folgten.

Ähnliches gilt für Boris Barnets poetische Filmkomödie *Am blauesten der Meere*. Der lichtdurchflutete und lyrische Film erzählte ein eskapistisches Märchen von zwei jungen Männern aus der Stadt, die auf einer sonnigen Insel im Kaspischen Meer stranden und in der sonnigen Strandidylle um eine hübsche Frau buhlen. Barnet wandte für ihn typische und bewährte Techniken an. Vor allem die intensive Nähe der Kamera gab den Schauspielern die Möglichkeit zu nuancenreichem Spiel und vertiefender Entfaltung der Charaktere, wobei sie gleichzeitig eine gewisse poetische Grundstimmung vermittelte. Barnet knüpfte damit an den Stil seiner traurig-komischen Sozialdramen *Devuška s korobkoj/Das Mädchen mit der Hutschachtel* (MEŽRABPOM-FIL'M 1927) und *Dom na Trubnoj/Das Haus auf der Trubnaja-Straße* (MEŽRABPOM-FIL'M 1928) an. Auch der Wechsel zwischen atemlosen Verfolgungs- oder Rettungsszenen und langsamen, sonnendurchfluteten und beinahe bewegungslosen Landschafts- oder Interieur-Aufnahmen erinnert an Barnets frühere Filme. Auch der Film *Am blauesten der Meere* ist ein Beispiel für das noch relativ offene kreative Klima, das Mitte der dreißiger Jahre in der Sowjetunion noch herrschte.[419] Ähnliche Filme sind erst nach Stalins Tod wieder entstanden.

Semën Timošenkos Streifen *Der Torwart* war ein seltenes Beispiel für einen Sportfilm, in dem der Protagonist, ein Provinz-Torwart von der großen Karriere und Prominenz träumt. Auch für dieses Musical schrieb Isaak Dunaevskij die Musik, die Texte der Lieder stammten auch hier von Vasilij Lebedev-Kumač. Damit zeichnete für den musikalischen Teil dasselbe Gespann verantwortlich, das auch die Filme Grigorij Aleksandrovs gestaltete. Fußball war Mitte der dreißiger Jahre immens populär. Die Entscheidung, dieses Thema in einem Film aufzugreifen, zeigt wie sehr die politische Führung bemüht war, populäre Kampagnen, Freizeit- und Partizipationsangebote mit allen medialen Mitteln dem Volke nahe zu bringen. Der Film folgt einer Grundstruktur, die auch die Filme Aleksandrovs und Pyr'evs bestimmt: Der Held ist ein einfacher Kerl „aus dem Volke", der es in der „neuen Gesellschaft" der Sowjetunion aber zu allerhöchsten Ehren bringen kann. Die Botschaft dieses Films - wie vieler anderer - lautete: Die wahren Helden sitzen im Publikum, in der Sowjetunion kann jeder ein Held sein. Dieses zentrale Element ist allerdings konstitutiv für fast alle populären Unterhaltungsfilme. Idealtypisch war diese Erzählstruktur („einfacher Kerl wird zum Helden") in den amerikanischen Musicals der dreißiger Jahre entwickelt worden. Es ist ein Verdienst der Regisseure, aber auch der politischen Steuerung, dass in der Sowjetunion der dreißiger Jahre eine äquivalente, spezifisch sowjetische und systemstützende Form des Unterhaltungsfilm geprägt wurde.

Pavel' Bljachin, der Filmzensor aus dem GRK, hatte bei der Komödien-Konferenz der ARRK 1932 auf die Scheu der Regisseure vor der Filmkomödie hingewiesen. Diese hätten, so Bljachin, *Angst, eine Figur größeren Maßstabs als Komödienfigur zu nehmen. Sie sagen: „Wie kann man, zum Beispiel, einen*

Volkskommissar in eine komische Situation stellen, wie kann man einen hohen Parteifunktionär in einer lächerlichen Situation darstellen?" Die Genossen verstehen einfach nicht, dass man das nicht nur kann sondern muss.[420]
Bljachin, der Grigorij Aleksandrovs Musical-Komödie *Die fröhlichen Gesellen* so heftig attackiert hatte, weil ihm der dort abgebildete „Klamauk" offenbar zu wenig politischen und künstlerischen Gehalt zu haben schien, setzte sich mit dieser Ansicht nicht durch. Šumjackijs Konzept, in den Filmkomödien „einfache" Menschen zu Helden zu stilisieren, bekam die Unterstützung der Parteiführung und war überdies beim Publikum sehr erfolgreich. Im Vordergrund der Komödien standen die positiven Helden, nicht die Kritik. Die Zuschauer sollten im Kino für schwierige Lebensumstände entschädigt werden und außerdem das Gefühl vermittelt bekommen, selbst „Helden" zu sein. Diese partizipatorische Stoßrichtung der Komödien deckte sich mit der der Wochenschauen (vgl. o. Kap. II.4.2). Satirischer Spott und Kritik an „Missständen" waren zwar auch erlaubt und sogar gewollt. Sie standen aber nie im Vordergrund. Die Hauptsache war immer das Wohlgefühl der Zuschauer, die den Eindruck vermittelt bekamen, in einem „schönen Land" zu leben (wie es etwa das Lied *Marsch über die Heimat* aus dem Film *Der Zirkus* zum Ausdruck brachte). Kritisiert und bespöttelt wurde nur am Rande. Ziel satirischen Spotts waren außerdem nie hohe Funktionäre, so wie Bljachin das gefordert hatte. Ausgelacht wurden die kleinen Kolchozbuchhalter und Vorsitzenden der Kreisparteikomitees, die die Zuschauer aus eigener Erfahrung kannten.

Das neugeschaffene Genre der spezifisch sowjetischen Musical-Komödien erfüllte gleich mehrere Aufgaben: Die Filme kompensierten für die materielle Not der Menschen, machten sie zufriedener und ermutigten sie zur Systempartizipation. Außerdem boten sie mit den Spottfiguren vom Schlage des *Byvalov* aus dem Musical *Wolga, Wolga* gleichsam Blitzableiter für potentielle Unmutsäußerungen an. Insofern muss man ihnen eindeutig einen propagandistischen Gehalt und eine systemstabilisierende Wirkung zusprechen.

III.2. Historienfilme: Mythische Überhöhung der Gegenwart durch Umdeutung der Vergangenheit

Erste Versuche einer radikal-marxistischen Umdeutung der russischen (und der Welt-) Geschichte, die der Historiker M.N. Pokrovskij nach der Machtübernahme der Bol'ševiki in seinen Schriften vornahm und die er auch zum Lehrstoff an den Schulen machen wollte[421], wurden durch die Parteiführung rasch beendet. Bereits in den späten zwanziger Jahren setzte sich eine Geschichtsbetrachtung durch, die auf die Glorifizierung einzelner „genialer" Politiker und Denker und ihrer „Taten" hinauslief. Nach dem Tod Lenins richtete sich die gesamte Geschichtsdarstellung auf diesen einen Über-Heros aus. Geschichtliche Ereignisse und Persönlichkeiten wurden als „Vorläufer" bzw. Repräsentanten des „Alten" gedeutet, die der linearen Entwicklung hin zu Lenin und zur Revolution den Weg bereiteten bzw. ihr im Wege standen. Ihren vorläufigen Abschluss fand die parteiamtliche Neubestimmung der eigenen Vergangenheit mit der Veröffentlichung des *Kurzen Lehrgangs über die Geschichte der VKP(b)*.[422] Stalin selbst trat zwar nicht als Autor des Buches auf. *Aber Stalin überwachte den Inhalt sehr genau und schrieb persönlich das Kapitel „Dialektischer und Historischer Materialismus".* Stalin fungierte als ein nicht ausdrücklich genannter *Herausgeber des Schulbuchs und versteckte sich hinter dem Pseudonym einen „Kommission des CK".*[423]

Im *Kurzen Lehrgang* wurde Stalin neben Lenin bereits als zumindest gleichberechtigte Leitfigur beschrieben und trat in der rituellen „Schwur"-Handlung an Lenins Sarg auch symbolisch dessen „Erbe" an.[424]

Die Bol'ševiki begründeten die eigene Machtausübung ideologisch stets unter Berufung auf „Geschichte". In der täglichen Propagandapraxis spielte deshalb die Vermittlung eines parteiamtlichen Geschichtsbildes eine sehr große Rolle. Das spiegelte auch die Entwicklung der sowjetischen Kinofilme wider.

Bereits der erste russische Spielfilm (*Ponizovaja vol'nica*, Alternativtitel: *Stenka Razin*, Übersetzungstitel: *Die Aufständischen an der unteren Wolga*, Studio von A. Drankov 1908) hatte sich mit einem russischen Geschichts-Mythos befasst: mit der Erzählung vom Bauernführer Stepan Razin.[425] Auch das sowjetische Kino begann sofort mit einer filmischen Aufarbeitung der Vergangenheit. Die wichtigsten (auch internationalen) Erfolge der zwanziger Jahre waren Filme über die revolutionären Ereignisse zwischen 1905 und 1918: *Stačka/Der Streik* (Regie: Sergej Ėjzenštejn, GOSKINO 1924), *Mat/Die Mutter'* (Regie: Vsevolod Pudovkin, MEŽRABPOM-RUS' 1926, nach Motiven des gleichnamigen Romans von Maxim Gor'kij). Mitte der zwanziger Jahre lagen die in diesen zuletzt genannten Filmen beschriebenen - und verklärten - Revolutionsereignisse aber noch nicht wirklich weit zurück. Große Teile des Publikums hatten diese Zeit bewusst erlebt und an den revolutionären Auseinandersetzungen teilgenommen. Ein gewisser Realismus zumindest in der Milieuschilderung war insofern unabdingbar. Diese Filme waren deshalb auch nicht in demselben Sinne „Historienfilme", wie die Werke der dreißiger Jahre, deren Handlung in einem mythisch verklärten beinahe zeitlosen, in jedem Falle aber von der Gegenwart der Zuschauer weit entfernten a-historischen Raum spielten.

In den dreißiger Jahren wurde, parallel zur Entwicklung neuer Kategorien der Geschichtsinterpretation, auch ein neues Genre historischer Filme geschaffen. Diese „Helden-Dramen" (*geroičeskie dramy*) und „revolutions-historischen" bzw. „historisch-biographischen Filme" (*istoriko-revoljucionnye* bzw. *istoriko-biografičeskie fil'my*) setzten stark auf Identifikationsfiguren. Bei einer Diskussion über den gerade erschienenen Film *My iz Kronštadta/Wir aus Kronštadt* (Regie: Efim Dzigan, MOSFIL'M 1936) im Sommer 1936 wies der Regisseur Grigorij Kozincev daraufhin, dass dieser Film der einzige neuere Historienfilm sei, der sich in die Tradition von revolutionshistorischen Filmen wie *Panzerkreuzer Potemkin* oder *Arsenal* stellen lasse, weil er wie diese auf individualisierte Helden verzichte. Die sowjetische Filmkunst habe, so Kozincev, mit *Čapaev* das Historien-Genre gleichsam völlig neu begründet.[426]

Neben einer „historischen" großen Heldenfigur, die immer mit sehr menschlichen Zügen gezeigt wurde, traten in diesen Filmen fiktive „einfache" Russen auf, die das „Heldentum der kleinen Leute" repräsentierten und den Zuschauern Anknüpfungspunkte zur eigenen Identifikation boten. In allen Filmen wurde eine spezifisch „russische" bauernschlaue Spontaneität der Helden in den Vordergrund gestellt. Die schwungvolle „Haudrauf"-Mentalität eines *Čapaev* war positiv gewertet, bedurfte aber stets der „väterlichen" korrigierenden Anleitung durch das organisierte Kollektiv, durch die Partei. MARC FERRO hat in seiner Analyse des Films *Čapaev* auf die typischen Zweierkonstellationen hingewiesen, in denen dem mit den rauen und ungeschliffenen Helden sympathisierenden Zuschauer *die ruhige und reflektierte Überlegenheit der Parteimänner über die wohlmeinenden Helden* nahegebracht wird. Damit signalisierten die Filmemacher dem Publikum, das in seinem Alltagserleben mit den allgegenwärtigen bürokratisierten Regelungsansprüchen der Parteifunktionäre konfrontiert war, *die Überlegenheit der Organisation über die Spontaneität.*[427]

Die Revolutionsfilme der zwanziger Jahre hatten gemäß dem avantgardistischen Anspruch ihrer Macher auf einen einheitlichen Plot und auf individualisierte Helden verzichtet. Der Held in Ėjzenštejns Filmepos *Panzerkreuzer Potemkin* war „das Kollektiv" gewesen. In dieser Sicht waren Volk und Partei als gemeinsame revolutionäre Kraft noch eins gewesen. Die Revolutionsdramen der dreißiger Jahre setzten auf die Gegenüberstellung von Individuum und Kollektiv. Das ergab eine insgesamt verständlichere und eingängigere Erzählform und ermöglichte die Erteilung von Lektionen über das Verhalten des Einzelnen gegenüber der Partei. Volk/Masse und Partei waren nicht mehr automatisch eins: Jeder einzelne hatte sich zu entscheiden, ob er „dazugehören" wollte, und musste sich anschließend seine Zugehörigkeit erst verdienen.

Idealtypisch für die filmische Verbindung von historischer Erzählung mit der Darstellung eines fiktiven Einzelschicksals ist die sogenannte „Maxim"-Trilogie. In insgesamt drei Filmen (*Junost' Maksima/Maxims Jugend*, MOSFIL'M/LENFIL'M 1935; *Vozvraščenie Maksima/Maxims Rückkehr*, LENFIL'M 1937; *Vyborgskaja storona/Die Vyborger Seite*, LENFIL'M 1939) erzählten die Regisseure Leonid Trauberg und Grigorij Kozincev die fiktive Geschichte des Petersburger Arbeiters „Maxim". Die Erzählung beginnt vor der Revolution und endet in der Sowjetunion der zwanziger Jahre. Der fröhliche und unbedarfte Maxim, der die Sympathien des Publikums auch durch Wortwitz und Gesang gewinnt, wird zunächst politisiert und tritt der Partei-Organisation der Bol'ševiki bei. Er nimmt dann an der Revolution teil und wird schließlich Funktionär in der neugegründeten Sowjetunion. Die für die „Maxim"-Filme spezifische Vermischung von historischer „Wirklichkeit" mit Fiktion erwies sich als überaus erfolgreich: Die Filme waren sowohl populär als auch propagandistisch wirksam. Nur deshalb wurde aus dem ursprünglich vorgesehenen Einzelfilm schließlich eine Trilogie, die 1941 mit dem Staatspreis der Sowjetunion ausgezeichnet wurde. Die Regisseure, denen für ihre früheren, künstlerisch anspruchsvolleren Filme[428] „Formalismus" vorgeworfen worden war, bedienten sich hier einer sehr einfachen und traditionellen Erzählweise. Die „Maxim"-Geschichte ist in gewisser Weise ein sowjetischer „Bildungsroman", in der Art wie sie Maxims Weg zur Erlangung „revolutionären Bewusstseins" zeichnet.[429] Ansonsten folgt sie weitgehend den Stereotypen der „sozialistisch-realistischen" Literatur.[430] Seine Popularität bezog die Figur des „Maxim" aus der außerordentlichen Leinwandpräsenz des Darstellers Boris Čirkov. Seine Gesangs- und Slapstickeinlagen bewahrten die Filme davor, langweilig zu werden, und sicherten die Zustimmung des breiten Publikums, das auch zähe politisierende Dialoge zwischen Parteifunktionären über sich ergehen lassen musste. Die emotionale Anteilnahme des Publikums am Schicksal des „Maxim" war geschickt gelenkt: So wird etwa Maxims beginnende Liebe zu der Arbeiterin „Natascha" erzählt. Die von ihm Verehrte stellt sich jedoch als Revolutionärin heraus, und das filmische Techtelmechtel führt zu Maxims Initiation in konspirative Partei-Zirkel. Die Sympathie für die revolutionäre Sache erwirbt der Zuschauer gemeinsam mit dem Titelhelden, den die Demütigung seiner Freunde und Arbeitskollegen so empört, dass er sich auf die Seite der streikenden Arbeiter stellt. Jeder Schritt zur weitergehenden Politisierung Maxims ist also emotional begründet und wird erst im Anschluss jeweils argumentativ gerechtfertigt.

Die Maxim-Saga weist auch eine für alle Historienfilme der dreißiger Jahre spezifische erzählerische Figur auf: die des Opfertods. Bei einer Straßenschlacht steht Maxim neben einem älteren Arbeiter, den der Zuschauer als väterlichen Freund des Protagonisten kennen gelernt hat. Dieser alte „Veteran" wird durch die zarischen Truppen tödlich verletzt. Maxim ist untröstlich über den Tod der Vaterfigur, er küsst ihn rituell auf den Mund. Sein schmerzverzerrtes Gesicht, das über der Leiche zu schweben scheint, verändert sich dann: Maxims Trauer wird zu Wut, er nimmt einen Stein und schleudert ihn auf die zarischen Truppen. Maxims Kampf ist nun mythisch überhöht, als Kampf für das „Vermächtnis" und „im Namen" der „für die Revolution" Gefallenen.

Solche mythischen Opfertode, die für die Überlebenden und Nachgeborenen Verpflichtungen mit geradezu sakralem Charakter bedeuten, finden sich in allen historischen Filmen: Čapaev stirbt im Fluss, der symbolisch weiterfließt.[431] Am Tag der Eröffnung der selbstgebauten Eisenbahn wird ein wichtiges Mitglied der Kinderkolonie in *Putevka v žizn'/Die Reise ins Leben* (Regie: Nikolaj Ėkk, MEŽRABPOM-FIL'M 1931) umgebracht. Wie eine Galionsfigur oder das Bild eines Schutzheiligen wird seine Leiche bei der Jungfernfahrt auf dem Vorderteil der Lokomotive aufgebahrt. Im Film *Wir aus Kronštadt* müssen mehrere von zarischen Truppen gefangene revolutionäre Marinesoldaten von einer Klippe springen, die dann zum quasi-sakralen Pilgerort für die siegreichen Überlebenden wird.

Vorbilder für diese Todes- und Auferstehungsmystik in historischen Filmen finden sich bereits in den zwanziger Jahren: So in Ėjzenštejns Film *Panzerkreuzer Potemkin*, wo ein im Hafen aufgebahrter Matrose, der wegen einer Bagatelle hingerichtet worden ist, die Massen anzieht und zum Aufstand inspiriert. Ebenso in Dovženkos Film *Arsenal*, wo ein streikender Arbeiter den zarischen Truppen die entblößte Brust entgegenhält und „wie durch ein Wunder" von deren Kugeln nicht getroffen wird.

Ihren ideologischen Höhepunkt fand diese spezifisch sowjetische Todesmystik später im Film *Kljatva/Der Schwur* (Regie: Michail Čiaureli, STUDIO TBILISSI 1946). Dort macht sich eine kleine Gruppe von Männern auf, den Brief eines verstorbenen Revolutionärs zu überbringen, den dieser „an Lenin" geschrieben hat und der gleichsam sein persönliches „Vermächtnis" enthält. Die Gruppe erreicht Moskau genau zu der Zeit, als auch Lenin stirbt. Die Protagonisten sind nun ratlos, wem sie den Brief übergeben sollen. Da werden sie Zeugen, wie Stalin mit seinem „Schwur" am Sarg Lenins symbolisch dessen „Erbe" antritt. Die Mitglieder der Gruppe übergeben den Brief des toten Genossen nun an Stalin. Damit erkennen sie dessen Anspruch an, Lenins „Erbe" angetreten zu haben und machen ihn gleichzeitig zum Bewahrer des „Vermächtnisses" aller „für die Revolution" Gestorbenen, für die der Briefschreiber stellvertretend steht. Die Todesmystik, die alle Historienfilme der dreißiger Jahre durchzieht, ist insofern offiziöser Teil der stalinschen Staatsideologie und -inszenierung gewesen, die ihren Ausdruck in der Mumifizierung und öffentlichen Ausstellung von Lenins Leiche auf dem roten Platz fand. Es lässt sich unschwer eine Parallele der in verschiedenen Filmen vorhandenen Todesmystik zum christlichen Bild von Tod und Auferstehung finden. So wird „Maxim" (der Protagonist der *Maksim*-Filmtrilogie der Regisseure Kozincev und Trauberg) etwa bei einer Straßenschlacht „getötet", so jedenfalls der Eindruck des Zuschauers. Seine Geliebte, Natascha, nähert sich später dem Haus, in dem sie die Leiche des Freundes vermutet. In überdeutlicher mystischer Symbolik sitzen drei halbnackte Jungen vor dem Haus und singen die Melodie von Maxims „Erkennungslied": Sie haben gleichsam bereits sein „Vermächtnis" angetreten. Die Stimmung im Haus ist zunächst traurig und düster, als plötzlich und unerwartet der fröhliche und kerngesunde - offenbar „wundersam genesene" - Maxim ins Zimmer tritt, wie ein strahlender „auferstandener" Messias.

In anderen Filmen wird die symbolische Figur von Tod und Auferstehung zumeist durch den Tod eines Protagonisten dargestellt, dem ein anderer symbolisch „nachfolgt" und so das „Weiterleben" des Toten sichert.

Für KOENEN ist der Todesmythos ein essentieller und sehr archaischer Bestandteil des ideologischen Zusammenhang, in den die schriftlichen, musikalischen und verfilmten „Großen Gesänge" an Stalin gehören: *Man ist hier an der vielleicht tiefsten und ergiebigsten Quelle des Großen Kultes: der einer ursprünglichen Heiligkeit, einer Geweihtheit, eines Numinosen, die, wie noch am Ursprung jeder Religion der Geschichte, gerade aus dem Menschenopfer, der äußersten Gewalt, ja dem Massaker und Verbrechen gespeist wird und sich ambivalent darauf bezieht.*[432]

Auch die russische Filmwissenschaftlerin MAMATOVA sieht starke Bezüge der spezifisch stalinschen Todesmystik zu allgemeineren kulturellen Wurzeln: *Die totalitaristische Moral saugt die allgemein-menschliche aus.* Das Spiel mit überlieferten *Archetypen und Sujet-Motiven* ergibt nach MAMATOVAS Einschätzung in Kombination mit spezifisch stalinistischen Propaganda-Botschaften eine *dauernde moralische Dopplung*. Die Filme der dreißiger Jahre seien mit ihrer Kombination aus archetypischen Versatzstücken und spezifisch stalinistischen Propagandabotschaften *moralische Zentauren*. Entscheidend dabei sei, dass der Opfertod der Helden, ganz im Sinne der herrschenden *vintik-Ideologie*, nach der der Einzelne nur ein unwichtiges „Rädchen" (russ.: „vintik") im Getriebe der sowjetischen Gesellschaft sei, stets positiv gewertet wird. Das konkrete Ziel, für das die jeweiligen Leinwandhelden kämpften und stürben bleibe aber stets unsichtbar. Opferbereitschaft werde so als ein Wert an sich, ohne Bezug zu jeweils konkreten (und schließlich ständig wechselnden) Partei-Zielen, dargestellt. MAMATOVA weist daraufhin, dass die Helden ihr Leben per se als unwichtig einschätzen: *Das Leben eines Menschen ist nichts wert, aber sein Tod ist ein Wert an sich, und deshalb ist er eine Heldentat.*[433]

Insgesamt ist während der dreißiger Jahre eine Verschiebung in der Thematik der Historienfilme zu beobachten. Zunächst standen eindeutig die revolutionären Ereignisse zwischen 1905 und 1921 im Vordergrund, gleichsam der historische Ort für den zu bebildernden „Gründungsmythos" der Sowjetunion. Neben der *Maxim*-Trilogie und *Čapaev* sind hier vor allem *Lenin v oktjabre/Lenin im Oktober* (Regie: Michail Romm, MOSFIL'M 1937), *Lenin v 1918 godu/Lenin im Jahre 1918* (Regie Michail Romm, MOSFIL'M 1939), oder *Okraina/Vorstadt*

(Regie: Boris Barnet, MEŽRABPOM-FIL'M 1933) zu nennen. Bereits in den Lenin-Filmen von Michail Romm tritt aber neben dem zum Zeitpunkt der Entstehung des Films bereits toten Titelhelden der noch lebendige Stalin auf. Es beginnt eine Art „Historisierung der Gegenwart" und Verklärung Stalins, die nach dem Krieg in der totalen Fiktionalisierung Stalins zur überhistorischen Legendenfigur in den Filmen Michail Čiaurelis mündet. ANDRÉ BAZIN analysierte bereits in den fünfziger Jahren diese sowjetische Besonderheit, lebende Personen in nicht-dokumentarischen Filmen zu zeigen und von Schauspielern darstellen zu lassen. Die damit verbundene a-historische Transzendenz der so zu Über-Heroen verklärten und fiktionalisierten zeitgenössischen Persönlichkeiten, allen voran Stalins selbst, beschrieb BAZIN so: *Wenn Stalin, obgleich noch lebendig, die Hauptperson eines Filmes sein kann, dann heißt das, dass er nicht mehr von menschlichem Maß ist und dass er an jener Transzendenz teilhat, die lebendige Götter und tote Helden kennzeichnet.*

BAZIN sah auch die formalen und erzählerischen Parallelen zwischen den quasi-historischen sowjetischen Helden-Filmen und einer bestimmten Gruppe von Hollywood-Filmen, in denen phantastische Helden von übermenschlicher Dimension auftraten: [...] *der einzige Unterschied zwischen Stalin und Tarzan ist, dass die Letzterem gewidmeten Filme keinen Anspruch auf dokumentarische Schärfe erhoben.*[434]

Eine weitere Tendenz zeichnet sich im Verlauf der dreißiger Jahre ab: Die Handlung der Historienfilme wurde entweder - wie später in den Stalin-Filmen - in eine über-historische All-Gegenwart verlagert oder aber in eine immer weiter entfernte Vergangenheit zurückverlegt. Es wurden eine ganze Reihe von Filmen über „große" Persönlichkeiten der russischen Geschichte gedreht. Diese Tendenz lief parallel zur Neuorientierung der Geschichtsvermittlung in Schule und Öffentlichkeit, wo im Rahmen des „Sowjetpatriotismus" an ein historisch begründetes russisches Nationalgefühl appelliert wurde. Der „Boom" solcher historisch-biographischer Filme ging auch auf Stalins persönliche Vorlieben und Anregungen zurück und spiegelt seine vornehmliche Arbeits- und Rezeptionsweise wieder: Stalin las in aller Regel und kommunizierte schriftlich. Er regte immer wieder Filme über Themen „aus den Geschichtsbüchern" an, sowie solche, die auf historischen Romanen oder Theaterstücken beruhten Dazu gehörten etwa *Petr I*/*Peter I.* (Regie: Vladimir Petrov, LENFIL'M 1938, nach einer Romanvorlage von Aleksej Tolstoj) und *Aleksandr Nevskij*/*Alexander Newski* (Regie: Sergej Ėjzenštejn, MOSFIL'M 1938).

Bereits in den Revolutionsdramen der dreißiger Jahre war zumeist eine Art Kampfaufruf enthalten, den die „für die Revolution" Gestorbenen gleichsam an die Nachgeborenen richteten. Diese Filme unterstützten so die Kampagnen zur Erhöhung der „Abwehrbereitschaft" der Sowjetunion.[435] So schrieb ein gewisser

„Kommunarde Arcev" in der Zeitschrift *Kommunar* anlässlich der Vorführung des Films *Wir aus Kronštadt*: *Wir werden jeden beliebigen Feind in bevorstehenden Kämpfen schlagen - das scheint dieser Film zu sagen.*[436]
Wohl auch deshalb verstärkte sich insbesondere während des Krieges Stalins Vorliebe für solche Filme, die allesamt eine patriotische Vorbildfunktion für die kämpfenden Truppen haben sollten. So entstanden *Georgij Saakadze/Georgi Saakadse* (Regie: Michail Čiaureli, STUDIO TBILISSI 1943), *Kutuzov/Kutusow* (Regie: Vladimir Petrov, STUDIO ODESSA 1943) oder *Suvorov/Suworow* (Regie: Vsevolod Pudovkin, MOSFIL'M 1940) und schließlich das mehrteilig angelegte und nie vollendete Epos *Ivan Groznyj/Iwan, der Schreckliche* (Regie: Sergej Ėjzenštejn, Teil 1: STUDIO ALMA-ATA 1944, Teil 2 [unvollendet]: MOSFIL'M 1945), das auf einem Theaterstück von Aleksej Tolstoj basierte.
Die filmische Flucht in einen abstrakten, von der Gegenwart weit entfernten, historischen Raum spiegelt wohl auch den fortschreitenden Realitätsverlust Stalins selbst wider, der offenbar zunehmend Opfer seiner eigenen Propaganda wurde. Stalin suchte in der zeit- und raumlosen Welt von Büchern und Filmen nach Erklärungen und Parallelen für seine eigenen Empfindungen und Handlungsweisen. So erkannte er offenbar seine eigenen paranoiden Bedrohungsgefühle im Monolog Ivans wieder, den dieser - im von Ėjzenštejn verfilmten Theaterstück von Aleksej Tolstoj - vor seinem Rückzug in die außerhalb Moskaus gelegene abgeschottete Siedlung der Aleksandrovskaja sloboda hielt. Stalin markierte mit Rotstift die Stelle, in der der Zar sich beschwert, dass die halbe Welt Russland bedrohe, dass aber die Bojaren ihn nicht in seinen Verteidigungsbemühungen unterstützen wollten: *Das wollen die Fürsten und Bojaren, dass unser Reich verderbe...*[437]

III.3. Propagandafilme: „Erziehung zum Neuen Menschen" und „Entlarvung von Feinden"

Der CK-Sekretär A.A. Andreev rief den versammelten sowjetischen Filmschaffenden bei der siebten Kino-Produktions-Versammlung im Jahre 1935 ihre vornehmsten Aufgaben ins Gedächtnis: *Es ist bekannt, dass die Rolle unserer Kinematografie in der kulturellen und sozialistischen Erziehung unserer Bevölkerung immer wichtiger wird. […]*
Andreev beklagte vor diesem Hintergrund, dass Filme, die sich mit der Sowjetunion, ihren „Erfolgen", dem „sozialistischen Aufbau" und dem Entstehen einer neuen Gesellschaft beschäftigten, in erster Linie historisch angelegt seien und sich mit der Revolutions- und Aufbauphase der Sowjetunion beschäftigen. Er forderte die Filmschaffenden deshalb auf, verstärkt ernsthafte Filme <u>über die Gegenwart</u> zu drehen: *Man muss die Helden des neuen Lebens zeigen. Man darf*

*die Vergangenheit nicht vergessen, aber man darf nicht hinter der Gegenwart
zurückbleiben.*[438]

Viele Regisseure hatten sich in historische Stoffe geflüchtet, weil die Behandlung der Gegenwart ungleich schwieriger war. Wer einen Film über aktuelle Stoffe machen wollte, bewegte sich stets auf ideologischem Glatteis, weil in der Regel nur schwer abzuschätzen war, ob eine bestimmte Partei-Parole oder - Linie während des langwierigen Planungs- und Produktionsprozesses für ein Filmprojekt unverändert blieb. Wer also einen Film zu einer aktuellen Propagandaparole der Partei plante, lief Gefahr, dass er seinen Film - für den er in der Regel nicht weniger als ein bis anderthalb Jahre benötigte - am Ende im Lichte einer neuen Parteilinie verändern musste. Dies galt ja sogar für Historienfilme. Das beste Beispiel ist der Fall von Ėjzenštejns Film-Epos *Alexander Newski*, das eine klare antideutsche Botschaft enthielt. Kurz nach Fertigstellung des Filmes wurde der Hitler-Stalin-Pakt unterzeichnet. Daraufhin durfte der Film solange nicht mehr gezeigt werden, bis er vor dem Hintergrund des deutschen Überfalls auf die Sowjetunion wieder politisch „aktuell" wurde.[439]

Die Partei war jedoch bemüht, das Medium Film für ihre verschiedenen Kampagnen in der Öffentlichkeit in Dienst zu nehmen - und zwar sowohl unmittelbar zur Begleitung einer laufenden Kampagne, wie auch zur nachträglichen Rechtfertigung bereits abgeschlossener Maßnahmen. Beispiele für die unmittelbare Einbindung des Mediums Film in eine laufende Kampagne sind:

- *Vstrečnyj/Der Gegenplan* (ROSFIL'M [später LENFIL'M] 1932) von Fridrich Ėrmler - ein Film, der die Bevölkerung zur Mitarbeit an der Erfüllung des ersten Fünfjahresplans motivieren sollte.[440]

- *Partijnyj bilet/Das Parteibuch* (MOSFIL'M 1936) von Ivan Pyr'ev - ein Film, der die Kampagne zum Umtausch sämtlicher Parteidokumente propagandistisch unterstützte, bei der vor allem „unliebsame" Parteimitglieder ausfindig gemacht und aus der Partei „entfernt" werden sollten.[441]

- *Šachtëry/Bergarbeiter* (LENFIL'M 1937) von Sergej Jutkevič - ein Film, der mit fiktiven Charakteren die Geschichte des Arbeiter-Helden Aleksej Stachanov nachzeichnete, der im August 1935 im Donbass angeblich während einer einzigen Gruben-Schicht eine Kohlenmenge gefördert haben sollte, die vierzehnfach über dem Soll lag. Der Film sollte die gleichzeitig laufende Kampagne zur Motivierung von *stachanovcy* unterstützen, die mit überdurchschnittlichen Arbeitsleistungen dem Vorbild Stachanovs nacheifern sollten.

Prominente Beispiele für die nachträgliche Rechtfertigung bereits abgeschlossener Maßnahmen und Kampagnen der Parteiführung sind folgende Filme:

- *Krest'jane/Bauern* (LENFIL'M 1934) von Fridrich Ėrmler – ein Film, der die Kollektivierung der Landwirtschaft und vor allen den Terror gegen die unabhängigen landbesitzenden Bauern, die als „Kulaken" (*kulaki*) verfolgt wurden, rechtfertigen sollte. Die Kollektivierung der Landwirtschaft und die „Dekulaki-sierung" (*dekulakizacija*) waren bereits weitgehend abgeschlossen, als der Film in die Kinos kam.

- *Člen pravitel'stva/Mitglied der Regierung* (LENFIL'M 1939, auf Deutsch auch unter dem Verleihtitel *Im Kampf ums Glück*) von Aleksandr Zarchi und Josif Chejfic – ein Film, der ebenfalls während der Kollektivierung der Landwirt-schaft spielte und diese nachträglich rechtfertigen sollte. Der Film propagierte außerdem die Kampagne zur Förderung von „Arbeiterkadern", einfachen Ar-beitern und Bauern, die an den „Arbeiterfakultäten" (*rabfaki*) ausgebildet wer-den und dann in der Sowjethierarchie von Partei und Staatsbürokratie Karriere machen sollten. Auch dieser Prozess war 1939 bereits weitgehend abgeschlos-sen, als sich bereits eine neue „proletarische" Elite zu etablieren begann und die soziale Mobilität merklich abnahm.[442]

- *Komsomol'sk/Komsomolsk* (LENFIL'M 1938) von Sergej Gerasimov – der Film erzählte die Geschichte der Stadt Komsomolsk, die von Mitgliedern des kom-munistischen Jugendverbandes 1932 im fernen Osten der Sowjetunion aufge-baut worden war.

Besonders der letztgenannte Film ist ein Beispiel für das historisierende Ver-hältnis zur Gegenwart, das die Sowjetpropaganda insgesamt kennzeichnete. Fi-guren und Ereignisse der Gegenwart oder unmittelbaren Vergangenheit wurden bereits als Teil der „Geschichte" betrachtet und erzählerisch entsprechend ein-geordnet. Es entstand in den dreißiger Jahren in der Sowjetunion eine ganze Reihe von dem Anspruch nach dokumentarischen Filmen über sowjetische „Helden" und ihre Taten. Etwa über die Besatzung des im Eismeer havarierten Eisbrechers „Čeljuskin", die auf einer Eisscholle überwinterte und von sowjeti-schen Piloten aus der Luft gerettet wurde, oder über den Flieger-Helden Andrej Čkalov.[443] Heldenhafte Abenteuer-Aktionen, wie die der „Čeljuskin"-Besatzung und ihres Kapitäns O.Ju. Šmidt wurden systematisch geplant und propagandis-tisch mit allen medialen Mitteln begleitet und aufbereitet. Von Zeitungsartikeln, Bildern, Geschichten in Büchern über öffentliche Auftritte der „Helden" mit Sowjetführern bis hin zur filmischen Verarbeitung reichte die Palette der Mittel zur Gestaltung dieser „events". Auf der „Čeljuskin" fuhr ein Kameramann des Wochenschaustudios *Sojuzkinochronika* mit, der nicht nur die Erlebnisse der Besatzung filmisch aufbereitete, sondern auch selbst als Heldenfigur für die nachträgliche Verklärung taugte: *Der Kameramann Arkadij Šafran befand sich die ganze Zeit unter den Besatzungsmitgliedern der „Čeljuskin" [čeljuskincy], die einen unerhörten heldenhaften Kampf mit dem Eis der Arktis führten. Der Kameramann Šafran rettete seine Aufnahmeapparatur und das aufgenommene Filmmaterial. Er hat die Havarie der „Čeljuskin" gefilmt. […] Mit den Ret-tungsflugzeugen wurden auch neue Filmvorräte in Šmidts Lager auf dem Eis*

gebracht. Und so kam in Moskau gemeinsam mit den Menschen, die wir so un-geduldig erwartet hatten, auch das von Šafran aufgenommene Filmmaterial über die Ereignisse, die die ganze Welt bewegten, an.[444]
Aus diesem Filmmaterial wurde ein dokumentarische Erzählung montiert, die 1934 in die Kinos kam.[445]
Ein bezeichnendes Beispiel dafür, dass es spätestens seit Mitte der dreißiger Jahre immer schwieriger wurde, Filme über die Gegenwart zu machen, ist der Fall von Sergej Jutkevičs Stachanov-Epos *Šachtëry/Bergarbeiter.*
Stachanov selbst, der nach seiner grandiosen Arbeitsleistung viele öffentliche Auftritte hatte, stellte selbst im Jahre 1938 – als der Film über ihn bereits in den Kinos war – in einer Filmzeitschrift fest, dass er und seinesgleichen in Filmen als Beispiel für die gesamte Sowjetbevölkerung dienen könnten: *Die Entwicklung der Kultur der Bergarbeiter, ihrer Frauen und Kinder ist ein Modell für die Entwicklung des Sowjetbürgers, des Arbeiters und des Kolchoz-Arbeiters.*[446]
Der Regisseur Sergej Jutkevič erkannte nach eigenen Angaben bereits im Sommer 1935, als Stachanov seine Kohleförderungs-Rekord aufstellte, dass er diesen in seinem Film über die Kohleregion Donbass, den er gerade drehte, *ins Zentrum der Dramaturgie* würde rücken müssen. In der Zeitschrift *Kino* schrieb Jutkevič Anfang 1936: *Es scheint mir kein wichtigeres und bedeutenderes Thema der sowjetischen Wirklichkeit zu geben, als das Thema der Entstehung der Stachanov-Bewegung, das Thema der bemerkenswerten Kunst des Aufziehens [vyrašivanie] von Menschen und der Meister dieser Kunst – der Parteiführer.*
Jutkevič machte aber anschließend die Erfahrung, dass sein Film in der bereits fertigen Fassung auf Widerstände traf. Andrej Ždanov, der Kopf der neuen Kampagne gegen den „Formalismus" in der Kunst, hatte den Film als *konterrevolutionär* bezeichnet. Der zuständige GUKF-Chef Šumjackij habe sich daraufhin nicht mehr getraut, das Projekt zu unterstützen, schreibt Jutkevič in seinen Erinnerungen: *Šumjackij erklärte, nachdem er den Film gesehen hatte, dass er sich kategorisch weigere, ihn Stalin vorzuführen, weil er fürchtete, nicht nur sein Amt sondern auch sein Parteibuch zu verlieren.*
Ihm sei, so Jutkevič weiter, nichts anderes übrig geblieben, als dem Rat seiner Frau zu folgen und einen Brief an Stalin selbst zu schreiben. Dieser Brief beschreibt eindrucksvoll die Schwierigkeiten, vor denen auch der parteitreueste Regisseur in der zweiten Hälfte der dreißiger Jahre stand, wenn er einen Gegenwarts-Propagandafilm im Sinne der herrschenden Parteilinie machen wollte. Jutkevič schrieb an Stalin: *Sehr geehrter Josif Vissarionovič! […] Als Künstler schien mir immer, dass die Arbeit an Themen unserer Gegenwart am interessantesten ist, wenn sie auch mit den größten Schwierigkeiten verbunden ist. […] Denn während der Aufnahmen für meinen Film vollzogen sich so wichtige Ereignisse wie die Überprüfung und der Umtausch der Parteidokumente, die*

Entlarvung der trotzkistischen Schädlingsarbeit, die Resolutionen der Partei über das Donbass, das Februarplenum des CK und die Annahme der Stalin-Verfassung. Deshalb musste unablässig die dramaturgische Grundlage verändert werden und die Arbeit lief unter enormer schöpferischer Anspannung des gesamten Kollektivs, das hartnäckig wünschte, nicht hinter dem politischen Leben des Vaterlands zurückzubleiben.

Stalin reagierte schnell auf Jutkevičs Brief. Er sah sich den Film an, befand ihn für gut und befal, in sofort in die Kinos zu bringen, *da dies ja das erste (und einzige) künstlerische Opus über die Stachanov-Bewegung war.* Stalin verlangte nur eine Änderung: Der im Film gezeigte „Volksfeind", die Figur des Ingenieurs Krasovskij (gespielt von Mark Bernes), müsse bestraft, d.h. verhaftet werden.[447] Stalins Anmerkung zum Film *Bergarbeiter* kam nicht von ungefähr. In allen Gegenwarts-Propagandafilmen kam den Figuren der „Schädlinge", „Feinde" oder „Saboteure" eine Schlüsselrolle zu. MAMATOVA charakterisiert diese Film-Figuren, die häufig mit „dunklen" und nebulösen fremden Mächten im Bunde stehen, so: *In Zentralrussland kontaktieren deutsche Spione in karierten Anzügen den Schädling. Es kommen auch hochmütige Subjekte von nicht genannten Mächten, die mit englischem Akzent sprechen. Aus den Innentaschen holen sie feste Päckchen Geld hervor und werfen sie nachlässig vor den Schädling hin. In zugespitzten Situationen holen sie aus der selben Tasche eine Pistole hervor, im Unterschied zu den Japanern, die den fernöstlichen Schädling nicht mit Geld beschenken, sondern ihm versprechen, ihn heimlich über die Grenze zu schleusen [...]*[448]

Historienfilme und Komödien waren weitgehend auf die Schilderung der positiven Helden fokussiert, die natürlich auch in keinem Gegenwarts-Propagandastreifen zu kurz kommen durften. Aufgrund der spezifischen Konventionen des jeweiligen Genres gingen aber sowohl Komödien als auch Historienfilme behutsamer mit den negativen Helden um. Die in der Vergangenheit angesiedelten Filme zeichneten Bilder von „Feinden", vor denen der Betrachter keine Angst zu haben brauchte, da sie – wie der jeweilige Film vor Augen führte – längst „besiegt" und „ausgemerzt" waren. Zu ihnen zählten zaristische Offiziere, russische Kapitalisten oder Men'ševiki. Die Komödien brauchten selbstverständlich auch einen negativen Gegenpol zu den eigentlichen, positiv besetzten Helden. Das Genre machte es aber zur Bedingung, dass der Zuschauer über diese negativen Helden lachen konnte. Sie mussten sich deshalb in der Regel als dumm und ungeschickt erweisen. Angst flößten sie nicht ein.

Ganz anders waren die Feindfiguren in den ernsthaften Propagandastreifen über Gegenwartsthemen. Sie waren so gezeichnet, dass der Zuschauer sie ernst nehmen musste. Sie spielten eine zentrale Rolle in allen Gegenwarts-Propagandafilmen. In zahlreichen Filmen war sogar der Protagonist selbst, auf den die gesamte Filmhandlung sich bezog, der „Volksfeind" – der jedoch nicht selten erst am Ende des Films entlarvt wird. Ein solches Beispiel ist der Film *Das Parteibuch*. Der Anfang des Films beschreibt die abendlichen Feiern zum Maifeiertag in einem märchenhaft anmutenden Moskau, das festlich geschmückt und hell beleuchtet, sowie vom Fluss Moskva und den neuangelegten Parkanlagen geprägt ist. Die Stimmung ist gekennzeichnet durch fröhliche Leichtigkeit, junge Menschen sind zu sehen, fröhliche Paare, die auf einem kleinen Ausflugsdampfer feiern. Von ihnen wird bereits optisch der Protagonist des Films deutlich abgehoben: Pavel' Kuganov, die „Feind"-Figur des Films, kommt buchstäblich aus dem Dunkel ins Bild. Es ist nicht klar, woher er kommt, niemand kennt ihn, er ist allein. Pavel' springt auf das bereits ablegende Boot auf, die fröhliche Gemeinschaft nimmt ihn gern auf. Er aber bleibt allein am Rande stehen, als die anderen tanzen. Er schaut düster, während die anderen lachen. Er komme aus Sibirien, sagt er auf Nachfrage, ein „Zugereister" [*priezžij*]. Er erweist sich als redegewandt und schlagfertig, gibt aber gegenüber den ihm mit Vertrauen begegnenden jungen Leuten nichts von sich preis. Er taut erst auf, als er die schöne Protagonistin kennen lernt, die junge Komsomol'cin Anna. Schon in den ersten Minuten des Films sind Pavel' unterschwellig die wichtigsten Charakteristika des typischen „Feindes" beigelegt worden: Er ist ein unbekannter Einzelgänger, offenbar mit „Vergangenheit" und unklarer Herkunft, ernst und intelligent und gutaussehend. Wie in vielen anderen Propagandastreifen wird auch hier der „Feind" mit Sexualität in Verbindung gebracht.[449] Tatsächlich schleicht sich Pavel' in das Vertrauen von Annas Verehrer Jaša ein. Der nimmt Pavel', der in Moskau keine Unterkunft hat, mit zu sich und führt ihn sogar in sein Arbeitskollektiv ein. Pavel' hat sich damit in Moskau etabliert, er hat mit Jašas Hilfe Arbeit, Unterkunft und sozialen Anschluss gefunden. Er dankt es seinem neuen Freund damit, dass er Anna verführt. In einer langen Schlüsselszene bringt Pavel' Anna dazu, ihn lange und intensiv zu küssen. Anna ist wie paralysiert, sie kann sich Pavel's hypnotischen Augen und seinem Gesang am Klavier nicht entziehen. Einen langen Zungenkuss zu zeigen, war im Sowjetkino der dreißiger Jahre ein Affront – und nur erlaubt, wie in diesem Fall, wenn er mit einer deutlich negativen Wertung verbunden wurde. Die sexuelle Verführung[450] ist Ausdruck von Pavel's „Einschmeicheln" in die heile Welt des Moskauer Komsomols. So wie er die junge Frau verführte, gewinnt Pavel' auch den Parteizirkel für sich, wird Parteimitglied, macht Karriere. Es ist bezeichnend, dass einzig Annas Vater Pavel', der eigentlich in jeder Beziehung eine „gute Partie" zu sein scheint, als Schwiegersohn ablehnt. Der Zuschauer bekommt die Botschaft vermittelt, nicht auf den Schein zu achten, sondern sich „auf das Gefühl" zu verlassen, wenn es darum geht, einen „Feind zu entlarven".

Der verzweifelte Jaša, der väterlichen Beistand vom Vorsitzenden seiner Parteizelle erhält, geht nach Sibirien um seinen Liebeskummer bei der Arbeit am „sozialistischen Aufbau" zu betäuben. Anna lebt derweil mit Pavel', der Karriere macht, in einer neuen, großen Moskauer Wohnung. Aber sie ist unglücklich. Pavel' erweist sich als emotional kalt und rücksichtslos. Der Zuschauer weiß: Pavel' hat ihr Parteibuch entwendet, um von seiner eigenen dunklen Herkunft abzulenken. Anna wurde daraufhin im Zuge der Umtauschaktion der Parteidokumente aus der Partei ausgeschlossen, was sie niederschmettert. Pavel' nutzt Anna eiskalt aus. In dieser Situation kommt es sehr unvermittelt zum Showdown: Jaša hat in Sibirien herausgefunden, dass Pavel' in Wirklichkeit ein gesuchter Kulakensohn ist, der einen Komsomol-Funktionär umgebracht hat. Pavel' wird auf der Höhe seines Erfolges „entlarvt". Interessanterweise gelingt es Anna gleichzeitig auch, ihrem Ehemann Pavel' auf die Schliche zu kommen, unabhängig von Jašas Recherchen. Als sie Pavel' mit vorgehaltener Pistole zur Rede stellt, fällt dieser vor ihr auf die Knie, versucht ein letztes mal, sie zu betören. Sie beantwortet seine Frage „Liebst Du mich?" mit „Nein!". In dem Moment, als Pavel' Anna zu überwältigen droht, dringen Jaša, der Parteifunktionär und Vertreter der GPU in die Wohnung ein. Pavel' wird überwältigt und abgeführt. Kennzeichnend für die Dramaturgie des Films *Das Parteibuch*, wie für die meisten anderen Propagandafilme ist die Vermischung der intellektuellen Ebene, auf der Untersuchungen und „Entlarvungen" durchgeführt werden, mit der emotionalen Ebene, auf der bestimmte Protagonisten den Feind gleichsam „wittern", sein finsteres Geheimnis erspüren und ihn durchschauen, längst bevor gegen diesen irgendwelche Beweise oder auch nur Verdachtsmomente vorliegen. Der Beschreibung der Feinde in den Propagandafilmen haftet ein starkes Moment von Irrationalität an. Emotionalität und Intellektualität werden häufig sogar explizit gegeneinander gestellt. Emotionalität, Spontaneität, Pathos und - auch naiver - Enthusiasmus sind dabei eindeutig positiv gewertet, sie sind die Charakteristika des typischen „Bol'ševiken". Intellektualität ist dagegen fast immer kennzeichnend für den „Feind".[451] Ein Zuschauer beschrieb, nachdem er den Film *Das Parteibuch* gesehen hatte, in einem Fragebogen der MOSFIL'M „echte" (dem „Genossen" gemäße) und „falsche" („spießbürgerliche") Emotionen, an denen man „Freunde" und „Feinde" erkennen könne: *Der Film hat gezeigt, dass die Wachsamkeit gegenüber dem Feind sich vereinigen soll mit fester kameradschaftlicher Freundschaft und einem teilnahmsvollen Verhältnis zum Genossen, das ohne spießbürgerliche Sentimentalität ist.*[452]
Besonders plastisch ist diese Gegenüberstellung in dem Film *Mitglied der Regierung* dargestellt. Dort macht eine Bäuerin in der neugegründeten Kollektivwirtschaft Karriere und steigt sogar zur Kolchozvorsitzenden auf. Es ist wird gezeigt, wie sie nachts über Büchern einschläft, mit denen sie sich schwer tut

und die sie offenkundig nicht versteht. Der durch Nickelbrille[453] und Aktenta-sche als Intellektueller gekennzeichnete Agronom der Kolchose konfrontiert sie bei einer stürmischen Kolchoz-Versammlung mit dem Vorwurf, für die Leitung des Kolchoze fehle es ihr an den nötigen intellektuellen Qualitäten: *Du hast nicht genügend Verstand!* [*U tebja uma ne chvatit!*] Darauf ruft ihm die Ge-scholtene eine entwaffnende, pathetisch vorgetragene Feststellung zu: *Ich habe nicht genug Verstand? Dann schaffe ich es mit dem Herzen!* [*Uma ne chvatit? Serdcem dojdu*] Die versammelten Kolchozmitglieder belohnen diese Haltung mit Applaus und demonstrieren der Vorsitzenden ihre Unterstützung. Der Agro-nom muss das Feld räumen. Er ist aus der Gemeinschaft ausgeschlossen und rächt sich mit einem Mordversuch an der Kolchozvorsitzenden aus einem nächtlichen Hinterhalt.[454]

Auf eine zunehmende Bedeutung von Emotionalität im sowjetischen Kino machte bereits Anfang der dreißiger Jahre der Filmtheoretiker IEZUITOV auf-merksam. Er sprach von einem *Stil der sozialistischen Gefühle*, der *eine Art sowjetischer Sentimentalismus sei*. Von der Intellektualität vor allem des Ėj-zenštejnschen Kinos der zwanziger Jahre habe der Weg zu dieser stärkeren E-motionalisierung, so IEZUITOV weiter, vor allem über die Filme Aleksandr Dovženkos geführt. Der erste wichtige „sozialistisch-sentimentale" Film sei Dovženkos *Zemlja/Die Erde* (VUFKU/Studio Kiev, 1930) gewesen.[455]

Die stark emotionalisierte Figur des „Feindes" ist für sämtliche Propagandafil-me konstitutiv. In Filmen wie *Mitglied der Regierung* ist sie als Gegenpart zur positiv besetzten Protagonistin integrativer Bestandteil der Erzählstruktur: Die Titelheldin definiert sich über die Abgrenzung zum „feindlichen" Agronomen. Häufig genug ist der Protagonist eines Propagandafilmes selbst der „Feind", was seine zentrale Stellung für dieses Filmgenre noch augenfälliger macht. Ne-ben dem bereits genannten Kampagnen-Film *Das Parteibuch* gilt dies etwa auch für den Streifen *Die Bauern*, wo die Hauptperson ein Bauer ist, der die neugegründete Kolchoze zu sabotieren versucht. Auch hier ist die Personen-konstellation ähnlich angelegt wie in *Das Parteibuch*. Wichtige Figuren sind auch hier die Frau des „Feindes" und der Parteifunktionär (in diesem Fall der Chef der Politabteilung der Kolchoze), die ihm beide – auf der „emotionalen" bzw. der rational-investigativen Ebene – auf die Schliche kommen, und seine gnadenlose Rachsucht erleiden müssen. Diese Verquickung der Partei- und Fa-milienbereiche, von privater und öffentlicher Sphäre ist ein auffälliges Merkmal aller Propagandafilme. Bereits in der ersten größeren Propagandaproduktion der dreißiger Jahre, im Industrie-Film *Der Gegenplan* ist der Parteifunktionär in eine Liebesgeschichte verwickelt und ist ein vertrauenswürdiger Ansprechpart-ner auch für die persönlichen Probleme der Fabrikarbeiter. Noch deutlicher wird diese Doppelrolle der Parteifunktionäre als Sachwalter des Staates und patriarchalisches (bzw. matriarchalisches) „Familienoberhaupt" des Kollektivs später im Film *Das Parteibuch*, wo der aufrechte Komsomol Jaša mit dem Vorsitzenden seiner Parteizelle nicht nur dienstliche Angelegenheiten bespricht und mit ihm den „Feind" Pavel' zu entlarven sucht. Jaša kommt auch zu ihm, um seinen Liebeskummer auszuweinen und väterlichen Rat zu suchen. Natürliche Familien kommen in all diesen Filmen nicht oder nur am Rande vor. Im Film *Mitglied der Regierung* zerbricht sogar die Ehe der Protagonistin, die als Frau zur Kolchozvorsitzenden und später zum Mitglied des Obersten Sowjets aufsteigt, weil ihr Mann mit dem ungewöhnlichen Erfolg seiner Frau nicht klarkommt und sie als braves Hausmütterchen an seiner Seite sehen will. Seine Frau, die Kolchozvorsitzende, spielt dagegen die Rolle einer Art Über-Mutter für das Kolchoz-Kollektiv. Besonders augenfällig wird dies etwa als sie bei einer volkstümlichen Dorfhochzeit das junge Paar segnet und die Ehe zwischen ihnen besiegelt, womit sie die traditionellen Rollen des Dorfpopen und der Eltern gleichzeitig übernimmt. Alle Propagandafilme tragen die Botschaft in sich, dass es in der neuen Gesellschaft keine „Privatsphäre" gibt. Es wird immer gemeinsam, „im Kollektiv", erlebt, gefeiert, gelitten, gearbeitet. Diejenigen die sich dem totalen Zugriff des Kollektivs – und damit der Parteifunktionäre, die die Regelungshoheit für das Kollektiv beanspruchen – zu entziehen suchen, machen sich verdächtig. Sie stehen allein, im Dunkeln, werden am Ende als „Feinde" entlarvt.

Die Feinddarstellungen in sowjetischen Propagandafilmen hatten eine doppelte Funktion. Zum einen ließen sich alle Fehlentwicklungen, besonders die virulenten Versorgungsdefizite, irgendwelchen „Saboteuren" oder „Schädlingen" zuschreiben, wie dies in großen und kleinen Schauprozessen regelmäßig geschah. Die Bevölkerung war aufgefordert, sich durch Denunziationen an diesem herrschaftssichernden System zu beteiligen.

Des Sekretär des Gebietsparteikomitees von Kirov beschrieb in einem Beitrag der Regionalzeitung *Krasnaja Baškirija* wie unmittelbar die Bevölkerung die Feind-Bilder aus den Filmen zur Formulierung eigener Denunziationen umsetzte, und wie ein Propagandafilm eine laufende Kampagne unterstützte: *Der Film „Das Parteibuch" half uns, unseren Pavel' Kuganov aufzuspüren und zu entlarven, nämlich das Parteimitglied Šalimov. [...] sein Verhalten erinnerte in allem so an Pavel' Kuganov, dass mich viele Genossen in Eingaben darauf hinwiesen.* Der erwähnte Šalimov sei, so der Parteisekretär weiter, mittlerweile aus der Partei ausgeschlossen worden.[456]

Die Darstellung der „Feinde" schuf auch ein wichtiges emotionales Ventil für die Sowjetbürger, die durch ideologischen Druck und hohe Arbeitsanforderungen hohen psychischen Belastungen ausgesetzt waren. HANS GÜNTHER hat diesen Zusammenhang unter Bezugnahme auf den Totalitarismus-Begriff HANNAH ARENDTS für die Sowjetkultur der dreißiger Jahre eindrucksvoll analysiert.

Nach der physischen Liquidation der eigentlichen konkreten „Klassenfeinde",
etwa der Kulaken, brauchte die Sowjetideologie ein neues, weiter gefasstes
Feindbild, das abstrakt genug war, um sich auf praktisch jeden anwenden zu
lassen. In der Arendtschen Begrifflichkeit ist dies der „objektive Feind".
GÜNTHER schreibt dazu: *Die Folge der Bekämpfung des „objektiven Feindes"*
ist universelles Misstrauen bzw. Verdächtigkeit und damit die gesellschaftliche
Institutionalisierung der Denunziation. Zur obersten Tugend wird „Wachsam-
keit", d.h. die Fähigkeit, den Feind zu erkennen, auch wenn er sich noch so gut
tarnt. [...]
Für die psychologische Funktion der „Feindbilder" bemüht GÜNTHER den von
C.G. Jung entwickelten Begriff vom *Archetyp des Schattens,* der die nicht akzeptierte, negative Seite jeder menschlichen Persönlichkeit beschreibt. Die Darstellung von „Feinden" erlaube nach diesem Ansatz die *Externalisationen inne-*
rer Konflikte durch *Projektion* auf die „Feinde": *In der Regel ist der Feind der*
Sündenbock, auf den alle möglichen Misserfolge abgewälzt werden können.
[...] *Schließlich leistet die Feindprojektion einen wesentlichen Beitrag zur see-*
lischen Entlastung des Einzelnen unter den Bedingungen extremen ideologi-
schen und psychischen Drucks. Die tödliche Angst, als Abweichler von der
Parteilinie dazustehen, die ständig bohrenden Zweifel und die verdrängten un-
eingestandenen Wünsche lassen sich leichter ertragen, wenn sie ihre bekämp-
fenswerte Verkörperung im „anderen" finden.[457]
LILIANA MAL'KOVA bemüht in ihrer Untersuchung zum *Gesicht des Feindes* im
Sowjetkino der dreißiger Jahre ebenfalls die Jungsche Begrifflichkeit vom
„Schatten". Sie bemerkt, dass die „negativen Helden" hier stets ausschließlich
negativ dargestellt worden seien. Sie hätten keine differenzierten Charaktere
mehr gehabt, so dass es keinerlei Ansatzpunkte für wenigstens teilweise Identifikation, für Mitleid, Bedauern oder sonstige empathische Regungen der Zuschauer boten: *In diesem Sinne sind die Feinde und Schädlinge, die die sowjeti-*
sche Leinwand bevölkern, leibliche Brüder der Vampire und Wiedergänger, die
seit hundert Jahren die Leinwände der restlichen Welt nicht verlassen haben.
[...] *Die auf der Leinwand geschaffenen Feinde drohten jeden zu verschlingen,*
der sie betrachtete. Der Zuschauer, der nicht in der Lage war, sich im Antlitz
des Feindes wiederzuerkennen, wurde zur Quelle der mythologischen Macht
dieses totalitären Bildes.[458]
Parallel zum im Verlauf der dreißiger Jahre schärfer werden Terror wurde auch
der Umgang mit „Feinden" im Film sukzessive härter. Im 1932 fertiggestellten
Film *Der Gegenplan* misslingt dem Ingenieur, der der „alten" bürgerlichen Intelligenz angehört, ein Sabotageversuch. Seine Manipulation wird entdeckt und
behoben. Er selbst wird jedoch nicht einmal entdeckt und entlarvt. Er ist lediglich damit „gestraft", dass er außerhalb der Gemeinschaft steht und nicht zu der

emphatischen, in enger Freundschaft verbundenen und von menschlicher Wärme geprägten Gruppe der „Neuen Menschen" in der Fabrik gehört. Diese Isolation wird sehr bildhaft dadurch ausgedrückt, dass der Ingenieur ständig friert. Wenige Jahre später, etwa in den Filmen *Bauern* von 1934, *Das Parteibuch* von 1936 und *Mitglied der Regierung* von 1939 sind die Aktionen der Feinde bereits weitaus krasser. Sie begnügen sich nicht mit Manipulationen an Maschinen. Sie schrecken vor Mord und sexueller Verführung nicht zurück. Und sie werden auch nicht mehr nur aus der Gemeinschaft ausgeschlossen, sondern sie werden verhaftet und bestraft. In seinem Buch über den Regisseur Aleksandr Dovženko bemerkt VANCE KEPLEY bei der Analyse des Films *Aêrograd*, den Dovženko 1935 fertig stellte: *In anderen Dovženko-Filmen werden die Kulaken, Nepmänner und Drückeberger, die die Stärke der sowjetischen Gesellschaft unterminieren, alle mit Komik behandelt, sie werden damit abgetan, dass man sie zum Objekt des Gelächters macht. Im harten Klima des Stalinismus in den Dreißigern waren ernstere Maßnahmen gefragt; Chudiakov* [der negative Held in *Aêrograd*] *wird ein Opfer der Säuberungen.*[459]
Alle sowjetischen Propagandafilme der dreißiger Jahre haben, bei aller Düsternis und Gefährlichkeit der dargestellten negativen Helden, eine insgesamt positive Grundstimmung. Die meisten dieser Filme fielen in das sowjet-spezifische Genre „Optimistisches Drama" (*optimističeskaja drama*). In dieser Genrebezeichnung ist bereits der Grundgegensatz enthalten, aus dem diese Filme ihre Spannung bezogen. Sie waren „Dramen", d.h. sie zeigten ernste Konflikte und setzten ihre positiven Helden Gefahren und Versuchungen aus, insbesondere in der Konfrontation mit den zentralen negativen Helden. Grundbedingung für die Dramaturgie aller dieser Propagandafilme war aber eben die optimistische Grundtendenz: Das „Gute" siegte, verkörpert in den positiven Helden.
Diese waren vornehmlich jung. Sie waren Vertreter des „Neuen", der „neuen Gesellschaft", der „Neuen Lebensweise" (*novyj byt*), so wie ihre Gegner allzu oft Vertreter des „Alten" waren.[460] Hier ergab sich aber aufgrund des zunehmenden zeitlichen Abstands zur Oktoberrevolution ein Problem: Noch 1932 ließ sich im Film *Der Gegenplan* einigermaßen glaubwürdig ein Ingenieur darstellen, der in vorrevolutionärer Zeit erzogen und aufgewachsen war und sich den entsprechenden Habitus bewahrt hatte. Da in der zweiten Hälfte der dreißiger Jahre aber „echte" Kulaken, zaristische Offiziere, Angehörige der „bürgerlichen Intelligencija" etc. bereits entweder physisch liquidiert oder aber jedenfalls sozial marginalisiert waren, taugten sie nicht mehr als kraftvolle Gegenpole für die jugendlich-kämpferischen positiven Helden. Dargestellt werden deshalb die Söhne von Kulaken (in den Filmen *Das Parteibuch, Mitglied der Regierung, Bauern*) oder aber Personen, deren Herkunft kaum spezifiziert ist, die sich allenfalls durch ihre Isolation vom Kollektiv auszeichnen. So wie „Boshaftigkeit"

dadurch als gleichsam genetisch bedingt dargestellt ist, sind auch die Charakterzüge der positiven Helden keineswegs durch Partei- oder Komsomol-Arbeit anerzogen, sondern sie sind ihre „Natur". Die meisten positiven Helden haben eine Art natürlicher „Begabung", das für Partei und Kollektiv richtige zu tun. Sie handeln explizit nicht nach Vorschriften, Beschlüssen oder Parteirichtlinien, sondern nach ihrem Gefühl. Ihre herausgehobenen Charakterzüge sind Enthusiasmus, Pathos, geradezu naiver Glaube, das Unmögliche möglich machen zu können. Dieses sehr starke Moment des Irrationalen spiegelt einen Grundzug des stalinschen Ideologiesystems wieder. Entscheidend waren nicht rationale Begründungen für Thesen oder Beschlüsse, sondern ihr jeweiliger „Geist". Auf der ideologischen Ebene spiegelte sich hier der insgesamt voluntaristische Politik-Stil der stalinschen Führung wieder. So wie jeder Partei-Beschluss schnell wieder verändert werden konnte, wurden auch die dazugehörigen ideologischen Begründungszusammenhänge oft erstaunlich rasch wieder relativiert: *Anders ausgedrückt, die sowjetische Ideologie überließ mit ihrem Pathos der totalen Relativierung dem unmittelbaren Wirken der Kraft das Feld, die das gesellschaftliche Sein prägt, also der Partei, um daraufhin als ihre unmittelbare Widerspiegelung aufzutreten.*[461]

Insgesamt waren die positiven Helden im weitesten Sinne „zuverlässiger" Menschen, die in jeder Situation für „die Sache der Partei" einstanden, ohne dabei sklavisch an Vorschriften zu hängen. Im Film *Semero smelych/Die sieben Kühnen* (Regie: Sergej Gerasimov, LENFIL'M 1936) schmuggelt sich ein junger Komsomol'ce in die Polarexpedition ein, die im Mittelpunkt des Films steht. Er ist intelligent und hat alles gelernt, was ein junger begabter Sowjetbürger nur lernen kann. Die älteren machen ihm aber schnell klar, dass sein theoretisches Wissen von begrenztem Nutzen ist, und dass er Erfahrungen „aus der Praxis" braucht. Der Wille und das jeweilige Ziel stehen für sie über jeder Vernunft. Diese Haltung der „Enthusiasten" kommt im Lied der *„sieben Kühnen"* zum Ausdruck, das sie im Film immer wieder singen, um sich Mut zu machen und sich ihrer Gemeinschaft und ihrer gemeinsamen Ziele zu versichern:

Das weite Meer zu stürmen,
schickt uns das Land. [...]
Junge Kapitäne
führen unsere Karawane. [...]
Sturm, Wind, Hurrikane –
Du schreckst uns nicht, Ozean!
Wir haben schon oft uns kühn geschlagen,
nahmen deine Herausforderung an.
Und kehrten siegreich zurück
In unsern Hafen, heim!

Šturmovat' daleko more
Posylaet nas strana. [...]
Molodye kapitany
Povedut naš karavan.
Burja, veter, uragany –
Ty ne strašen, okean!
My ne raz otvažno dralis'
Prinimaja vyzov tvoj.
I s pobedoj vozvraščalis'
K našej gavani, domoj!

Der Aufbruch „zu neuen Ufern" war das Schlüssel-Bild für den Aufbruch in eine neue Gesellschaft. Die „*sieben Aufrechten*" machten sich auf den Weg ins Eismeer, um an Orten zu sein, wo nie zuvor jemand gewesen war und Dinge zu entdecken, die niemand zuvor sah. Valerij Čkalov überflog als erster den Nordpol und Aleksej Stachanov förderte mehr Kohle als irgend jemand vor ihm, beides lieferte die Folie für entsprechende Filme (*Valerij Čkalov, Šachtëry*). Junge Komsomol'cen brachen als Pioniere in den weitgehend unerschlossenen fernen Osten der Sowjetunion auf, um dort Siedlungen und Vorposten zu bauen (*Komsomol'sk, Aërograd*). Ihre Aufgabe war der Aufbau von etwas völlig Neuem. Wo dies möglich schien, sollten die „Alten" aber durchaus von den Jungen für die neue Gesellschaft gewonnen und in sie integriert werden. So hatten bereits im Film *Der Gegenplan* junge Arbeiter und Ingenieure dem alten Arbeiter Semën seine „vorrevolutionären" Gewohnheiten – Alkohol und Faulenzen – abgewöhnt und in zu einem enthusiastischen Mitarbeiter ihrer, der neuen sowjetischen Sache gemacht. In den Filmen *Bauern*, *Mitglied der Regierung* und *Komsomols'k* ist es eine zurückgebliebene Dorfbevölkerung, die von den Jungen überzeugt werden muss. Häufig kommt die Schlüsselrolle den Kindern zu, die unter Anleitung des Parteivertreters ihre eigenen Eltern bekehren. Diese Umkehr der traditionellen Wissens- und Erfahrungshierarchie, nach der die Eltern die Kinder belehren und erziehen, fand ihren plastischsten Ausdruck in der systematisch für Propagandazwecke aufgebauten Figur des Pavlik Morozov, der angeblich von Dorfbewohnern erschlagen wurde, weil er den eigenen Vater als Kulaken angezeigt hatte.[462]

Die jungen Komsomol'cen übernahmen in den Filmerzählungen eine zivilisatorische Aufgabe. Besonders augenfällig wurde dies, wo Begegnungen mit Naturvölkern der Sowjetunion beschrieben wurden, etwa im Film *Komsomol'sk*, besonders eindrucksvoll aber im Polar-Streifen *Die sieben Kühnen*. Dort rufen die einheimischen Eskimos die jungen Komsomol'cen aus ihrer Winterstation, weil ihr Dorfältester krank ist und der Schamane ihm nicht helfen kann. Weil der

Hundeschlitten der Eskimos zu langsam ist, kommt die junge Ärztin mit dem Flugzeug in das Lager der Eskimos – ein erster Beweis für die zivilisatorische Überlegenheit der jungen Sowjetrussen. Im Anschluss beweist die junge Ärztin mit ihrer streng naturwissenschaftlich begründeten und selbstverständlich erfolgreichen Heilkunst vollends die Unterlegenheit des alten „Aberglaubens". Diese Darstellung entspricht dem Bild der Naturvölker auch in den Wochenschauen. In der Wochenschau Nr.22 von 1931[463] wird ein Bericht aus dem Gebiet der *Nencen-Nomaden, die tief in der Tundra* leben, unter folgender Überschrift eingeleitet: *Nur im Lande der Sowjets ist der materielle und kulturelle Aufschwung der entlegenen Kreise gesichert.* Zu sehen sind dann zunächst die Zelte der Nencen und ihre Rentiere, die sie mit Lassos einfangen und auf ihre Schlitten legen, die wiederum von Rentieren gezogen werden. Diese Bilder fassen die „alte", traditionelle Lebensweise der Nencen zusammen. Dann wird *das zukünftige Zentrum des Nencen-Kreises* gezeigt, die Ortschaft Beloščel'e. Dort gibt es einige feste Häuser und eine kleine Radiostation als Symbol der kulturell-informationellen Verbundenheit mit dem zivilisatorischen Zentrum der Sowjetunion. Außerdem wird die Grundschule gezeigt, die die Belehrung und Zivilisierung der Nencen durch die Sowjetrussen symbolisiert. Dann ist zu sehen, wie *die Nencen-Jäger ihre Beute in der Kooperative abgeben* und dafür Fertigwaren erhalten. Sie haben, das symbolisieren diese Bilder, also die Einordnung in das Sowjetsystem vollzogen. Dieser Film aus der Produktion des Wochenschau-Studios war entsprechend programmatisch betitelt: *Staryj i novyj byt/Die alte und die neue Lebensweise.* Ähnlich wie die Nencen sind auch die Kirgizen dargestellt, deren Besuch einer sowjetischen Schule in der (stummen) sowjetischen Wochenschau Nr.36/535 von 1934 vorgeführt wird. Ihre lachenden Gesichter werden mit folgendem Zwischentitel kommentiert: *Erst jetzt hat diese zurückgebliebene und vergessene Völkerschaft die Möglichkeit erhalten, ihre Kultur zu heben.*[464]

Diese kultur-zentralistische Sicht besonders auf die asiatischen Völkerschaften liegt ihrer Darstellung in Filmen durchgängig zugrunde. Immer werden sie von jungen, gebildeten Sowjetrussen erzogen und belehrt, wie etwa auch im Spielfilm *Aėrograd.* Dort ist der positive Held, der Russe „Glušak", mit einer Koreanerin verheiratet. Glušaks bester Freund ist chinesischer Abstammung. Diese Beziehungs-Konstellation trug den Verhältnissen im Fernen Osten der Sowjetunion Rechnung, wo der Film spielt. Dennoch enthält auch in diesem Fall die Darstellung des Feindes eine *rassistische* (KEPLEY[465]) Komponente: Neben einer Kommune unbelehrbarer Altgläubiger sind die „Feinde" in Dovženkos Filmepos *Aėrograd* die Japaner, die überaus herabsetzend dargestellt sind.

Insgesamt hatten alle Propagandafilme die Tendenz, die Sowjetunion als eine lebenswerte Gesellschaft im Aufbau darzustellen, als Wertegemeinschaft, in der die aktiven Träger aller Nationalitäten eng zusammenhielten und enthusiastischen und opferbereiten jungen Menschen weitreichende Chancen für ihr Engagement und ihren Aufstieg geboten wurden. Dies passte zur Zielsetzung des in den dreißiger Jahren vollzogenen Eliten-Austauschs.[466] Es bestand auch tatsächlich ein dauernder Bedarf an fähigen und engagierten Nachwuchskräften, die mittlere Führungsposten übernahmen. Diese waren in der Regel arbeitsaufwendig und überdies gefährlich, weil ihre Funktionsträger besonders häufig für alle möglichen Fehlentwicklungen verantwortlich gemacht wurden. Dass diese Posten schwierig waren, kam auch in allen zitierten Filmen zum Ausdruck. Die Mühen einer Kolchosvorsitzenden, die sich mit Planerfüllung, Fachfragen, widerborstigen Landarbeitern oder arroganten Bürokraten herumschlagen musste, wurden im Film *Mitglied der Regierung* durchaus mit einigem Realismus dargestellt. Die Zuschauer mochten dort viel Bekanntes wiederfinden, was für die Überzeugungskraft eines Propagandafilmes sicher von großer Bedeutung war. Diese einigermaßen realistischen Elemente wurden jedoch ergänzt durch die Figur des Saboteurs (in diesem Fall der intellektuelle und böswillige Agronom) und durch das selbstverständliche Happy end. So wurde suggeriert, dass an allen Fehlentwicklungen nicht strukturelle Mängel und Fehlplanungen, sondern „Feinde" schuld waren, und dass jede Führungskraft, die nur genug Willen und Enthusiasmus mitbrächte, sich schon durchsetzen würde. Die Realität unterschied sich krass von dieser Darstellung. STEFAN MERL hat in einer Studie über den Führungskräfte-Nachwuchs auf dem Lande in der Sowjetunion der dreißiger Jahre eindrucksvoll beschrieben, wie notwendig die propagandistische Werbung um junge Führungspersönlichkeiten war. Die Fluktuation auf den mittleren Leitungsposten war ungeheuer hoch. So betrug die Verweildauer von Kolchoz-Vorsitzenden in ihrem Amt zwischen 1935-40 zumeist nicht mehr als ein Jahr (40%), oder höchstens 1-2 Jahre. Insgesamt gaben über 70% aller Kolchoz-Vorsitzenden vor Ablauf von 2 Jahren ihr Amt wieder auf, bzw. wurden dazu gezwungen. *Den Möglichkeiten des sozialen Aufstiegs auf dem Lande in den dreißiger Jahren waren also enge Grenzen gesteckt. In der Regel konnte die hervorgehobene Position nur kurze Zeit eingenommen werden, weil sie auf Kosten der Gesundheit ging oder weil sie in hohem Maße dem staatlichen Terror ausgesetzt war.* [467] Im Film *Mitglied der Regierung* spielen eine junge Bäuerin und ein junger Landarbeiter eine Rolle, die zu Beginn des Films in die Stadt geschickt werden, um sich dort fortzubilden. Sie kehren am Ende des Films wieder ins Dorf zurück, im Automobil, dem Symbol für Fortschritt und Wohlstand[468]. Sie lassen ihren neuen Status durch Auftreten, Kleidung und flammende Reden an die Daheimgebliebenen erkennen. Dieses Traumbild des möglichen Aufstiegs – und natürlich die katastrophale Lage auf dem Lande, unmittelbar nach der Kollektivierung der Landwirtschaft - trieb in den dreißiger Jahren tatsächlich viele junge Dorfbewohner in die Städte. MERL stellt aber fest: *Die Aufstiegschancen für junge Leute waren ausgesprochen ungünstig. [...] Anhaltspunkte dafür, dass auch aus dem Dorf - von Landarbeitern in Sowchosen abgesehen - wie in der Industrie in großem Umfang „Praktiker" zum Studium geschickt wurden, liegen nicht vor.* [469]

Wenn man also die zentralen Aussagen des Propagandastreifens *Mitglied der Regierung* an den sowjetischen Realitäten misst, wird man krasse Differenzen feststellen müssen. Während es einige wirklichkeitsgetreue Anknüpfungspunkte für die Identifikation der bäuerlichen Zuschauer mit dem Geschehen auf der Leinwand gab – etwa bei der Zeichnung der Charaktere, Verhaltensmustern, folkloristischen Elementen und bei der Ausstattung - so sind einige inhaltliche Aussagen eindeutig propagandistisch-werbend gemeint und weit von der Realität entfernt. Etwa die zentrale Aussage des Films, dass eine Frau eine Kolchoze leiten und sogar bis in den Obersten Sowjet aufsteigen kann. MERL bemerkt zu dieser Frage: *In den Kolchosen bestand ein beträchtlicher Widerstand gegen die Berufung von Frauen in Leitungspositionen. Wenn die „Wahl" nicht verhindert werden konnte, versuchten die Kolchosniki anschließend mit allen Mitteln, die Autorität der Frauen zu untergraben [...] Dagegen blieben Frauen Führungsposten wie Kolchosvorsitzende und Feldbaubrigadiere, die nur Durchsetzungsvermögen, aber keine qualifizierte Ausbildung verlangten, praktisch versperrt (Frauenanteil 2-4%) [1938]. Es ist nicht verwunderlich, dass die Qualifikationshürde in der Regel nur von jungen Mädchen übersprungen werden konnte, die unter der Sowjetregierung eine unverhältnismäßig bessere Schulausbildung erhielten als zuvor ihre Mütter.* [470]

Man kann Aleksandr Zarchi und Jozef Chejfic, den Regisseuren von *Mitglied der Regierung* also durchaus eine erzieherische Absicht bescheinigen, die das staatlich festgeschriebene Ziel der Gleichberechtigung von Frauen popularisieren wollte. Der Film kann für alle aufgeführten Propagandafilme als beispielhaft gelten. Denn er verknüpfte geschickt eine realistische Milieuschilderung, die den Zuschauern Anknüpfungspunkte zur Identifikation bot, mit einer propagandistischen Überhöhung der Realität.

IV. FILME MACHEN UND FILME SEHEN: DIE REGISSEURE UND DAS PUBLIKUM

IV.1. Zwischen Anpassung, Selbstverleugnung und Trotz: Die Regisseure

Die sowjetische Filmpolitik der dreißiger Jahre bestand in erster Linie in einer geschickten Personalpolitik. Die politische Führung, mit dem Politbüro und Stalin selbst an der Spitze, nahm vor allem auf Personalentscheidungen Einfluss. Die Besetzung höherer Ämter, aber auch die Vergabe wichtiger Filmprojekte an bestimmte Regisseure und Drehbuchautoren wurde auf allerhöchster Ebene zumindest genehmigt, häufig aber auch angeregt. Im Gegensatz zu politischen Funktionären oder solchen mit rein organisatorisch-bürokratischen Aufgaben waren kreative Persönlichkeiten - wie Regisseure und Drehbuchautoren - nicht leicht ersetzbar. Sie waren überdies nicht in derselben Weise kontrollier- und manipulierbar wie „gewöhnliche" Funktionäre. Es kennzeichnet die stalinsche Kulturpolitik insgesamt, dass für den Umgang mit „schöpferischen Kadern" (*tvorčeskie kadry*) besondere Regeln galten. Sie wurden mit einem hochdifferenzierten System aus zu erreichenden Privilegien (hohe Gehälter[471], Prestigeprojekte mit großen Produktionsbudgets, Autos[472], Häuser, Auslandsreisen etc.) zu immer neuen Leistungen angespornt. Stalin selbst kümmerte sich geschickt darum, immer wieder die für kreative Menschen wichtige Anerkennung ihrer künstlerischen Leistung öffentlichkeitswirksam auszusprechen. In einer Anordnung vom 2. Februar 1939 wurde die *Auszeichnung von besonders verdienten Mitarbeitern der Kinematografie* bekannt gegeben, die EVGENIJ GROMOV als regelrechten *Auszeichnungs-Regen* bezeichnet. Die allerhöchste Anerkennung, die man hier erfahren hatte, quittierte stellvertretend der Regisseur Vsevolod Pudovkin. In einem 1940 erschienen Artikel feierte er die großzügige Unterstützung durch den allgegenwärtigen *Freund und Lehrer*, so der Titel. Stalin sehe, so Pudovkin, *einen Film so an, wie ein Mann der Kunst. Er versteht die verborgensten Absichten des Künstlers und die Quellen seiner schöpferischen Ausdruckskraft selbst.*[473]

Neben dem „Zuckerbrot" der Auszeichnungen und Privilegien stand der politischen Führung bei der Manipulation der Kreativarbeiter selbstverständlich auch die „Peitsche" zur Verfügung. Das war zunächst natürlich die Drohung mit dem Entzug der Privilegien. Der Regisseur Dziga Vertov beschrieb 1935 eindrucksvoll, wie er diese Drohung im Zusammenhang mit einer öffentlichen Auseinandersetzung um sein 1934 entstandenes halbdokumentarisches Film-Epos *Tri pesni o Lenine/Drei Lieder über Lenin* empfunden hatte: *Sie wollen mit der Arbeit im Bereich des poetischen Dokumentarfilms weitermachen? In Ordnung. Im Großen und Ganzen werden wir Ihnen das erlauben. Aber wir können Ihnen nicht dieselben Wettbewerbsbedingungen bieten wie anderen Regisseuren. Die werden bessere Produktions- und Lebensbedingungen haben: Wohnungen, Autos, Auslandsreisen, wertvolle Geschenke, höhere Löhne, etc. Sie dagegen werden nicht die Bohne haben. In ihrem feuchten Loch werden Sie sitzen, unter dem Wassertank und über der Ausnüchterungsstation. Sie werden Schlange stehen vor der Toilette, der Kochstelle, dem Waschbecken, der Straßenbahn, dem Bad, etc. [...] Sie werden weder Ruhe noch Frieden haben. Und erwarten Sie keine Liebe und Zuneigung von uns.*[474]

Anders als gewöhnlichen Funktionären drohten Künstlern aber nur in seltenen Ausnahmefällen Verhaftung oder gar Erschießung. Es gibt kein Beispiel dafür, dass ein Filmregisseur ein Schicksal erlitten hätte, das etwa dem des obersten Filmfunktionärs Boris Šumjackij vergleichbar wäre. Wohl mit Blick auf die Seltenheit und „Unersetzbarkeit" kreativer Talente verfuhr Stalin mit ihnen vorsichtiger. Hatte sich einer von ihnen „Fehler" zuschulden kommen lassen, so wurde er gerügt und zur Selbstkritik gemahnt.[475] Hatte er sich dieser kathartischen Prozedur unterzogen, konnte er in der Regel nach einer angemessenen Frist mit der gnädigen „Gewährung" eines neuen Projektes rechnen, bei dem er beweisen konnte, dass er seine „Fehler" verstanden hatte und nicht wieder machen würde.

Es hat daher auch zu keinem Zeitpunkt so etwas wie einen „oppositionellen" Regisseur in der Sowjetunion Stalins gegeben. Diejenigen, die sich mit dem Regime der Bol'ševiki nicht anfreunden zu können glaubten, hatten Russland bereits in den Jahren nach dem Oktoberumsturz verlassen, und waren in die Emigration gegangen. Zu Beginn der zwanziger Jahre war es für russische Filmschaffende noch leichter, im Ausland Fuß zu fassen, weil es den Tonfilm noch nicht gab, der durch das Gewicht des gesprochenen Wortes zu einer Ausdifferenzierung der nationalen Filmstile beitrug. Das prominenteste Beispiel eines Emigranten ist der Schauspieler, Regisseur und Drehbuchautor Ivan Il'ič Mozžuchin, der die glänzende Karriere, die er vor der Revolution in Russland begonnen hatte, nach 1920 in Frankreich, Deutschland und den USA fortsetzte. Der erfolgreichste Regisseur der vorrevolutionären Jahre, Jakov Aleksandrovič Protazanov, war allerdings Mitte der zwanziger Jahre aus dem französischen und deutschen Exil zurückgekehrt.[476] Protazanov war zwar im Ausland durchaus erfolgreich gewesen und hatte mehrere Filme gedreht. Es bestand also kein unmittelbarer Druck für ihn zurückzukehren. Ähnlich wie später Ėjzenštejn hatte aber wohl auch Protazanov die begründete Hoffnung, den Geschmack des einheimischen Publikums besser treffen und deshalb in der eigenen Heimat erfolgreicher sein zu können. Auch er ordnete sich den neuen politischen Vorgaben unter und filmte, was von ihm verlangt, bzw. was nicht beanstandet wurde. Da Protazanov, als einziger „Veteran" des vorrevolutionären Kinos, der auch in den dreißiger Jahren noch Filme machte, vom Beginn seiner Karriere an unter kommerziellen Bedingungen gearbeitet hatte, fiel es ihm vielleicht leichter, sich äußeren Vorgaben anzupassen. Im Gegensatz zu ihm waren alle anderen während der dreißiger Jahre aktiven Regisseure „Kinder der Sowjetunion" und hatten ihre ersten Filme erst nach der Revolution gemacht. Protazanovs Erfolg kann auch als Symptom der Rückkehr zu vorrevolutionären, „bürgerlichen" Ausdrucksformen in der sowjetischen Filmkunst gedeutet werden. Seine Fähigkeiten, die er beim Filmen unzähliger konventioneller und populärer Melodramen gemacht hatte, waren in den dreißiger Jahren gefragter als die avantgardistischen Experimente der sowjetischen „Filmjugend".

Die Förderung gerade junger „proletarischer" Regisseure und Autoren wurde von allen Seiten jedoch immer wieder gefordert. Je mehr sich die stalinsche Herrschaft in den dreißiger Jahren insgesamt auf eine neue „rein sowjetisch" geprägte Generation[477] zu stützen begann, desto mehr sollte diese auch in den Filmen ihre Identifikationsangebote und Rollenbilder bekommen.

Auch Sergej Ėjzenštejn hatte seine ersten Filme bewusst im Dienste des neuen „revolutionären" Regimes gemacht, und auch auf dessen Kosten. Die Bedingungen der zwanziger Jahre, nach der ersten Verstaatlichung und der Abwanderung der alten Regisseure in die Emigration, waren hervorragend für den jungen Regienachwuchs um Ėjzenštejn, Barnet oder Pudovkin. Sergej Ėjzenštejn konnte so vor der Vollendung seines 30. Lebensjahres immens teure Streifen wie *Der Streik* oder *Panzerkreuzer Potemkin* drehen und für diese Filme frei über „gesellschaftliche" Ressourcen wie Statisten, Armeeeinheiten, Schiffe etc. verfügen.

Die grundsätzliche Loyalität der sowjetischen Regisseure in den dreißiger Jahren stand außer Frage. Das Medium Film ist im Gegensatz zur Literatur oder Malerei auch nicht im Verborgenen zu betreiben. Der hohe Einsatz an Kosten, Personal und Material, die - auch kommerzielle - Ausrichtung auf ein breites Publikum machen es völlig ungeeignet für „kritische" und den staatlichen Vorgaben zuwider laufende Experimente in der „inneren Emigration", wie sie auf dem Gebiet der Literatur etwa der Schriftsteller Michail Bulgakov betrieb. Auch unter den Bedingungen einer freien und offenen Gesellschaft sind Film-Regisseure nie wirklich frei von Beeinflussung durch ihre Geldgeber und von Rücksichtnahmen auf die Bedürfnisse des Publikums.

Alle Regisseure wollten zwar ihre künstlerischen Ideen umsetzen, waren aber grundsätzlich willens, Filme zu machen, die sowohl der Sowjetführung (in Gestalt der GUK, des GRK und des CK, insbesondere Stalins) gefielen, als auch beim Publikum Erfolg hatten. Auch die letztlich verbotenen Filme sind von ihren Regisseuren und Drehbuch-Autoren nicht „sowjetfeindlich" gemeint gewesen. EVGENIJ MARGOLIT betont in seiner Untersuchung der zensierten „Regal"-Filme aus den dreißiger Jahren: *In jedem der verbotenen Filme war das auf-*

richtige Streben, die „soziale Aufgabe" zu erfüllen, offensichtlich.[478] LILIJA
MAMATOVA kommt in ihrer Diskussion der sowjetischen Filmproduktion der
dreißiger Jahre zu folgendem Ergebnis: *So war die stalinsche Mythologie hin-
reichend in das Bewusstsein der Künstler eingedrungen. Und sie haben von daher nicht immer gezwungenermaßen, sondern häufiger ehrlich und gekonnt die
totalitaristischen Ideologismen in Szene gesetzt.*[479]
Das Problem für die Filmschaffenden bestand darin, dass alle Angaben, wie ein
sowjetischer Film zu sein hatte, stets allgemein blieben[480], und dass die Kriterien für das Verbot eines Films keineswegs festgeschrieben waren, sondern dass
diese Verbote eher spontan und unberechenbar waren. Es gab häufig genug
Fälle, wo sich verschiedene Instanzen widersprachen und ein von einer Institution genehmigter Film von einer anderen beanstandet wurde. Die Kriterien blieben rein subjektiv, was für die Regisseure eine enorme Verunsicherung und damit einen gewissen Druck bedeutete.
Der Regisseur Sergej Jutkevič erinnerte sich später an die Aufnahmen für den
Prestigefilm *Der Gegenplan*, der unter der besonderen Aufmerksamkeit der Kinokommission beim Politbüro stand. Er beschreibt eindringlich die Unvorher-
sehbarkeit der Zensoren-Urteile und die daraus resultierenden Ängste der Regisseure[481]: *Zweieinhalb Monate pausenloser Aufnahmen, die fast rund um die
Uhr gingen, hatten wir schon hinter uns. Es blieben nur noch wenige Stunden
bis zu dem Termin, an dem wir unseren Film abzugeben hatten, damit er rechtzeitig am 7. November, zum 15. Jahrestag der Oktoberrevolution auf die Leinwände käme. (…) Am vorgesehenen Tag kam unsere Führung zur Abnahme des
Films nach Leningrad. Der Film war noch nicht fertig. Niemand von uns hatte
bisher das, was wir gemacht hatten, im Ganzen gesehen. (…) Das Licht ging
aus, der Film begann. Nach dem zweiten Teil fühlte ich, dass meine Nerven das
nicht aushalten. Ich konnte den Film nicht weiter ansehen - er war eindeutig
misslungen.*
[Nach der Vorführung wurde tatsächlich Kritik geäußert. Jutkevič und sein Ko-
Regisseur Fridrich Ėrmler sahen sich außerstande, den Film noch zu verbessern.
Er wurde dennoch den zuständigen Zensoren beim Hauptkomitee für Reper-
toire-Fragen (*Glavrepertkom*) vorgeführt.] (…) *Zu diesem Zeitpunkt sagten
Ėrmler und ich uns gerade hinter verschlossenen Türen, im persönlichen Ge-
spräch mit Šumjackij, endgültig von dem Film los und erklärten, das wir beide
die Filmindustrie verlassen würden. Deutlich erregt kamen die Teilnehmer der
Repertkom-Vorführung ins Zimmer. Sie beglückwünschten uns auf das Wärmste.
Sie akzeptierten den Film vollkommen und ohne Vorbehalte.*[482]
In den dreißiger Jahren machte die GUK auch immer wieder Anläufe, die in den
Plänen vorgesehene Rationalisierung zu fördern. Immer mehr Filme sollten
schneller, billiger und mit weniger Personal, bei gleichzeitig höherer Qualität

und spätestens seit Mitte der dreißiger Jahre auch unbedingt mit Ton produziert werden. Die Regisseure standen in der Regel unter übermäßigem Stress. Unter ökonomischem Druck und in kurzer Zeit sollten sie Filme von hoher künstlerischer und technischer Qualität machen, die inhaltlich sowohl das Publikum als auch die Sowjetführung ansprechen mussten. Dabei sahen sie sich bereits während der Arbeit an einem Film häufiger Einmischungen inhaltlicher Art ausgesetzt. Šumjackij prüfte regelmäßig erst halbfertige Filme und äußerte Änderungswünsche für ein laufendes Projekt. Diese Änderungswünsche waren aber meist sehr unkonkret. Šumjackij musste das fertige Werk ja wiederum selbst bei der nächsthöheren Instanz verantworten, weshalb er zur „Rückversicherung" neigte und nur vage Anweisungen gab, um später gegebenenfalls nicht zur Verantwortung gezogen werden zu können. Wenn nach der Prüfung eines Films noch Änderungsforderungen kamen, bedeutete dies zumeist, dass Regisseure und Aufnahmeteams in allerkürzester Zeit und unter extremem Stress neue Szenen aufnehmen und den Film neu schneiden mussten. GRIGORIJ ZEL'DOVIČ beschuldigte Šumjackij später in seiner Aussage vor der geheimen Untersuchungskommission, durch die systematische Gängelei ständiger Änderungswünsche die Regisseure unter Kontrolle gehalten zu haben: *Den Regisseur, den Autor erfasste ängstliche Aufregung, es begann eine Arbeit im Alarmzustand, das Drehbuch wurde eiligst umgearbeitet, alle begeisterten sich für Šumjackijs Entschlossenheit zur Umarbeitung und zur Verbesserung, aber...*[483]

Aber, so ZEL'DOVIČ weiter, alle diese Notmaßnahmen seien häufig vergeblich gewesen, weil auch die neue Fassung des Films wieder habe geändert werden müssen.

Es ist an dieser Stelle darauf hinzuweisen, dass auch Regisseure, die unter demokratischen und marktwirtschaftlichen Bedingungen arbeiten, bis heute ähnlichem Stress ausgesetzt sind. Auch sie müssen - oft unter Zeitdruck und ökonomischen Zwängen - verschiedene Instanzen (Produzent, Verleih, Autor, Filmförderung, Publikum) zufrieden stellen, was sich häufig genug als nahezu unmöglich erweist. Sie sind aber im Falle eines wirklichen Misserfolgs nicht in derselben Weise in ihrer Existenz bedroht, wie dies für Regisseure in der stalinschen Sowjetunion galt.

Ihren psychischen Stress kompensierten viele sowjetische Regisseure durch Alkohol-Eskapaden, Glücksspiel und sexuelle Abenteuer. ZEL'DOVIČ bemerkt in seiner Aussage, dass viele Regisseure *viele Male ihre Frauen betrügen*, dass der Regisseur Kavaleridze *buchstäblich -zig [desjatok] andere Frauen* habe. Viele Regisseure hätten *sexuelle und pornographische Sachen, Bücher. (…) Trunkenheit, Billard sowie Kartenspiel und das chinesische Ma-Jong-Spiel blühen unter den begüterten Kinomeistern.*[484]

Der Fall der Regisseurin Margarita Barskaja

Es gab eindeutig Abstufungen in der „Systemnähe" der Regisseure. Ein besonders krasser Fall von Kooperations-Verweigerung war das Verhalten der Regisseurin Margarita Barskaja. Die 1903 in der azerbajdžanischen Hauptstadt Baku geborene Barskaja machte dort eine Schauspielausbildung und trat bis Ende der zwanziger Jahre in Theatern in Baku und Odessa sowie in verschieden Filmen auf. Anfang der dreißiger Jahre hatte sie überraschenden Erfolg mit ihrem ersten eigenen Film *Rvannye bašmaki/Die zerrissenen Schuhe* (MEŽRABPOM-FIL'M 1933), für den sie auch das Drehbuch schrieb. Der Film setzte sich mit der Situation von Kindern im nationalsozialistischen Deutschland auseinander und basierte auf einer Vorlage von Karl Radek. Als Radek bei der Sowjetführung in Ungnade fiel, musste sich auch Barskaja für ihre Kontakte mit ihm verantworten. Heftiger Kritik sah sie sich nach der Beendigung ihres zweiten Filmes (*Otec i syn/Vater und Sohn*, SOJUZDETFIL'M 1936) ausgesetzt, der verboten wurde.

Der abendfüllende Kinder-Spielfilm *Vater und Sohn* war das Ergebnis eines einzigartigen Experiments. Mit Billigung und Unterstützung durch die GUKF und Šumjackij selbst hatte Barskaja ein experimentelles Kinderfilmstudio eingerichtet. Von einem Kindergarten hatte sie Räumlichkeiten gemietet, um mit ihren kleinen Hauptdarstellern gemeinsam leben und arbeiten zu können. Die meisten Darsteller des Films waren zwischen 6 Monaten und 13 Jahren alt. Im Film *Vater und Sohn* gibt es nicht-synchronisierte Dialoge zwischen zwei- bis dreijährigen Kindern, die in der Filmgeschichte ihresgleichen suchen.[485]

Obwohl Barskaja aufgrund des Erfolges ihres ersten Films und ihrer Experimente im Kinderfilmstudio während der Dreharbeiten auf viel Sympathie seitens der politischen Führung rechnen konnte, wurde der fertige Film *Vater und Sohn* gnadenlos verrissen. Der Film handelt von einem sehr erfolgreichen und fleißigen Funktionär, der seinen Sohn allein erzieht, ihn aber wegen seiner Pflichterfüllung im Dienste des Staates vernachlässigt und kaum Zeit für ihn hat. Der Sohn läuft davon und gerät in kriminelle Kreise. Die Milieuschilderungen des Filmes können wohl als sehr realistisch angesehen werden.[486] Insbesondere die Darstellung des überarbeiteten Funktionärs erschien der politischen Führung und den Kritikern wohl sogar allzu realistisch. In einer Rezension, die unter dem programmatischen Titel „*Ekelhafter Schaden" (über den Film „Vater und Sohn" der Regisseurin M. Barskaja)* in der *Komsomol'skaja Pravda* erschien, bemängelte I. Bačelis insbesondere die Darstellung des Vaters: *Ein Mann kommt aus dem Kreml, er hat gerade den Lenin-Orden bekommen. In der Fabrik wird er nur gefragt: „Was hört man denn da, wie Du Deinen Sohn erziehst?"*

Auch die Darstellung des Sohnes bemängelt der Kritiker, dieser empfange den Vater ungebührlich: *Finster und misstrauisch schaut er auf den Vater* und weigert sich mit diesem zu sprechen. In der Tat ist der ganze Film aus der Perspektive des vernachlässigten und unzufriedenen Sohnes gedreht. Die sowjetische Alltagsrealität bekommt dadurch eine unschöne Färbung, wie der Kritiker feststellt: *Familie, Schule, Fabrik, Bau, Menschen, Kinder, Straßen, Häuser, Luft - alles wird im Film düster, glanz- und freudlos, es verliert das Licht, die Farbe, füllt sich mit dumpfer, steinerner Schwere. Es ist schwer verständlich, wie ein solcher Film in der Sowjetunion gemacht werden konnte.*[487]

In ihrem Film war Barskaja die Darstellung einer psychologischen Befindlichkeit mit eindrucksvollem Realismus gelungen. Sicher kannten viele der überarbeiteten Funktionäre familiäre Probleme der im Film besprochenen Art. Überdies bot Barskaja einen ganz und gar systemkonformen, „optimistischen" Schluss: Sohn und Vater finden zueinander zurück, nachdem der Sohn von gleichaltrigen Freunden auf den Pfad der Tugend zurückgebracht worden ist. Eine wichtige Rolle spielt dabei die streng sozialistische Schule, in der eine engagierte Lehrerin (gespielt von Barskaja selbst) sich für die Resozialisierung des Renegaten ins Kollektiv einsetzt.

Barskaja hatte nach dem Verbot ihres Films die in solchen Fällen übliche Prozedur über sich ergehen zu lassen: Die *künstlerische Sektion* des Studios SOJUZDETFIL'M verabschiedete bei einer Versammlung eine Resolution, in der sie „*Vater und Sohn"* in den üblichen Formeln als *politisch schädlich und künstlerisch hilflos* bezeichnete. Barskajas Kollegen gingen sofort auf Distanz von der Geschmähten. Sie versicherten in ihrer Resolution, *dass Barskaja ihre Arbeit vollkommen isoliert vom Kollektiv* betrieben habe. *Auf ihre Weltanschauung und ihr Werk,* so die Resolution weiter, *wirkten übelste Volksfeinde, mit denen sie Kontakt hatte.* Mit diesem Hinweis waren Barskajas Kontakte zu Karl Radek gemeint.

Dies war der übliche Vorhalt für eine dann in der Regel folgende „Selbstkritik" der Gescholtenen. Diese aber weigerte sich vehement: *Die ständigen demagogischen Auftritte der Barskaja während der Besprechung des Films bei der künstlerischen Sektion zeigten ihre Unaufrichtigkeit und ihr Bemühen, ihre Fehler zu vertuschen.*[488]

Aus den internen Akten ist ersichtlich, dass die GUKF bereit war, Barskaja entgegenzukommen, sofern diese sich bereit erklärt hätte, ihre „Fehler" einzusehen und entsprechende Änderungen in *Vater und Sohn* vorzunehmen. Bei einer eigens einberufenen Sitzung übte der stellvertretende GUKF-Chef Usievič zunächst selbst rituell *Selbstkritik*. Er und die GUKF hätten der SOJUZDETFIL'M *nicht genügend Aufmerksamkeit gewidmet.* Es sei - so das Ergebnis der Beratungen - möglich, *Vater und Sohn* mit entsprechenden *Säuberungen und Verbes-*

serungen noch zuzulassen. Auf diese Änderungen ließ sich Barskaja aber nicht ein. Bei der Sitzung kam die *Selbstherrlichkeit* und Renitenz der Barskaja explizit zur Sprache. Die anwesenden GUKF-Funktionäre zogen daraus den Schluss, dass die Regisseure in Zukunft stärker bei ihrer Arbeit zu überwachen seien, etwa durch den Produzenten, der auch die Einhaltung des Budgets überwachen sollte.[489]

Margarita Barskaja war bei ihrer Arbeit vom GUKF-Chef Šumjackij persönlich unterstützt worden. Der Vorwurf der Kommission richtete sich deshalb auch an ihn. Die künstlerische Sektion der SOJUZDETFIL'M warf ihm vor: *Ein noch größerer Fehler der GUK war die Annahme des Films und die Erlaubnis seiner Zulassung für die Leinwand.*[490]

Ein Beschluss der Studioleitung suspendierte Barskaja von ihrer Tätigkeit. Ihre Uneinsichtigkeit und ihre mangelnde Bereitschaft zur „Selbstkritik" verhinderten, dass sie je wieder Filme machen konnte. Barskaja litt offenbar unter ihrer Unfähigkeit zum Kompromiss. Sie beschrieb in jüngst veröffentlichten Tagebucheintragungen ihre menschliche Enttäuschung und die deprimierende Isolation, in der sie sich anschließend wiederfand. Sie weist dabei interessanterweise auch auf eine von ihr wahrgenommene persönliche Unterstützung durch Stalin selbst hin, den sie bezeichnenderweise nicht für ihr Unglück verantwortlich macht: *Jetzt beginnt mir die fürchterlich gewandte und hinterhältige Rolle Šumjackijs klar zu werden. (...) Wenn Stalin Šumjackij befahl, sich mit Kinderfilmen und speziell mit mir zu beschäftigen, heißt das, dass er [Stalin] auf meinen Brief hin entschied, dass dies eine lohnende Angelegenheit ist und dass es sich lohnt, den Menschen, der sie vorschlägt, zu unterstützen. Dadurch erwies er mir eine ungeheure Hilfe für die Hebung meiner persönlichen Autorität, damit ich diese dann zum Wohl der Sache maximal nutzen konnte. Šumjackij verschloss mir die Augen mit seiner Pseudo-Hilfe. Das habe ich erst nach einem Jahr verstanden, als ich die Wahrheit herausbrachte: Er hintertreibt die Arbeit faktisch, aber er bemüht sich, die Illusion zu wecken, dass er sie unterstützt.*

Barskaja, die selbst ein Opfer des stalinschen Systems geworden war, glaubte offenbar den 1937 häufiger werdenden öffentlichen Anschuldigungen gegen den selbst in Ungnade gefallenen GUKF-Chef. Es ist bezeichnend, dass sie Šumjackij für ihre prekäre Situation verantwortlich machte und nicht Stalin, an dessen Wohlwollen sie offenbar glaubte. Sie durfte nicht mehr filmen, fühlte sich ungerecht behandelt, war unzufrieden mit ihrer Unfähigkeit zur Einordnung in das System und verfiel in Depression: *Es scheint, wenn man mich vor die Wahl stellte: unter der Verantwortung der Usievičs[491] und Šumjackijs zu arbeiten und mit ihnen vollen Wohlstand zu genießen, oder aber eigenverantwortlich zu arbeiten, und sei es bis zur Erschießung, nur damit diese stumpfen, stinkenden eitlen Fatzken sich nicht einmischen könnten - ich wählte das*

letztere.[…] Warum bin ich so einsam? Das ist sehr schlimm. Um mich herum sind alle irgendwie miteinander verbandelt. Die Regisseure sind befreundet. Es gibt sogar Gruppen, wo die Leute vielleicht nicht im herkömmlichen Sinne Freunde sind, sie sagen sich spöttische Bemerkungen ins Gesicht. Aber sie treffen sich, besuchen sich, sprechen über eigene Filme und über die Anderer… […] Wie ist das gekommen? Die Verfassung, die Rechte des Sowjetbürgers, meine (künstlerische) Biographie, die Entschließungen des CK, das ist alles zur Verteidigung meiner Interessen gemacht. Wenn ich es lese, dann sehe ich, dass jeder beliebige Punkt meine Schuldlosigkeit und mein Recht auf Arbeit und auf Leben beweist. Aber im wirklichen Leben ist es so gekommen, dass ich seit zwei Jahren ein Paria, ein Abtrünniger, ein bürgerlicher Schurke bin, ohne dass mir irgendwelche konkreten Anschuldigungen zur Kenntnis gebracht würden.
Margarita Barskaja beging 1939 Selbstmord.[492]

IV.2. Zwischen Sentimentalität und formalistischem Experiment: Regiestile

Alle Regisseure standen zu Beginn der dreißiger Jahre unter einem mehrfachen Druck, ihren jeweiligen Regiestil weiter zu entwickeln und den neuen Gegebenheiten anzupassen. Die Partei forderte Massenwirksamkeit ein und bestand gleichzeitig auf der Behandlung aktueller Themen, die sich auf die Verherrlichung von Geschichte und Gegenwart der Sowjetunion bezogen: *Die Filme der Stalinzeit bewegen sich […] ständig an einer Grenze […] zwischen einem ernsthaften politischen und moralischen Anspruch und einer völlig trivialen Unterhaltung. Sie benutzten die triviale Durchschnitts-Ästhetik Hollywoods, um hohe kommunistische Ideale zu transportieren.[493]*

Die Einführung des Tonfilms stellte die unter dem Stichwort der „Montage" besonders von Kulešov und Ėjzenštejn entwickelte Form-orientierte Bildsprache vollkommen in Frage. Mit dem Ton kamen ausgedehnte Dialoge, die dem Prinzip schneller Schnittfolgen von suggestiven und häufig bewusst diskrepanten Bildsequenzen zuwiderliefen. Die von Schauspieler-Dialogen getragene Filmerzählung forderte eine stringentere und damit konservativere Erzählweise ein. Dem passten sich alle Regisseure an. Außerdem brachte der Tonfilm das neue Genre des Film-Musicals und ganz neue Möglichkeiten der Selbstdarstellung für die Schauspieler, die ihr Publikum nun auch durch Gesang und Sprache betören konnten.

Mit dem neuen kommerziellen und politischen Druck gingen die Regisseure unterschiedlich um. Einige, vor allem Jüngere, setzten sich demonstrativ von den dominierenden Regie-Persönlichkeiten der zwanziger Jahre ab. Damit gingen sie einerseits auf Distanz zu den auch politisch in Ungnade gefallenen „Formalisten" und emanzipierten sich andererseits von ihren künstlerischen Lehrern. In seiner Rede bei der programmatischen Konferenz der Filmschaffenden 1935 behauptete der Regisseur Vsevolod Pudovkin, er habe sich von seinen Lehrmeistern künstlerisch bereits in den zwanziger Jahren gelöst, bei den Arbeiten zu seinem Film *Mat'/Die Mutter* (MEŽRABPOM-RUS' 1926): *In diesem Film scheute ich keine Anstrengung, um mich von Èjzenštejn und von vielem, was Kulešov mir gegeben hat, freizumachen. Ich sah keine Möglichkeit mehr für mich, meine innere Erregtheit, die ich als „lyrische Erregtheit" definieren möchte, in der auf ihre Art modernen trockenen Form, die Kulešov damals proklamierte, zum Ausdruck zu bringen. Ähnlich verhielt es sich auch mit meinem Verhältnis zu Èjzenštejn.* [494]

GROMOV bewertet diese öffentliche Einlassung Pudovkins als richtig, was den künstlerischen Inhalt betrifft. Insgesamt sei sie aber vor allem politisch motiviert gewesen: *Zweifellos war es für Pudovkins Entwicklung zu eigenständigem Kunstschaffen notwendig, Distanz zu Kulešov und Èjzenštejn zu gewinnen, aber dessen ungeachtet hätte er sich über seinen einstigen Lehrmeister und Freund objektiver und warmherziger äußern können.* [495]

Die neuen Filme sollten im Gegensatz zu den „formalistischen" Werken der zwanziger Jahre mehr Gefühl und Wärme ausstrahlen. Die Zeitschrift *Sovetskoe Kino* konstatierte Anfang 1934, die zwanziger und zum Teil auch die frühen dreißiger Jahre würden in die *Geschichte des sowjetischen Films als die Jahre* eingehen, *in denen Streifen mit schlaffer, kalter, lebloser Handlung gedreht wurden* [496].

Den neuen Trend – weg von solchen „kalten" und „leblosen" formalen Experimenten, hin zu mehr Sentimentalität – prägten die einzelnen Regisseure in sehr unterschiedlicher Weise. Im ersten sowjetischen Musik-Tonfilm *Garmon'/Das Harmonium* (MEŽRABPOMFIL'M 1934, Regie: Igor' Savčenko) und dann vor allem in den Musical-Filmen Grigorij Aleksandrovs dominierten positives Wohlgefühl, Lachen, Gesang und Tanz. Die ähnlich angelegten Musik-Filme Ivan Pyr'evs dagegen enthielten deutlich stärkere negative Elemente, die „Feinde des Volkes" spielten eine angsteinflößendere Rolle als bei Aleksandrov. Trotz der etwas anderen Akzentuierung enthielten Pyr'evs während der dreißiger Jahre gedrehten Filme ebenso wie die Aleksandrovs alle *Schlüsselelemente des Kolchoz-Musicals: Eine Liebes-Dreieckssituation, einen unbeschwerten Konflikt zwischen dem Guten [...] und dem zu erlösenden Bösen, einen durch ein Missverständnis verlängerten Erzählstrang, und natürlich jede Menge Musik, die Bestandteil der Geschichte ist und ihre Wurzeln in der Folklore- und Militärmusik-Tradition hat.* [497]

Sergej Èjzenštejn tat sich zunächst schwer mit den neuen Anforderungen und scheiterte mit zwei Projekten (*Staroe i novoe/Das Alte und das Neue* 1929, *Bežin lug/Die Bežin-Wiese* 1935), bevor er sich einen eigenen neuen Zugang erarbeiten konnte. Èjzenštejn porträtierte fortan historische Persönlichkeiten.

Die Konzentration auf einen einzelnen Charakter bot neuen Spielraum für die Ėjzenštejn eigene Intensität und Nähe der Kameraführung und war gleichzeitig wesentlich publikumsnäher als Ėjzenštejns frühere Werke, die zum Teil ganz auf einen Protagonisten verzichtet hatten. Ėjzenštejns Erfolg mit seinen neuen Filmen über historische Persönlichkeiten ist auch auf die sehr fruchtbare Zusammenarbeit mit dem Schauspieler Nikolaj Čerkasov zurückzuführen, der die Titelrollen in *Aleksandr Nevskij* (MOSFIL'M 1938) und den Filmen über *Ivan Groznyj* (Teil 1, Filmstudio Alma-Ata 1944; Teil 2 MOSFIL'M 1945) spielte.

Publikumsnähe, Intensität und stärkere Gefühlsbetonung erreichten alle Regisseure über eine stärkere Konzentration auf die Schauspieler, die in den dreißiger Jahren zu regelrechten Stars avancierten, ähnlich ihren Kollegen in Westeuropa und den USA: *Niemals später hat die sowjetische Leinwand so hervorragende unverfälscht ehrliche, von Geist und Güte strahlende Gesichter gezeigt, wie sie Nikolaj Batalov, Boris Ščukin, Vera Mareckaja oder Nikolaj Bogoljubov hatten.*[498]

Diese Renaissance des Schauspieler-Films, die besonders durch die Einführung des Tonfilms begünstigt und verstärkt wurde, führte viele Regisseure zurück zu den Erfahrungen, die „exzentrische" Regisseure in den zwanziger Jahren gemacht hatten. Zu ihnen zählten besonders Grigorij Kozincev und Leonid Trauberg. Sie hatten 1922 das Manifest *Exzentrismus*[499] mit verfasst und hatten bereits seit den zwanziger Jahren als Duo gemeinsam Regie geführt. Ihre frühen Filme (zu nennen sind vor allem: *Čertovo koleso/Das Teufelsrad*, LENINGRADKINO 1926; *Novyj Vavilon/Das neue Babylon*, SOVKINO/Studio Leningrad 1929) hatten sich durch hohe erzählerische Experimentalität und eine distanziert-ästhetizistische Bildsprache ausgezeichnet. In den dreißiger Jahren drehten Kozincev und Trauberg die stringent erzählte Trilogie über die fiktive Figur des „Maxim". Die beiden Regisseure griffen in ihren „Maxim"-Filmen jedoch auf ihre früheren experimentellen Erfahrungen unmittelbar zurück. Die „exzentrischen" Filme hatten sich auf stark ausgeprägte, bisweilen bizarre volkstümliche Charaktere konzentriert und waren vor allem durch deren komische oder skurrile Interaktionen geprägt. Der Tonfilm ermöglichte nun eine noch detailgenauere Zeichnung der dargestellten Charaktere, die sich oft der Alltagssprache bedienten. Auch hier gewann die von den Regisseuren gewählte Konzentration auf eine Person durch das Spiel des Hauptdarstellers Boris Čirkov, der sich durch seine Gewandtheit, Slapstick, Tanz und Gesang und besonders durch komische Dialoge in die Herzen der Zuschauer spielte. MARGOLIT sieht die neue Konzentration auf die Hauptdarsteller in den sowjetischen Filmen der dreißiger Jahre als unmittelbare Folge der Einführung des Tonfilms und als künstlerische Fortsetzung der avantgardistischen Experimente in den zwanziger Jahren: *Gleichzeitig prägte das gesprochene*

*Wort in dieser Zeit auch die Herausbildung eines neuen Leinwand-Helden, der
aus den sozialen Unterschichten kommt und zum Schöpfer der Geschichte wird.
[…] Indem der Held seine Sprache mit dem Publikum teilt, verkörpert er die
Volkskultur, auf die sich die sowjetische Avantgarde in ihren Manifesten der
frühen zwanziger Jahre berufen hatte […].*
Der erste Film, der die Konzentration auf solche volkstümlichen Helden zum
Stilprinzip erhob, war bezeichnenderweise der erste sowjetische Tonfilm
Putevka v žizn'/Der Weg ins Leben des Regisseurs Nikolaj Ėkk (MEŽRAB-
POMFIL'M 1931): *Ėkks Film führt das sowjetische Kino zurück auf seine exzent-
rischen Wurzeln, aus denen er ursprünglich hervorgegangen war – nun allerdings bereits auf einer neuen Stufe der Entwicklung. […] Auch das Genre ist
dem Kontext der Volkskultur entnommen: das Melodrama wird im ursprünglichen Sinn des Wortes als „musikalisches Drama" inszeniert, in dem die Helden
an Figuren des Volksliedes und der Folklore angelehnt sind.*[500]
Der wichtigste stilbildende Film der dreißiger Jahre, das Revolutions-Drama
Čapaev der Regisseure Grigorij und Sergej Vasil'ev (MOSFIL'M 1934) ver-
dankte seinen Erfolg ebenfalls der Konzentration auf das Spiel des Hauptdarsteller Boris Babočkin, der sich mit Gefühlsausbrüchen und schlagfertigen Di-
alogen als gewitzter „Mann aus dem Volke" beim Publikum beliebt machte.
Gesang, Tanz und eine Konzentration auf die Hauptdarsteller (vor allem Ljubov' Orlova, Leonid Utesov, Marina Ladynina) waren die Grundlage der Musi-
cal-Filme von Grigorij Aleksandrov und Ivan Pyr'ev.
Auch die Filme Boris Barnets und Jakov Protazanovs setzten in den dreißiger
Jahren immer stärker auf das Können ihrer Hauptdarsteller. Jakov Protazanov
konnte auf Stilelemente zurückgreifen, die er bereits vor der Revolution in den
melodramatischen Filmen der „Goldenen Serie" entwickelt hatte. Protazanov,
der überdies aus eher großbürgerlichen Verhältnissen stammte, steht insofern
für die Kontinuität des vorrevolutionären und des stalinistisch-sowjetischen Kinos. Der Erfolg dieses international erfahrenen und erfolgreichen Regisseurs
lässt sich auch als Zeichen dafür werten, dass die politisch gewollte Orientierung des sowjetischen Kinos auf das Massenpublikum hin eine gewisse stilisti-
sche Angleichung an die Filme Hollywoods begünstigte: *In seiner Person und
in seiner Kunst trug Protazanov die bourgeoise Tradition des vorrevolutionären russischen Kinos. Alle Filme Protazanovs sind realistisch […], seinen Filmen konnte man leicht folgen, sie enthielten genug „Action" und „human inte-
rest", um den Zuschauer zu fesseln. […] Protazanov bot in seinen Filmen eine
„russifizierte" Version des „westlichen" Kino-Stils, den die Zuschauer so an-
sprechend fanden.*[501]
Boris Barnet setzte mit dem ihm spezifischen eher lyrischen Filmstil besonders
auf die *Intensität des Glücks, das physische Vergnügen von Begegnung und*

Kontakt und die unausweichliche Tragödie menschlicher Beziehungen[502]. In Barnets Filmen hatten immer die Menschen mit ihren Gefühlen und seelischen Befindlichkeiten im Vordergrund gestanden. Mit der Forderung, in seinen Filmen politische Themen zu behandeln, tat er sich dagegen schwer. Barnet spielte in den dreißiger Jahren eine eher untergeordnete Rolle.

Zu den Besonderheiten des Stils von Aleksandr Dovženko hatte immer schon eine spezifisch „lyrische" Komponente gehört. Der ukrainische Regisseur siedelte seine Sujets zudem gerne im ländlichen Milieu seiner Heimat an. Das proletarisch-bäuerliche Milieu und die publikumsnahe Sentimentalität von Dovženkos Filmen lagen also durchaus im neuen „Trend". Seine Filmerzählungen *borgten und organisierten Material aus der Gesellschaft, in der sie entstanden.* Sein Film *Zemlja/Die Erde* (VUFKU/Studio Kiev 1930) kann in dieser Hinsicht als stilbildend gewertet werden: *Seine neun Spielfilme griffen allesamt Themen auf, die von unmittelbarem Belang für die sowjetischen Zuschauer waren.* […][503]

Der Erfolg des Regisseurs Fridrich Ėrmler ist dagegen unmittelbar mit den neuen politischen Entwicklungen der dreißiger Jahre verbunden. Ėrmler hatte eine Vergangenheit als Geheimdienst-Offizier und entstammte „proletarischen" Verhältnissen. Ihm gelang es daher besonders überzeugend, soziale Themen mit sicherem Gefühl für die realitätsnahe Schilderung von Milieus und Charakteren darzustellen und gleichzeitig die ideologischen Vorgaben der Parteiführung umzusetzen: *Ėrmler war, wie Protazanov, ein instinktiver Realist in der Tradition des russischen Realismus* […]. *Er verknüpfte erfolgreich Unterhaltung mit Belehrung, eine Leistung, die nicht unterschätzt werden sollte.*[504]

Eine Sonderrolle nehmen die Regisseure Michail Romm und Michail Čiaureli ein. Ihre Karriere war geprägt von Staatsaufträgen für Filme, in denen sie Geschichte und Gegenwart der Sowjetunion im Sinne der Partei bebilderten und verherrlichten. Sie bedienten sich dabei ebenfalls einer stark durch die Nähe der Kamera zum Hauptdarsteller geprägten Bildsprache. Ihre Filme sind daher vor allem auch als Leistungen der Hauptdarsteller[505] zu sehen: *In den historischen Revolutionsfilmen trat nun* [gegen Ende der dreißiger Jahre] *das Thema der Staatsbildung in den Vordergrund. Zum Helden wird dabei eine Figur, die diesen Staat verkörpert.*

In den Filmen Michail Romms steht noch Lenin als Staatsgründer im Vordergrund. Je mehr jedoch Stalin im offiziösen sowjetischen Geschichtsbild die Hauptrolle spielte, desto wichtiger wurden die Filme Čiaurelis, die sich ganz auf „den großen Führer und Lehrer" konzentrierten: *Es ist nun Stalin, und nicht Lenin, der sich an die Masse, an das Kollektiv als Ganzes, wendet, es lenkt und zur Verwirklichung der Ideen und Weisungen der Partei führt. Damit war es letzten Endes Stalin und nicht Lenin, der den Sujet-Raum organisierte und*

damit deutlich die Episierung des Genres vollzog. Daher erfolgte die Festlegung des neuen Genrekanons letztlich auch nicht durch Romm, sondern durch die Filme Čiaurelis.[506]
Einen gewissen Einfluss auf diesen Trend der filmischen Fiktionalisierung der sowjetischen Realität hatte sicher auch Dziga Vertov, der die Vermischung von dokumentarischen Aufnahmen mit fiktiven Erzählsträngen zum Stilmittel gemacht hatte. In seinem 1934 entstandenen Film *Tri pesni o Lenine/Drei Lieder über Lenin* hatte Vertov Dokumentaraufnahmen montiert. Damit wollte er *offensichtlich rhetorische Figuren, metaphorische Übertragungen, metonymische Umschreibungen visualisieren, ihnen ikonische Entsprechungen anbieten*[507].
Vertov verwendete Anfang der dreißiger Jahre auch erstmals Interviews in seinen Montagen von Dokumentaraufnahmen (in *Simfonija Donbassa/Die Donbass-Sinfonie*, UKRAINFIL'M 1930, zunächst unter dem Titel *Ėntuziazm* veröffentlicht) und beeinflusste damit die Verwendung des Tons auch im Spielfilm.[508]

IV.3. Tempel für die Feier der neuen Helden: Die Filmtheater und ihre Besucher

Eine umfassende Darstellung der Planung, Produktion und Verbreitung von Filmen und von durch Filmen vermittelten Inhalten kommt am Filmtheater, dem Ort wo „Kino" überhaupt stattfindet, nicht vorbei. *Der Zweck von Kinos ist die Versammlung eines Publikums für die Projektion von Filmen.* Und die sich verändernde *Typologie der Kinobauten* lässt Rückschlüsse auf *sich verändernde kulturelle Ansprüche* zu.[509]
Jeder Propagandafilm - wie überhaupt jeder Film - kann immer nur so gut sein, wie die Leinwand und (falls vorhanden) das Lautsprechersystem des Kinos, in dem er gezeigt wird. Das Ambiente, die Architektur, die Bequemlichkeit und Sauberkeit der Einrichtung und das Verhalten des Publikums beeinflussen immer die Rezeption eines Filmes. Es war daher nur konsequent von der politischen Führung der Sowjetunion, nicht nur dem Ausbau des Kinonetzes Aufmerksamkeit zu widmen, sondern auch auf den Zustand der vorhandenen und neu zu bauenden Kinos selbst zu achten. Wenn auf der Leinwand Lenin, Stalin oder andere „Helden" der Sowjetunion glaubwürdig verherrlicht werden sollten, dann durfte dies nicht in einem schmutzigen und halbzerfallenen Gebäude geschehen. Der Rahmen, in dem die Leinwandfiguren zu sehen waren, musste in der Wahrnehmung der Betrachter zwangsläufig auf diese selbst abfärben.
GUKF-Chef Šumjackij war auf seiner USA-Reise von den dortigen prächtigen Kino-Bauten begeistert gewesen[510]. Nach seiner Rückkehr ergriff er die Initiative zum Neubau von Prachtkinos oder „Kinopalästen", wie sie in den dreißiger Jahren in aller Welt üblich waren. Bereits Ende 1935 fasste der Rat der Volkskommissare einen Beschluss *über die Projektierung des Baus eines „Großen*

Filmtheaters der UdSSR", das *nach den Überlegungen der GUKF ein Kino a-kademischen Typs sein* sollte.[511] Für die Leinwand-"Götter" sollte ein adäquater „Tempel" entstehen. Besonders der von den Architekten V.A. Ščuko und V.G. Gel'frejch vorgelegte Entwurf zeigt, was unter einem Filmtheater „akademi-schen Typs" zu verstehen war: Die Architekten entwarfen eine klassizistische Halle, die auf einer erhöhten Plattform stehen und von einem Säulengang einge-fasst werden sollte - also eine Art griechischen Tempels. In ihrer Entwurfs-zeichnung machten sie den quasi-sakralen Bezug noch deutlicher, indem sie in riesiger Leuchtschrift den Namen *Čapaev* auf die Breitseite des Gebäudes setz-ten, das damit zu einer Art Opferstätte oder Huldigungs-Halle für den Bürger-kriegs- und Filmhelden stilisiert wurde.

Es entstanden ähnliche Prachtbauten, nicht nur in Moskau, sondern auch in ver-schiedenen Provinzhauptstädten. Als „Heiligenbild" auf der Frontseite der Leinwand-"Tempel" war nicht selten Stalin selbst zu sehen - der ja auch immer häufiger auf der Leinwand im Inneren des Gebäudes auftrat oder als Statuette im prachtvollen Foyer der meist mit klassizistischem Stuck überladenen neuen Kinos präsent war. Überhaupt gilt für die Architektur der Pracht-Filmtheater das Urteil von PAECH, wonach repräsentative Kino-Bauten stets *das Foyer und die Treppenaufgänge betont* hätten, um so *das Publikum selbst zum Spektakel*, zum an der Gesamtinszenierung teilhabenden Akteur zu machen.[512] Diese Betonung der für das „Kollektiv", für den gemeinsamen Auftritt der „Masse" vorgesehe-nen Plätze und Räume war ein wichtiges Charakteristikum der Architektur in der Stalin-Zeit insgesamt: *Der radikale politische Anspruch einer Vereinigung aller Gegensätze, aus der eine Verschmelzung der gesamten Gesellschaft zu ei-ner einzigen formbaren Masse erwächst, kennzeichnet Stil und Realität der Sta-lin-Zeit. […] Die Einbeziehung historischer Stile und Elemente, eine kritisch interpretierte und dem Ideal des „neuen Menschen" unterworfene Klassizität prägen sowohl Wohn- und Verwaltungs- als auch Kulturbauten.*[513]

Die in den dreißiger Jahren vor allem in Moskau neu gebauten Pracht-Filmtheater folgten demselben klassizistisch-eklektizistischen Stil wie die gleichzeitig entstehende Moskauer Metro mit ihren aufwendig gestalteten Stati-onen, die Lomonosov-Universität und die an acht zentralen Punkten Moskaus platzierten neuen Hochhäuser. Wie sie dienten sie als Manifestation der „neuen" Sowjetunion und als Aufmarsch- und Versammlungs-Ort der „neuen Men-schen":[514] *Allen Großprojekten der Stalin-Ära gemeinsam […] ist, dass sie sich als prototypenhafte Demonstration stalinistischer Ideologie begreifen, als Ma-nifestation eines glorifizierten Alltags und als festlich-freudige Inszenierung der Zukunft.*[515]

Dieselbe Aufgabe hatten auch die in solchen neuen Groß-Filmtheatern gezeig-ten Filme.

Die neuen Kinobauten dienten neben der Verherrlichung der gezeigten Filme und ihrer Protagonisten aber noch einem weiteren Zweck: Ein wichtiges Ziel der Kinopolitik war stets die „Erziehung" der Arbeiter und Bauern. Schon die Parteiversammlung zu Kinofragen hatte in einer Resolution zu *organisatorischen und wirtschaftlichen Fragen der sowjetischen Kinematografie* gefordert: *Es müssen Maßnahmen getroffen werden, um aus den Kinos Stätten der kultivierten Erholung [kul'turnogo otdycha] und Zerstreuung der Werktätigen zu machen, auf dem Wege der besten Ausstattung der Kinos, der Organisierung von musikalischer Untermalung und der Regelung der kulturellen Arbeit im Foyer. Dazu ist auch insbesondere die Auswahl entsprechend kultivierter Leiter der Kinos notwendig.*[516]

Gemeint war nicht nur politische Erziehung im Sinne der „marxistisch-leninistischen" Staatsideologie und Beeinflussung im Sinne der herrschenden Politik. Es ging auch um Disziplinierung der Zuschauer, ebenso wie um Zerstreuung, Unterhaltung und Kompensation schwieriger Lebensumstände im Sinne der „kultivierten Erholung" („*kul'turnyj otdych*"). Immer wieder gab es Beschwerden über das Verhalten des Publikums. Bei einem Plenum des Verbandes der Mitarbeiter des Kunstsektors (*Rabis*) wurde schon 1929 konstatiert: *Bei uns gibt es ein grobes Verhalten des Publikums gegenüber den Kontrolleuren im Kino. Es kommt vor, dass sie verprügelt werden und sogar umgebracht (in Archangel'sk).*[517]

Nach dem Besuch von *Der Zirkus/Cirk* beschwerte sich ein pikierter Zuschauer über die offenbar allzu realistische Darstellung des Zirkus-Publikums im Film: *Pfeifen, Schreien und andere Sachen - das lässt das Publikum vulgär erscheinen, es zeigt die Unkultiviertheit unseres Publikums.*[518]

Das Kino sollte dazu beitragen, „Trunksucht"[519], „Hooliganism" und „Exzentrismus" auszumerzen. In einer bindenden Vorschrift der Moskauer Stadtverwaltung von 1937 wurde verboten, dass Besucher von Zirkus-, Theater- oder Kinoveranstaltungen (...) *Plätze benutzen, die nicht ihren Eintrittskarten entsprechen, (...) während der Vorstellung zwischen den Sitzreihen, in den Gängen und an den Eingängen stehen, (...) vor Ende der Vorstellung, des Films usw. aufstehen und den Saal verlassen, (...) im Zuschauerraum Kopfbedeckungen tragen, (...) während der Vorstellung, des Konzerts usw. Lärm machen und sich unterhalten, (...) Schmutz hinterlassen oder auf den Boden aschen, (...) in irgendwelchen Räumlichkeiten eines Theaters oder anderer Orte öffentlicher Versammlung rauchen, außer an speziell dafür vorgesehenen Orten.*[520]

Die starke Disziplinierung auf ein solches „ordentliches" Verhalten, bzw. „gutes Benehmen" gewährleistete auch die gebührende Ehrfurcht vor dem gezeigten Film bzw. den dort dargestellten Helden. Je mehr die Kinobauten äußerlich und in der Innenausstattung den bürgerlichen Kulturbauten des 19. Jahrhunderts zu gleichen begannen, desto mehr wurde das Publikum auf die Verhaltensregeln des kulturbeflissenen Bürgertums konditioniert. Die strengen Verhaltensregeln für den Besuch von Theatern, Kinos etc. haben sich bis zum Ende der Sowjetunion erhalten und sind im Verhalten russischer Kultur-Konsumenten bis heute spürbar.

Der Politik der Disziplinierung und Verhaltenserziehung, bei gleichzeitiger Möglichkeit der Kontrolle auch in der Freizeit, dienten auch die neuen „Kultur- und Erholungs-Parks" (*parki kul'tury i otdycha*), allen voran der Mitte der dreißiger Jahre eröffnete Gor'kij-Park in Moskau. Es gab unmittelbare Verbindungen zwischen dem Kino und diesen Parks, den beiden wichtigsten Maßnahmen zur Organisation einer erzieherischen, „kultivierten" Freizeitgestaltung: So wurde der zum Teil im neu eingerichteten Gor'kij-Park (*park kul'tury i otdycha imeni Gor'kogo*) gedrehte Musical-Film *Der Zirkus* von Grigorij Aleksandrov mit der immens populären Ljubov' Orlova in der Hauptrolle 1936 auch im Gor'kij-Park uraufgeführt - und zwar bei der Einweihung des neuen Großkinos „Gigant" auf dem Gelände des Parks. Bei der feierlichen Eröffnung des Kinobaus, die der Filmvorführung vorausging, berichtete der GUKF-Chef Šumjackij *von der kolossalen kulturellen Bedeutung des neuen Filmtheaters* mit einem Fassungsvermögen von 20.000 Besuchern. Das sei *fast so viel wie das Fassungsvermögen aller* [übrigen] *Moskauer Kinos* zusammen genommen. Der *Pravda*-Kritiker begrüßte den Neubau jubelnd mit der Feststellung: *Im Kino gab es keine schlechten Plätze. Alle 20.000 Zuschauer konnten hervorragend sehen und hören!*[521]

Der zur Wachsamkeit gegenüber „Volksfeinden" aufrufende Propagandafilm *Partijnij bilet/Das Parteibuch* von Ivan Pyr'ev (MOSFIL'M 1936) beginnt mit Szenen der Feierlichkeiten zum Ersten Mai im Gor'kij-Park, am neu angelegten Moskva-Ufer.[522] Der Park taucht hier immer wieder als Ort der Gemeinschaft der „guten", d.h. zuverlässigen und parteitreuen Kommunisten auf. Er ist der symbolische Ort einer Gemeinschaft jenseits der traditionellen Strukturen (vor allem der Familie) in einem von Partei, Staat und betrieblichen Organisationen geprägten und organisierten Milieu.

Die Erziehung zu Sauberkeit, Ordnung, Nüchternheit, gepflegtem Äußeren, höflich-freundlichem Verhalten begann schon an der Schwelle zum Kino.

Die neuen Filmpaläste der dreißiger Jahre unterstrichen durch ihre tempelhafte Pracht nicht nur die Bedeutung der auf ihren großen Leinwänden gezeigten Filme (und ihrer Protagonisten), sondern verlangten vom Besucher auch eine Anpassung an ihr „bürgerliches" Ambiente. Die Kinos hatten wie *auch alle anderen Gebäude der Zeit* [...] *diese Qualität der Massenpaläste, in denen jeder Stadtbewohner sich gleichzeitig als Museumsbesucher fühlte.*[523]

Bei einer Leningrader Zuschauer-Konferenz berichtete ein Arbeiter 1934, warum er und seine Arbeitskollegen sich im gerade neu gebauten Kino-Palast auf dem Nevskij Prospekt, der Leningrader Flaniermeile, unwohl und fremd fühlten: *Wenn Du in das jetzt neu gebaute Kino auf dem Nevskij hineingehst, dann merkst Du gleich, dass Du nicht irgendwo hingeraten bist [popal kuda-to] - das verstehst Du erst mal nicht. Es ist so, dass man eine gewisse Anspannung fühlt, eine sehr offiziöse Einrichtung [kazënnuju obstanovku] (...) es gibt keine solche wirklich kameradschaftliche Einrichtung [tovarišÄeskoj obstanovki], wo ein Arbeiter sich in Ruhe erholen könnte.*[524]
Die Kinopaläste und Klubs waren nicht nur Zweckbauten für den Konsum von Filmen. Sie steigerten die Aussage der Filme und dienten als Begegnungsstätten mit ausgedehnten Foyers, Buffets, Restaurants. Sie waren Aufenthaltsräume für die „kultivierte Erholung". Vieles deutet darauf hin, dass die neuen Kino-Paläste weniger zur Disziplinierung der Arbeiterschaft beitrugen, als vielmehr die zunehmende Differenzierung der Sowjetgesellschaft widerspiegelten. Während ärmere Arbeiter weiterhin die Kinos in ihren Rayons besuchten, oder Filme in kleinen Arbeiterklubs auf zerrissenen Leinwänden oder Bettüchern sahen, waren die neuen Großkinos Treffpunkt für die neue Aufsteiger-Schicht.

IV.4. *Die peredvižka kommt!* - Das Kino auf dem Dorf

Das Kino sollte nach dem Willen der sowjetischen Führung zur Bildung und Integration der Bevölkerung auch und gerade auf dem Lande beitragen. Bereits in den Beschlüssen der Parteikonferenz zu Kinofragen 1928 hatte es geheißen: *Besonders wichtig sind die Aufgaben des Kinos auf dem Dorfe, wo das Kino ein starkes Mittel zur Hebung des kulturellen Niveaus des Bauern werden soll, den Gesichtskreis und Erfahrungshorizont der Bauernschaft heben, sie aus dem Rahmen der dörflichen Begrenztheit herausführen und sie durch Anschauung der Stadt und dem Arbeiter näher bringen sowie sie an das Verständnis allgemeiner Aufgaben heranführen soll. Damit soll sie [die Bauernschaft] gleichzeitig in den Prozess des sozialistischen Umbaus des Dorfes einbezogen werden.*[525]
Zehn Jahre später, im Zuge der Auflösung der GUKF und der Kampagne gegen ihre Repräsentanten zog A. Morov in der *Pravda* eine vernichtende Bilanz der Kino-Situation auf dem Dorf: *Eine nähere Betrachtung der Lage des dörflichen Kinos zeigt, wie verbrecherisch das Allsowjetische Komitee für Kunstfragen und seine GUKF diese so wichtige Frage ignorierten. Bis heute wurden in vielen Siedlungen noch kein einziges Mal Tonfilme gezeigt. Selbst im Moskauer Gebiet betrifft dies 25% der Siedlungen. Sprechen Sie mit den Kinoverleihern, und Sie werden verstehen, wie es dazu kommt. Nach ihren Kalkulationen muss eine Tonfilm-Vorstellung 125 Rubel an Einnahmen bringen. Dorthin, wo die*

Verleiher eine solche Summe nicht einzunehmen erwarten, kommt eben keine Kino-peredvižka[526]. *So stehen praktizistische Überlegungen über politischen.*[527] Auch wenn Morovs Artikel von der Polemik der politischen Kampagne geprägt war, die am Jahresbeginn 1938 gegen die Führung der GUKF lief, benannte er in seiner Kritik sicher einen richtigen Zusammenhang. Auf dem Dorf zeigte sich ein Gesamtproblem des sowjetischen Filmwesens besonders krass: die ständige Konkurrenz von kommerziellen und politischen Zielsetzungen.[528] Alle Beteiligten - Produktionsfirmen, Verleiher und die Betreiber der Filmtheater - arbeiteten nach dem Prinzip des *chozrazčet*, d.h. der wirtschaftlichen Rechnungsführung, und auf der Basis der Rentabilität. Sie mussten dafür sorgen, dass ihren Ausgaben auch immer entsprechende Einnahmen gegenüberstanden. Sie konnten nicht automatisch mit dem Ausgleich finanzieller Defizite durch die nächsthöhere Ebene rechnen. Am unteren Ende der Kette, bei den Betreibern der Filmtheater, bedeutete dies: Die Kinos mussten zunächst einmal „Kasse machen", das heißt zahlungskräftige Besucher anlocken.

Dazu brauchten sie populäre Filme - und ein entsprechendes Kundenpotential. Letzteres war auf dem Dorf nicht gegeben. Die ständigen Vorgaben der Zentrale, das Dorf filmisch zu versorgen und damit die Dorfbevölkerung mental der Stadt „näherzubringen", stießen immer wieder auf die anders gelagerten ökonomischen Interessen der Verleiher.

Stalin selbst befasste sich 1935 mit dem Problem der filmischen Versorgung des Dorfes. Im Auftrag der Geheimabteilung beim CK untersuchte eine Kommission unter A.A. Andreev[529] die Situation der stationären Dorfkinos und der *peredvižki*. Die Kommission kam in ihrem unmittelbar *an den Genossen Stalin* adressierten Abschlussbericht zu folgenden Ergebnissen: *Wir haben im Orgbüro die Frage der Kinoversorgung des Dorfes besprochen. Es stellte sich heraus, dass sich dieser Bereich in äußerst empörendem Zustand befindet. In der Regel kommen Filme zweiter Wahl und niedriger Qualität aufs Dorf. Erstklassige Filme kommen dagegen erst nach ihrer Vorführung in der Stadt in die Dorfkinos und sind technisch stark verschlissen. Infolge dessen kommt es zur Vorführung von Filmen mit unscharfen Bildern und häufigen Filmrissen. Nicht selten werden Filme gezeigt, die große Lücken haben und bei denen der Anfang oder das Ende fehlen. Häufig werden die im Programm angekündigten Spielfilme entweder durch andere Spielfilme oder durch Lehrfilme ersetzt. Es gibt keinen Einzelverkauf der Eintrittskarten. Die Filme werden aus den Mitteln der Kolchozen bezahlt, mit 30-35 Rubeln pro Vorführung. Das alles geschieht, weil es keine für diese Angelegenheit wirklich zuständige Stelle gibt [nastojaščego chozjaina étogo dela net]. Die GUKF ist für den Verleih von Filmen nicht verantwortlich (dieser befindet sich unter der Leitung der Unionsrepubliken und Gebietsverwaltungen [oblastej]) und hat kein materielles Interesse daran. Mit*

dem Filmverleih befassen sich andere Organisationen, die zu den Regierungen [*Sovnarkomy*, Räte der Volkskommissare] *der Unionsrepubliken gehören und die nicht der GUKF untergeordnet sind.*
Die Kommission schlug Stalin vor, den Filmverleih zu zentralisieren und direkt der GUKF zu unterstellen. Außerdem sollte festgeschrieben werden, dass mindestens die Hälfte aller im Folgejahr (1936) produzierten Filme das Dorf auch erreichten. Die GUKF sollte darüber hinaus verpflichtet werden, dafür Sorge zu tragen, dass binnen eines Jahres alle ländlichen Rayons mindestens eine stationäre oder mobile Tonfilm-Projektionsanlage bekämen. Außerdem, so die Kommission, solle der Einzelverkauf von Eintrittskarten eingeführt werden. Wie wichtig die Kontrolle der Vorführ-Realitäten auf dem Lande aus der Sicht der politischen Führung war, zeigt eine weitere Forderung der Kommission: *Der willkürliche Austausch von vorzuführenden Spielfilmen durch andere wird kategorisch verboten.* In der Tat war alle Mühe, die in Moskau auf die Produktion wirksamer Propagandafilme verwendet wurde, vergeblich, wenn man sich nicht darauf verlassen konnte, dass diese Filme auch gezeigt wurden.[530]
Trotz aller Probleme ist in der Amtszeit Šumjackijs die Versorgung der Bevölkerung mit *peredvižki* weitaus erfolgreicher vorangetrieben worden, als es Morov in seinem polemischen *Pravda*-Artikel oder die CK-Kommission in ihrem Geheimbericht zuzugeben bereit waren.
Von Januar bis einschließlich April 1933 wurden beispielsweise allein auf dem Gebiet der Russischen Föderation 5.597 *peredvižki* bei insgesamt 89.661 Vorführungen eingesetzt, die von 5.690.767 Zuschauern gesehen wurden. Um die Versorgung der Landbevölkerung mit Kinofilmen zu verbessern und den zuständigen Verleihorganisationen einen Anreiz zu bieten, ließ Šumjackij 1932/33 sogar einen Wettbewerb um das beste Dorfkino bzw. die beste *peredvižka* ausrichten.[531]
Gemäß einer späteren Statistik war die Zahl der Filmvorführanlagen in ländlichen Ortschaften zwischen 1927 und 1940 von 2.400 auf 19.500 erhöht worden. Darunter befanden sich 1927 noch 1.300 *peredvižki*, während der Anteil der beweglichen Vorführanlagen auf dem Lande 1940 bereits 11.500 betrug.[532] Nach diesen Daten war also sowohl die Zahl der festen als auch die der beweglichen Projektionsanlagen um etwa das achtfache vergrößert worden.
Wie sah nun der Besuch einer *peredvižka* auf einem sowjetischen Dorf aus? In der populären Kinozeitschrift *Sovetskij Ėkran* erschien im Sommer 1929 der Erlebnisbericht eines Reporters, der einen Filmvorführer aus der kommunistischen Jugendorganisation (*mechanik-komsomolec*) auf seiner Tour im Gebiet von Perm' am Ural begleitet hatte: *„Sieht so aus, als hätten wir nichts vergessen?"* - *sagte der Vorführer, während er sorgfältig die Kutsche überprüfte, die mit der peredvižka beladen war. Alles lag an seinem Platz. In die Tiefe des*

Fuhrwerks gepresst glänzte die „GOZ" [der Projektor] *grün in der Mittagsson-*
ne. „Na los" kommandierte der Vorführer dem Kutscher, und das Gefährt be-
gann über die Permer Knüppeldämme zu hüpfen. [...] „Müssen Sie oft fahren?"
- „Mal so, mal so. Im allgemeinen gibt man so 18-20 Vorstellungen im Monat.
Sie [die Bauern] *lieben das Kino. Du brauchst ihnen kein Brot zu essen zu ge-*
ben, aber zeig ihnen einen Film." „Wo bauen Sie denn den Apparat auf, in der
Schule?" „Das ist ganz verschieden: mal in der Schule, mal in der Lese-Hütte
[v izbe čital'ne] und ein anderes Mal einfach in der Scheune. Man spannt die
Leinwand auf und kurbelt." [...] „Besonders lieben sie dokumentarische Filme
über die Lebensbedingungen in Russland. Kulturfilme [Spielfilme] *werden*
manchmal von Spezialisten mit Vorträgen begleitet, aber in den meisten Fällen
muss der Vorführer selbst den Erklärer spielen." [Die Kutsche erreicht das
Dorf.] *Kinder, die schon von weitem das bekannte Gefährt gesehen hatten, lie-*
fen nun neben uns her und kreischten heftig. „Der Blinzler[533] *ist da!" „Sie ha-*
ben einen Film gebracht!"

Der Reporter berichtet weiter, dass am örtlichen Schulgebäude bereits ein Plakat für den zu zeigenden Film *Der goldene Schnabel*[534] gehangen habe, und
dass der örtliche Komsomol ein kleines Begleitorchester mit zwei Balalajkas
und einem Harmonium zusammengestellt hatte, was der Vorführer so kommentiert habe: „(...) *alles ist besser als trocken zu kurbeln."* Der Reporter erzählt,
er habe die Eintrittsgelder kassiert und festgestellt, dass der Schulsaal schnell
überfüllt war. Viele Dorfbewohner hätten durch die Fenster hereingeschaut oder
klebten an den Fensterbrettern. Der Vorführer stand vor der Leinwand in der
Pose eines richtigen Lektors und erklärte den Inhalt des Films. Schon im ersten
Teil begann der „Schnabel" die Zuschauer zu fesseln. Auf besonders gewinnen-
de Szenen reagierte man mit lautem Applaus und anspornender Zustimmung.
„Ja, guter Junge, gib's ihm! Zieh's ihm über'n Schädel!" Der Vorführer hatte
sich nicht geirrt. „Der goldene Schnabel" erwies sich als der Bauernschaft ver-
ständlich, um so mehr als der Ort der Taten seiner Helden der vertraute hei-
matliche Ural war."[535]

Die Filmvorführer, die mit ihren *peredvižki* über Land zogen, hatten eine wichtige kulturelle Brückenfunktion: Sie brachten Bilder aus der Stadt und der weiten Welt mit und trugen so dazu bei, die heterogene Sowjetbevölkerung mental
zu integrieren. Es war dabei ganz im Sinne der politischen Führung, dass die
Vorstellungen, die der Bauernschaft von der Realität im Lande vermittelt wurden, über die Filminhalte manipulierbar waren. Die Vorführer spielten dabei
auch die Rolle der Erklärer. Sie mussten nicht nur die politischen Botschaften
vermitteln, die in den Filmen enthalten waren. Sie brachten dem weitgehend
analphabetischen Publikum, das noch wenig bis keine Erfahrung im Umgang
mit bewegten Bildern hatte, auch das „Lesen" und Verstehen von Filmen bei.

Dieses Problem ist aus allen Filmnationen bekannt: Von ungeübten Zuschauern war die synästhetische Verstehensleistung, die die für das Medium Film typischen unvermittelten Szenen-, Orts- und Zeitsprünge forderten, kaum zu leisten. Sie mussten den Umgang mit dem Medium erst erlernen. Dabei halfen ihnen die Filmvorführer aus der Stadt.[536]

V. FAZIT

Fast zehn Jahre lang leitete Boris Zacharovič Šumjackij die Geschicke der sowjetischen Filmindustrie, als Chef der Kino-Behörden SOJUZKINO und GUKF. Šumjackij nutzte seine Position, um aus der unübersichtlichen und unkontrollierbaren Filmindustrie einen monolithischen Block zu machen, der nach den Prinzipien von *Planerfüllung, industrieller Disziplin und finanzieller Rechenschaftslegung*[537] geführt werden sollte. Der erste Schritt war die Aufhebung der wirtschaftlichen Eigenständigkeit der verschiedenen Studios in Moskau, Leningrad und in den nichtrussischen Unionsrepubliken, v.a. in der Ukraine und Georgien.

Šumjackij kümmerte sich persönlich um die inhaltliche Leitung der Filmproduktion und legte besonderen Wert auf die Personalführung. Im engen Kontakt mit Regisseuren und Behördenvertretern koordinierte er den oft schwierigen Prozess der Entstehung, Freigabe und Verbreitung von Filmen. Es blieb bis zuletzt sein Ziel, diese drei Bereiche in einer Hand zusammenzuführen. Dazu kam es aber erst unter seinem Nachfolger Semën Dukel'skij.

Šumjackij bemühte sich außerdem intensiv um die für die Sowjetunion nach wie vor schwierige Frage der Finanzierung von Filmen. Der Anteil der teuren, weil in konvertierbarer Währung zu bezahlenden, Import-Rohware für die Filmproduktion sank während Šumjackijs Amtszeit stetig.

1935 führte Šumjackij eine Kommission, die in Berlin, Hollywood und London die Techniken der Produktion populärer Massenfilme unter marktwirtschaftlichen Vorgaben studierte. Šumjackij brachte von seiner Reise den Plan für eine *Kino-Stadt (Kinogorod)* mit, ein Projekt, das auch als *Sowjetisches Hollywood (sovetskij gollivud)* bekannt wurde. In einer einzigen riesigen Produktionseinheit auf der Krim sollten ganzjährig Regisseure, Autoren und Produzenten „fließbandartig" Drehbücher und Filme entwickeln, die politischen Vorgaben entsprachen und gleichzeitig einen volkstümlichen Massengeschmack befriedigten. Šumjackijs Beobachtungen bei den wirtschaftlich erfolgreichen Kino-Unternehmern in Amerika bestärkten ihn auch in der Überzeugung, dass die Leitung der Filmentwicklung und -herstellung in den Händen des Produzenten, nicht des Regisseurs konzentriert sein sollten. So befand er: *Der Produzent muss alles wissen, was in seinen Filmgruppen geschieht, er muss sie organisieren und sie auf ihre Arbeit hin anleiten, er muss den Regisseur von allen Funktionen befreien, die nicht eigentlich seine sind [...]*[538]

Diese Forderung entsprach auch einer verschiedentlich wiederholten Vorgabe der politischen Führung, ökonomische und inhaltliche Kontrolle schon unmittelbar während der Filmproduktion auszuüben.

Wegen des hohen materiellen Aufwands bei der Filmherstellung ließ sich die Industrie durch finanzielle Steuerung sehr schnell und gezielt unter Kontrolle bringen. Die Produktion von Filmen wurde auch in die Vorgaben des ersten Fünfjahresplans für den Industrieaufbau aufgenommen.

Der florierende Import ausländischer Filme wurde verboten, die sowjetische Eigenproduktion sank von 119 Filmen im Jahre 1927 auf 29 Filme im Jahr 1933[539]. Es handelte sich bei diesen wenigen sowjetischen Spielfilmen jedoch um sorgfältig entwickelte, trotz knapper Ressourcen großzügig finanzierte und sehr erfolgreiche Großproduktionen. Zumeist waren diese Filme auf den Publikumsgeschmack berechnete „Reißer" mit einer hinter Spannung, Slapstick und melodramatischen Elementen wohlversteckten ideologischen Botschaft: *1930-31 sehen wir einen sehr dramatischen Wandel sowohl des Inhalts als auch der Zahlen. Das zeitgenössische Melodrama wurde zu diesem Zeitpunkt in bedeutungsvoller Weise umdefiniert. Die Darstellung der Sorgen des Privatlebens (der typische Inhalt des Melodramas) wurde als bourgeois gebrandmarkt, und das neue sowjetische „Melodrama" konzentrierte sich auf das öffentliche Leben.*[540]

Während Kontrolle und Überwachung ständig verschärft wurden, schufen Partei- und Staatsführung ein elaboriertes Belohnungs-, Auszeichnungs- und Privilegiensystem für Regisseure und andere *Filmkünstler*, vor allem Starschauspieler. Diese bekamen Autos, akademische Titel, Auszeichnungen als „Volkskünstler der UdSSR" und weitere materielle Vorteile.

In den zwanziger Jahren hatten die Zensurbehörden, an deren Spitze auch weiterhin das *Glavrepertkom* (Hauptkomitee für Repertoires) stand, nur unregelmäßig eingegriffen und ohne klares System gelegentlich Filme verboten. Mit Beginn der dreißiger Jahre wurden unter dem Schlagwort der *ideologischen Planung*[541] zunehmend bereits die Drehbuch-Herstellung sowie die inhaltliche und personelle Planung eines jeden Films systematisch zentral überwacht und gesteuert.

In den zwanziger Jahren hatten vor allem experimentierfreudige Avantgarde-Regisseure (etwa Sergej Ejzenštejn und Lev Kulešov) und am Publikumsgeschmack orientierte Unternehmer die Filminhalte bestimmt. Die nach 1929 eingesetzten Filmbehörden SOJUZKINO und GUKF begannen, den gesamten Herstellungsprozess aller sowjetischen Filme von Beginn an auch inhaltlich zu steuern und entwickelten erzählerische Grundmuster, denen alle Filme der stalinschen Periode mehr oder minder entsprachen. Daran beteiligte sich auch immer wieder Stalin selbst, der in seinem privaten Vorführraum viele Filme inspizierte und sich wiederholt direkt mit Regisseuren in Verbindung setzte.

Besonders prägend und erfolgreich waren die Musicals der ehemaligen Ejzenštejn-Mitarbeiter Grigorij Aleksandrov und Ivan Pyr'ev, die volkstümliche, humorvolle und mit einem eher subtilen ideologischen Subtext ausgestattete Vorlagen filmisch hochprofessionell umsetzten. Nicht zuletzt unter den

Bedingungen des inzwischen geschlossenen und kontrollierten Marktes erreichten diese Filme immense Popularität und garantierten damit einen hochwirksamen Propaganda-Effekt, der einer systematischen und versteckten Bewusstseinssteuerung nahe kam. Der Propaganda-Effekt der Filme wurde unterstützt und ermöglicht durch den landesweiten Ausbau des Kino-Netzes, den Einsatz mobiler Projektoren auf dem Land und den Bau repräsentativer Filmtheater in den großen Städten.

Boris Šumjackij hatte als parteioffizieller Kino-Funktionär maßgeblichen Anteil an dem prägenden Richtungswechsel in der Filmproduktion. Von Beginn an war er bei der Entwicklung und Durchsetzung neuer inhaltlicher Leitlinien engagiert. In zahlreichen Artikeln und in seinem programmatischen Buch *Kinematografija millionov* [*Kino für Millionen*] proklamierte er die politische Linie, die er kraft seines Amtes auch umsetzte: Ein einfaches, volkstümliches Kino für die „werktätigen Massen" sollte geschaffen werden. Nach möglichst genauen Planvorgaben sollten Filme mit ideologisch geprägtem Inhalt und einfachen Erzählstrukturen produziert werden, die zu einem klassischen narrativen Realismus zurückkehrten. Šumjackij setzte sich persönlich und gegen massiven Widerstand für das neue Film-Genre der Musical-Komödie ein.

Regisseure, die der neuen Linie nicht folgen wollten oder konnten, wurden vor die Alternative „Anpassung oder Schweigen" gestellt. Das betraf besonders die alte Avantgarde um die Regisseure Ėjzenštejn, Vertov und Dovženko. Gleichzeitig wurden systematisch neue Filmschaffende herangebildet, die von vornherein die neuen Leitlinien verinnerlichten. Neben Aleksandrov und Pyr'ev war dies etwa Michail Čiaureli, der unter Stalin eine beispiellose Karriere machte, die in keinem Verhältnis zur künstlerischen Qualität seiner Filme stand.

Die Zentralisierung und Kontrolle der inhaltlichen, personellen und wirtschaftlichen Steuerung der Filmindustrie insgesamt und des Filmherstellungsprozesses im besonderen erreichte unter Boris Šumjackij ihren Höhepunkt. Die politischen Vorgaben lassen sich auf die Formel bringen: *Ideologie plus Profitabilität plus Ton.*[542]

Šumjackij wurde spätestens seit 1937 scharf angegriffen, besonders weil noch immer keine „ausreichende" Anzahl sowjetischer Eigenproduktionen erreicht wurde. In der Tat wurden die auch von Šumjackij selbst mitgetragenen Planvorgaben nicht annähernd erfüllt. Dabei spielte allerdings auch das nie berechenbare Eingreifen Stalins und anderer Funktionäre eine Rolle, die immer wieder teure und sorgfältig entwickelte Filme aus unterschiedlichsten Gründen vor ihrem Kinostart „bannten".

Im Januar 1938 wurde Boris Šumjackij abgesetzt und ein *Komitee für Kinematografie* unter dem NKVD-Offizier Semën S. Dukel'skij eingerichtet. Šumjackij wurde vor Gericht gestellt, als „Trockist-Bucharinist" verhaftet und erschossen.

Der Zugriff auf Šumjackij und seine engere Umgebung ist im Auftrag der Parteiführung von langer Hand vorbereitet worden. Die Geheimabteilung beim CK ließ schon lange vor seiner Verhaftung Material gegen Šumjackij sammeln. Dabei bediente sie sich der Unterstützung durch Informanten aus Šumjackijs Umfeld. Offiziell war Šumjackij für Jahrzehnte eine Unperson. Es galt die bereits zum Zeitpunkt seiner Verhaftung offiziell formulierte Lesart: [...] *Boris Šumjackij, der die GUK leitet, ist zum Gefangenen jener Saboteure geworden, die sich ihren Weg in die Führung unserer Filmindustrie gegraben haben.*[543]

Im Sommer 1998 äußerte eine Russin im Interview mit einem Team des russischen Staatsfernsehens die Ansicht, dass es sich in der Sowjetunion der dreißiger Jahre eindeutig besser gelebt habe als im Russland der neunziger Jahre des zwanzigsten Jahrhunderts. Bis heute glauben viele Russen, die dreißiger Jahre mit ihrem Aufbau-Enthusiasmus, den Paraden und immer neuen Rekorden seien trotz Terror und materieller Not eine „schöne Zeit" gewesen. Dieses aus der Sicht des Historikers überraschende Geschichtsbild ist sicherlich auch auf die ungebrochene Beliebtheit von Filmen aus der Stalin-Zeit zurückzuführen, die ein extrem positives Bild dieser Jahre vermitteln. Die Werke der wichtigsten sowjetischen Regisseure der dreißiger Jahre werden als „Klassiker" auf Video-Kassetten verkauft und erscheinen in Serien mit hochtrabenden Titeln wie *Goldene Filmothek* oder *Sammlung des vaterländischen Kinematografen*. Der wohl wichtigste sowjetische Film der dreißiger Jahre, das Revolutionsepos *Čapaev*, wurde allein zwischen November 1995 und April 1998 insgesamt sieben Mal im russischen Fernsehen gezeigt, sowohl auf Privatsendern als auch im staatlichen Programm.[544] Der Geburtstags-Empfang für die Schauspielerin Marina Ladynina, einem Musical-Star der Stalin-Zeit, wurde in Moskau am 23. Juni 1998 wie ein Staatsakt begangen und in der Hauptnachrichtensendung *Vremja* des staatlichen Fernsehens übertragen. Am selben Tag liefen allein vier verschiedene alte Filme mit Ladynina in der Hauptrolle im Fernsehen.

Vor diesem Hintergrund muss man den sowjetischen Filmen der dreißiger Jahre zumindest eine große handwerkliche Qualität bescheinigen, auch wenn ihre Inhalte heute fragwürdig erscheinen müssen: *Sogar in den Früchten des blinden Enthusiasmus und der eisigen Furcht gibt es etwas, das es nicht erlaubt, sich vollkommen von jenen Jahren abzuwenden. Sie rufen widersprüchliche Gefühle hervor* [...][545]

Die seinerzeit verbotenen Filme dürfen dagegen nicht einfach in der Rückschau als gleichsam „oppositionelle" Werke glorifiziert werden, nur weil sie der Zensur zum Opfer fielen. Der unmittelbar nach seiner Fertigstellung verbotene Streifen *Prometej* (*Prometheus*, Regie: Ivan Kavaleridze, UKRAINFIL'M/Studio Kiev 1935) etwa war seinerzeit Objekt einer heftig geführten Hetzkampagne in der *Pravda*. Er erlangte dadurch in jüngster Zeit im Rahmen der Aufarbeitung des Stalinismus eine Prominenz, die der an sich *niederdrückend schwache* (MARGOLIT[546]) Film selbst gar nicht rechtfertigt.

Viele Filme der dreißiger Jahre werden überdies bis heute in der Fassung gezeigt, die sie nach der unter Nikita Chruščev auf dem XX. Parteitag der KPdSU eingeleiteten „Entstalinisierung" erhielten. Szenen, in denen Stalin selbst dargestellt war, wurden seinerzeit vorzugsweise herausgeschnitten. Besonders betroffen waren die Filme *Lenin im Oktober, Valerij Čkalov* und *Der Fall Berlins*. Aus dem letztgenannten Film wurden auch die Szenen mit Berija herausgeschnitten, der von Nikolaj Mordvinov gespielt worden war.[547]

Eine neue, unvoreingenommenere Auseinandersetzung mit der künstlerischen Leistung und den Inhalten der Sowjet-Filme aus den dreißiger Jahren ist wünschenswert.

Die meisten sowjetischen Filme dieser Periode hatten keinen hohen ästhetisch-künstlerischen Anspruch. Das war eine Folge bewusster politischer Steuerung, ebenso wie der offene ideologische Gehalt. Dennoch gelang es den sowjetischen Regisseuren der Stalin-Epoche eine eigene, spezifische Bildsprache zu entwickeln. Deren Lyrik, Volkstümlichkeit und Optimismus verfehlten ihre Wirkung nicht. Film-Helden wie *Maxim*, der Protagonist einer Serie von drei Filmen des Regisseur-Duos Aleksandr Kozincev/Leonid Trauberg, und *Čapaev* aus dem gleichnamigen Film der Brüder Vasil'ev, wurden seinerzeit wie reale Personen, wie populäre Prominente der UdSSR wahrgenommen und gefeiert. *Maxim* und *Čapaev* riefen später auch in kurzen Kriegspropagandafilmen zum Kampf für das „sozialistische Vaterland" auf.

Die nachhaltige Wirkung dieser Filme muss man – bei allen Vorbehalten gegenüber der propagandistischen Nutzung des Mediums – als Erfolg sowohl der Regisseure selbst als auch der politischen Führung werten. Vor allem der GUKF-Chef Šumjackij hat für die materiellen und organisatorischen Grundlagen gesorgt, die Entstehen und Verbreitung dieser Filme ermöglichten. Auch an der Konzeption und Durchführung der Filmprojekte selbst nahm Šumjackij stets großen Anteil.

Die dreißiger Jahre des zwanzigsten Jahrhunderts waren weltweit eine Zeit des Aufbruchs für die Filmkunst. Die Innovation des Tonfilms setzte sich überall rasend schnell durch. Die noch größere Realitätsnähe, die der Ton ermöglichte, lag in der Logik des Mediums Film, dessen große Stärke seine Authentizität ist. Der Tonfilm beschleunigte und besiegelte überdies die Ausdifferenzierung der nationalen Filmstile und damit der jeweiligen Publikumsgeschmäcker und Sehgewohnheiten. Noch in den zwanziger Jahren waren Stummfilme problemlos international gehandelt und mit Erfolg gezeigt worden. Die Geschichten waren den Zuschauern in vielen Ländern verständlich und die Zwischentitel leicht zu übersetzen. Als die Schauspieler nun in ihren jeweiligen Sprachen zu sprechen

begannen, funktionierte dieser Austausch nicht mehr.[548] Das hatte eine Neuaus-
richtung der Kinoindustrien weg vom internationalen Markt und hin auf ihre
jeweiligen nationalen Märkte zur Folge. Das stellte neue Anforderungen an die
Regisseure, die ihr Medium gleichsam „neu erfinden" mussten. In der Sowjetunion fand in den dreißiger Jahren zudem ein umfassender und zum Teil ge-
waltsamer Umbau von Staat, Wirtschaft und Gesellschaft statt, der von Stalin
initiiert und geleitet wurde. Die sowjetischen Kino-Macher stellten sich also
einer gleich doppelten Herausforderung, eine eigene Beschreibung für die neue
Wirklichkeit zu liefern. Auch das erklärt den nachhaltigen Erfolg der in dieser
Zeit entstandenen Filme: *In den dreißiger Jahren – einer Zeit, die die Werte
vieler Nationen erschütterten – bekam die russische Volkskultur die Ausprä-
gung, die sie für die nächsten fünfzig Jahre hatte.*[549]

Anmerkungen:

[1] - LUNAČARSKI, A.V.: *Beseda s V.I. Leninym o kino*, [erstmals] in: BOLTJANSKIJ, G.M.: *Lenin o kino*, Moskau und Leningrad 1925. (Vgl. auch: GAK, ALEKSANDR MICHAILOVIČ (Hg.): *Samoe važnoe iz vsech iskusstv. Lenin o kino. Sbornik dokumentov i materialov*, Moskau [2]1973.)

[2] - Interview mit Lunačarskij in der Moskauer Zeitung *Večernaja Žizn'* (Ausgabe vom 13.4.1918), hier zitiert nach LISTOV, V.S./CHOCHLOVA, E.S. (Hg.): *Istorija otečestvennogo kino. Dokumenty, memuary, pis'ma*, Ausgabe 1, Moskau 1996, S.100-102

[3] - Die genannten Regisseure drehten in der fraglichen Zeit zahlreiche heute als klassisch geltende Filme: *Stačka/Der Streik* (1925), *Oktjabr'/Oktober* (1925), *Bronenosec Potemkin/Panzerkreuzer Potemkin* (1926); *Arsenal/Das Arsenal* (1929); *Šachmatnaja gorjačka/Schach-Fieber* (1925), *Mat'/Die Mutter* (1926), *Konec Sankt Peterburga/Das Ende von Sankt Petersburg* (1927), *Potomok Džingis Khana/Sturm über Asien* (1928).

[4] - Vgl. Kapitelüberschrift für Teil I von KENEZ, PETER: *Cinema and Soviet Society 1917-1953*, Cambridge 1992. KENEZ datiert das *Goldene Zeitalter* auf die Jahre 1925-1929.

[5] - SERVICE, ROBERT: *A History of Twentieth-Century Russia*, London 1997, S.188.

[6] - *Postanovlenie SNK RSFSR „Ob osnovnych direktivach po sostavleniju pjatiletnego plana razvitija kinodela v RSFSR"* vom 12.7.1928, zitiert nach: LISTOV, V.S./CHOCHLOVA, E.S. (Hg.): *Istorija otečestvennogo kino. Dokumenty, memuary, pis'ma*, Ausgabe 1, Moskau 1996, S.85-89, zitiert S.88,86. Der „Rat der Volkskommissare" stellte eine Art Staats-Regierung da, die Volkskommissare waren als Ressortleiter so etwas wie Minister.

[7] - YOUNGBLOOD, DENISE: *The fate of Soviet Popular Cinema during the Stalin Revolution*, in: Russian Review, Bd. 50/1991, Heft 2, S.148-162, zitiert S.148.

[8] - Interview mit Alexander Medvedkin, in: TAYLOR, RICHARD/CHRISTIE, IAN (Hg.): *Inside the Film Factory. New Approaches to Russian and Soviet Cinema*, London/New York [2]1994, S.165-175, Zitat S.167.

[9] - Vgl. KENEZ, PETER: *Cinema and Soviet Society 1917-1953*, Cambridge 1992, S. 157, dort auch die Zitate.

[10] Vgl. KENEZ, PETER: *Cinema and Soviet Society 1917-1953*, Cambridge 1992, S.101-105.

[11] - STITES, RICHARD: *Russian Popular Culture. Entertainment and society since 1900*, Cambridge 1992 [Reprint 1993], S.94.

[12] - Die jüngste Darstellung ist: MOELLER, FELIX: *Der Filmminister. Goebbels und der Film im Dritten Reich*, Berlin 1998.

[13] - Vgl. etwa HAY, J.: *Popular Film Culture in Fascist Italy: The Passing of the Rex*, Bloomington 1987.

[14] - Vgl. bes. HEIMANN, T.: *DEFA, Künstler und Kulturpolitik. Zum Verhältnis von Kulturpolitik und Filmproduktion in der SBZ/DDR 1945 bis 1959*, Berlin 1994.

[15] - YOUNGBLOOD, DENISE: *Movies for the Masses. Popular Cinema and Soviet Society in the 1920s*, Cambridge/MA 1992, S.173.

[16] - Es hatte auch in den zwanziger Jahren immer wieder Versuche gegeben, die Filmindustrie organisatorisch zu zentralisieren (besonders durch die Gründung der kurzlebigen *Goskino* im Jahre 1922). Diese Ansätze scheiterten jedoch am ständigen Wechsel der politischen Vorgaben (und Institutionen) und den markwirtschaftlichen Rahmenbedingungen der NÈP-Zeit, die den einzelnen Studios große Freiheiten ließen, die auch formal unabhängig blieben und sich teilweise stark am Markt und nicht an politischen Vorgaben orientierten.

[17] - Vor Šumjackijs Ernennung hatte offenbar noch einige Monate lang Martemjan Rjutin diesen Posten inne, dies behauptet jedenfalls RASHIT YANGIROV [*Onwards and Upwards!: the origins of the Lenin cult in Soviet cinema*, in: TAYLOR, RICHARD/SPRING, DEREK (Hg.): *Stalinism and Soviet Cinema. The Politics of Soviet Cinema 1917-1972*, London 1993, S.15-33, Anm. 2 (S.230).], der sich auf Papiere aus dem Staatsarchiv des Staatsarchivs der Čuvašischen ASSR beruft.

[18] - Vgl. u.a. FITZPATRICK, SHEILA (Hg.): *Cultural Revolution in Russia, 1928-1931*, Bloomington 1978; dies..: *Education and Social Mobility in the Soviet Union, 1921-1934*, Cambridge 1979; dies.: *The Cultural Front. Power and Culture in Revolutionary Russia*, Ithaca und London 1992 (enthält wesentlich eine Auswahl früherer Aufsätze); dies.: *Everyday Stalinism. Ordinary Life in Extraordinary Times. Soviet Russia in the 1930s*, New York 1999.

[19] - HELLBECK, JOCHEN/HALFIN, I.: *Rethinking the Stalinist Subject: Stephen Kotkin's „Magnetic Mountain" and the State of Soviet Historical Studies*, in: Jahrbücher für Geschichte Osteuropas - Neue Folge, Bd. 44/1996, Heft 3, S.456-463, zitiert S.456. (Das Zitat bezieht sich auf die Methode KOTKINs, wie die beiden Autoren sie interpretieren.)

[20] - HELLBECK, JOCHEN: *Fashioning the Stalinist Soul. The Diary of Stepan Podlubnyj (1931-1939)*, in: Jahrbücher für Geschichte Osteuropas - Neue Folge, Bd. 44/1996, Heft 3, S.344-373, zitiert S.372.

[21] - KOTKIN, STEPHEN: *Magnetic Mountain. Stalinism as a Civilization*, Berkeley/Los Angeles und London 1995, S.185. Gegenwärtig ist auch in Russland das Interesse an einer Auseinandersetzung und Neuinterpretation der Stalin-Zeit gewachsen. Zahlreiche Autoren melden sich mit sehr unterschiedlichen Ansätzen zu Wort (pars pro tot sei hier nur genannt: TOPOLJANSKIJ, VIKTOR: *Voždi v zakone. Očerki fiziologii vlasti*, Moskau 1996; TOPOLJANSKIJ nähert sich dem Thema mit einem der Medizin entliehen Begriffsapparat), in der vorliegenden Untersuchung sollen aber nur im engeren Sinne geschichts- und filmwissenschaftliche Untersuchungen berücksichtigt werden. Zu neueren Forschungsansätzen vgl. Auch PLAGGENBORG, STEFAN (Hg.): *Stalinismus. Neue Forschungen und Konzepte*, Berlin 1998.

[22] - Es existiert eine breite - kulturwissenschaftlich orientierte - Literatur zu Leben und Werk der wichtigen sowjetischen Avantgarde-Regisseure (etwa: Sergej Ėjzenštein, Lev Kulešov, Dziga Vertov), die in den zwanziger und dreißiger Jahren international beachtete Filme produzierten. Der politische Zusammenhang scheint hier aber allenfalls fragmentarisch auf. Überdies sind die Filme dieser Regisseure für die Mentalitätsgeschichte und die Untersuchung der Propaganda-Politik jener Jahre von geringem Interesse, weil sie von der Masse der Sowjet-Bevölkerung nur begrenzt wahrgenommen wurden.

[23] - TAYLOR, RICHARD/CHRISTIE, IAN (Hg.): *Inside the Film Factory...*; darin: TAYLOR, RICHARD: *Ideology as mass entertainment: Boris Shumyiatsky and Soviet cinema in the 1930s*, S.193-216; ders.: *Singing on the Steppes for Stalin. Ivan Pyr'ev and the Kolkhoz Musical in Soviet Cinema*, in: *Slavic Review*, Band 58/1999, S.143-159; ders.: *Film Propaganda: Soviet Russia and Nazi Germany*, New York 1979 (TAYLOR analysiert und vergleicht hier nur insgesamt sechs Filme - der im Titel formulierte Anspruch ist insofern irreführend); TAYLOR, RICHARD/SPRING, DEREK (Hg.): *Stalinism and Soviet Cinema. The Politics of Soviet Cinema 1917-1972*, London 1993.

[24] - KENEZ, PETER: *Cinema and Soviet Society 1917-1953*, Cambridge 1992.

[25] - ENGEL, CHRISTINE (Hg.): *Geschichte des sowjetischen und russischen Films*, Stuttgart und Weimar 1999. Vgl. auch MARGOLIT, EVGENIJ: *Sovetskoe kinoiskusstvo. Osnovnye ėtapy stanovlenija i razvitija*, Moskau 1988.

[26] - *Sovetskie chudožestvennye fil'my. Annotirovannyj katalog Gosfil'mofonda SSR v 5-ti tomach* [Annotierter Katalog des Staatlichen Filmarchivs in 5 Bänden], Moskau 1961-1979.

[27] - SEGIDA, MIROSLAVA/ZEMLJANUCHIN, SERGEJ: *Domašnaja Sinemateka. Otečestvennoe kino 1918-1996*, Moskau 1993-1998.

[28] - SEGIDA, MIROSLAVA/ZEMLJANUCHIN, SERGEJ: *Kinomanija 97. Ėnciklopedija rossijskogo kinoiskusstva*, Moskau 1997 [CD-ROM].

[29] - http://www.russia.agama.com/r_club/cinema

[30] - MARGOLIT, EVGENIJ/ŠMYROV,VJAČESLAV: *Iz-jatoe kino – Katalog sovetskich igrovych kartin, ne vypuščennych vo vsesojuznyj prokat po zaveršenii v proizvodstve ili iz-jatych iz dejstvujuščego filmofonda v god vypuska na ekran (1924–1953)*, Moskau 1995; MARGOLIT, EVGENIJ: „*Budem sčitat', čto takogo fil'ma nikogda ne bylo." „Poločnye" fil'my 30-ch godov*, in: *Iskusstvo Kino*, Heft Nr. 7/1995, S.84-95.

[31] - YOUNGBLOOD, DENISE: *Movies for the Masses. Popular Cinema and Soviet Society in the 1920s*, Cambridge/MA 1992.

[32] - Das Werk markiert allerdings die innersowjetische Rehabilitierung Šumjackijs der bis dahin auch in der Literatur als „Unperson" nicht vorkam.

[33] - Wichtiges Material zu diesen beiden Regisseuren hat RICHARD TAYLOR zusammengetragen und in zwei Artikeln veröffentlicht: (*The Illusion of Happiness and the Happiness of Illusion. Grigorii Aleksandrov's The Circus*, in: *Slavonic and East European Review*, Band 74/1996, Heft 4, S.601-620; *Singing on the Steppes for Stalin. Ivan Pyr'ev and the Kolkhoz Musical in Soviet Cinema*, in: *Slavic Review*, Band 58/1999, S.143-159.)

[34] - Zitiert nach: OL'CHOVYJ, B.S.(Red.): *Puti kino. Pervoe vsesojuznoe partijnoe soveščanie po kinematografii*, Moskau 1929, S. 10, 9.

[35] - Der Altmeister Lev Kulešov etwa antwortete rückblickend auf die Frage, warum er sich darauf eingelassen habe, bei der populären Komödie *Veselaja Kanarejka/Der fröhliche Kanarienvogel* (MEŽRABPOMFIL'M 1929) Regie zu führen: *Alejnikov hat mich überzeugt, ein „kommerzieller Regisseur" zu werden.* [...] *Es war die Zeit der NÖP, der Filmverband gewährte mir keinerlei Unterstützung, und ich wusste nicht, wovon ich leben sollte.* (Zitiert nach GROMOW, JEWGENI: *Lew Kuleschow. Der vergessene unter den großen Vier – Wertow, Ėjzenštejn, Pudowkin, Dowshenko. Eine Biographie*, Berlin (Ost) 1986, S.211.)

[36] - *Dokladnaja zapiska o sozyve vsesojuznoj kino-soveščanija*, unterschrieben vom stellvertredenden Leiter der Agitpropabteilung beim CK, RCChIDNI, f.17, op.113, ed.chr.310, zitiert S.49.

[37] - RCChIDNI, f.17, op.114, ed.chr.598 (*Protokoll Nr.42 der Sitzung des OB vom 2.12.1935*), S.3 (*Punkt 6 – Über den Film „Čapaev"*), zitiert S.49 (*Anlage zu Punkt 6*, Text der *Resolution des OB CK VKP(b) vom 2.12.1935 – Über den Filmnegativ-Fundus*).

[38] - *Dokladnaja zapiska...*, a.a.O., zitiert S.50. Gemeint ist wohl die Theater-Versammlung, die im Mai 1927 beim Volkskommissariat für Bildung stattgefunden hatte. Im Laufe des Jahres 1927 hatte die Agitpropabteilung beim CK VKP (b) bereits im Theaterbereich einige Maßnahmen durchgeführt, die später auch auf die Filmindustrie angewandt wurden. Zu nennen sind besonders die Ernennung von Theater- (bzw. Studio-) Direktoren aus Parteikreisen und die Einrichtung der "Künstlerischen Räte" [*chudožestvennyj sovet*] in Theatern (und Studios). Vgl. dazu: GOTZES, ANDREA: *Bühnenkunst im totalitären Staat. Zum russischen Theater der Stalinzeit*, in: GORZKA, GABRIELE (Hg.): *Kultur im Stalinismus. Sowjetische Kultur und Kunst der 19dreißiger bis 50er Jahre*, Bremen 1994, S.131-146, bes. S.132f.

[39] - RCChIDNI, f.17, op.113, ed.chr.310 (Protokoll Nr. 130 der Sitzung des Sekretariats des CK vom 15.7.1927), S.3f.

[40] - BELOUSOV weist in diesem Zusammenhang darauf hin, dass bis in die dreißiger Jahre hinein die wichtigsten Zuschauergruppen die „Alten" (nach sowjetischer Lesart „kleinbürgerlich" geprägten) und die neu in die Städte gekommenen Dorfbewohner waren, die Action, Melodramen und ganz allgemein Unterhaltungsfilme forderten. (BELOUSOV, JURIJ ARKAD'EVIČ: *Problema vzaimootnošenija chudožnika i zritelja v sovetskom kinematografe 20ch-30ch godov*, Moskau (Diss.-Abstr.) 1981, S.15.)

[41] - A.a.O., S.3

[42] - RCChIDNI, f.17, op.113, ed.chr.585 (Protokoll Nr.4 der Sitzung des Sekretariats des CK VKP (b) vom 6.1.1928), S.3; ed.chr. 600 (Protokoll Nr.17 der Sitzung des OB CK VKP (b) vom 27.2.1928), S.6.

[43] RCChIDNI, f.17, op.113, ed.chr.604 (Protokoll Nr.20 der Sitzung des Sekretariats des CK vom 9.3.1928), S. 107.

[44] - RCChIDNI, f.17, op.113, ed.chr.341 (Protokoll Nr. der Sitzung des Sekretariats des CK vom 11.11.1927), S. 4-5, 50; ed.chr.601 (Protokoll Nr. 58 der Sitzung des Sekretariats des CK vom 22.2.1928), Punkt 58.

[45] - RCChIDNI, f.17, op.113, ed.chr.591 (Protokoll Nr.9 der Sitzung des Sekretariats des CK vom 27.1.1928), S. 3,78.

[46] - *Pravda* 12.2.1928, S.6.

[47] - *Pravda* 15.3.1928, S.4.

[48] - OL'CHOVYJ, B.S.(Red.): *Puti kino...*, S.5.

[49] - In der ihr eigenen Diktion beschrieb die Lenin-Witwe Nadežda Krupskaja in der *Pravda* die Diskussionen auf der Versammlung sogar als *Kämpfe an der Kino-Front* (*Pravda* 17.3.1928,S.4).

[50] - RCChIDNI, f.17, op.113, ed.chr.615 (Protokoll Nr.29 der Sitzung des OB vom 23.4.1928), S. 5. Das veröffentlichte Stenogramm in: OL'CHOVYJ, B.S.(Red): *Puti kino...* Auszüge aus dem Stenogramm wurden auch einem noch breiteren Publikum zugänglich gemacht: Sie wurden in der Parteizeitung *Pravda* veröffentlicht, was der Kino-Versammlung einen noch offiziöseren Charakter verlieh und die dortigen Beschlüsse gleichsam als Parteilinie sanktionierte. (*Pravda* - 16.3.1928, S.4; 17.3.28, S.4; 18.3.1928, S.5; 20.3.1928, S.4; 21.3.1928, S.6; 22.3.1928, S.4; 23.3.1928, S.4).

[51] - Vgl. *Pravda* 16.2.1928, S.5; RUBAILO, A.I.:*Partijnoe rukovodstvo razvitiem kinoiskusstva (1928-1937 gg)*, Moskau 1976, S.24.

[52] - Zitiert nach: OL'CHOVYJ, B.S.(Red.): *Puti kino...*, S.9.

[53] - A.a.O., S.11.

[54] - A.a.O., S.12.

[55] - *Pravda*, 18.3.28, S.5.

[56] - A.a.O., S.216.

[57] - A.a.O., S.229.

[58] - Meščerjakov wies in diesem Zusammenhang darauf hin, dass die SOVKINO 1927 den durchschnittlichen Verleihpreis für einen Film auf dem Dorf um 50 Kopeken gegenüber 1926 (damals 5,12 Rubel) erhöht habe, a.a.O., S.267.

[59] - A.a.O., S.255,258,266.

[60] - A.a.O., S.244.

[61] - *Uezd* und *volost'* waren territoriale Verwaltungseinheit, die sich in etwa mit den deutschen Begriffen *Kreis* und *Gemeinde* wiedergeben lassen. Diese Begriffe waren ein Erbe der Zarenzeit und wurde später durch die Einführung der *rajony/Rayons* überflüssig.

[62] - A.a.O, S.239.

[63] - A.a.O., S.153.

[64] - A.a.O., S.157.

[65] - A.a.O., S.251.

[66] - A.a.O., S.233,235.

[67] - A.a.O., S.153f.

[68] - A.a.O., S.443.

[69] - A.a.O., S.453.

[70] - *Pravda* 17.3.1928,S.4.

[71] - Im Folgenden zitiert nach: *KPSS o kul'ture, prosveščenii i nauke. Sbornik dokumentov*, Moskau 1963, S.158-170.

[72] - A.a.O., S.158f.

[73] - A.a.O., S.159.

[74] - A.a.O., S.160.

[75] - A.a.O., S.161-165.

[76] - A.a.O., S.166-168

[77] - Der Export von Filmen war zwar politisch vor allem deshalb gewünscht, weil er als Vehikel für die Auslandspropaganda der Sowjetunion gesehen wurde. Gleichzeitig bestand aber der Wunsch der Führung, durch den Export konvertierbare Devisen einzunehmen, die nicht zuletzt für den Kauf von ausländischen Rohmaterialien für die Filmproduktion benötigt wurden. Die Exportbilanz des propagandistischen Sowjetkinos konnte sich zwar sehen lassen, war aber zu unbedeutend, um auch wirt-

schaftlich eine bedeutende Rolle zu spielen. 1938 etwa liefen in den USA nach einer internen Statistik der GUKF 57 sowjetische Spielfilme, die von insgesamt 1.600.000 Zuschauern gesehen worden seien, in England liefen 12 und in Frankreich 53 sowjetische Spielfilme. In den beiden letztgenannten Staaten wurden auch jeweils 11 Filmdokumentationen aus der Sowjetunion gezeigt. Am häufigsten werden *Peter I., Professor Mamlock* und *Lenin im Oktober* genannt. Vor allem *Lenin im Oktober* (dessen Titel der Bericht völlig richtig als Etikettenschwindel denunziert, da der Film inhaltlich eher *Stalin im Oktober* beschreibe) sei aber sowohl in den Vereinigten Staaten als auch in Europa immer wieder von unterschiedlichen Zensurbehörden moniert worden. (Vgl.: RGALI, f.2456, op.1, ed.chr.343, S.1-11 [*Verzeichnis von Filmen, die 1938 im Ausland gezeigt worden sind*], zitierte Angaben auf S.9.)

[78] - Als Vorbild diente hier wohl die überaus erfolgreiche Kooperation der Berliner "Internationalen Arbeiterhilfe" mit der sowjetischen Produktionsgesellschaft "Rus'". Deren Zusammenarbeit ging bereits auf den Beginn der zwanziger Jahre zurück und gipfelte in der Fusion zur "Mežrabom-Rus'" (später "Mežrabpomfil'm"). Vgl. dazu BULGAKOVA, OKSANA L.: *Proletarskaja kinoutopija na Maslovke, ili Eksport "Rusi" v Berlin*, in: *KZ* 33(1997), S.37-54.

[79] - Resolution der Kino-Versammlung, a.a.O., S.169-170.

[80] - *Pravda*, 17.3.1928, S.4.

[81] - RGAĖ, f.4372, op.26, ed.chr.1177 (Materialen zum 1.Fünfjahresplan der Filmindustrie, 18.8.1929), S. 92-94. Die Kino-Kommission beim SNK unter dem Vorsitz von Rudzutak beschloß im Sommer die Bereitstellung von 1 Million Rubeln aus dem Allunions-Budget für die *Entwicklung des Kinonetzes* und die *Organisation von beweglichen Projektionsanlagen*. Das war im Vergleich zu den Investitionen der Teilrepubliken eine verschwindend kleine Summe. Überdies beschloss die Kommission in der gleichen Sitzung, die Kinos nicht von der Einkommenssteuer zu befreien, was die Re-Investition von Einnahmen aus dem Kinobetrieb in den Neubau von Kinos erleichtert hätte. Die Zentrale wollte also mit dem Kino Geld verdienen, tat sich aber schwer, selbst zu investieren (vgl. Protokoll Nr.1 der Sitzung des Präsidiums des Kino-Komitees vom 11.6.1929, GARF, f.5508, op.1, ed.chr.2083, S.57-58).

[82] - RGAĖ, f.4372, op.26, ed.chr.1177, S.113.

[83] - RGAĖ, f.4372, op.26, ed.chr.1173, S.29.

[84] - RGAĖ, f.4372, op.26, ed.chr.1177, S.107.

[85] - *Kino*, 6.1.1932, S.1. Arbeiterviertel befanden sich in aller Regel an der Peripherie der Städte.

[86] - Die Abkürzung *Rabis* steht für *Sojuz rabočich iskusstva*. Dem unionsweiten *Verband der Kunstschaffenden* entsprachen entsprechende Organisationen in den einzelnen Sowjetrepubliken.

[87] - RGAĖ, f.4372, op.26, ed.chr.1173, S.2 (Schreiben der Central'noe Pravlenie Azerbajdžanskogo Sojuza Rabis SSSR an GOSPLAN, datiert Baku, 13.6.1930).

[88] - A.a.O., S.3.

[89] - RGAĖ, f.4372, op.26, ed.chr.1173, S.44-53 (Protokoll der Sitzung der Kinokommission [von GOSPLAN] unter dem *Gen.*[ossen] *Gol'dman* vom 5.4.1930), zitiert S 46.

[90] - RGAĖ, f.4372, op.26, ed.chr.1173, S. 68-70 (Protokoll Nr. 13 der Sitzung des Kollegiums der Arbeiter des NK RKI RSFSR).

[91] - Zu einem Produktionsteam gehörten in der Regel ein Regisseur mit Gehilfen und Assistent, ein Cutter und ein Redakteur, ein Drehbuchautor, sowie Kameraleute, Dekorateure/Ausstatter sowie der für den wirtschaftlich-organisatorischen Rahmen zuständige "Direktor" (entspricht etwa der im Westen üblichen Bezeichnung "Produzent"). (Vgl. GARF, f.5508, op.1, ed.chr.1441, S.7, *Razšifrovka grupp specialistov chudožestvennogo truda i schema*.)

[92] - GARF, f.5508, op.1, ed.chr.1441, S.1 (Schriftwechsel des CK Rabis).

[93] - Für die Organisation des Im- und Exports von fertigen Filmen und Rohmaterialien war 1930 eigens die spezielle Agentur INTORGKINO gegründet worden, die unter anderem auch Fachleute zu den deutschen Firmen ZEISS, ZEISS-IKON und SCHOTT schickte, weil die britische AGFA eine Monopolstellung auf dem sowjetischen Rohfilm-Markt zu bekommen drohte. Die INTORGKINO beklagte außerdem Schwierigkeiten beim Absatz sowjetischer Filme im Ausland, wofür sowohl *die europäische*

Zensur, als auch der Mangel an Tonfilmen im sowjetischen Angebot, sowie das Fehlen von entsprechendem Personal im Ausland verantwortlich gemacht wurden. (Vgl. RGALI, f.2497, op.2, ed.chr.4, S.9 [als *geheim* eingestufter Tätigkeitsbericht der INTORGKINO für das erste Halbjahr 1931]).
[94] - RGAÉ, f.4372, op.26, ed.chr.1173, S.72 (*Über den Import von Rohfilm*).
[95] - Brief Šumjackijs and Molotov vom Oktober 1934. (Vgl. RGALI, f.2497, op.2, ed.chr.4, S.43-49, zitiert S.44.)
[96] - RGAÉ, f.4372, op.26, ed.chr.1173, S.73-74 (Brief des stellvertretenden GOSPLAN-Vorsitzenden Kržižanovskij an das Kino-Komitee beim Rat der Volkskommissare der UdSSR vom 29.1.1930), zitiert S.74.
[97] - Beschlüsse des Sekretariats beim CK wurden, ebenso wie Beschlüsse des OB und des PB in der Regel einfach allgemein als Beschlüsse des CK veröffentlicht, gelegentlich sogar als Beschlüsse der Sowjetregierung (SNK oder STO). Vgl. dazu CHLEVNJUK, O.V./KVAŠONKIN, A.V./KOŠELEVA, L.P./ROGOVAJA, L.A. (Hg.): *Stalinskoe Politbjuro v 30-e gody. Sbornik dokumentov*, Moskau 1995, S.16.
[98] - Prominente Beispiele für eine Kooperation wichtiger Schriftsteller mit der Kinoindustrie sind etwa die Filme: *Der starke Jüngling/Strogij Junoša* (Regie: Abram Room, Alternativtitel: *Komissar byta; Diskobol, Volšebnyj komsomolec*, UKRAINFIL'M/Studio Kiev 1936), Drehbuch: <u>Jurij Karlovič Oleša</u>; *Čapaev* (Regie: S. und G. Vasil'ev, LENFIL'M 1934) nach dem gleichnamigen, bereits 1923 erschienenen Roman von <u>Dmitrij Andreevič Furmanov</u>; *Städte und Jahre/Goroda i gody* (Regie: Evgenij Červjakov, SEVZAPKINO/Leningrad 1930, der Film ist nicht vollständig erhalten) nach dem 1924 erschienen gleichnamigen Roman von <u>Konstantin Aleksandrovič Fedin</u>; *Die junge Garde/Molodaja Gvardija* (Regie: Sergej Gerasimov, GOR'KIJ-Studio/Moskau 1948) nach dem gleichnamigen, 1945 erschienenen Roman von <u>Aleksandr Aleksandrovič Fadeev</u>; *Gor'kijs Kindheit/Detstvo Gor'kogo* und *Meine Universitäten/Moi universitety* (Regie: Mark Donskoj, SOJUZDETFIL'M 1938 und 1939) nach den autobiographischen Schriften <u>Maksim Gor'kijs</u>.
[99] - RCChIDNI, f.17, op.113, ed.chr.692 (Protokoll Nr. 92 der Sitzung des CK-Sekretariats vom 11.1.1929 und Materialen zum Protokoll), S. 2 (Beschluss über Resolution *O rukovodjaščich kadrach rabotnikov kinematografii*), S. 86-87 (Text der Resolution, bestätigt vom CK-Sekretariat); die Resolution ist außerdem veröffentlich in: *KPSS o kul'ture, prosveščenii i nauke. Sbornik dokumentov*, Moskau 1963, S.188-190. Das CK-Sekretariat hatte sich im Jahr zuvor mehrfach mit der Kaderfrage der Filmindustrie beschäftigt und die Resolution vorbereitet, vgl.: Protokoll Nr.84 der Sitzung des CK-Sekretariats vom 7.12.1928, Punkt 8 (RCChIDNI, f.17, op.113, ed.chr.682); Protokoll Nr.86 der Sitzung des CK-Sekretariats vom 14.12.1928, Punkt 3 (RCChIDNI, f.17, op.113, ed.chr.685), der sich auf einen OB-Beschluss vom 23.4.1928 bezieht (vgl RCChIDNI, f.17, op.113, ed.chr.615); Protokoll Nr.88 der Sitzung des CK-Sekretariats vom 21.12.1928, Punkt 10 (RCChIDNI, f.17, op.113, ed.chr.687).
[100] - Protokoll Nr. 34 der Sitzung des CK-Sekretariats vom 11.5.1928, Punkt 34 (RCChIDNI, f.17, op.113, ed.chr.621).
[101] - Protokoll Nr. 43 der Sitzung des CK-Sekretariats vom 15.6.1928, Punkt 64 (RCChIDNI, f.17, op.113, ed.chr.632).
[102] - Protokoll Nr. 105 der Sitzung des CK-Sekretariats vom 8.3.1929, Punkt 34 (RCChIDNI, f.17, op.113, ed.chr.710); Protokoll Nr. 104 der Sitzung des CK-Sekretariats vom 22.3.1929, Punkt 40 (a.a.O., ed.chr.712); Protokoll Nr. 109 der Sitzung des CK-Sekretariats vom 29.3.1929, Punkt 26 (a.a.O., , ed.chr.715).
[103] - RCChIDNI, f.17, op.113, ed.chr.692, S.2 und S.90 (*Protokoll des Beschlusses über die Neuverteilung der Aufgaben bei der politischen Kontrolle und der künstlerisch-ideologischen Führung*).
[104] - Vgl. Blachins Artikel *O kačestve kinoprodukcii* in der *Pravda* vom 26.3.1932, S.4. Bljachin behauptete in einem Interview der Zeitung *Kino* Anfang 1932, die GRK habe 1931 nur 7% der Filmproduktion verboten. Der Widerspruch erklärt sich aus den verschiedenen Berechnungsgrundlagen. Bei seiner Aussage in *Kino* legte Bljachin eine Gesamtproduktion von 525 Filmen für 1931 zugrunde. In

dieser überaus großen (und entsprechend propagandawirksamen Zahl) sind sämtliche Lehrfilme, technische Kurzfilme und Wochenschauen enthalten, die politisch weit weniger brisant waren, und selten moniert wurden. Die (nur intern zugegebene) weit höhere Zahl von 16% verbotenen Filmen bezieht sich auf die wichtigeren und extrem teuren abendfüllenden Spielfilme. Deren Zahl lässt sich für 1931 nicht genau bestimmen. Sie lag jedoch in jedem Fall unter 50.

[105] - RCChIDNI, f.17, op.114, ed.chr.351 (Protokoll Nr.148 der Sitzung des OB vom 7.6.1933), Punkt 8 (*O porjadke utverždenija kinokartin i o temach kinokartin na 1933 i 1934gg.*), S.4.

[106] - Vgl. für diese Zahlen: MARGOLIT, EVGENIJ/ŠMYROV,VJAČESLAV: *Iz-jatoe kino – Katalog sovetskich igrovych kartin, ne vypuščennych vo vsesojuznyj prokat po zaveršenii v proizvodstve ili izjatych iz dejstvujuščego fil'mofonda v god vypuska na ekran (1924–1953)*, Moskau 1995, S.III-IV (Einführung/Übersicht).

[107] - RCChIDNI, f.17, op.114, ed.chr.351 (Protokoll Nr.148 der Sitzung des OB vom 7.6.1933), Punkt 8 (*O porjadke utverždenija kinokartin i o temach kinokartin na 1933 i 1934gg.*), S.4.

[108] - Vgl. etwa die Sammlung der *Bescheinigungen des GRK über das Recht zur Vorführung von Kinofilmen* für das Jahr 1931, RGALI, f.2497, op.1, ed.chr.53.

[109] - VLADIMIR MICHAJLOV irrt, wenn er behauptet, die Kino-Kommission sei auch vom SNK eingesetzt worden. (Vgl.: MICHAJLOV, VLADIMIR: *Stalinskaja model' upravlenija kinematografom*, in: MAMATOVA, LILIJA CH. (Hg.): *Kino: politika i ljudi (30-e gody). K 100-letiju mirovogo kino*, Moskau 1995, S.9-25, bes. S.13.) Es kam häufig vor, dass Entscheidungen von OB, PB und Sekretariat des CK als SNK-Entscheidungen veröffentlicht wurden (Vgl. dazu CHLEVNJUK, O.V. u.a. (Hg.): *Stalinskoe Politbjuro...*, S.16).

[110] - RCChIDNI, f.17, op.113, ed.chr.679 (Protokoll Nr. der 96 Sitzung des CK-Sekretariats vom 25.1.1929), S.10f (Punkt 45, *Über die Zusammensetzung des Kinokomitees*), S.144 (*Personelle Zusammensetzung des Kinokomitees*).

[111] - MICHAJLOV, VLADIMIR, a.a.O., S.13-14. MICHAJLOV bemerkt zur Tätigkeit des Kinokomitees: *Was bedeutete die seltsame Geschichte mit dem Kino-Komitee? Nach der Allunions-Parteiversammlung* [zu Kino-Fragen] *urteilte Stalin, nach allem, was bekannt ist, man müsse den Leitern der Kinoindustrie jener Jahre mißtrauen. Er bemerkte, dass aus jenen Leuten, die sich während der NĖP-Jahre daran gewöhnt hatten, mutig und entschlossen zu handeln, Eigeninitiative und Selbständigkeit zu zeigen, keine willigen Vollstrecker* [bezotkaznye ispol'niteli] *zu machen waren. Das Kino-Komitee, so* MICHAJLOV *weiter, sei nur ein Übergangs-Brückchen in die Zukunft gewesen.* (A.a.O., S.14)

[112] - Protokoll Nr. 188 der Sitzung des CK-Sekretariats vom 11.3.1930, Punkt 19 (RCChIDNI, f.17, op.113, ed.chr.833); Protokoll Nr. 189 der Sitzung des CK-Sekretariats vom 16.3.1930, Punkt 15 (a.a.O., ed.chr.835); Protokoll Nr. 191 der Sitzung des OB 6.4.1930, Punkt 3 (a.a.O., ed.chr.838).

[113] - VLADIMIR MICHAJLOV geht davon aus, dass es zu diesem Thema *nichtveröffentlichte Politbürobeschlüsse* gegeben habe. Es finden sich jedoch in den PB-Akten keinerlei Hinweise auf solche Beschlüsse. Allem Anschein nach lag die Federführung in dieser Sache (wie überhaupt in Organisationsfragen der Filmindustrie) ausschließlich bei OB und CK-Sekretariat. (Vgl. MICHAJLOV, a.a.O., S.15.)

[114] - A.a.O., S.15.

[115] - Mit dem Fall Rjutin und der Berufung Šumjackijs sowie der Einsetzung einer neuen SOJUZKINO-Leitung befassten sich OB und CK-Sekretariat ein ganzes Jahr lang (Oktober 1930 bis Oktober 1931). Vgl. Protokoll Nr. 19 der Sitzung des OB vom 16.10.1930, Punkt 1 (*Über den Vorsitzenden der Verwaltung der Kino-Organisation*), RCChIDNI, f.17, op.114, ed.chr.193; Protokoll Nr.34 der Sitzung des CK-Sekretariats vom 26.1.1931, Punkt 34 (*Über die Leitung der* SOJUZKINO), a.a.O., ed.chr.210; Protokoll Nr.37 der Sitzung des OB vom 6.2.1931, Punkt 16 (*Über die Leitung der* SOJUZKINO), a.a.O., ed.chr.213; Protokoll Nr.45 der Sitzung des OB vom 21.3.1931, Punkt 26 (*Über den Stellvertreter des Leiters der Verwaltung der* SOJUZKINO *für Kaderangelegenheiten*), a.a.O., ed.chr.222; Protokoll Nr.56 der Sitzung des CK-Sekretariats vom 21.5.1931, Punkt 4 (*Über die Arbeit der* SOJUZKINO), a.a.O., ed.chr.234; Protokoll Nr.59 der Sitzung des OB vom 6.6.1931, Punkt 24 (*Über*

die Bestätigung von V.F. Pletnev als Stellvertreter des Vorsitzenden der SOJUZKINO-*Leitung, zuständig für Kader-Angelegenheiten), a.a.O., ed.chr.238; Protokoll Nr.75 der Sitzung des OB vom 16.9.1931, Punkt 2 (Über die Arbeit und die Kader der* SOJUZKINO*), a.a.O., ed.chr.259; Die endgültige Entscheidung über die neue Führung der Filmindustrie fiel am 17.10.1931 durch Umfrage des OB, vgl. Protokoll Nr.80 der Sitzung des OB vom 19.10.1931, Punkt 14 (Auf Vorschlag des VSNCh SSSR bestätigen: 1. als Leiter der* SOJUZKINO-*Organisation B.Z.Šumjackij; 1. als Stellvertreter des Leiters der* SOJUZKINO-*Organisation K.Švedčikov und Ju.M.Liss sowie V.F.Pletnev als für Kaderfragen zuständigen Stellvertreter des Leiters.), a.a.O., ed.chr.265. Zum Fall Rjutin vgl. auch: Pravda vom* 6.10.1930, S.3.

[116] - BAGAEV, BORIS FEDOROVIČ: *Boris Šumjackij. Očerk žizni i dejatel'nosti,* Krasnojarsk 1974, S.186. Es ist schwer zu entscheiden, ob BAGAEV hier wirklich wahrheitsgemäß berichtet, ob er sich auf Kolportage stützt, und wie glaubwürdig seine Darstellung ist. Sie gibt aber so beispielhaft den Stil der Personalpolitik jener Jahre wider, dass sie trotzdem überzeugt.

[117] - Die Materialien der ARRK-Versammlung vom Frühjahr 1930 wurden unter dem programmatischen Titel *Die ARRK im Umbruch* veröffentlicht: *ARRK na povorote (Materialy k postanovke voprosa o reorganizacii raboty),* Moskau 1931, zitiert S.3,4,5,6.

[118] - Über die ARRK-Versammlung vom Februar 1932 wurde ausführlich in der Branchen-Zeitung *Kino* vom 24.2.1932, S.3, berichtet, wo auch die Resolution der Versammlung abgedruckt wurde. Alle Zitate beziehen sich auf diese Veröffentlichung.

[119][119] - LILIJA MAMATOVA weist zurecht darauf hin, dass in den dreißiger Jahren das vor allem von Kulešov und Èjzenštejn entwickelte Montage-Prinzip massiv zurückgedrängt wurde, zugunsten einer leicht verständlichen Filmsprache, bei der Ton und Bild einander eng ergänzten und dieselben Inhalte wiederholten, bzw. regelrecht *„ vorkauten "* (MAMATOVA, LILIJA CH.: *Model' kinomifov 30-ch godov,* in *Iskusstvo kino,* Heft 11/1990, S.103-111, zitiert S.111.). Dieses darstellerische Prinzip der Engführung von Bild und Ton, bei der auch starke narrative Sprünge vermieden werden liegt bis heute etwa den meisten Fernseh-Nachrichtenfilmen zugrunde, wie überhaupt allen Filmbeiträgen, deren Hauptziel schnelle und leicht konsumierbare Informationsvermittlung ist, während rein ästhetische Gesichtspunkte in den Hintergrund treten.

[120] - Vgl. MICHAJLOV, VLADIMIR: *Stalinskaja model' upravlenija kinematografom...,* passim, bes. S.11-12.

[121] - Vgl. die Kopie des *Berichtes von Mitarbeitern der* SOJUZKINO *über die Goskinprom Gruzii* vom 28.7.1931, RGALI, f.5508, op.1, ed.chr.1703, zitiert S. 28-36.

[122] - Vgl. die Kopie des *Berichtes einer Brigade der* SOJUZKINO über die Armenkino vom 28.7.1931 (Kopie), a.a.O., S.47.

[123] - Vgl. die Kopie des Kommissionsberichtes über die Azerkino, a.a.O., S.57-62.

[124] - ZEL'DOVIČ, G./ČACHIRJAN, G.: *Samoe važnoe, samoe massovoe iz iskusstv,* Moskau 1940, S.35. (Zur Rolle ZEL'DOVIČs als Denunziant bei der Auflösung der GUKF vgl. Kap.II.6.4.)

[125] - RCChIDNI, f.17, op.114, ed.chr.312 (Protokoll Nr. 121 der Sitzung des OB vom 7.8.1932), Punkt 24, S.8.

[126] - A.a.O., S.154 (Materialen zum Protokoll Nr. 121 der Sitzung des OB vom 7.8.1932).

[127] - "Fridrich Èrmler" war das Pseudonym von Vladimir Markovič Breslav, das dieser 1918 während seiner Spionagetätigkeit hinter den deutschen Linien angenommen hatte. Èrmler war später vor allem in der GPU tätig. (Vgl. YOUNGBLOOD, D.: *Movies for the Masses. Popular Cinema and Soviet Society in the 1920s,* Cambridge 1992, S.140f.). YOUNGBLOOD ist der Ansicht, Èrmler habe sich nur *mit Schwierigkeiten* zu diesem Propagandafilm durchringen können. Warum er dann aber anschließend die noch wesentlich offener ideologisierten Filme *Krest'jane/Bauern,* (1934) und *Velikij graždanin/Ein großer Bürger* (2 Teile, 1938-39) mit *offensichtlich weniger Schwierigkeiten* machte, wie YOUNGBLOOD selbst urteilt (a.a.O., S.152), erklärt sie nicht. Es liegt näher, anzunehmen, dass der geschulte Parteimann und Čekist Èrmler von vornherein willens und in der Lage war, den Anordnungen und Wünschen von oben nachzukommen.

[128] - Vgl. den Bericht von B. Šumjackij über die Diskussionen in der Kino-Kommission von 1935, in: JUTKEVIČ, SERGEJ: *Sobranie sočinenij*, Band 2, Moskau 1991, S.68-70.

[129] - RCChIDNI, f.17, op.114, ed.chr.374 (Protokoll Nr.159 der Sitzung des OB vom 7.12.1933), Punkt 12, S.5.

[130] - a.a.O., S.155.

[131] - Die MEŽRABPOM-FIL'M war ursprünglich aus der Kooperation der Berliner "Internationalen Arbeiterhilfe" (russ.: *"Meždunarodnaja rabočaja pomošč"'*) mit dem kommerziellen sowjetischen Studio "Rus'" hervorgegangen. 1928 wurde vom SNK die Herausnahme allen privaten Kapitals aus dem als Aktiengesellschaft organisierten Unternehmen angeordnet. Es folgte die Umbenennung der MEŽRABPOM-RUS' in MEŽRABPOM-FIL'M. Aus dem ursprünglichen, kommerziellen "Jointventure" wurde so ein Staatsunternehmen. (Vgl. MICHAJLOV, VLADIMIR: *Stalinskaja model' upravlenija kinematografom...*, S.12; BULGAKOVA, OKSANA L.: *Proletarskaja kinoutopija na Maslovke, ili Éksport "Rusi" v Berlin*, in: KZ 33(1997), S.37-54.)

[132] - a.a.O., S.155f.

[133] - Vgl. LISTOV, V.: *Iz istorii partijnogo rukovodstva kinematografom*, in: PISAREVSKIJ, D.S. (Red.): *Iz istorii kino. Dokumenty i materialy*, Band 11, Moskau 1985, S. 12-20, hier S.16. Die beiden Vasil'evs waren nicht wirklich Brüder. Aufgrund ihrer zufällig gleichlautenden Nachnamen wurden sie aber allgemein „Brüder" genannt.

[134] - LISTOV, V., a.a.O., S.17.

[135] - RCChIDNI, a.a.O., S.157.

[136] - RCChIDNI, f.17, op.114, ed.chr.330 (Protokoll Nr.136 der Sitzung des OB vom 7.12.1932), Punkt 4.

[137] - Brief des CK der KPbU an das CK VKP (Postyšev), datiert: Char'kov, 6.12.32, RCChIDNI, a.a.O., S.83f.

[138] - Die Parteiorganisationen der Unionsrepubliken hatten in der Folge der unionsweiten Partei-Kinokonferenz 1928 eigene Aktivitäten auf dem Kinosektor begonnen. So existierte etwa beim Zentralen Exekutivkomitee der georgischen KP seit 1931 eine eigenes Kino-Komitee unter dem Vorsitz von N. Macharidze. (Vgl. DOLIDZE, ZVIAD GEORGIEVIČ: *Istorija gruzinskoj sovetskoj kul'tury (Razvitie kinematografii v 1921-1938gg.)*, Tbilissi (Diss.-abstrakt) 1987, S.19.

[139] - RCChIDNI, a.a.O., S.88-89 (Brief der ständigen Vertretung der ZSFSR bei der Regierung der UdSSR in Moskau vom Dezember 1932, unterzeichnet vom SNK-Vorsitzenden der georgischen Unionsrepublik, Mgaloblišvili, vom SNK-Vorsitzenden der azerbajdžanischen Unionsrepublik, Bagirov, und vom Vorsitzenden des SNK der armenischen Unionsrepublik, Ter-Gabrieljan). Projektvorschlag *(Über eine Reorganisation der "SOJUZKINO")*, S.90,92-94.

[140] - Vgl. RCChIDNI, a.a.O., S.85/85R, S.95, 96/96R. Außer den neugebauten (oder zu bauenden) Prestige-Kinos in Moskau (wie dem "Udarnik") waren unter den „Kinos von unionsweiter Bedeutung" auch Filmtheater bei den Prestigeprojekten des "sozialistischen Aufbaus", etwa in Magnitogorsk, bei der Uralmašstroj, in Čeljabinsk oder beim DneprogÈz.

[141] - RCChIDNI, a.a.O., S.75-77 (Beschlussvorlage von Bubnov *Über die Organisation der Leitung der Filmindustrie*), zitiert S.75.

[142] - Der Text des im Folgenden als "OB-Resolution" zitierten Beschlusses findet sich unter RCChIDNI, f.17, op.114, ed.chr.332 (Protokoll Nr.138 der Sitzung des OB vom 19.1.1933), S.1-3.

[143] - OB-Resolution, a.a.O., S.1.

[144] - Dem Chef der ehemaligen SOJUZKINO wurde auch die Leitung der GUKF übertragen, was eine gewisse Kontinuität der Arbeit sicherte.

[145] - OB-Resolution, a.a.O., S.2.

[146] - Die Studios nationaler Minderheiten auf dem Gebiet der RSFSR wurden (soweit sie, wie u.a. die NEMKINO und die TATKINO, nicht bereits aufgelöst waren) durch den OB-Beschluss in einen einheitlichen Trust zusammengefaßt, die VOSTOKFIL'M (vgl. OB-Resolution, a.a.O., S.3.)

[147] - OB-Resolution, a.a.O., S.2.

[148] - Im- und Export von Filmen waren sowohl politisch und (wegen der Abwicklung in Devisen) auch ökonomisch extrem wichtig. Es kam wohl auch deshalb 1932 zu einer Auseinandersetzung zwischen Šumjackij und dem Volkskommissariat für Außenhandel (NKVT). Šumjackij beschwerte sich in einer Geheimnote beim CK, das NKVT habe im September 1932 versucht die Hoheit über den Filmaußenhandel zu gewinnen, den Šumjackij als Prärogative der GUKF reklamierte. (Vgl. die Eingabe Šumjackijs an das CK vom 5.10.1932, RGALI, f.2497, op.2, ed.chr.4, S.27-29.)

[149] - OB-Resolution, a.a.O., S.2.

[150] - Vgl. RCChIDNI, f.17, op.114, ed.chr.330, S.94.

[151] - OB-Resolution, a.a.O., S.2.

[152] - Tatsächlich hatte die sowjetische Kino-Industrie das Wirtschaftsjahr 1932 erstmals ohne Defizit abgeschlossen. Nach dem Tätigkeitsbericht der Handelsbehörde INTORGKINO für 1932 belief sich der Überschuss der sowjetischen Filmwirtschaft (die nicht unwesentlich vom auf Devisenbasis geführten Auslandshandel bestimmt war) 1932 auf 92.000 Rubel, nach einem Defizit von 32.219.000 (1931) bzw. 3.400.000 (1930). (RGALI, f.2497, op.2, ed.chr.4, S4.)

[153] - Brief des Leiters der Kultur- und Propaganda-Abteilung [Agitprop-Abteilung] des CK, Aleksej Ivanovič Steckij (im Folgenden "Steckij-Brief"), an das OB vom 19.12.1932, RCChIDNI, f.17, op.114, ed.chr.332, S.81f., zitiert S.81.

[154] - Steckij-Brief, a.a.O., zitiert S.81-82.

[155] - OB-Resolution, a.a.O., S.2.

[156] - Steckij-Brief, a.a.O., zitiert S.82.

[157] - Vgl. RCChIDNI, f.17, op.3, ed.chr. 915 (Protokoll Nr.130 der Sitzung des PB vom 8.2.1933 [unterschrieben von J.Stalin]), S.6, Punkt 18 (*Über die Organisation der Leitung der Kinoindustrie*).

[158] - OB-Resolution, a.a.O., S.3.

[159] - Vgl. RCChIDNI, f.17, op.114, ed.chr.332 (*Auszug aus dem Protokoll Nr.130 der Sitzung des PB vom 8.2.1933*), S.72.

[160] - Die Fachzeitung *Kino-Gazeta* vermeldete beispielsweise in ihrer Ausgabe vom 17.6.1937 stolz, dass *Der große Patriot/Velikij graždanin* (gemeint ist in diesem Fall der erste Teil des Zweiteilers; Regie: Fridrich Èrmler, LENFIL'M 1937) bereits *ganz auf sowjetischem Rohfilm* aufgenommen werde. (Vgl. RGALI, f.1966, op.1, ed.chr.61, S.4.

[161] - Vgl. RGALI, f.2497, op.2, ed.chr.4, S.37.

[162] - ZALKIND, Z.: *O kačestve zvukozapisi*, in: *Sovetskoe kino*, Nr. 8/1935, S.60-64, zitiert S.60.

[163] - RGALI, f.2497, op.2, ed.chr.4, S.23.

[164] - Der Bericht ist offenbar von dem für Filme zuständigen stellvertretenden GRK-Leiter Pavel Bljachin verfasst worden. Der Bericht zeichnet sich durch große Sachkenntnis und auch künstlerisches Gespür aus. Er bezeugt das hohe intellektuelle Niveau der Zensur durch die GRK. Bljachin hatte selbst praktische Erfahrung als Drehbuchautor (für *Krasnye d'javoljata/Die roten Teufelchen*, Regie: I. Perestiani, Produktion der Filmsektion beim georgischen Volksbildungskommissariat, Tiflis 1923). Die im Folgenden als "GRK-Bericht" zitierte schriftliche Darlegung findet sich als Kopie in den Akten des CK Rabis in: GARF, f.5508, op.1, ed.chr.2212, S.3-14.

[165] - GRK-Bericht, a.a.O., S.3.

[166] - GRK-Bericht, a.a.O., S.3, Hervorhebung im Original.

[167] - GRK-Bericht, a.a.O., S.4, Hervorhebungen im Original.

[168] - GRK-Bericht, a.a.O., S.4.

[169] - RGALI, f.2496, op.2, ed.chr.13 [*SOVKINO/Materialy po partčistke kinoorganizacij za 1929-1933gg., 18.11.1929-13.9.1933* (das Enddatum ist offensichtlich falsch, da sich auch noch Dokumente späteren Datums in der Akte befinden)], zitiert S.4 (*Protokol zasedanija bjuro jačejki VKP(b) „GUKF" ot 16.9.1933*). Im September 1933 wurden neben der Produktionsfirma SOJUZFIL'M auch die mit der Herstellung von Lehrfilmen beschäftigte TECHFIL'M sowie die KINOMECHANPROM, die Filmapparaturen herstellte, gesäubert (vgl. RGALI, f.2496, a.a.O., S.196).

[170] - RGALI, f.2496, a.a.O., S. 5-19 (*Schlussfolgerungen und Vorschläge der Kommission zur Säuberung des Parteizirkels der GUKFK*), zitiert S.5.

[171] - A.a.O., S.5-6.

[172] - A.a.O., S.6-7.

[173] - A.a.O., S.15-16.

[174] - S.o., Kap. II.3.3.

[175] - GARF, f.5508, op.1, ed.chr.2216 (*Bericht der Untersuchungskommission über die "Roskino" an die Kontrollkommission beim SNK, Gen. Molotov* und *Bericht an den Vorsitzenden des SNK, Genossen Molotov, über den Zustand und die Arbeit der Kinematografie*, im Folgenden zitiert als "SNK-Untersuchungsbericht"), Anhang Nr. 2 (*Planerfüllung der "Roskino"-eigenen städtischen Kinos in der Ivanovo-oblast'*), zitiert S.17. Die Abnahme der Besucherzahlen in Ivanovo lag noch über dem allgemeinen Trend, da die Besucherzahlen in den städtischen Kinos der Roskino auf dem Gebiet der gesamten RSFSR insgesamt um 24% abgenommen hatten (vgl . SNK-Untersuchungsbericht, a.a.O., S.70 [*Die Versorgung des Massenpublikums mit Kinofilmen*]).

[176] - SNK-Untersuchungsbericht, a.a.O., Anhang 3 (*Zustand des Bestandes an Neueingängen*), S.18. Nach Angaben der Film-Außenhandelsbehörde INTORGKINO waren aber beispielsweise 1932 insgesamt 27 ausländische (Ton-)Filme importiert worden, darunter 21 amerikanische, 3 deutsche, 2 französische und ein italienischer Film. (RGALI, f.2497, op.2, ed.chr.4, S.23.

[177] - *Naezdnik iz "Uajld-Vesta"* (auch unter dem Titel *Kto vinovat?/Wer ist schuld*), Regie: Aleksandr Cucunava, GOSKINPROM GRUZII 1925. Es handelt sich um ein sozialhistorisches Drama aus georgischer Produktion, nach Motiven einer Romanvorlage von N. Ninašidze. Für diese Information danke ich Miroslava Segida.

[178] - *Džimmi Chiggins*, Regie: Georgij Tasin (alias Rozov), VUFKU (Studio Odessa) 1928. Es handelt sich um die Verfilmung einer Romanvorlage von Upton Sinclair. Der Film ist nicht erhalten. Für diese Information danke ich Miroslava Segida.

[179] - *"Kapitanskaja dočka"*, Regie: Jurij Tarič, Drehbuch: Viktor Šklovskij, SOVKINO 1928.

[180] - SNK-Untersuchungsbericht, a.a.O. S. 20 (*Verzeichnis der Filme, die in den Klubs "Vogres", "Strožka" und "K. Marks" im Oktober/November 1933 gelaufen sind*).

[181] - Vgl. zu diesem Film o., Kap.II.3.1.

[182] - SNK-Untersuchungsbericht, a.a.O. S.19.

[183] - SNK-Untersuchungsbericht, a.a.O. S.48.

[184] - Brief des Baškirskij oblastnoj Sojuz Rabis (unterzeichnet vom Vorsitzenden Bron) an das VCK Rabis vom 2.3.1934, RCChIDNI, f.5508, op.1, ed.chr.2217, S.19. Es ist kennzeichnend für die politische Praxis jener Zeit, dass nicht über die strukturellen Mängel nachgedacht, sondern einfach ein Schuldiger gesucht (und gefunden) wurde: Infolge des zitierten Schreibens wurde der Chef der Verleihorganisation BAŠKINO abgesetzt, verhaftet und bestraft (a.a.O., S.27-31).

[185] - SNK-Untersuchungsbericht, a.a.O. S.71.

[186] - SNK-Untersuchungsbericht, a.a.O. S.72. Unter den 1192 stationären "Kino-Punkten" in ukrainischen Dörfern befanden sich ganze 13, die in der Lage waren Tonfilme zu zeigen (vgl. SNK-Untersuchungsbericht, a.a.O. S.52).

[187] - SNK-Untersuchungsbericht, a.a.O., S.56.

[188] - SNK-Untersuchungsbericht, a.a.O., S.55.

[189] - SNK-Untersuchungsbericht, a.a.O., S.73.

[190] - ŠUMJACKIJ, BORIS: *Kinematografija millionov. Opyt analiza*, Moskau 1935, im Folgenden zitiert als *Kinematografija millionov*. Im Vorwort schreibt Šumjackij, er habe das Buch im März-Mai 1935, also im Anschluss an die 15-Jahr-Feier geschrieben (a.a.O., S.7).

[191] - *Pravda*, 11.1.1935, S.2.

[192] - *Kinematografija millionov*, a.a.O., S.17.

[193] - *Kinematografija millionov*, a.a.O., S.264.

[194] - *Kinematografija millionov*, a.a.O., S.261. *Der neue Gulliver* war tatsächlich der erste Trickfilm mit Spielfilmlänge. Walt Disneys *Schneewittchen und die sieben Zwerge* wurde erst zwei Jahre später fertig. Vor Disneys Arbeiten hatte Šumjackij großen Respekt und betrachtete sie teilweise als Vorbild (besonders, was die Rolle der Musik betraf). Er wies in seinem Buch explizit auf den 3. Preis hin, den Disneys Cartoons beim Moskauer Internationalen Filmfestival erhalten hatten (a.a.O., S.374).

[195] - *Kinematografija millionov*, a.a.O., S.261f.

[196] - *Kinematografija millionov*, a.a.O., S.263.

[197] - Prikaz der SOJUZKINO *Über die* SOJUZKINO*Chronika* vom 2.11.1932, unterzeichnet von Šumjackij (GARF, f.5508, op.1, ed.chr.2083, S.12-12R). Zitiert S.12R (Bericht von A.Sidorov, dem Leiter des administrativ-ökonomschen Sektors der GUKF).

[198] - Die meisten (insbesondere die größeren und populäreren) Kinos arbeiteten nach dem quasi-marktwirtschaftlichen Prinzip des *"chozrasčet"*, das heißt der auf Rentabilität ausgerichteten wirtschaftlichen Rechnungsführung.

[199] - Vgl. RGALI, f.2456, op.1, ed.chr.312, S.7.

[200] - RCChIDNI, f.17, op.114, ed.chr.379, S.163 (Brief B.Z. Šumjackijs an L.M. Kaganovič vom 29.11.1933), hier auch die folgenden Zitate.

[201] - Es besteht die Möglichkeit, dass Šumjackij von einem der führenden CK-Mitglieder zu diesem Schritt angeregt wurde, dass er insofern nicht der eigentliche "Autor" dieser Initiative war. Der informelle Charakter solcher - durchaus üblicher - Absprachen macht es jedoch unmöglich, dies anhand von Archivmaterialien zu überprüfen.

[202] - RCChIDNI, f.17, op.114, ed.chr.379 (Protokoll Nr.161 der Sitzung des OB vom 7.1.1934), Punkt 5, zitiert S.3.

[203] - *Pravda*, 11.1.1935, S.3.

[204] - Šumjackijs programmatischer Beschlussentwurf findet sich unter den Materialien zum obengenannten OB-Beschluss vom 7.1.1934, RCChIDNI, f.17, op.114, ed.chr.379, S.159-162.

[205] - a.a.O., S.159.

[206] - Im SKŽ Nr. 31 vom Juli 1936 (Regie: V. Erofeev; RGAKFD, Kopie Nr.I-2876) sind zum Beispiel zwei (namentlich genannte) Leningrader Arbeiterinnen beim Fallschirmspringen in der Freizeit sowie die *130 besten Radfahrer der Union* beim Rennen Moskau-Leningrad zu sehen. Außerdem wird die Ernte am Beispiel einer „vorbildlichen" Kolchoze (Sprecher-Text: *Wir befinden uns auf den Feldern der Kolchoze Komintern im Gebiet Odessa...*) gezeigt. Im SKŽ Nr.39 vom August 1937 (Regie: V. Budilovič, RGAKFD, Kopie Nr.I-2939) wird nach einem Pferderennen der Sieger durch den berühmten General S.M. Budënnyj begrüßt und ein namentlich genannter Sportler und Ordensträger hält eine patriotische Rede. Im SKŽ Nr.36 von 1934 (noch stumm, Regie V. Bojkov; RGAKFD, Kopie Nr.I-2478) treffen sich die (namentlich genannten) Lokführer der Züge *Josef Stalin* und *Roter Pfeil* auf der Schnellstrecke zwischen Moskau und Leningrad, begrüßen sich und führen einander ihre Lokomotiven vor. Im SKŽ Nr. 48 vom Oktober 1936 (Regie: O. Podgoreckaja; RGAKFD, Kopie Nr.I-2891) packt *die Familie des Maschinisten Kornej Ivanič Nikolaev* ein Paket mit Geschenken *an die Frauen und Kinder* in Spanien.

[207] - A.a.O., S.159.

[208] - A.a.O., S.160.

[209] - Vgl. dazu GROYS, BORIS: *Gesamtkunstwerk Stalin. Die gespaltene Kultur in der Sowjetunion*, München 1988, passim.

[210] - A.a.O., S.160.

[211] - A.a.O., S.161.

[212] - A.a.O., S.160.

[213] - Vgl. Kap. II.3.3.

[214] - A.a.O., S.160.

[215] - A.a.O., S.161.

[216] - I.S. Unšlicht war zu dieser Zeit Chef der Hauptverwaltung für die staatliche Passagierluftflotte (Glavnoe upravlenie graždanskogo vozdušnogo flota, GU GVF) beim SNK der UdSSR.

[217] - A.a.O., S.161.

[218] - Gemeint ist V.Ja. Grossman.

[219] - A.a.O., S.162.

[220] - MEDVEDKIN, A.: *Čto takoe kinopoezd? [Der Kinozug - was ist das?]*; maschinenschriftliche Kopie in RGALI, f.2900, op.1, ed.chr.1022, S.3-29; hier zitiert nach: PISAREVSKIJ, D.S.: *Iz istorii kino. Dokumenty i materialy*, Ausgabe 11, Moskau 1985, S.27-60, zitiert S.27f. Das Dokument ist datiert *Moskau, 28. Februar 1933.*

[221] - Der Dneprogėz (Dneprostroj) war ein Damm, der den Fluß Dnepr aufstaute, um so in einem Kraftwerk Strom zu produzieren. Es handelt sich um eines der Prestigeprojekte der stalinschen Sowjetunion.

[222] - GROYS, BORIS: *Der sozialistische Narziss*, in: NOEVER, PETER (Hg.): *Tyrannei des Schönen. Architektur der Stalin-Zeit*, München 1994, S.237-238, zitiert S.238.

[223] - Als *agitki* waren die ersten nachrevolutionären Gehversuche der Filmpropaganda bezeichnet worden. Sie waren in der Regel wenig mehr als kurze, sehr naive Bilderbögen, die plakative Bilder von „Arbeitern" und „Ausbeutern" mit den jeweiligen Losungen der Partei verbanden. Ihre Wirkung auf die zu agitierenden „Massen" erwies sich schnell als überaus gering.

[224] - Vgl. *Kino*, 6.1.1932, S.1.

[225] - MEDVEDKIN, A: *Čto takoe kinopoezd? [Der Kinozug - was ist das?]*, a.a.O., S.58f.

[226] - *Kino-Gazeta* vom 17.6.1937 (vgl.: RGALI, f.1966, op.1, ed.chr.61, S.4).

[227] - Das Datum des "15-jährigen Jubiläums der sowjetischen Filmindustrie" orientiert sich an der Nationalisierung der russischen Filmindustrie durch die Sowjetregierung im Herbst/Winter 1919. Die 15-Jahr-Feier wurde wegen Verzögerungen bei der Vorbereitung erst vom 10-18. Januar 1935 ausgerichtet, also rein rechnerisch verspätet.

[228] - RCChIDNI, f.17, op.114, ed.chr.575 (Protokoll Nr.19 der Sitzung des OB vom 31.12.1934), S.2f. (*O prazdnovanii 15-letija sovetskoj kinematografii i o nagraždenii rabotnikov kinematografii*).

[229] - Zitiert nach: *Za bol'šoe iskusstvo [Vsesojuznoe tvorčeskoe soveščanie rabotnikov sovetskoj kinematografii (8-13 janvarja 1935g. Moskva]*, Moskau 1935, S.157.

[230] - Das Original des Entwurfs mit Stalins Korrekturen befindet sich im russischen Präsidentenarchiv. Ein Faksimile findet sich in: RCChIDNI, f.558, op.1, ed.chr.3168, S.1. Der veröffentlichte Text ist nachzulesen in: *Pravda*, 11.1.1935, S.1.

[231] - Stalin bewies ein gewisses Stilgefühl, als er hier das Adjektiv "unvergeßlich" strich. Tatsächlich war der Film gerade erst 8 Wochen in den Kinos. Die Premiere hatte am 15.11.1934 im Moskauer Prestige-Kino *"Titan"* stattgefunden, also 2 Monate vorher.

[232] - Dieses Genre hatte seine großen Vorbilder in den Werken Sergej Ėjzenštejns und Vsevolod Pudovkins, die in den zwanziger Jahren mit *"Der Streik"* (*"Stačka"*, 1924), *"Panzerkreuzer Potemkin"* (*"Bronenosec Potemkin"*, 1925) und *"Oktober"* (*"Oktjabr'"*, 1927) , bzw. *"Die Mutter"* (*"Mat'"*, 1926) mit überwältigendem, auch internationalem Erfolg ein entsprechendes Genre begründet hatten. Da aber der spezielle, an der Montage-Technik orientierte Stil dieser Filme für die Massenunterhaltung (insbesondere für Tonfilme) nicht taugte, und ihnen die Orientierung auf heldenhafte Identifikationsfiguren, der spezifische Humor und die "Action-Szenen" fehlen, die *"Čapaev"* wesentlich ausmachen, scheint es angebracht, hier von einem neuen Genre zu sprechen.

[233] - Vgl. *Pravda*, 11.1.1935, S.1.

[234] - Vgl. *Pravda*, 3.3.1935, S.2.

[235] - Vgl. *Pravda*, 22.2.1935, S.4

[236] - *Pravda*, 26.2.1935, S.4.

[237] - Vgl. u.a. *Pravda*, 27.2.1935, S.6; *Pravda* 3.3.1935, S.1 (Leitartikel), S.2.

[238] - *Pravda*, 3.3.1935, S.2.

[239] - *Pravda*, 28.2.1935, S.4.

[240] - Brief Šumjackijs and Molotov vom Oktober 1934. (Vgl. RGALI, f.2497, op.2, ed.chr.4, S.43-49, zitiert S.47.)

[241] - RCChIDNI, f.17, op.114, ed.chr.583, (Protokoll Nr.27 der Sitzung des OB vom 17.5.1935), Punkt 34, S.13.

[242] - A.a.O., Punkt 159, S.37. Vgl. außerdem GUKF PRI SNK SSSR (Hg.): *Doklad kommissii B.Z.Šumjackogo po izučeniju techniki i organizacii amerikanskoj i evropejskoj kinematografii*, Moskau 1935, S.5.

[243] - Die ersten Preise waren natürlich sowjetischen Produktionen vorbehalten gewesen, s.o., Kap.II.5.2.

[244] - Vgl. Pravda 29.5.1935, S.2 (dort auch die Zitate). Šorin hatte bereits seit Ende der zwanziger Jahre recht erfolgreich mit Technologien für Tonfilm-Apparaturen experimentiert.

[245] - Telefoninterview mit Šumjackij, *Pravda*, 30.5.1935, S.6.

[246] - *Ruggles of Red Gap/Ein Butler in Amerika*, Regie: Leo McCarey, PARAMOUNT 1934.

[247] - *G-Men/Der FBI-Agent*, Regie: William Keighley, WARNER BROS. 1935, nach einem Roman von Gregory Rogers.

[248] - Artikel *Novye amerikanskie fil'my*, in: *Pravda*, 22.6.1935, S.3. Dort auch alle folgenden Zitate.

[249] - Vgl. Éjzenštejn, SERGEJ M.: *Yo. Ich selbst. Memoiren*, herausgegeben, mit Vorwort und Anmerkungen versehen von NAUM KLEJMAN, 2 Bände, ergänzte Neuauflage, Berlin ²1988; hier: Band 1, S.393-396.

[250] - Artikel *U Čarli Čaplina*, *Pravda*, 21.8.1935, S.7. Auf seine Begegnung mit Chaplin und die daraus resultierende Bekanntschaft war Šumjackij auch später offensichtlich sehr stolz. Zel'dovič berichtet in seiner Aussage im Herbst 1937: [...] *ich erinnere mich*, [...] *wie er allen die Briefe von Charlie Chaplin zeigte* (RCChIDNI, f.17, op.120, ed.chr.349, S.54). Šumjackij widmete Chaplin, dessen Filmen und seinen Gesprächen mit *unserem Freund* noch einen weiteren Artikel im Herbst 1935 (*Pravda*, 25.10.1935, S.4).

[251] - Artikel *U Čarli Čaplina*, *Pravda*, 20.8.1935, S.5.

[252] - Artikel *U Čarli Čaplina*, *Pravda*, 21.8.1935, S.7.

[253] - *Pravda*, 26.8.1935, S.4, dort auch die folgenden Zitate; Vgl. auch: ŠUMJACKIJ, B.Z.: *Sovetskaja kinematografija segodnja i zavtra. Doklad i zaključitel'noe slovo na 7-m Vsesojuznom proizvodstvenno-tematičeskom soveščanii, 13 i 15 dekabrja 1935 goda*, Moskau 1936, S.62-75; TAYLOR, RICHARD: *Ideology as mass entertainment: Boris Shumyiatsky and Soviet cinema in the 1930s*, in: TAYLOR, RICHARD/CHRISTIE, IAN (Hg.): *Inside the Film Factory...*, S.193-216, bes. S.214f.

[254] - Der Journalist A. Timofeev vermerkte denn etwa auch stolz in der Zeitung *Večernaja Moskva* vom 21.5.1936, nachdem er den dezidierten Musik- und Unterhaltungsfilm *Der Zirkus/Cirk* gesehen hatte: *Die Aneignung des amerikanischen Genres ist im gegebenen Falle so hoch, dass wir diesen Film ohne Scham auch Ausländern zeigen können.* (Vgl. RGALI, f.1966, op.1, ed.chr.377, S.33R.)

[255] - ŠUMJACKIJ, B.Z.: *Sovetskaja kinematografija ...*, S.5.

[256] - Vgl. *Pravda*, 2.12.1935, S.6.

[257] - Vgl. *Pravda*, 30.11.1935, S.4.

[258] - Vgl. *Pravda*, 2.12.1935, S.6.

[259] - RCChIDNI, f.17, op.114, ed.chr.599 (Protokoll Nr.43 der Sitzung des OB vom 14.1.1936), Punkt 46 (*Über das Filmfestival*, durch Umfrage der OB-Mitglieder vom 9.12.1935). Auch Grigorij Zel'dovič bemerkt in seiner Aussage, *ich erinnere mich, wie er auf der Organisation noch eines Kinofestivals bestand* (RCChIDNI, f.17, op.120, ed.chr.349, S.54).

[260] - Vgl. zur Frage der gezielten Schaffung eines Starkultes und dem damit verbundenen politischen Ziel, ein in der Bevölkerung verankertes Massenkino mit ausgeprägten Identifikationsflächen zu schaffen bes. TAYLOR, RICHARD: *Red Stars, positive heroes and personality cults*, in: TAYLOR, RICHARD/SPRING, DEREK (Hg.): *Stalinism and Soviet Cinema. The Politics of Soviet Cinema 1917-1972*, London 1993, S.69-89.

[261] - SOJUZKINOŽURNAL Nr.36/535, 1934, Regie: Vl. Bojkov, RGAKFD, Film-Nr.: I-2478), Unterabteilung 5 (*Sovetskoj kinematografii 15 let. „Čapaeva" smotrit vsja strana.*).

[262] - *Pravda*, 22.12.1935, S.6; dort auch alle Informationen und Zitate im folgenden Absatz.

[263] - ÈJZENŠTEJN, SERGEJ M.: *Dumy graždanina kino-goroda*, in: *Kinovedčeskie zapiski* 36/37 (1997/98), S.289-295. (Der Artikel wurde nie veröffentlicht.)

[264] - Šumjackij legte seine detaillierten Planungen für das zweite sowjetische Filmfestival dem OB bereits Anfang Dezember 1935 vor. Vgl. RCChIDNI, f.17, op.114, ed.chr.598 (Protokoll Nr.42 der Sitzung des OB vom 2.12.1935), Punkt 192, S.41; dort auch die Zitate und Angaben im folgenden Absatz.

[265] - Vgl. dazu REBROV, VJAČESLAV: *I snova o „Rusi"*, in: *Iskusstvo Kino*, Heft 4/1999, S.70-83, hier S.75.

[266] - Vgl. BULGAKOVA, OKSANA L.: *Proletarskaja kinoutopija na Maslovke, ili Èksport "Rusi" v Berlin*, in: KZ 33(1997), S.37-54, bes. S.48-52.

[267] - RCChIDNI, f.17, op.120, ed.chr.208 (Brief Misianos an Steckij vom 1.4.1935), S.1-2, Zitat S.2.

[268] - RCChIDNI, f.17, op.120, ed.chr.208, S.3,5,6.

[269] - Piscator bezieht sich auf die Erfahrungen im Zusammenhang mit der Verfilmung von *"Aufstand der Fischer von St. Barbara"*.

[270] - RCChIDNI, f.17, op.120, ed.chr.208, S.11 (Brief Piscators an Ščerbakov, datiert Moskau 3.6.1935, russ.). O. BULGAKOVA irrt offenbar mit ihrer Behauptung, Piscator sei nach 1934 nicht mehr in Moskau gewesen (vgl. BULGAKOVA, OKSANA: *Proletarskaja kinoutopija...*, S.51).

[271] - RCChIDNI, f.17, op.120, ed.chr.208, S.62-63 (Brief Piscators an Tscherbakov [Ščerbakov], datiert Moskau, 29.12.1935, deutsch), zitiert S.62 (Hervorherbungen im Original).

[272] - RCChIDNI, f.17, op.114, ed.chr.606 (Protokoll Nr.50 der Sitzung des OB vom 7.5.1936), Punkt 532 (*Über die Mežrabpom-Fil'm*, durch Umfrage des OB vom 5.6.1936). Vgl. auch einen entsprechenden Hinweis bei VIŠNEVSKIJ/FEFER, die angeben, die SOJUZDETFIL'M sei gegründet worden *im Juni 1936 auf Anweisung des Sovnarkom SSSR vom 28.3.1936* auf der Basis der *ehemaligen MEŽRABPOMFIL'M*. (VIŠNEVSKIJ, VENEDIKT/FEFER, V.: *Ežegodnik Sovetskoj kinematografii za 1938 god*, Moskau 1939, S.191.)

[273] - RCChIDNI, f.17, op.114, ed.chr.609 (Protokoll Nr.53 der Sitzung des OB vom 5.6.1936), Punkt 97 (durch Umfrage des OB vom 4.6.1936), zitiert S.35-36.

[274] - Professor GROMOV im Gespräch mit dem Autor, Moskau 18.6.1998.

[275] - RCChIDNI, f.17, op.120, ed.chr.208, S.64-65 (Brief Piscators an Andreev, datiert Moskau 14.6.1936, russ.).

[276] - REBROV konstatiert in diesem Zusammenhang lapidar: *Er* [Piscator] *überlebte, aber viele seiner Landsleute und Kampfgenossen beim Film verschwanden spurlos in Stalins Lagern...* (REBROV, VJAČESLAV: *I snova o „Rusi"*, in: *Iskusstvo Kino*, Heft 4/1999, S.70-83, zitiert S.83.)

[277] - Vgl. *Pravda* vom 27.2.1936, S.4.

[278] - In der *Pravda* vom 28.1.1936 (S.3) erschien der Artikel *Chaos statt Musik* (*Sumbur vmesto muzyki*), der nicht gezeichnet war, der aber in der Regel Stalin selbst zugeschrieben wird und in dem der Komponist D. Šostakovič massiv angegriffen wurde.

[279] - Vgl. den programmatischen Artikel *Ballett-Verlogenheit* (*Baletnaja fal'š*) in der *Pravda* vom 6.2.1936, S.3.

[280] - Vgl. den programmatischen Artikel *Über die Schmutzfinken-Künstler* (*O chudožnikach packunach*) in der *Pravda* vom 1.3.1936, S.3.

[281] - *Pravda*, 26.12.1935, S.4.

[282] - Artikel *Dela i dni kino* in der *Pravda* vom 28.1.1936.

[283] - *Pravda* vom 20.2.1936, S.5.

[284] - Es waren dies die Filme *Zemlja vperedi* und *Inžener Gof* (beide Belgoskino), *Očarovannyj chimik* (Lenfil'm), *Intrigan* (Ukrainfil'm) und *Mesjac Maj* (Mežrabpom-Fil'm).

[285] - Darunter *Osadnoe položenie* und *Druz'ja* (beide Mosfil'm), *Kraža zrenija* und *Provincial'nyj roman* (beide Mežrabpom-Fil'm).

[286] GROMOV führt als Beispiel für diese Praxis den Fall des Schriftstellers Michail A. Bulgakov an. Nach ersten Erfolgen mit dem Roman *Belaja Gvardija/Die weiße Garde* (1924), dessen Dramatisierung unter dem Titel *Dni Turbinych/Die Tage der Geschwister Turbin* auch Stalin gesehen hatte, fiel Bulgakov bei der sowjetischen Führung in „Ungnade". Außer einem Publikationsverbot, was einem Berufsverbot gleichkam und für den Schriftsteller auch materielle Konsequenzen hatte, erlitt er aber keine Repressionen. Bulgakov hatte das Gefühl, von Stalin persönlich protegiert zu werden und wurde von diesem einmal sogar telefonisch kontaktiert. Bulgakov war bemüht, die geforderten literarischen Werke zu liefern, das Kooperations-Angebot der Parteiführung blieb bestehen. Der sensible Bulgakov litt schrecklich unter seiner Situation. Mit dem Schicksal von Lager-Häftlingen oder zum Tode verurteilten „Säuberungs"-Opfern lässt es sich aber sicher nicht annähernd vergleichen. Bulgakovs posthum veröffentlichtes Hauptwerk *Master i Margerita/Der Meister und Margerita* entstand immerhin in der Zeit seines Berufsverbotes. (Vgl. GROMOV, EVGENIJ SERGEEVIČ: *Stalin. Vlast' i iskusstvo*, Moskau 1998, S.110-127.)

[287] - Artikel *Odin iz glavnych voprosov* in der *Pravda* vom 20.10.1936, S.6.

[288] - Artikel *My dolgo delaem kartiny* in der *Pravda* vom 29.11.1936, S.3.

[289] - Vgl. bes. die Artikel: *Besprizornaja kinostudija*, *Pravda* vom 2.7.1936, S.6; *Kak GUKF stroit fabriku plenki*, *Pravda* vom 13.7.1936, S.4; *Ustarelye kinonovosti*, *Pravda* vom 19.7.1936, S.3.

[290] - Artikel *Grubaja schema vmesto istoričeskoj pravdy*, *Pravda* vom 13.2.1936, S.4.

[291] - MAR'JAMOV erinnert sich daran: […] *Melodramen hielt er nicht in Ehren, und vollkommen unduldsam war er gegenüber den allerkleinsten Andeutungen auf sexuelle Szenen.* (MAR'JAMOV, G.: *Kremlevskij censor*, Moskau 1992, S.10.)

[292] - Öffentlich propagierte Aussage eines Kommunarden von 1930, zitiert nach: GNATOVSKAJA, D.JU./ZEZINA, M.R.: *Bytovye kommuny rabočej i studenčeskoj molodeži vo vtoroj polovine 20ch – načale 30ch godov*, in: *Vestnik Moskovskogo Universiteta*, Serie 8 [*istorija*], Heft 1/1998, S.42-58, S.52.

[293] - *Sovetskaja kinematografija v 1933 godu/Otčet GRK* vom 27.1.1934, besprochen auf der Sitzung der zentralen Rechenschaftskommission der GUKF vom 31.1.1934 (GARF, f.5508, op.1, ed.chr.2212, S.1-14, zitiert S.13, S.12).

[294] - Vgl. die Ausführungen von MARGOLIT in: ENGEL, CHRISTINE (Hg.): *Geschichte des sowjetischen und russischen Films*, Stuttgart und Weimar 1999, S.65-67.

[295] - RCChIDNI, f.17, op.120, ed.chr.349, S.46.

[296] - Artikel *Fil'm "Dubrovskij" i ego kritiki*, *Pravda* vom 5.3.1936, S.4.

[297] - Es gibt Hinweise darauf, dass die vor allem in der Moskauer Zentrale und über die wichtigsten Unionsmedien (etwa die *Pravda*) geführte Kritik-Kampagne in der Filmindustrie auch in den Teilrepubliken Parallelen hatte. So kritisierte beispielsweise die VII. Versammlung der Arbeiterdeputierten von Georgien im Januar 1935 ausdrücklich die georgische Kinoindustrie. Und im August 1936 fasste der georgische Rat der Volkskommissare einen Beschluss *Über die Reorganisation der Leitung der Kinoindustrie in der georgischen SSR und über Maßnahmen, um die Filmproduktion in Ordnung zu bringen* (vgl.: DOLIDZE, ZVIAD GEORGIEVIČ: *Istorija gruzinskoj sovetskoj kul'tury (Razvitie kinematografii v 1921-1938gg.)*, Tbilissi (Diss.-abstr.) 1987, S.21-22).

[298] ROBERT TUCKER nennt die Schauprozesse *Gerichts-Dramen*, während derer die Beschuldigten symbolisch Schuld auf sich nahmen und so Stalin *exkulpierten und so seine heroische Größe bezeugten, seinen unbescholtenen Genius als Führer in Lenins Fußstapfen.* (TUCKER, ROBERT C.: *Stalin in Power. The Revolution from above, 1928-1941*, New York/London 1990 [Taschenbuchausgabe 1992], S.502.)

[299] - RCChIDNI, f.17, op.120, ed.chr.349, S.54. Es ist schwer, die zeitspezifische Ausdrücke, die dem Kontext der Säuberungen entstammen, im Deutschen angemessen wiederzugeben.

[300] - Vgl. GROMOV, EVGENIJ SERGEEVIČ: *Stalin. Vlast' i iskusstvo*, Moskau 1998, S.188.

[301] - Artikel *O fil'me "Bežin lug"* von B.Šumjackij, *Pravda* vom 19.3.1937 S.3.

[302] - Das VGIK war offenbar aller Bemühungen der Partei um Einflussnahme zum Trotz ein für damalige Verhältnisse weitgehend ideologiefreier Raum, in dem Studenten und Professoren sich weitgehend der Entwicklung ihrer Kunst widmeten – wenn auch selbstverständlich im vorgegebenen Rahmen. Eine interne Untersuchung über die politische Zuverlässigkeit der Studenten, die im Frühjahr 1938 für das CK des Komsomol angefertigt wurden, kam zu folgendem Ergebnis: *Die Komsomol-Arbeit im VGIK ist in unbefriedigendem Zustand. Im gesamten Unterrichtsjahr (November-Februar) sind 2 Personen in den Komsomol aufgenommen worden. In derselben Zeit sind 4 Personen aus dem Komsomol ausgeschlossen worden.* (RCChIDNI, f.17, op.120, ed.chr.326, S.62.)

[303] - Gemeint ist der Film *Staroe i novoe* (auch unter dem Titel *General'na linija/Die Generallinie*), den Ėjzenštejn 1929 im Auftrag der staatlichen SOVKINO gedreht hatte.

[304] - Seine Weigerung, Produktionskosten rechtzeitig zu veranschlagen, festgelegte Grenzen einzuhalten und über Mehrausgaben Rechenschaft abzulegen, hatte Ėjzenštejn seinerzeit auch in Konflikt mit seinen amerikanischen Geldgebern bei der PARAMOUNT in Hollywood gebracht. Aus diesem Grund war seine Produktion *"Que viva México!"* unvollendet geblieben.

[305] - Vgl. LEVIN, E.: *"... na sud oščestvennosti ..."*, in: *Iskusstvo Kino* 8/1988, S.76-90, hier: S.77.

[306] - Stenogramm der Sitzung vom 25.4.1937, zitiert nach: LEVIN, E.: *"... na sud oščestvennosti ..."*, in: *Iskusstvo Kino* 8/1988, S.76-90, zitiert S.78,79.

[307] - BULGAKOWA, OKSANA: *Sergej Eisenstein. Eine Biographie*, Berlin 1998, S.227.

[308] - Stenogramm der Sitzung vom 13.5.1937, a.a.O., S.89.

[309] - RCChIDNI, f.17, op.3, ed.chr.987 (Protokoll Nr.49 der Sitzung des PB vom 15.6.1937), Punkt 149, S.35 (entschieden durch Umfrage des PB vom 9.5.1937). Vgl. auch GROMOV, EVGENIJ SERGEEVIČ: *Stalin. Vlast' i iskusstvo*, Moskau 1998, Kapitel IV, S.212 u. Anm.79. GROMOV interessiert sich für diesen Fall in einem anderen Zusammenhang, was seine unvollständigen Datums- und Dokumentenangaben erklärt.

[310] - *"Aleksandr Nevskij"* , Mosfil'm 1938, Musik: Sergej Prokof'ev. Der Film wurde wegen des außenpolitischen Kurswechsels, der im Hitler-Stalin-Pakt mündete, nur kurze Zeit gezeigt. Er kam erst nach dem deutschen Überfall auf die Sowjetunion zu neuen "Ehren".

[311] - S.M.ĖJZENŠTEJN: *Montaž 1938*, in: ders.: *Montaž*, Moskau 1998, S.63-101, zitiert S.63. Der Text entstammt einer Artikelserie, die Ėjzenštejn 1940 in der Zeitschrift *Iskusstvo Kino* veröffentlichte.

[312] - BULGAKOVA spricht von *Kompromissen mit sich und seiner Kreativität*, die Ėjzenštejn *bei vollem Bewusstsein eigegangen* sei. Vgl. BULGAKOVA, OKSANA: *Sergej Eisenstein...*, S.9.

[313] - Es liedet sich beispielsweise ein solches Dokument aus dem Spätsommer 1937, in dem eine *nichtidentifizierte Person* schwere Vorwürfe unter anderem gegen Šumjackij selbst, gegen verschiedene prominente Regisseure und gegen die Leitung der SOJUZDETFIL'M erhebt, unter den Materialen Vsevolod Mejerchol'ds (RGALI, f.988 [Vsevolod Emil'evič Mejerchol'd], op.1, ed.chr.3163, S.1-5 (*Doklad neustanovlennogo lica o rabote kinostudii „Sojuzdetfil'm". Razroznennye listy. Mašinopis' s pravkoj*).

[314] - RCChIDNI, f.17, op.120, ed.chr.349 (*Materialy o rabote i kadrach glavnogo upravlenija kinopromyšlennosti*). Die Akte befindet sich in den Unterlagen der Geheimabteilung beim CK. Sie enthält das gesammelte kompromittierende Material, das im Winter 1937/38 zusammengestellt wurde. Die Akte befindet sich im ehemaligen Parteiarchiv in Moskau, dem heutigen RCChIDNI.

[315] - Das Stenogramm dieser Sitzung ist bei den Unterlagen des CK-Kinokomitees erhalten und befindet sich im Russischen Staatsarchiv für Literatur und Kunst: RGALI, f.2456, op.1, ed.chr.312 (*Komitet po delam kinematografii. Stenogramma soveščanija u tov. D'jakova po voprosu o reorganizacii kinematografii* vom 22.12.1937).

[316] - Boris Vladimirovič Dubrovskij-Ėške (1897-1963) hatte bereits seit Mitte der zwanziger Jahre als Künstler und Ausstatter im Filmsektor gearbeitet. Er unterrichtete seit 1938 auch am VGIK und bekam 1940 den Professorentitel. Dubrovskij-Ėške hatte unter anderem an den Prestigeprojekten *Der Gegenplan*, *Lenin im Jahre 1918* und *Lenin im Oktober* mitgearbeitet. Er überlebte die Repressionen

(an denen er ja Anteil hatte, wie hier deutlich wird) und bekam 1940 sogar den Ehrentitel „verdienter Kunstschaffender" („zaslužennyj dejatel' iskusstv") der RSFSR verliehen. Er gehört insofern zu den Profiteuren der Terrormaßnahmen.

[317] - RGALI, a.a.O., S.1.

[318] - RGALI, a.a.O., S.1R,2.

[319] - RCChIDNI, a.a.O., S.47. Zel'dovič zitiert den Artikel offenbar aus dem Gedächtnis, er nennt den Titel *Čto zaderživaet vypusk kinokartin*, bezieht sich aber offensichtlich auf den Artikel *Počemu zaderživaetsja vypusk kinokartin - odin iz glavnych voprosov* von Aleksandr Dovženko, der in der *Pravda* vom 20.10.1936, S.6, erschienen war.

[320] - RCChIDNI, a.a.O., S.47.

[321] - RGALI, a.a.O., S.2R.

[322] - Seit 1936 war es üblich geworden, die GUKF nur noch "GUK" zu nennen (*Glavnoe upravlenie kinopromyšlennosti* statt *kino-foto-promyšlennosti*). Der Übersichtlichkeit halber soll aber im Text die einheitliche Bezeichnung GUKF beibehalten werden.

[323] - RGALI, a.a.O., S.3-6.

[324] - RGALI, a.a.O., S.8.

[325] - RGALI, a.a.O., S.19.

[326] - RGALI, a.a.O., S.10.

[327] - RGALI, a.a.O., S.20.

[328] - RGALI, a.a.O., S.8R.

[329] - Vgl. dazu RCChIDNI, f.17, op.120, ed.chr.349, S.10-13 (*Spravka po prokatu zagraničnych kartin "Sojuzintorgkino"*) und S.14-16 (*Anlage: Aufstellungen von Kosten für die Synchronisation verschiedener ausländischer Filme*). Die Synchronisation von René Claires *Der letzte Milliardär*, der beim Ersten Internationalen Moskauer Filmfestival ausgezeichnet worden war, hatte allein knapp 170.000 Rubel gekostet. Das entsprach immerhin etwa einem Zehntel der Produktionskosten für eine größere Eigenproduktion.

[330] - RGALI, a.a.O., S.21.

[331] - RGALI, a.a.O., S.19.

[332] - Gemeint ist das 1936 als Überbehörde für alle Kunst-Branchen eingerichtete *Komitet po delam iskusstv pri SNK Sojuza SSR* (vgl. dazu MICHAJLOV, VLADIMIR: *Stalinskaja model' upravlenija kinematografom...*, passim, bes. S.19).

[333] - RGALI, a.a.O., S.20.

[334] - Vgl. u.a.: RGALI, f.5508, op.1, ed.chr.2212, S.1-14; SIDOROV, NIKOLAJ: *"Veselye rebjata"* - *Komedija Kontrrevoljucionnaja*, in: Istočnik 3/1995, S.72-78, bes. S.74.

[335] - [...] *das PB trat auch als eine Art Vermittler der gegensätzlichen oder strittigen Interessen unterschiedlicher politischer und ökonomischer Instanzen auf und beschäftigte sich deshalb auch mit behördeninternen Problemen.* (CHLEVNJUK, O.V./KVAŠONKIN, A.V./KOŠELEVA, L.P./ROGOVAJA, L.A. (Hg.): *Stalinskoe Politbjuro v 30-e gody. Sbornik dokumentov*, Moskau 1995, S.15 [Einführungstext der Herausgeber].)

[336] - RGALI, a.a.O., S.10R.

[337] - RGALI, a.a.O., S.22.

[338] - RGALI, a.a.O., S.22,22R,23,23R.

[339] - RGALI, a.a.O., S.24R,24 (das Blatt ist verkehrt herum geheftet).

[340] - RGALI, a.a.O., S.24-25.

[341] - RGALI, a.a.O., S.29.

[342] - RGALI, a.a.O., S.26,30.

[343] - Vgl. die Kopie eines Briefes von Šerbatych (Mosfil'm) an Šumjackij vom 17.11.1937, RCChIDNI, f.17, op.120, ed.chr.349, S.43-45.

[344] - RCChIDNI, f.17, op.120, ed.chr.349, S.26-34 (*Dokladnaja zapiska sostojanii kadrov Glavnogo Upravlenija Kinopromyšlennosti*), Zitat S.26.

214

[345] - RCChIDNI, a.a.O., S.26-7.
[346] - RCChIDNI, a.a.O., S.26.
[347] - RCChIDNI, a.a.O., S.27f.
[348] - RCChIDNI, a.a.O., S.29.
[349] - RCChIDNI, a.a.O., S.30.
[350] - RCChIDNI, a.a.O., S.31.
[351] - RCChIDNI, a.a.O., S.31.
[352] - RCChIDNI, a.a.O., S.34, die Namensliste mit 55 Personenprofilen folgt auf S.35-42.
[353] - RCChIDNI, a.a.O., S.47-60.
[354] - RCChIDNI, a.a.O., S.48.
[355] - RCChIDNI, a.a.O., S.59f.
[356] - RCChIDNI, a.a.O., S.56.
[357] - RCChIDNI, a.a.O., S.58.
[358] - RCChIDNI, f.17, op.3, ed.chr.994 (Protokoll Nr.56 der Sitzungen des PB vom 11.12.1937 bis 21.1.1938), Punkt 230 (behandelt am 7.1.1938), S.46. RICHARD TAYLOR übernimmt aus der älteren Sowjetliteratur die Behauptung, Dukel'skij sei am 23.3.1938 eingesetzt worden. (Vgl. TAYLOR, RICHARD: *Ideology as mass entertainment: Boris Shumyiatsky and Soviet cinema in the 1930s*, in: TAYLOR, RICHARD/CHRISTIE, IAN (Hg.): *Inside the Film Factory...*; S.193-216, hier S.216.) Dies ist so nicht richtig. Das von TAYLOR zitierte Datum markiert lediglich die offizielle Gründung des neuen *Komitees für Kinoangelegenheiten*, als deren Leiter Dukel'skij auch zunächst fungierte.
[359] - BAGAEV, BORIS FEDOROVIČ: *Boris Šumjackij. Očerk žizni i dejatel'nosti*, Krasnojarsk 1974, S.204.
[360] - *Bol'šaja Sovetskaja Ėnciklopedija*, Bd.29, Sp.1548, Moskau ³1978.
[361] - BESEDOVSKIJ, G.Z.: *Na putjach k termidoru*, Moskau 1997, S.456.
[362] - ZEL'DOVIČ, G./ČACHIRJAN, G.: *Samoe važnoe, samoe massovoe iz iskusstv*, Moskau 1940, S.53f.
[363] - Die politisch gewollte und vor allem unter Šumjackijs Ägide durchgesetzte Hinwendung des sowjetischen Kinos zum Massenpublikum muss insgesamt als eindeutig erfolgreich gewertet werden. THURSTON etwa rechnet vor, dass im Jahre 1940 jeder Sowjetbürger im Durchschnitt fünfmal als zahlender Kunde ein Kino besuchte. (THURSTON, R.W.: *Social dimensions of Stalinist rule: humour and terror in the USSR, 1935-1941*, in: *Journal of Social History*, Band 24/1991, Heft 3, S.551. Hier Zitiert nach: ANDRLE, VLADIMIR: *A Social History of Twentieth-Century Russia*, London 1994, S.203.)
[364] - ĖJZENŠTEJN, SERGEJ M.: *Der Herrgott hat's mir mit Witz gelohnt (Aus den Erinnerungen meines ausgedachten Enkels)* in: Ėjzenštejn, SERGEJ M.: *Yo. Ich selbst. Memoiren...*, S.1162-1167, zitiert S.1167. Ėjzenštejn verfasste dieses Manuskript 1946 (während der Arbeiten an *"Ivan Groznyj"*). Das Zitat gibt die Übersetzung der deutschen Ausgabe wieder und übernimmt deren Orthographie.
[365] - KOZLOV, L.K.: *Stalin: Nekotorye uroki režissury. Po dokumentam 1935-go i drugich godov*, in: *Kinovedčeskie Zapiski*, Heft Nr.27/1995, S.76-91, zitiert S.77.
[366] - Vgl. RCChIDNI, f.17, op.114, ed.chr.332, S.81f.
[367] - Diese Angaben entstammen dem Rechenschaftsbericht der GUKF für das Jahr 1937, der sich bei den Unterlagen des Kunstkomitees beim SNK befindet: *GUK. Svodnyj otčet po promyšlennosti za 1937g. (osnovnaja dejatel'nost')*, RGALI, f.2456, op.1, ed.chr.227; die zitierten Angaben finden sich auf S.2.
[368] - Vgl. RCChIDNI, f.17, op.3, ed.chr.994 (Protokoll Nr.56 der Sitzungen des PB vom 11.12.1937 bis 21.1.1938), Punkt 30 (*Ob otpuske sredstv Glavnomu Upravleniju Kinematografii*, entschieden durch Umfrage vom 14.12.1937), S.6.
[369] - Vgl. RGALI, f.2456, op.1, ed.chr.227, S.58-59, 61,61R.
[370] - Vgl. RCChIDNI, f.17, op.114, ed.chr.598 (Protokoll Nr.42 der Sitzung des OB vom 2.12.1935), Punkt 6 (*O kartine "Čapaev"*), S.3; Anlage zu Punkt 6, S.49. Erst zwei Jahre später wurde ein zentrales staatliches Filmarchiv eingerichtet. (Vgl. RCChIDNI, f.17, op.3, ed.chr.983 [*Protokoll Nr.45 der*

Sitzung des PB vom 17.2.1937], Punkt 258 [*Über ein staatliches Filmlager*, erledigt durch Umfrage unter den PB-Mitgliedern am 1.2.1937].)

[371] - TAYLOR, RICHARD: *Ideology as mass entertainment...*, a.a.O., zitiert S.216.

[372] - Vgl. das Aussageprotokoll von Grigorij Zel'dovič, der in diesem Zusammenhang von *schädlingshaften Planaufstellungen* [*vreditel'skie ustanovki*] sprach und davon, dass Šumjackij und seine Mitstreiter sich als freigiebige *"Mäzene" der Kunst* verstanden hätten *und nicht als Staatsdiener*, die Staatsgelder verantwortlich verwalten sollten. (RCChIDNI, f.17, op.120, ed.chr.349, S.57, S.54.)

[373] - Šumjackij erreichte auch zu keinem Zeitpunkt eine totale Kontrolle des unübersichtlichen Systems der sowjetischen Filmwirtschaft. Ende 1933 beschwerte er sich beispielsweise beim CK, dass die vor allem im sowjetischen fernen Osten aktive Produktionsfirma VOSTOKFIL'M *hinter dem Rücken der GUKF* mit persischen Stellen Verabredungen für ein Filmprojekt getroffen und *faktisch* schon eine Aufnahmegruppe nach Persien geschickt habe. Da die Zusammenarbeit mit dem Ausland grundsätzlich *politisch sehr verantwortlich* angegangen werden müsse, sei die *verantwortungslose Arbeitsmethode* der VOSTOKFIL'M, so Šumjackij, *vollkommen unzulässig*. Šumjackij bat das CK, sich der Sache anzunehmen. Offenbar reichte sein eigener Einfluss auf die eigentlich ja ihm unterstellte Produktionsfirma dafür nicht aus. (RGALI, f.2496, op.3, ed.chr.11, S.216 [Brief Šumjackijs an das CK vom 4.10.1933].) Aus den bei der SOVKINO gesammelten Materialien zu dem Fall geht hervor, dass neben der GUKF, dem CK und der VOSTOKFIL'M auch noch der SNK, die Valuten-Kommission beim CK und die Kulturabteilung des CK mit dem Fall zu tun hatten (a.a.O. S.217,217R,218). Anhand dieser Affäre zeigt sich einmal mehr die verworrene, durch interne Konkurrenz und Kompetenzüberschneidungen gekennzeichnete Struktur der sowjetischen Bürokratie.

[374] - Unmittelbar nach Šumjackijs Verhaftung reagierten die sowjetischen Filmschaffenden freilich zunächst freudig erregt. Sie wussten noch nicht, dass Šumjackijs Nachfolger ein wesentlich strengeres Reglement führen würde. Der Regisseur Michail Romm erinnert sich: *Es ist wahr, als man Šumjackij verhaftete, gab es ein großes Fest in Moskau. Man hatte ihn überhaupt nicht gemocht, viele hatten ihn nicht gemocht. Barnet besoff sich im „Metropol". Alle liefen fröhlich herum. Schlimmer, sagten sie, kann es nicht werden, wahrscheinlich wird es besser. Wen würden sie [zu Šumjackijs Nachfolger] ernennen? (Semën Semënovič Dukel'skij*, in: ROMM, MICHAIL: *Ustnye rasskazy*, Moskau 1991, zusammengestellt von N.B. KUZMINA, S.61-74, zitiert S.61.)

[375] - RCChIDNI, a.a.O., S.50

[376] - RCChIDNI, a.a.O., S.56.

[377] - RCChIDNI, a.a.O., S.50.

[378] - RCChIDNI, a.a.O., S.52.

[379] - RCChIDNI, a.a.O., S.55.

[380] - RCChIDNI, a.a.O., S.58.

[381] - Protokoll Nr.59 der Sitzungen des PB vom 25.2.1938 bis 27.3.1938, hier: Sitzung des PB vom 26.2.1938, Punkt 3, zitiert nach: CHLEVNJUK, O.V./KVAŠONKIN, A.V./KOŠELEVA, L.P./ROGOVAJA, L.A. (Hg.): *Stalinskoe Politbjuro v 30-e gody. Sbornik dokumentov*, Moskau 1995, S.72.

[382] - Vgl. RCChIDNI, f.17, op.3, ed.chr.997 (Protokoll Nr.59 der Sitzungen des PB vom 25.2.1938 bis 27.3.1938), hier: Sitzung des PB vom 23.3.1938, Pkte. 252-255, RCChIDNI, f.17, op.3, ed.chr.997.

[383] - Zitiert nach: KOSSOVSKIJ, A.E. (Hg.): *Sovetskaja kinematografija. Sistematizirovannyj sbornik zakonodatel'nych postanovlenij, vedomstvennych prikazov i instrukcij*, Moskau 1940, S.3. Mit den Schlagwort *Kinofizierung/kinofikacija* wurde der Ausbau des Netzes von Filmtheatern in der Sowjetunion beschrieben.

[384] - Zitiert nach: KOSSOVSKIJ, A.E. (Hg.): *Sovetskaja kinematografija...*, S.3.

[385] - Zitiert nach: KOSSOVSKIJ, A.E. (Hg.): *Sovetskaja kinematografija...*, S.4.

[386] - Vgl. RCChIDNI, f.17, op.3, ed.chr.997 (Protokoll Nr.59 der Sitzungen des PB vom 25.2.-27.3.1938), Punkt 254 (vom 23.3.1938).

24

216

[387] - Gennant sei hier die notorische „Stalin-Trilogie" Čiaurelis, zu der die Filme *Kljatva/Der Schwur* (KINOSTUDIO TBILISSI 1946), *Padenie Berlina/Der Fall Berlins* (MOSFIL'M 1950), *Nezabyvaemyj 1919j/Das unvergessliche Jahr 1919* (MOSFIL'M 1951).

[388] - Vgl. etwa Stalins Exemplar von Aleksej Tolstojs Bühnenfassung von *"Ivan Groznyj"*, das dem gleichnamigen Filmprojekt Sergej Ėjzenštejns zugrundelag. (RCChIDNI, f.558, op.3, ed.chr.351.)

[389] - Vgl. dazu: GNATOVSKAJA, D.JU./ZEZINA, M.R.: *Bytovye kommuny rabočej i studenčeskoj molodeži vo vtoroj polovine 20ch – načale 30ch godov*, in: *Vestnik Moskovskogo Universiteta*, Serie 8 [*istorija*], Heft 1/1998, S.42-58, S.56.

[390] - Vgl.: KOSSOVSKIJ, A.E. (Hg.): *Sovetskaja kinematografija...*, S.4.

[391] - ALEKSANDROV, GRIGORIJ: *Ėpocha i kino*, Moskau 1976, S.159.

[392] - Unter dem Schlagwort des *novyj byt* wurden zu Beginn der dreißiger Jahre Werte wie Ordnung, Hygiene, familiäre Bindungen und Treue sowie allgemeines Wohlverhalten besonders unter den jüngeren Arbeitern propagiert. Vgl. dazu: GNATOVSKAJA, D.JU./ZEZINA, M.R.: *Bytovye kommuny rabočej i studenčeskoj molodeži vo vtoroj polovine 20ch – načale 30ch godov*, in: *Vestnik Moskovskogo Universiteta*, Serie 8 [*istorija*], Heft 1/1998, S.42-58, bes. S.45f.

[393] - Vgl.: MARGOLIT, EVGENIJ: *„ Budem sčitat', čto takogo fil'ma nikogda ne bylo." „Poločnye" fil'my 30-ch godov*, in: *Iskusstvo Kino*, Heft Nr. 7/1995, S.84-95, S.91.

[394] - Vgl. oben, Kap. II. 6.1.

[395] - ĖJZENŠTEJN, SERGEJ M.: *Stalinpreisträger (Über Iwan Pyrjew)*, in: *Yo. Ich selbst. Memoiren...*, S.1158-1161, zitiert S.1158f. (Die Orthografie des Zitats folgt dieser Ausgabe.) KLEJMAN interpretiert Ėjzenštejns Bemerkung, dass Aleksandrov *tadellos auf dem Seil* balanciert habe, als ironische Anspielung auf Aleksandrovs erfolgreichen "Balanceakt" zwischen Hollywood-Musical und Propagandafilm, bzw. zwischen eigener Kreativität und Parteipropaganda (vgl. KLEJMANs Anmerkungen zum Text, a.a.O., S.1228f).

[396] - BOGOMOLOV, JURIJ: *Po motivam istorii sovetskogo kino*, in: *Iskusstvo Kino* Nr. 8/89, S.56-67 (Teil 1), zitiert S.67.

[397] - Zitiert nach: TAYLOR, RICHARD: *Singing on the Steppes for Stalin. Ivan Pyr'ev and the Kolkhoz Musical in Soviet Cinema*, in: *Slavic Review*, Band 58/1999, S.143-159, hier S.144.

[398] - RGALI, f.2494, op.1, ed.chr.382 (Stenogramm der ARRK-Versammlung *O put'jach razvitija sovetskoj komedii*), S.9-12.

[399] - Stenogramm der ARRK-Versammlung *O put'jach...*, a.a.O., S.2.

[400] - Stenogramm der ARRK-Versammlung *O put'jach...*, a.a.O., S.5.

[401] - Stenogramm der ARRK-Versammlung *O put'jach...*, a.a.O., S.7.

[402] - Stenogramm der ARRK-Versammlung *O put'jach...*, a.a.O., S.7.

[403] - Vgl. ALEKSANDROV, GRIGORIJ: *Ėpocha i kino*, Moskau 1976, S.163.

[404] - Der Regisseur des Films, Grigorij Aleksandrov, nannte später als wichtigstes Element des Films - neben der *Sozialsatire* und dem Thema *Liebe* - den *Gedanken, dass die Sowjetmacht den Talenten aus dem Volk alle Wege in die große Kunst öffnet*. (Zitiert nach: ALEKSANDROV, GRIGORIJ: *Ėpocha i kino*, Moskau 1976, S.165.)

[405] - Die der Hochkultur verpflichtete *Literaturnaja gazeta* machte dem Film *"Die fröhlichen Gesellen"* seinen *"Amerikanismus"* zum Vorwurf. Die darin enthaltene Einschätzung, dass der Film sich in vielerlei Hinsicht an Hollywood orientierte, war sicher richtig. (Vgl. GROMOV, EVGENIJ SERGEEVIČ: *Stalin. Vlast' i iskusstvo*, Moskau 1998, S.200.)

[406] - Das Dokument ist ediert in: SIDOROV, NIKOLAJ: *"Veselye rebjata" - Komedija Kontrrevoljucionnaja*, in: *Istočnik* 3/1995, S.72-78; zitiert S.73f.

[407] - Vgl. ALEKSANDROV, GRIGORIJ: *Ėpocha i kino*, Moskau 1976, S.184.

[408] - Vgl. dazu SARTORI, ROSALINDE: *"Weben ist das Glück fürs ganze Land."* Zur Inszenierung eines Frauenideals, in: PLAGGENBORG, STEFAN (Hg.): *Stalinismus. Neue Forschungen und Konzepte*, Berlin 1998, S.267-291. SARTORI analysiert vor allem den Film *Svetlyj put'/Der helle Weg*, den Grigorij Aleksandrov 1940 drehte und in dem Ljubov' Orlova ein analphabetisches Dorfmädchen spielt, das

über die Arbeit in einer städtischen Textilfabrik Bildung, Glück und Karriere erreicht und schließlich in den Obersten Sowjet gewählt wird.

[409] - Vgl. RGALI, f.1966, op1., ed.chr.377, S.34R.

[410] - RGALI, f.1966 (Unterlagen von F.S.SEDYCH, dem Leiter des *Informacionno-metodičeskij otdel* der MOSFIL'M), op.1, ed.chr.377 (*Sbornik materialov massovych prosmotrov kartin "Mosfil'ma"*), S.7R, 8, 8R,9.

[411] - Vgl. Vgl. ALEKSANDROV, GRIGORIJ: *Ėpocha i kino*, Moskau 1976, S.208. Über die anhaltenden Vorbehalte von Kritikern und Zensoren gegenüber der neuen sowjetischen Komödienform, besonders gegenüber den unverzichtbaren Slapstick-Einlagen, vgl.: TUROVSKAJA, MARJA: „*Volga – Volga" i ee vremja*, in *Iskusstvo Kino*, Heft Nr.3/98, S.59-64, bes. S.61f.

[412] - STITES, RICHARD: *Russian Popular Culture...*, S.91.

[413] - SWALLOW, NORMAN: *Alexandrov*, in: *Sight and Sound*, Heft 48/1997, S.246-49, zitiert S.249.

[414] - MAMATOVA, LILIJA CH.: *Model' kinomifov 30-ch godov...*, S.110.

[415] - MAMATOVA kommt zu der Einschätzung, eine zentrale Botschaft der Filmproduktion der dreißiger Jahre an die sowjetischen Arbeiter sei *Askese* gewesen. (Vgl. MAMATOVA, LILIJA CH.: *Model' kinomifov 30-ch godov...*, S.106.) ROBERT SERVICE schreibt: *Stalin und seine engsten Vertrauten sahen eine Verschärfung der Disziplin als wichtigstes Mittel, um ökonomischen Erfolg und politische Stabilität zu erreichen.* (SERVICE, ROBERT: *A History of Twentieth-Century Russia...*, S.211.)

[416] - Besonders die verschiedenen Strömungen in den Intellektuellen-Zirkeln der *Narodniki* („*Volkstümler"*) bezogen sich seit der Mitte des 19. Jahrhunderts in ihren gesellschaftlichen Utopien auf die Vorbilder der russischen bäuerlichen Dorfgemeinschaften. Fürst Petr Kropotkin entwarf etwa 1873 eine Zukunftsgesellschaft, die ganz aus freien und selbständigen Bauerngemeinschaften aufgebaut sein sollte. (Vgl. dazu STITES, RICHARD: *Russian Popular Culture...*, S.28-30, bes. S.29.)

[417] - ORLANDO FIGES rechnet etwa vor, dass während der Bauernunruhen, die Revolution und Bürgerkrieg zwischen 1917 und 1922 begleiteten, der Anteil der eigenverantwortlich bewirtschafteten Höfe von etwa einem Drittel auf ungefähr 2% zurückging: Wütende Bauern zwangen die Abweichler zurück ins Kollektiv. *Die Vergemeinschaftungs-Bewegung gegen die Individualisten war am intensivsten im Süden und Südosten, wo die Stolypinschen Landreformen vor der Revolution am meisten Boden gewonnen hatten.* (Vgl. FIGES, ORLANDO: *Peasant Russia, Civil War. The Volga Countryside in Revolution 1917-1921*, Oxford 1989 [Taschenbuchausgabe 1991], S.55ff, zitiert S.56.)

[418] - Zitiert nach: TAYLOR, RICHARD: *Singing on the Steppes for Stalin. Ivan Pyr'ev and the Kolkhoz Musical in Soviet Cinema*, in: *Slavic Review*, Band 58/1999, S.143-159, hier S.151. Dort auch die Angaben zur Freigabe des Films durch Dukel'skij.

[419] - EVGENIJ MARGOLIT kommt bei seiner Analyse der Zensurpolitik im sowjetischen Filmwesen der dreißiger Jahre zu der Einschätzung, dass die entscheidende Zäsur für das Ende der *Vielfalt* im Sowjetkino die Konferenz der Kinoschaffenden von 1935 (vgl. dazu Kap. II.5.4) gewesen sei. (Vgl.: MARGOLIT, EVGENIJ: „*Budem sčitat', čto takogo fil'ma nikogda ne bylo." „Poločnye" fil'my 30-ch godov*, in: *Iskusstvo Kino*, Heft Nr. 7/1995, S.84-95, S.89.)

[420] - RGALI, f.2494, op.1, ed.chr.382 (*Stenogramm der ARRK-Versammlung "Über die Wege der Entwicklung der sowjetischen Komödie*), S.8.

[421] - Vgl. dazu OBERLÄNDER, ERWIN (HG.): *Sowjetpatriotismus und Geschichte. Dokumentation*, Köln 1967, S.118ff.

[422] - Das Werk wurde unter dem Titel *Kratkij kurs istorii VKP(b)* beginnend mit der Ausgabe vom 9. September 1939 in der Parteizeitung *Pravda* vorveröffentlicht. Als Autoren zeichneten V.G. Knorin, E.M. Yaroslavski und P.N. Pospelov. Eine deutsche Ausgabe erschien unter dem Titel *Geschichte der Kommunistischen Partei der Sowjetunion (Bolschewiki). Kurzer Lehrgang* 1948 in Berlin (Ost). Zuletzt wurde diese Ausgabe als reprint 1978 in Stuttgart im VERLAG NEUER WEG aufgelegt. Auf die letztgenannte Ausgabe beziehen sich die deutschen Zitate.

[423] - Vgl. SERVICE, ROBERT: *A History of Twentieth-Century Russia...*, S.237ff, Zitate S.237. Im selben Sinne argumentiert TUCKER, ROBERT C.: *Stalin in Power...*, S.530ff.

[424] - In der deutschen Ausgabe des *Kurzen Lehrgangs* (a.a.O., S.325) heißt es: *In den Lenin-Trauertagen, auf dem II. Sowjetkongress der UdSSR, legte Stalin im Namen der Partei den großen Schwur ab.* Es folgt der Text des „Schwurs". Die wesentlich wirkmächtigere Darstellung des „Schwurs" an Lenins Sarg und öffentlich auf dem Roten Platz entstammt erst der Inszenierung des Regisseurs Michail Čiaureli im Film *Kljatva/Der Schwur* (Kinostudio Tbilissi 1946).

[425] - Vgl. ŽDAN, V. (Hg.): *Der sowjetische Film*, Band 1: *Von den Anfängen bis 1945*, Berlin (Ost) 1974, S.49-50.

[426] - Zitiert nach RGALI, f.1966 (Unterlagen von F.S.Sedych), op.1, ed.chr.377, S.11,11R.

[427] - FERRO, MARC: *L'idéologie stalienne au travers d'un film: Tchapaev*, in ders.: *Cinéma et Histoire*, Paris 1977 [überarbeitete Neuausgabe 1993], S.82-102, Zitate auf S.92.

[428] - Zu nennen sind hier besonders die ästhetisch sehr innovativen Filme *Čertovo koleso/Das Teufelsrad* (LENINGRADKINO 1926) und *Novyj Vavilon/Das neue Babilon* (SOVKINO/Studio Leningrad 1929, alternativer Übersetzungstitel: *Der Kampf um Paris*).

[429] - Als Wurzel der russisch-sozialistischen Bildungsroman-Erzählform kann auch das klassische Werk des 19. Jahrhunderts herangezogen werden: *Was tun? (Čto delat'?)* von ČERNIŠEVSKIJ.

[430] - Idealtypische Beispiele für solche sozialistisch realistische „Heldengeschichten" in der zeitgenössischen Belletristik sind neben den genannten (und verfilmten) Werken Gor'kijs und Furmanovs etwa *Kak zakaljalas' stal'/Wie der Stahl gehärtet wurde* von NIKOLAJ ALEKSEEVIČ OSTROVSKIJ (2 Bände, Moskau 1932-34) und *Cement/Zement* von FEDOR VASIL'EVIČ GLADKOV (Moskau 1925).

[431] - MARC FERRO bemerkt dazu: *Die Lektion dieses Endes, die Lektionen dieses Film insgesamt sind klar. Die Helden sterben, aber nicht die kommunistische Partei, die den Fortbestand des Sieges sichert.* Hinter diesem Schluss verberge sich die (auch aus dem christlichen Wertesystem bekannte) traditionelle Moral: „*Das Blut der besten Söhne des Vaterlands sühnt eure Fehler.*" (FERRO, MARC: *L'idéologie stalienne au travers d'un film: Tchapaev...*, S.92,102.)

[432] - KOENEN, GERD: *Die großen Gesänge. Lenin, Stalin, Mao Tse-tung. Führerkulte und Heldenmythen des 20. Jahrhunderts*, Frankfurt am Main 1991, S.541.

[433] - MAMATOVA, LILIJA CH.: *Model' kinomifov 30ch godov: genij i zlodejstvo*, in: *Iskusstvo kino*, Heft 3/1991, S. 88-97, zitiert S. 89-90, S.97.

[434] - BAZIN, ANDRÉ: *Le cinéma soviétique et le mythe de Staline*, in: Esprit, Heft Nr.170, Paris 8/1959, S.210-235, zitiert S.220,219.

[435] - Zur Einbettung von Ėjzenštejns *"Alexander Newski"* in die allgemeine Kampagne zur Kriegsvorbereitung vgl. DAHLMANN, DITTMAR: *Der russische Sieg auf dem Peipussee 1242*, in [noch nicht veröffentlicht], S. 10-12 [der Manuskriptfassung].

[436] - Zitiert nach RGALI, f.1966 (Unterlagen von F.S.Sedych), op.1, ed.chr.377, S.10R.

[437] - RCChIDNI, f.558, op.13, ed.chr.351 (Stalins Handexemplar von: ALEKSEJ TOLSTOJ: *Ivan Groznyj. Dramatičeskaja povest' v dvuch čast'jach*, Moskau 1944), S.57, mit handschriftlichen Anmerkungen und Markierungen.

[438] - Zitiert nach: LEBEDEV, N.A. (Hg.): *Partija o kino. Sbornik materialov*, Moskau ²1939, S.101,103.

[439] - Vgl. DAHLMANN, DITTMAR: *Der russische Sieg auf dem Peipussee 1242...*, [noch nicht veröffentlicht].

[440] - Vgl. dazu oben, Kapitel II.3.1.

[441] - Zur Kampagne, die bereits 1935 begann, vgl. den entsprechenden Geheim-Beschluss des OB in RCChIDNI, f.17, op.114, ed.chr.575 (*Protokoll Nr.19 der Sitzung des OB vom 31.12.1934*), S.1 (*Punkt 1 – „Über die Vorbereitung zum Umtausch der Parteibücher"*). Darin ist bereits festgelegt, dass schon das bloße Verlieren eines Parteibuchs (wie es auch der Protagonistin im Film *Das Parteibuch* zur Last gelegt wird) zu parteiinternen Strafen und strafrechtlicher Verfolgung führen soll. (A.a.O., S.2.)

[442] - Vgl. dazu ANDRLE, VLADIMIR: *A Social History of Twentieth-Century Russia*, London 1994, bes. S.206-207.

[443] - *Valerij Čkalov* [LENFIL'M 1941], Regie: Michail Kalatozov. Čkalov selbst, der unter anderem mit einem non-stop-Flug von Moskau über den Nordpol nach Vancouver Aufsehen erregt hatte, war 1938 mit 33 Jahren bei einem Flugunglück gestorben.

[444] - TROJANOVSKIJ, MARK. A.: *S kinoapparatom na „Čeljuskine"*, in: *Sovetskoe kino*, Nr.4/April 1934, S.12-17, zitiert S.17.

[445] - *Čeljuskin* [SOJUZKINOCHRONIKA 1934], Drehbuch und Kamera: Arkadij.M. Šafran und Mark A. Trojanovskij. Fünfzig Jahre später drehte der sowjetische Regisseur Michail Eršov eine neue Version des Heldendramas (*Čeljuskincy*, LENFIL'M 1984).

[446] - STACHANOV, ALEKSEJ: *Moë predloženie sovetskoj kinematografii*, in: *Iskusstvo kino*, Nr.3, März 1938, S.25; hier zitiert nach: TAYLOR, RICHARD/CHRISTIE, IAN (Hg.): *The Film Factory. Russian and Soviet Cinema in Documents*, Cambridge/MA 1988, S.389.

[447] - Vgl für diesen Abschnitt JUTKEVIČ, SERGEJ: *Sobranie sočinenij*, Band 2, Moskau 1991, S.136-141, Zitate S.136,137,141.

[448] - MAMATOVA, LILIJA CH.: *Model' kinomifov 30-ch godov*, in *Isskustvo kino*, Heft 11/1990, S.103-111, zitiert S.108.

[449] - All diese Charakterzüge ähneln frappierend der volkstümlich-traditionellen Beschreibung des Teufels, sie sind alle in den Konnotationen des Adjektivs "diabolisch" enthalten. Insbesondere die Verquickung von Intelligenz, Eloquenz und arroganter Rücksichtslosigkeit mit "amoralischer" Sexualität und Verführungskunst sind für die meisten Teufelsdarstellungen charakteristisch. Als Beispiel sei nur die goethesche Darstellung des Mephisto im "Faust" genannt.

[450] - Für LILIJA MAMATOVA ist die archetypische Funktion des *Schädling/Vreditel'* als *Versucher* eines seiner wichtigsten Charakteristika. (Vgl. MAMATOVA, LILIJA CH.: *Model' kinomifov 30-ch godov*, in *Isskustvo kino*, Heft 11/1990, S.103-111, S.108.)

[451] - MARC FERRO weist daraufhin, dass die negative Darstellung von Intellektuellen in Filmen, also die Attacken gegen die sogenannte *„ verdorbene Intelligenz"* einem allgemeinen und politisch gewollten Trend in der Sowjetgesellschaft entsprachen: *Die Plebejisierung der leitenden Institutionen* [ist] *eines der Charakteristika der stalinschen Epoche.* (FERRO, MARC: *L'idéologie stalienne au travers d'un film: Tchapaev...*, S.102.)

[452] - RGALI, f.1966, op.1, ed.chr.377, S.6 (*Anketnye materialy* zu *Partijnyj bilet*).

[453] - Die Nickelbrille taucht auch in anderen Fällen häufig als äußerliches Kennzeichen der intellektuellen "Feinde" auf. Insbesondere in Verbindung mit einem Spitzbart ließ sie die negativen Helden dadurch äußerlich dem schlimmsten aller "Volksfeinde" in der sowjetischen Realität ähneln: Trockij.

[454] - STEFAN MERL stellt in seiner Studie über ländliche Führungskräfte fest, dass die für die technische Planung der Kolchozarbeiten zuständigen Agronomen, die eine höhere Bildung hatten, fast immer von außerhalb der jeweiligen Dorfgemeinschaft kamen, in der Regel aus der Stadt. Die Darstellung des Agronomen im Film *Mitglied der Regierung* als Außenseiter dürfte insofern recht realitätsnah sein. (MERL, STEPHAN: *Sozialer Aufstieg im sowjetischen Kolchossystem der dreißiger Jahre? Über das Schicksal der bäuerlichen Parteimitglieder, Dorfsowjetvorsitzenden, Posteninhaber in Kolchosen, Mechanisatoren und Stachanowleute*, Berlin 1990, S.73ff). MERL stellt außerdem fest, dass auch die mangelnde Bildung, wie der Agronom sie der Kolchozvorsitzenden Sokolova im Film *Mitglied der Regierung* vorwirft, genau wie dort dargestellt, auch tatsächlich üblicherweise kein Hindernis für die Ausübung einer Führungstätigkeit war: *Eine bessere Bildung verschaffte auf dem Lande für den sozialen Aufstieg keinen Vorteil, weil die verantwortlichen politischen Instanzen fachliche Qualifikation als unwichtig ansahen.*(A.a.O., S.73.)

[455] - IEZUITOV, I.: *O stiljach sovetskogo kino*, in: *Sovetskoe kino*, Nr.5-6/1935, S.31-47, zitiert S.46.

[456] - Artikel des *Gen. Mitin – Sekretär des Gebietsparteikomitees von Kirov* in der Ausgabe vom 9.5.1936 der in Ufa erscheinenden Zeitung *Krasnaja Baškirija* (vgl. RGALI, f.1966, op.1, ed.chr.377, S.5).

[457] - Vgl für diesen Abschnitt: GÜNTHER, HANS: *Der Feind in der totalitären Kultur*, in: GORZKA, GABRIELE (Hrsg.): *Kultur im Stalinismus. Sowjetische Kultur und Kunst der 19dreißiger bis 50er Jahre*, Bremen 1994, S.89-100, zitiert S.89,90.

[458] -MAL'KOVA, LILIANA: *Lico vraga*, in: MAMATOVA, LILIJA CH. (HG.): KINO: POLITIKA I LJUDI..., S.79-99, zitiert S.79.

[459] - KEPLEY, VANCE JR.: *In the Service of the State The Cinema of Alexander Dovženko*, Madison 1986, S.114.

[460] - Der Kult um die sowjetische Jugend fand auch in Paraden, Sportveranstaltungen und Aufmärschen Ausdruck, die wiederum in Sonderwochenschauen verherrlicht wurden – mit programmatischen Titeln wie *„Die Stalin-Generation"* (*„Stalinskoe plemja"*, Regie: Erofeev/Posel'skij/Setkina, Moskauer Studio der SOJUZKINO*CHRONIKA* o.J. [ca. 1936], RGAKFD, Film-Nr. I-4169) oder *„Die stalinsche Jugend"* (*„Stalinskaja molodež"*, Regie: A. Varlamov, Moskauer Studio der SOJUZKI-NOCHRONIKA 1938, RGAKFD, Film-Nr. I-4966).

[461] GROYS, BORIS: *Die sowjetische ideologische Praxis*, in: ders.: *Die Erfindung Russlands*, München/Wien 1995, S.75-92, zitiert S.85.

[462] - Die Parteiführung legte Wert darauf, dass auch dieser Fall filmisch in hoher Qualität umgesetzt würde. Das Projekt wurde Sergej Ėjzenštejn übergeben, der jedoch mit seiner Umsetzung (*Bežin lug/Die Bežin-Wiese*) an den Vorgaben der Parteiführung scheiterte. Vgl. dazu oben, Kapitel II.6.3. Zu den verschiedenen Phasen der Propaganda-Kampagne um den Fall des kleinen Pavlik Morozov vgl. auch: ANDRLE, VLADIMIR: *A Social History of Twentieth-Century Russia*, London 1994, S.205.

[463] - SOJUZKINOŽURNAL Nr.22/366, 1931, RGAKFD, Film-Nr. I-2199.

[464] - SOJUZKINOŽURNAL Nr. 36/535, 1934, Regie: Vl. Bojkov, RGAKFD, Film-Nr. I-2478.

[465] - KEPLEY JR, V.: *In the Service of the State. The Cinema of Alexander Dovzhenko*, Madison 1986, S.112.

[466] - Vgl. dazu ANDRLE, VLADIMIR: *A Social History of Twentieth-Century Russia*, London 1994, bes. S.206-210.

[467] - MERL, STEPHAN: *Sozialer Aufstieg im sowjetischen Kolchossystem der dreißiger Jahre? Über das Schicksal der bäuerlichen Parteimitglieder, Dorfsowjetvorsitzenden, Posteninhaber in Kolchosen, Mechanisatoren und Stachanowleute*, Berlin 1990, S.260.

[468] - Der Stolz auf die eigene Automobilproduktion wurde selbstverständlich auch auf der Leinwand vorgeführt und unterstützt; so etwa bei der Präsentation der neuen Sowjetlimousine „M1" 1936, die in der Wochenschau (SOJUZKINOŽURNAL Nr.37, Juli/1936, RGAKFD I-2876) mit Aufnahmen von Fahrten durch sämtliche Vegetationszonen der UdSSR, einschließlich der Wüsten, gefeiert wurde.

[469] - A.a.O., S.257, S.144.

[470] - A.a.O., S.134, S.137.

[471] - Der überaus populäre Schauspieler Igor' Il'inskij etwa bekam 1934 ein monatliches Gehalt von 3.500 Rubeln. (Vgl. GARF, f.5508, op.1, ed.chr.2216 [Unterlagen der Foto-Kino-Sektion beim CK Rabis], S.68.) Die geheime Untersuchungskommission, die 1937/38 Vorwürfe gegen die GUKF und Šumjackij, sammelte stellte fest: *Der Regisseur Aleksandrov, der um die 1,5 Millionen für seinen Film bekommen hatte, bekam vom Studio 3000 Rubel pro Monat für die Miete seines Autos, das er selbst nicht benutzte.* (Aus einem Bericht *O faktach semejstvennosti i moral'no-bytovogo razloženija kino-rabotnikov*, RCChIDNI, f.17, op.120, ed.chr.349, S.67-70, zitiert S.70. Der Bericht wurde den CK-Sekretären L.M. Kaganovič und A.A. Ždanov zugestellt.)

[472] - Privat genutzte Automobile gehörten in der Sowjetunion der dreißiger Jahre zu den exklusivsten Statussymbolen überhaupt. So kam im Sommer 1937 die Kontrollkommission der Partei zu dem Schluss, dass so gut wie alle privat genutzten Automobile von Institutionen bezahlt und den entsprechenden Personen zur Verfügung gestellt würden. Dieser Zustand müsse schleunigst beendet werden, da es sich um eine *Beraubung des Staates* zugunsten von privilegierten Privatpersonen handele. (Vgl. RCChIDNI, f.17, op.3, ed.chr.987 (*Protokoll Nr.49 der Sitzung des Politbüro vom 15.6.1937*), S.54 (Punkt 215, entschieden durch Umfrage unter den PB-Mitgliedern vom 9.5.1937.)

[473] - Zitiert nach: GROMOV, EVGENIJ SERGEEVIČ: *Stalin. Vlast' i iskusstvo*, Moskau 1998, S.297-299.

[474] - Zitiert nach: TAYLOR, RICHARD/CHRISTIE, IAN (Hg.): *The Film Factory. Russian and Soviet Cinema in Documents*, Cambridge/MA 1988, S.357-358.

[475] - Vgl. dazu auch die Ausführungen zum "Fall Ėjzenštejn" in Kap. II.6.3.

[476] - Mozžuchin und Protazanov waren 1918 gemeinsam mit der Gruppe um den Produzenten Josif Ermolev nach Europa gegangen. Sie schlossen sich in Paris der russischen Emigration an. In Protazanovs erstem in Frankreich gedrehten Film *L'Angoissante aventure* (ERMOLIEFF-CINÉMA/Paris 1920) spielte Mozžuchin die Hauptrolle. Ihre Wege trennten sich jedoch schnell. Anfang der zwanziger Jahre folgte Protazanov seinem Produzenten Ermolev nach Berlin, wo Protazanov 1923 bei UFA-Produktion *Der Liebe Pilgerfahrt* Regie führte. Ermolev überredete ihn schließlich zur Rückkehr in die Sowjetunion, wo Protazanov mit der originellen Science-Fiction-Revolutionskomödie *Aėlita* (MEŽRABPOM-RUS' 1924) sein erneutes Debüt gab. (Vgl. CHRISTIE, IAN/GRAFFY, JULIAN (Hg.): *Protazanov and the Continuity of Russian Cinema*, London 1993, bes. S.58-59; THOMPSON, KRISTIN: *The Ermolieff Group in Paris: Exile, Impressionism, Internationalism*, in: *Griffithiana* Nr.35/6, Oktober 1989, S.50-57; BORGER, LENNY: *From Moscow to Montreuil: the Russian Emigrés in Paris 1920-1929*, in: *Griffithiana* Nr.35/6, Oktober 1989, S.28-39.)

[477] - BELOUSOV nennt als wichtigste Vertreter der *neuen Generation*, die verstärkt *zeitgenössische Themen* aufgenommen habe, die Regisseure Room, Ėrmler, und Jutkevič. (BELOUSOV, JURIJ ARKAD'EVIČ: *Problema vzaimootnošenija chudožnika i zritelja v sovetskom kinematografe 20ch-30ch godov*, Moskau (Diss.-Abstr.) 1981, S.22.)

[478] - MARGOLIT, EVGENIJ: *„Budem sčitat', čto takogo fil'ma nikogda ne bylo." „Poločnye" fil'my 30-ch godov*, in: *Iskusstvo Kino*, Heft Nr. 7/1995, S.84-95, zitiert S.87.

[479] - MAMATOVA, LILIJA CH.: *Model' kinomifov 30-ch godov*, in: *Isskustvo kino*, Heft 11/1990, S.103-111, zitiert S.105.

[480] - Wie wenig konkret und in ständiger Entwicklung begriffen die Definition des natürlich auch für die Filmkunst verbindlichen „sozialistischen Realismus" war, beschrieb der zeitgenössische Filmtheoretiker IEZUITOV im Jahre 1933: *Der sozialistische Realismus ist keine Methode, die 1932 zur allgemeinen künstlerischen Anwendung erdacht wurde [...]. Um die Methode des sozialistischen Realismus kämpfte die sowjetische Kunst jahrelang, kämpft sie im Augenblick und wird sie auch in Zukunft kämpfen.* (IEZUITOV, I.: *O stiljach sovetskogo kino*, in: *Sovetskoe kino*, Nr.5-6/1935, S.31-47, zitiert S.46.)

[481] - Vgl. dazu oben, Kap. II.3.1.

[482] - JUTKEVIČ, SERGEJ: *Sobranie sočinenij*, 2 Bände, Moskau 1991, Bd.2, S-70-73.

[483] - RCChIDNI, f.17, op.120, ed.chr.349, S.55.

[484] - RCChIDNI, f.17, op.120, ed.chr.349, S.53. Über die "moralische" Verwerflichkeit zahlreicher Regisseure sammelte auch die geheime Untersuchungskommission 1937/38 Materialien, die sie in einem Bericht *O moral'no-bytovom razloženii sredi kino-rabotnikov* zusammenfaßte. (RCChIDNI, a.a.O., S.62-64.)

[485] - Zur Praxis des experimentellen Kinderfilmstudios und zu Barskajas Programmatik, die damit verbunden war vgl.: BARSKAJA, MARGARITA: *Deti i sovetskoe kino*, in: *Pravda* vom 3.9.1935, S.4; BARSKAJA, MARGARITA/ŠUMJACKIJ, BORIS: *Proizvodstvo detskich kinokartin*, in: *Pravda* vom 2.4.1935, S.3.

[486] - Es befindet sich eine - teilweise unvollständige - Kopie des seinerzeit verbotenen Films im staatlichen Spielfilmarchiv Gosfil'mofond in Belye Stolby bei Moskau.

[487] - Alle Zitate nach: BAČELIS, I.: *Otvratitel'nyj vred (O fil'me "Otec i syn" rež. M. Barskoj)*, in: *Komsomol'skaja Pravda* vom 18.5.1937, hier zitiert nach: RGALI, f.1966 (Unterlagen von F.S. Sedych), op.1, ed.chr.61 (Biographisches Material über M. Barskaja), S.3.

[488] - Alle Zitate nach: RGALI, f.1966, op.1, ed.chr.61, S.4.

[489] - RGALI, f.2456, op.1, ed.chr.199, S.1-19R (*Sekretariat GUK: Protokol soveščanija u zamestitelja načal'nika GUK tov.Usieviča* vom 8.3.1937 – *otčetnyj doklad po detfil'mu*), zitiert S.14,15,15R.

[490] - Alle Zitate nach: RGALI, f.1966, op.1, ed.chr.61, S.4.

[491] - Barskaja bezieht sich auf Šumjackijs Stellvertreter.

[492] - Alle Zitate nach: MARGARITA BARSKAJA: *Naše vremja ždet svoego Šekspira*, in: MAMATOVA, LILIJA CH. (HG.): KINO: POLITIKA I LJUDI..., S.200-208. Es handelt sich um Auszüge aus Heften mit Tagebucheintragungen Margarita Barskajas, die sich im Besitz eines Nachkommen befinden.

[493] - GROYS, BORIS: *Der sozialistische Narziss*, in: NOEVER, PETER (Hg.): *Tyrannei des Schönen. Architektur der Stalin-Zeit*, München 1994, S.237-238, zitiert S.237.

[494] - Zitiert nach: GROMOW, JEWGENI: *Lew Kuleschow. Der vergessene unter den großen Vier – Wertow, Ějzenštejn, Pudowkin, Dowshenko. Eine Biographie*, Berlin (Ost) 1986, S.281.

[495] - A.a.O., S.281.

[496] - Zitiert nach: PAPERNY, VLADIMIR: *Mechanismus und Mensch*, in: NOEVER, PETER (Hg.): *Tyrannei des Schönen. Architektur der Stalin-Zeit*, München 1994, S.38-50, zitiert S.44.

[497] - TAYLOR, RICHARD: *Singing on the Steppes for Stalin. Ivan Pyr'ev and the Kolkhoz Musical in Soviet Cinema*, in: *Slavic Review*, Band 58/1999, S.143-159, zitiert S.152.

[498] - MAMATOVA, LILIJA CH.: *Model' kinomifov 30ch godov: genij i zlodejstvo*, in: *Iskusstvo kino*, Heft 3/1991, S. 88-97, zitiert S.96.

[499] - KOZINCEV, GRIGORIJ/TRAUBERG, LEONID/ JUTKEVIČ, SERGEJ/KRYŽICKIJ, GEORGIJ: *Ekscentrizm*, Petrograd 1922 (englische Übersetzung in: TAYLOR, RICHARD/CHRISTIE, IAN (Hg.): *The Film Factory...*, Dok.15, S.58-64).

[500] - MARGOLIT, EVGENIJ: *Der sowjetische Stummfilm und der frühe Tonfilm*, in: ENGEL, CHRISTINE (Hg.): *Geschichte des sowjetischen und russischen Films*, Stuttgart und Weimar 1999, S.17-67 [Kapitel 2 des Buches], zitiert S.55, S.56.

[501] - YOUNGBLOOD, D.: *Movies for the Masses...*, S.120. Vgl. auch: YOUNGBLOOD, DENISE J.: *The return of the native: Yakov Protazanov and Soviet Cinema*, in: TAYLOR, RICHARD/CHRISTIE, IAN (Hg.): *Inside the Film Factory. New Approaches to Russian and Soviet Cinema*, London/New York ²1994, S.103-123, S.122f. YOUNGBLOOD ist auch der Ansicht, Protazanov sei, gemeinsam mit Fridrich Ėrmler, *verantwortlich für die Wiedereinsetzung des Schauspielers auf einen wichtigen Platz im sowjetischen Kino* (a.a.O., S.122).

[502] - EISENSCHITZ, BERNARD: *A fickle man, or portrait of Boris Barnet as a Soviet director*, in: TAYLOR, RICHARD/CHRISTIE, IAN (Hg.): *Inside the Film Factory...*, S.151-175, zitiert S.154.

[503] - Vgl. KEPLEY JR, VANCE: *In the Service of the State The Cinema of Alexander Dovženko*, Madison 1986, S.4-9, Zitate S.5.

[504] - YOUNGBLOOD, D.: *Movies for the Masses...*, S.152.

[505] - In den Filmen Michail Romms (besonders: *Lenin v Oktjabre/Lenin im Oktober*, MOSFIL'M 1937; *Lenin v 1918 godu/Lenin im Jahre 1918*, MOSFIL'M 1939) spielte Boris Ščukin die Rolle des Lenin. Später spielte auch Maksim Strauch diese Rolle. In den Stalin-Filmen von Michail Čiaureli spielte der Georgier Michail Gelovani die Rolle Stalins, der später auch von Aleksej Dikij dargestellt wurde.

[506] - MARGOLIT, EVGENIJ: *Der Film unter Parteikontrolle*, in: ENGEL, CHRISTINE (Hg.): *Geschichte des sowjetischen und russischen Films*, Stuttgart und Weimar 1999, S.68-108 [Kapitel 3 des Buches], Zitate S.73.

[507] - BULGAKOVA, OKSANA: *Die Gartenbank oder wie ein ikonischer Diskurs entsteht: Vertovs „Drei Lieder über Lenin"*; in: GORZKA, GABRIELE (Hrsg.): *Kultur im Stalinismus. Sowjetische Kultur und Kunst der 19dreißiger bis 50er Jahre*, Bremen 1994, S.198-205, zitiert S.199.

[508] - Vgl. MARGOLIT, EVGENIJ: *Der sowjetische Stummfilm und der frühe Tonfilm*, in: ENGEL, CHRISTINE (Hg.): *Geschichte des sowjetischen und russischen Films*, Stuttgart und Weimar 1999, S.17-67 [Kapitel 2 des Buches], S.55.

[509] - Vgl dazu: PAECH, ANNE: *Von der Filmgeschichte vergessen: Die Geschichte des Kinos*, in: HICKETHIER, KNUT (Hg.): *Filmgeschichte schreiben. Ansätze, Entwürfe und Methoden*, Berlin 1989, S.41-49, Zitate S.44-45.

[510] - Vgl. oben, Kap.II.5.3. und II.5.4.

[511] - *Pravda* vom 3.12.1935, S.6.

[512] - PAECH. ANNE: *Von der Filmgeschichte vergessen: Die Geschichte des Kinos...*, a.a.O., S.45.

[513] - NOEVER, PETER: *Zum Thema: Architektur zwischen „Tyrannei der Unzterdrückung" und „Tyrannei des Schönen"*, in: NOEVER, PETER (Hg.): *Tyrannei des Schönen. Architektur der Stalin-Zeit*, München 1994, S.11-12, dort auch die Zitate.

[514] - Vgl. dazu: KOSTINA, OLGA: *Die Moskauer Metro*, in NOEVER, PETER (Hg.): *Tyrannei des Schönen....*, S.170-174; IKONNIKOV, ANDREJ: *Die acht Hochhäuser Moskaus*, ebda., S.177-182; NOEVER, PETER: *Zum Thema: Architektur zwischen „Tyrannei der Unzterdrückung" und „Tyrannei des Schönen"*, ebda. S.11-12, bes. S.12 (zum Bau der Lomonosov-Universität).

[515] - NOEVER, PETER: *Zum Thema: Architektur...*, a.a.O., S.12.

[516] - OL'CHOVYJ, B.S.(Red.): *Puti kino...*, S.452.

[517] - GARF, f.5508, op.1, ed.chr.1441 (Dokumente des *CK sojuza rabotnikov iskusstv*), zitiert S.2R (aus dem Protokoll des 2. Plenums der Foto-Kino-Sektion beim CK Rabis vom 3.2.1929).

[518] - RGALI, f.1966, op.1, ed.chr.377, S.32.

[519] - Vgl. dazu oben, Kap. II.2.1. In der populären Zeitschrift *Sovetskij Ėkran* wurde diese Überzeugung so bekräftigt: *Das Kino ist eines der mächtigsten Mittel im Kampf gegen den Wodka und die Kirche.* (Zitiert nach: *Sovetskij Ėkran*, Heft Nr.36, 10.9.1929, S.4.

[520] - Zitiert nach KOSSOVSKIJ, A.E. (Hg.): *Sovetskaja kinematografija. Sistematitirovannyj sbornik zakonodatel'nych postanovlenij, vedomstvennych prikazov i instrukcij*, Moskau 1940, S.140.

[521] - Zitate aus einem nicht gezeichneten Artikel in der *Pravda* vom 24.5.1936, S.6.

[522] - Vgl. dazu auch: PAPERNY, VLADIMIR: *Mechanismus und Mensch*, in: NOEVER, PETER (Hg.): *Tyrannei des Schönen. Architektur der Stalin-Zeit*, München 1994, S.38-50, besonders S.46.

[523] - GROYS, BORIS: *Der sozialistische Narziss*, in: NOEVER, PETER (Hg.): *Tyrannei des Schönen. Architektur der Stalin-Zeit*, München 1994, S.237-238, zitiert S.237.

[524] - GARF, f.5508, op.1, ed.chr.2212, S.15-67 (*Sojuz rabis. Pervaja obščegorodskaja konferencija zritelej kino-teatrov g. Leningrada 8-go Maja 1934g. Stenografičeskij otčet*), zitiert S.34 (Einlassung des Arbeiters Genkin, aus der Zavod Nr.7).

[525] - *Iz materialov pervogo vsesojuznogo partijnogo kinosoveščanija pri CK VKP(b) 15-21 marta 1928g.*, in: *KPSS o kul'ture, prosveščenii i nauke. Sbornik dokumentov*, Moskau 1963, S. 158-170, zitiert S.162.

[526] - Eine *kinoperedvižka* war eine mobile Projektionsapparatur, mit der Filme in Schulen, Dorf-Kulturhäusern, Scheunen etc. gezeigt werden konnten. In Ermangelung eines deutschen Ausdrucks wird im Text das russische Wort benutzt.

[527] - Artikel *"Kino v derevne"* von Al. Morov, in: *Pravda* vom 5.2.1938, S.4.

[528] - Diese gegensätzlichen Interessen brachte ein ARRK-Zensor auf den Punkt, der vorschlug einen eigentlich für politisch nicht tragbar befundenen Importfilm doch *in kommerziellen Theatern zuzulassen, wo er eine gute Summe Geldes einspielen kann.* RGALI, f.2494, op.1, ed.chr.350, S.10 (Sitzung der Filmzensur-Brigade der Arbeiterkorrespondenten der *Pravda* vom 19.7.1931)

[529] - Zu Andreevs Rolle bei der Kampagne gegen die GUKF und ihre Führungsriege vgl. o., Kap. II.6.2.

[530] - Alle Zitate aus dem weder datierten noch unterschriebenen Geheimbericht, der offenbar von Andreev im Dezember 1935 verfasst wurde. (RCChIDNI, f.17, op.120, ed.chr.200, S.52; Indizien zum Datum und Verfasser des Berichts finden sich a.a.O., S.15-16.)

[531] - Vgl. für diese Zahlen und den Hintergrund des Wettbewerbs: GARF, f.5508, op.1, ed.chr.2084 (Protokoll der Sitzung des Stabs für die Vorbereitung eines allrussischen Wettbewerbs *na bezubytnost' sel'skoj kinoseti* vom 14.7.1933), S.1-2, sowie S.14ff.

[532] - Vgl. für diese Zahlen: FICKENSCHER, WILHELM (Übersetzung und Redaktion): *40 Jahre Sowjetmacht in Zahlen*, Berlin 1958 [Übersetzung von: CENTRAL'NOE STATISTIČESKOE UPRAVLENIE PRI SOVETE MINISTROV SSSR: *Dostiženija sovetskoj vlasti za sorok let v cifrach. Statističeskij sbornik*, Moskau 1957], S.323.

[533] - Im Original steht hier *morgalka*, ein unübersetzbares Wort, das auf *morgat'* (blinzeln. zwinkern) zurückgeht. Es handelt sich offensichtlich um eine umgangssprachliche Bezeichnung für den Filmprojektor, der im Rhythmus der durchlaufenden Bilder gleichsam "blinzelt".

[534] - Gemeint ist offenbar der Film *"Zolotoj kljuv"*, Regie: J. Červjakov, SOVKINO (Studio Leningrad) 1929.

[535] - Zitiert nach: MAJKOV, V.: *S kinoperedvižkoj*, in: *Sovetskij Ėkran*, Heft Nr.35, 3.9.1929, S.7.

[536] - Eine bezeichnende Einschätzung der intellektuellen Aufnahmefähigkeit des dörflichen Publikums, die ungefähr der von Kindern vergleichbar sei, gab Anfang der dreißiger Jahre eine Kommission der ARRK, als sie einen Importfilm folgendermaßen bewertete: [Der Film] *soll ohne jede Änderung zur Vorführung zugelassen werden, außer für den Dorf- und den Kindersektor.* (Vgl. RGALI, f.2494, op.1, ed.chr.350 [*ARRK, Protokoll der Sitzung der Kommission zur Durchsicht des Kinobestandes für das Dorf*], S.2R [Sitzung vom 20.7.1931].

[537] - KENEZ, PETER: *Cinema and Soviet Society 1917-1953*, Cambridge 1992, S.130. Zur Frage der inhaltliche Neuorientierung auf ein populäres „Massenkino" hin vgl. v.a. TAYLOR, RICHARD: *The Illusion of Happiness and the Happiness of Illusion: Grigorii Aleksandrov's* The Circus, in: Slavonic and East European Review 74/1996, Heft 4, S.601-620.

[538] - Aus einer vor der „thematischen Planungskonferenz" am 13.12.1935 gehaltenen Rede. Hier zitiert nach: TAYLOR, RICHARD/CHRISTIE, IAN (Hg.): *The Film Factory...*, Dok. 141, S.369.

[539] - Vgl. für diese Angabe M.TUROVSKAYA: *The 1930s and 1940s Cinema in Context*, in: TAYLOR, RICHARD/SPRING, DEREK (Hg.): *Stalinism and Soviet Cinema. The Politics of Soviet Cinema 1917-1972*, London 1993, S.34-53, Angaben Seite 44. Die in der Literatur zitierten statistischen Daten variieren stark. Das ist wohl zum Teil auf die schwierige Archivsituation und unklare Angaben in den Dokumenten zurückzuführen (vgl. TUROVSKAYA S.42), zum Teil aber auch eine Folge der nicht immer eindeutigen und expliziten Bemessungsgrundlage, etwa bei der Einbeziehung verbotener und nicht vollendeter Filme, sowie von Kurz- und Dokumentarfilmen. Vgl. auch die statistischen Werte in YOUNGBLOOD, DENISE: *The fate of Soviet Popular Cinema during the Stalin Revolution*, in: Russian Review, Bd. 50/1991, Heft 2, S.148-162, Tabelle S.151.

[540] - YOUNGBLOOD, DENISE: *The fate of Soviet Popular Cinema during the Stalin Revolution*, a.a.O, S.157.

[541] - Vgl. E.KHOKHLOVA: *Forbidden films of the 1930s*, in TAYLOR, RICHARD/SPRING, DEREK (Hg.): *Stalinism and Soviet Cinema. The Politics of Soviet Cinema 1917-1972*, London 1993, S. 90-96, zitiert S.93.

[542] - M.TUROVSKAYA: *The 1930s and 1940s Cinema in Context*, in: TAYLOR, RICHARD/SPRING, DEREK (Hg.): *Stalinism and Soviet Cinema. The Politics of Soviet Cinema 1917-1972*, London 1993, S.34-53, zitiert S.45.

[543] - ERMOLAEV, G.: *Čto tormozit razvitie sovetskogo kino* [*Was die Entwicklung des sowjetischen Kinos bremst*], in: *Pravda* vom 9. Januar 1938, S.4, hier zitiert nach: TAYLOR, RICHARD/CHRISTIE, IAN (Hg.): *The Film Factory...*, Dok.149, S.386.

[544] - Für diese Daten danke ich Miroslava Segida.

[545] - MAMATOVA, LILIJA CH.: *Model' kinomifov 30-ch godov*, in *Isskustvo kino*, Heft 11/1990, S.103-111, zitiert S.111.

[546] - MARGOLIT, EVGENIJ: *„Prometej" (1935)*, in: *Iskusstvo Kino*, Heft 1/1991, S.107-110, zitiert S.108.

[547] - Vgl. die Angaben in: *Kino*, Nr. 4/40, S.30 (ohne Autorenangabe). Auch in einer Veröffentlichung jüngeren Datums, in der die sowjetischen Schauspieler der dreißiger Jahre gewürdigt werden, wird in dem entsprechenden Artikel über Mordvinov seine Rolle als Berija in *„Der Fall Berlins"* bezeichnenderweise nicht erwähnt. (Vgl. SOLOV'EV, VLADIMIR (Hg.): *K 100-letiju mirovogo kinematografa*. *Velikie i nepovtorimye*, Band 2, *Aktery russkogo sovetskogo kino 30ch-40ch godov*, Moskau 1998, S.84-86 (Artikel *Nikolaj Mordvinov*).

[548] - Dieses Problem ist bis heute ungelöst. In Hollywood werden Filme von Regisseuren aus aller Welt produziert, die eine Art international anerkannten und verständlichen Erzählstil entwickelt haben und ständig weiter entwickeln. Dagegen haben es etwa viele europäische Filme mit ihrer spezifischeren Filmsprache schwer, sich auf dem internationalen Markt zu behaupten.

[549] - STITES, RICHARD: *Russian Popular Culture. Entertainment and society since 1900*, Cambridge 1992 [Reprint 1993], S.64.

Quellen und Literatur

Veröffentlichte Quellen und Primärliteratur

- ALBÉRA, F./COSANDEY, R. (Hg.): *Boris Barnet. Ecrits, Documents, Études, Filmographie*, Locarno 1985
- ALEKSANDROV, GRIGORIJ: *Ėpocha i kino*, Moskau 1976
- CHLEVNJUK, O.V./KVAŠONKIN, A.V./KOŠELEVA, L.P./ROGOVAJA, L.A. (Hg.): *Stalinskoe Politbjuro v 30-e gody. Sbornik dokumentov*, Moskau 1995 [Deutsch: CHLEVNJUK, OLEG: Das Politbüro. Mechanismen der Macht in der Sowjetunion der dreißiger Jahre, Hamburg 1998]
- DOVŽENKO, ALEKSANDR PETROVIČ: *Sobranie sočinenij*, 4 Bde., Moskau 1966-69
- ĖJZENŠTEJN, SERGEJ M.: *Dumy graždanina kino-goroda*, in: *Kinovedčeskie zapiski*, Heft Nr. 36/37 (1997/98), S.289-295
- ĖJZENŠTEJN, SERGEJ M.: *Yo. Ich selbst. Memoiren*, herausgegeben, mit Vorwort und Anmerkungen versehen von NAUM KLEJMAN, 2 Bände, ergänzte Neuauflage, Berlin 1988
- ĖJZENŠTEJN, SERGEJ MICHAILOVIČ: *Montaž*, Moskau 1998 [Neuausgabe einer Artikelserie von 1940]
- ĖRMLER, FRIDRICH MARKOVIČ: *Dokumenty, stat'i, vospominanija*, Leningrad 1974
- GAK, ALEKSANDR MICHAILOVIČ (Hg.): *Samoe važnoe iz vsech iskusstv. Lenin o kino. Sbornik dokumentov i materialov*, Moskau ²1973
- GARROS, VERONIQUE/KORENEWSKAJA, NATALIJA/LAHUSEN, THOMAS (Hg.): *Das wahre Leben.Tagebücher aus der Stalinzeit*, aus dem Russischen von Vera Stutz-Bischitzky und Barbara Conrad-Lütt, Berlin 1998
- GERASIMOV, SERGEJ APPOLINARIEVIČ: *Žizn', fil'my, spory. Stranicy avtobiografii. O moej professii. Polemika. Portrety. Dlja molodych i o molodych*, Moskau 1971
- GUKF PRI SNK SSSR (Hg.): *Doklad kommissii B.Z.Šumjackogo po izučeniju techniki i organizacii amerikanskoj i evropejskoj kinematografii*, Moskau 1935
- HELLBECK, JOCHEN: *Fashioning the Stalinist Soul. The Diary of Stepan Podlubnyj (1931-1939)*, in: Jahrbücher für Geschichte Osteuropas - Neue Folge, Bd. 44/1996, Heft 3, S.344-373
- *Istorija sovetskogo kinoiskusstva zvukovogo perioda. Po vyskazyvanijam masterov kino i otzyvam kritikov*, 2 Bde., Bd.1 *(1930-41)*, Bd.2 *(1934-1944)*, Moskau 1946
- JUTKEVIČ, SERGEJ IOSIFOVIČ: *Modeli političeskogo kino*, Moskau 1978
- JUTKEVIČ, SERGEJ IOSIFOVIČ: *Sobranie sočinenij*, 2 Bände, Moskau 1991
- KOSSOVSKIJ, A.E. (Hg.): *Sovetskaja kinematografija. Sistematizirovannyj sbornik zakonodatel'nych postanovlenij, vedomstvennych prikazov i instrukcij*, Moskau 1940
- KOZINCEV, GRIGORIJ MICHAILOVIČ: *Sobranie sočinenij*, 5 Bde., Moskau 1982-86
- *KPSS o kul'ture, prosveščenii i nauke. Sbornik dokumentov*, Moskau 1963
- KULEŠOV, LEV VLADIMIROVIČ: *Stat'i, materialy*, Moskau 1979
- LEBEDEV, N.A. (Hg.): *Partija o kino. Sbornik materialov*, Moskau ²1939
- LISTOV, V.S./CHOCHLOVA, E.S. (Hg.): *Istorija otečestvennogo kino. Dokumenty, memuary, pis'ma*, Ausgabe 1, Moskau 1996
- MAR'JAMOV, GRIGORIJ BORISOVIČ: *Kremlevskij censor*, Moskau 1992
- MCNEAL, ROBERT (Hg.): *I.V.Stalin. Works*, Band 1 [Band XIV der Gesamtausgabe] (1934-1940), Stanford 1967
- OL'CHOVYJ, B.S.: *Puti kino. Pervoe vsesojuznoe partijnoe soveščanie po kinematografii*, Moskau 1929
- PUDOVKIN, VSEVOLOD ILLARIONOVIČ: *Sobranie sočinenij*, 3 Bde., Moskau 1974-76
- PYR'EV, IVAN ILLARIONOVIČ: *Izbrannye proizvedenija*, 2 Bde., Moskau 1978

- ROMM, MICHAIL: *Izbrannye proizvedenija*, 3 Bde., Moskau 1980-82
- ROMM, MICHAIL: *Ustnye rasskazy*, Moskau 1991, zusammengestellt von N.B. KUZMINA
- *Sovetskoe kino (1917-1978)*. *Rešenija partii i pravitel'stva o kino*. *Sbornik dokumentov*, 2 Bde., Moskau 1979
- ŠUMJACKIJ, BORIS ZACHAROVIČ.: *Sovetskaja kinematografija segodnja i zavtra*. *Doklad i zaključitel'noe slovo na 7-m Vsesojuznom proizvodstvenno-tematičeskom soveščanii, 13 i 15 dekabrja 1935 goda*, Moskau 1936
- ŠUMJACKIJ, BORIS ZACHAROVIČ: *Kinematografija millionov*. *Opyt analiza*, Moskau 1935
- ŠUMJACKIJ, BORIS ZACHAROVIČ: *Sovetskij fil'm na meždunarodnoj vystavke*, Moskau 1934
- ŠUMJACKIJ, BORIS ZACHAROVIČ: *Tvorčeskie zadači templana* [*Die kreativen Aufgaben des thematischen Plans*], in: *Sovetskoe kino*, Nr. 12/1933, S.1-5
- TAYLOR, RICHARD/I.CHRISTIE (Hg.): *The Film Factory. Russian and Soviet Cinema in Documents*, Cambridge/MA 1988
- VERTOV, DZIGA: *Stat'i, dnevniki, zamysly*, hg. von Sergej Drobašenko, Moskau 1966
- VIŠNEVSKIJ, VENEDIKT/FEFER, V.: *Ežegodnik Sovetskoj kinematografii za 1938 god*, Moskau 1939
- *Za bol'šoe iskusstvo* [*Vsesojuznoe tvorčeskoe soveščanie rabotnikov sovetskoj kinematografii (8-13 janvarja 1935g. Moskva*], Moskau 1935
- ZEL'DOVIČ, G./ČACHIRJAN, G.: *Samoe važnoe, samoe massovoe iz iskusstv*, Moskau 1940

Sekundärliteratur

- ALEJNIKOV, M.N. (Hg.): *Jakov Protazanov. O tvorčeskom puti režissera*, Moskau [2]1957
- ANDRLE, VLADIMIR: *A Social History of Twentieth-Century Russia*, London 1994
- ARLAZOROV, M.: *Protazanov*, Moskau 1973
- ATTWOOD, L. (Hg.): *Red Women on the Silver Screen. Soviet Women and Cinema from the Beginning to the End of the Communist Era*, London 1993
- BAGAEV, BORIS FEDOROVIČ: *Boris Šumjackij. Očerk žizni i dejatel'nosti*, Krasnojarsk 1974
- BARNA, Y.: *Sergei Eizenstein. The Growth of a Cinematic Genius*, London 1973
- BAZIN, ANDRÉ: *Le cinéma soviétique et le mythe de Staline*, in: Esprit , Heft Nr.170, Paris 8/1959, S.210-235
- BELOUSOV, JURIJ ARKAD'EVIČ: *Problema vzaimootnošenija chudožnika i zritelja v sovetskom kinematografe 20ch-30ch godov*, Moskau (Diss.) 1981
- BESEDOVSKIJ, G.Z.: *Na putjach k termidoru*, Moskau 1997
- BOCK, HANS-MICHAEL/JACOBSEN, WOLFGANG: *Recherche: Film. Quellen und Methoden der Filmforschung*, München 1997
- BOGOMOLOV, JURIJ: *Po motivam istorii sovetskogo kino*, in: *Iskusstvo Kino* Nr. 8/89, S.56-67 (Teil 1); *Iskusstvo Kino* Nr. 2/90, S.85-92 (Teil 2)
- BOL'ŠAKOV, IVAN GRIGOR'EVIČ: *Sovetskoe kinoiskusstvo v gody Velikoj Otečestvennoj Vojny (1941-1945 gg.)*, Moskau 1949 [Dissertation]
- BROWN, M.C.: *Kunst unter Stalin 1924-1956*, München 1991
- BULGAKOVA, OKSANA L.: *Die Gartenbank oder wie ein ikonischer Diskurs entsteht: Vertovs „Drei Lieder über Lenin"*, in: GORZKA, GABRIELE (Hrsg.): *Kultur im Stalinismus. Sowjetische Kultur und Kunst der 19dreißiger bis 50er Jahre*, Bremen 1994, S.198-205
- BULGAKOVA, OKSANA L.: *Proletarskaja kinoutopija na Maslovke, ili eksport „Rusi" v Berlin*, in: KZ 33(1997), S.37-54.
- BULGAKOWA, OKSANA: *Sergej Eisenstein. Eine Biographie*, Berlin 1998

- CHRISTIE, IAN/GRAFFY, JULIAN (Hg.): *Protazanov and the Continuity of Russian Cinema*, London 1993
- CHRISTIE, IAN: *Canons and careers: the director in Soviet Cinema*, in: TAYLOR, RICHARD/SPRING, DEREK (Hg.): *Stalinism and Soviet Cinema. The Politics of Soviet Cinema 1917-1972*, London 1993, S.142-170.
- CLAIR, RENÉ: *Kino. Vom Stummfilm zum Tonfilm*, Frankfurt [deutsche Neuausgabe] 1995
- CLARK, TOBY: *Kunst und Propaganda. Das politische Bild im 20.Jahrhundert*, Köln 1997
- COHEN, LOUIS: *The Cultural-Political Traditions and Developments of the Soviet Cinema, 1917-1972*, New York 1974
- COMAJA, V.A.: *Kommunističeskaja partija Gruzii v bor'be za sozdanie i razvitie gruzinskogo nacional'nogo kino (1921-1934gg.)*, Tbilissi (Diss.) 1970
- DAHLMANN, DITTMAR: *Der russische Sieg auf dem Peipussee 1242*, in [noch nicht veröffentlicht]
- DAVIES, SARAH: *Popular Opinion in Stalin's Russia. Terror, Propaganda and Dissent, 1934-1941*, Cambridge 1997
- DOBROTVORSKAJA, K.: *„Cirk" G.V. Aleksandrova. K probleme kul'turno-mifologičeskich analogij*, in: *Iskusstvo Kino*, Heft 11/1992, S.229-243
- DOLIDZE, ZVIAD GEORGIEVIČ: *Istorija gruzinskoj sovetskoj kul'tury (Razvitie kinematografii v 1921-1938gg.)*, Tbilissi (Diss.) 1987
- DROBASCHENKO, SERGEJ (Red.): *Der Film in den sowjetischen Unionsrepubliken*, Frankfurt am Main 1982
- DUNHAM, V.S.: *In Stalin's Time: Middle Class Values in Soviet Fiction*, Cambridge 1976
- EGOROVA, TATIANA K.: *Soviet Film Music. An Historical Survey*, Amsterdam 1997
- EISENSCHITZ, BERNARD: *A fickle man, or portrait of Boris Barnet as a Soviet director*, in: TAYLOR, RICHARD/I.CHRISTIE (Hg.): *Inside the Film Factory. New Approaches to Russian and Soviet Cinema*, London/New York [2]1994, S.151-175
- EMMERICH, WOLFGANG/WEGE, CARL (Hg.): *Der Technikdiskurs in der Hitler-Stalin-Ära*, Stuttgart 1995
- ENGEL, CHRISTINE (Hg.): *Geschichte des sowjetischen und russischen Films*, Stuttgart und Weimar 1999
- ERLER, GERNOT/SÜß, W. (Hg.): *Stalinismus. Probleme der Sowjetgesellschaft zwischen Kollektivierung und Weltkrieg*, Frankfurt/New York 1982
- FERRO, MARC: *Cinéma et histoire*, Paris 1993
- FERRO, MARC: *L'idéologie stalienne au travers d'un film: Tchapaev*, in ders.: *Cinéma et Histoire*, Paris 1977 [überarbeitete Neuausgabe 1993], S.82-102
- FITZPATRICK, SHEILA (Hg.): *Cultural Revolution in Russia, 1928-1931*, Bloomington 1978
- FITZPATRICK, SHEILA: *Education and Social Mobility in the Soviet Union, 1921-1934*, Cambridge 1979
- FITZPATRICK, SHEILA: *Everyday Stalinism. Ordinary Life in Extraordinary Times. Soviet Russia in the 1930s*, New York 1999
- FITZPATRICK, SHEILA: *The Cultural Front. Power and Culture in Revolutionary Russia*, Ithaca und London 1992
- GADŽINSKAJA, NELLI DŽAMOKYZY: *Kinoiskusstvo strany ognej. Polveka azerbajdžanskogo kino 1920-1979gg.*, Moskau 1991
- GAßNER, H./I.SCHLEICHER/K.STENGEL (Hg.): *Agitation zum Glück. Sowjetische Kunst der Stalinzeit*, Bremen 1994
- GNATOVSKAJA, D.JU./ZEZINA, M.R.: *Bytovye kommuny rabočej i studenčeskoj molodeži vo vtoroj polovine 20ch – načale 30ch godov*, in: *Vestnik Moskovskogo Universiteta*, Serie 8 [istorija], Heft 1/1998, S.42-58

- GORJAČEV, JURIJ IVANOVIČ/ŠINKARENKO, VLADISLAV VASIL'EVIČ: *Istočniki sily: O partijnom rukovodstve razvitiem sovetskoj kinematografii*, Moskau 1984
- GORJAČEV, JURIJ IVANOVIČ: *Partijnoe rukovodstvo kinematografiej v period stroitel'stva socializma (1917-1936gg.)*, Moskau (Diss.) 1987
- GORZKA, GABRIELE (Hg.): *Kultur im Stalinismus. Sowjetische Kultur und Kunst der 19dreißiger bis 50er Jahre*, Bremen 1994
- GROMOV, EVGENIJ SERGEEVIČ.: *Lev Vladimirovič Kulešov*, Moskau 1984 [deutsche Ausgabe: GROMOW, JEWGENI: *Lew Kuleschow. Der vergessene unter den großen Vier – Wertow, Ëjzenštejn, Pudowkin, Dowshenko. Eine Biographie*, Berlin (Ost) 1986]
- GROMOV, EVGENIJ SERGEEVIČ: *Stalin. Vlast' i iskusstvo*, Moskau 1998
- GROYS, BORIS: *Die sowjetische ideologische Praxis*, in: ders.: *Die Erfindung Russlands*, München/Wien 1995, S.75-92
- GROYS, BORIS: *Gesamtkunstwerk Stalin. Die gespaltene Kultur in der Sowjetunion*, München 1988
- GÜNTHER, HANS (Hg.): *The Culture of the Stalin Period*, London 1990
- GÜNTHER, HANS: *Der Feind in der totalitären Kultur*, in: GORZKA, GABRIELE (Hrsg.): *Kultur im Stalinismus. Sowjetische Kultur und Kunst der 1930er bis 50er Jahre*, Bremen 1994, S.89-100
- GÜNTHER, HANS: *Die Verstaatlichung der Literatur. Entstehung und Funktionsweise des sozialistisch-realistischen Kanons in der sowjetischen Literatur der dreißiger Jahre*, Stuttgart 1984
- HARRISSON, T.: *The Projection of the Soviet Union. Soviet Documentary Film. 1917-1949*, in: PRONAY, N./SPRING, D.W.: *Propaganda, Politics and Film. 1918-1945*, London 1982
- HAY, J.: *Popular Film Culture in Fascist Italy: The Passing of the Rex*, Bloomington 1987.
- HEIMANN, T.: *DEFA, Künstler und Kulturpolitik. Zum Verhältnis von Kulturpolitik und Filmproduktion in der SBZ/DDR 1945 bis 1959*, Berlin 1994.
- HELLBECK, JOCHEN/HALFIN, I.: *Rethinking the Stalinist Subject: Stephen Kotkin's „Magnetic Mountain" and the State of Soviet Historical Studies*, in: Jahrbücher für Geschichte Osteuropas - Neue Folge, Bd. 44/1996, Heft 3, S.456-463
- HILDERMEIER, MANFRED: *Geschichte der Sowjetunion 1917 - 1991. Entstehung und Niedergang des ersten sozialistischen Staates*, München, 1998
- HORTON, ANDREW (Hg.): *Inside Soviet Film Satire. Laughter with a Lash*, Cambridge 1993.
- *Istorija sovetskogo kino 1917-1967*, Bd. 2 *(1931-1941)*, Moskau 1973
- IVANOV, JU.M.: *Položenie rabočich Rossii v 20ch - načale 30ch godov*, in: *Voprosy Istorii* 5/1998, S.28-43
- JURENEV, ROSTISLAV: *Sergej Ejzenštejn. Zamysly. Fil'my. Metod*, 2 Bde., Moskau 1985-8
- KAPEL'GORODSKAJA, N.M.: *Ivan Kavaleridze. Grani tvorčestva*, Kiev 1995
- KENEZ, PETER: *Cinema and Soviet Society 1917-1953*, Cambridge 1992
- KEPLEY JR, VANCE: *In the Service of the State The Cinema of Alexander Dovženko*, Madison 1986
- KHOKHLOVA, E.: *Forbidden films of the 1930s*, in TAYLOR, RICHARD/SPRING, DEREK (Hg.): *Stalinism and Soviet Cinema. The Politics of Soviet Cinema 1917-1972*, London 1993, S. 90-96
- KING, DAVID: *Stalins Retuschen. Foto- und Kunstmanipulationen in der Sowjetunion*, Hamburg 1997
- GASPARJAN, A. (Hg.): *Kino Armenii*, Moskau 1994
- KOENEN, GERD: *Die großen Gesänge. Lenin, Stalin, Mao Tse-tung. Führerkulte und Heldenmythen des 20. Jahrhunderts*, Frankfurt am Main 1991
- *Kino totalitarnoj épochi (1933-1945)*, Moskau 1989

- KOLIAZIN, V.F/GONČAROV, V.A. (Hg.): „Vernite mne svobodu!" Dejateli literatury i iskusstva Rossii i Germanii - žertvy stalinskogo terrora, Moskau 1997
- KORTE, HELMUT: Der Spielfilm und das Ende der Weimarer Republik. Ein rezeptionshistorischer Versuch, Göttingen 1998
- KOTKIN, STEPHEN: Magnetic Mountain. Stalinism as a Civilization, Berkeley/Los Angeles und London 1995
- KOZLOV, L.K.: Stalin: Nekotorye uroki režissury. Po dokumentam 1935-go i drugich godov, in: Kinovedčeskie Zapiski, Heft Nr.27/1995, S.76-91
- LAWTON, ANNA: The Red Screen: Politics, Society, Art in Soviet Cnema, London 1992
- LEAMING, B.: Grigory Kozintsev, Boston 1980
- LEVIN, E.: „... na sud obščestvennosti ... ", in: Iskusstvo Kino 8/1988, S.76-90
- LEYDA, JAY: A History of the Russian and Soviet Film, New York 1960, [Neuausgabe: Kino: A History of the Russian and Soviet Film, London 1973]
- LISTOV, V.: Iz istorii partijnogo rukovodstva kinematografom, in: PISAREVSKIJ, D.S. (Red.): Iz istorii kino. Dokumenty i materialy, Band 11, Moskau 1985, S. 12-20
- LOIPERDINGER, MARTIN (Hg.): Führerbilder. Hitler, Mussolini, Roosevelt, Stalin in Fotografie und Film, München 1995
- LOTMAN, JURIJ MICHAILOVIČ/CIVIAN, JURIJ GAVRILOVIČ: Dialog s ėkranom, Tallinn 1994
- MAMATOVA, LILIJA CH. (Hg.): Kino: politika i ljudi (30-e gody). K 100-letiju mirovogo kino, Moskau 1995
- MAMATOVA, LILIJA CH.: Model' kinomifov 30-ch godov, in Isskustvo kino, Heft 11/1990, S.103-111
- MAMATOVA, LILIJA CH.: Model' kinomifov 30ch godov: genij i zlodejstvo, in: Iskusstvo kino, Heft 3/1991, S. 88-97
- MAR'JAMOV, GRIGORIJ BORISOVIČ (Hg.): Ivan Pyr'ev v žizni i na ėkrane. Stranicy vospominanij, Moskau 1994
- MARGOLIT, EVGENIJ: „Budem sčitat', čto takogo fil'ma nikogda ne bylo." „Poločnye" fil'my 30-ch godov, in: Iskusstvo Kino, Heft Nr. 7/1995, S.84-95
- MARGOLIT, E./ ZABRODIN, V.: Boris Vasil'evič Barnet. Materialy k retrospektive fil'mov, Moskau 1992
- MARGOLIT, EVGENIJ/ŠMYROV,VJAČESLAV: Iz-jatoe kino – Katalog sovetskich igrovych kartin, ne vypuščennych vo vsesojuznyj prokat po zaveršenii v proizvodstve ili iz-jatych iz dejstvujuščego fil'mofonda v god vypuska na ekran (1924–1953), Moskau 1995
- MARGOLIT, EVGENIJ: „Prometej" (1935), in: Isskustvo Kino, Heft 1/1991, S.107-110
- MARGOLIT, EVGENIJ: Sovetskoe kinoiskusstvo. Osnovnye ėtapy stanovlenija i razvitija, Moskau 1988
- MARSISKE, HANS-ARTHUR (Hg.): Zeitmaschine Kino. Darstellungen von Geschichte im Film, Marburg 1992
- MARSHALL, HERBERT: Masters of the Soviet Cinema: Crippled Creative Biographies, London 1983
- MATIZEN, VIKTOR: Kratkij kurs parateorii sovetskogo kino, in: Iskusstvo Kino, Nr. 9/93, S.122-126
- MATZKER, REINER: Das Medium der Phänomenalität. Wahrnehmungs- und erkenntnistheoretische Aspekte der Medientheorie und Filmgeschichte, München 1993
- MAYNE, J.: Kino and the Woman Question. Feminism and Soviet Silent Film, Columbus/Ohio 1989
- MERL, STEPHAN: Sozialer Aufstieg im sowjetischen Kolchossystem der dreißiger Jahre?. Über das Schicksal der bäuerlichen Parteimitglieder, Dorfsowjetvorsitzenden, Posteninhaber in Kolchosen, Mechanisatoren und Stachanowleute, Berlin 1990

- MICHAJLOV, VLADIMIR: *Stalinskaja model' upravlenija kinematografom*, in: MAMATOVA, LILIJA CH. (Hg.): *Kino: politika i ljudi (30-e gody). K 100-letiju mirovogo kino*, Moskau 1995, S.9-25
- MOELLER, FELIX: *Der Filmminister. Goebbels und der Film im Dritten Reich*, Berlin 1998
- NOEVER, PETER (Hg.): *Tyrannei des Schönen. Architektur der Stalin-Zeit*, München 1994
- *Očerki istorii sovetskogo kino*, 3 Bde., Moskau 1956-61
- OCH, SHEILA: *Lenin im sowjetischen Spielfilm. Die Revolution verfilmt ihre Helden*, Frankfurt am Main 1992
- PAECH, ANNE: *Von der Filmgeschichte vergessen: Die Geschichte des Kinos*, in: HICKETHIER, KNUT (Hg.): *Filmgeschichte schreiben. Ansätze, Entwürfe und Methoden*, Berlin 1989, S.41-49
- PLAGGENBORG, STEFAN: *Revolutionskultur. Menschenbilder und kulturelle Praxis in SowjetRussland zwischen Oktoberrevolution und Stalinismus*, Beiträge zur Geschichte Osteuropas, Band 21, Köln u.a. 1996
- PLAGGENBORG, STEFAN (Hg.): *Stalinismus. Neue Forschungen und Konzepte*, Berlin 1998
- PRONAY, N./D.W.SPRING (Hg.): *Propaganda, Politics and Film*, London 1982
- REBROV, VJAČESLAV: *I snova o „Rusi"*, in: *Iskusstvo Kino*, Heft 4/1999, S.70-83
- REID, SUSAN E.: *All Stalin's Women: Gender and Power in Soviet Art of the 1930s*, in: Slavic Review, Band 57, Heft 1/1998
- ROŠAL, LEV: *Vertov i Stalin*, in: *Iskusstvo Kino*, Heft Nr. 1/94, S.104-113
- ROTHER, RAINER (Hg.): *Bilder schreiben Geschichte: Der Historiker im Kino*, Berlin 1991
- ROTHER, RAINER (Hg.): *Mythen der Nationen: Völker im Kino*, München 1998
- RUBAILO, A.I.:*Partijnoe rukovodstvo razvitiem kinoiskusstva (1928-1937 gg)*, Moskau 1976
- SARTORI, ROSALINDE: *„ Weben ist das Glück fürs ganze Land. " Zur Inszenierung eines Frauenideals*, in: PLAGGENBORG, STEFAN (Hg.): *Stalinismus. Neue Forschungen und Konzepte*, Berlin 1998, S.267-291
- SEGIDA, MIROSLAVA/ZEMLJANUCHIN, SERGEJ: *Domašnaja Sinemateka. Otečestvennoe kino 1918-1996*, Moskau 1993-1998
- SEGIDA, MIROSLAVA/ZEMLJANUCHIN, SERGEJ: *Kinomanija 97. Ènciklopedija rossijskogo kinoiskusstva*, Moskau 1997 [CD-ROM]
- SERVICE, ROBERT: *A History of Twentieth-Century Russia*, London 1997
- SIDOROV, NIKOLAJ: *„ Veselye rebjata" - Komedija Kontrrevoljucionnaja*, in: *Istočnik* 3/1995, S.72-78
- SIEGEL, ACHIM: *Die Dynamik des Terrors im Stalinismus*, Pfaffenweiler 1992
- ŠKLOVSKIJ, VIKTOR BORISOVIČ: *Za 60 let: Raboty o kino*, Moskau 1985
- SMAL', VACLAV IVANOVIČ: *Skvoz' prizmu desjatiletki (O politike kompartii Belorussii v oblasti kinoiskusstva v 20e-30e gg.)*, Minsk 1980
- SOBOLEV, R.: *Aleksandr Dovženko*, Moskau 1980
- SOLOV'EV, VLADIMIR (Hg.): *K 100-letiju mirovogo kinematografa. Velikie i nepovtorimye*, Band 2, *Aktery russkogo sovetskogo kino 30ch-40ch godov*, Moskau 1998 [Band 2 ist der bisher einzige erschienene Band der vorgesehenen Reihe, die beim GOSFIL'MOFOND, dem staatlichen Spielfilmarchiv, entsteht.]
- *Sovetskie chudožestvennye fil'my. Annotirovannyj katalog Gosfil'mofonda SSR v 5-ti tomach* [Annotierter Katalog des Staatlichen Filmarchivs in 5 Bänden], Moskau 1961-1979
- STITES, RICHARD: *Russian Popular Culture. Entertainment and society since 1900*, Cambridge 1992 [Reprint 1993]
- STRAUS, KENNETH M.: *Factory and Community in Stalin's Russia. The Making of an Industrial Working Class*, Pittsburgh 1997
- STRONG, J.W.(Hg.): *Essays on Revolutionary Culture and Stalinism*, Columbus/Ohio 1990

- TARCHANOW, ALEXEJ/KAWTARADSE, SERGEJ: *Stalinistische Architektur*, München 1992
- TAYLOR, RICHARD/I.CHRISTIE (Hg.): *Inside the Film Factory. New Approaches to Russian and Soviet Cinema*, London/New York ²1994
- TAYLOR, RICHARD: *Singing on the Steppes for Stalin. Ivan Pyr'ev and the Kolkhoz Musical in Soviet Cinema*, in: *Slavic Review*, Band 58/1999, S.143-159
- TAYLOR, RICHARD/SPRING, D. (Hg.): *Stalinism and Soviet Cinema. The Politics of Soviet Cinema 1917-1972*, London 1993
- TAYLOR, RICHARD: *Film Propaganda: Soviet Russia and Nazi Germany*, New York 1979
- TAYLOR, RICHARD: *The Illusion of Happiness and the Happiness of Illusion. Grigorii Aleksandrov's The Circus*, in: *Slavonic and East European Review* 74/1996, Heft 4, S.601-20
- THOMPSON, T.L./R.SHELDON (Hg.): *Soviet Society and Culture: Essays in Honour of Vera S. Dunham*, Boulder/Colorado 1988
- THURSTON, ROBERT W.: *Life and Terror in Stalin's Russia 1934-1941*, London 1996
- TUROVSKAYA, M.: *The 1930s and 1940s Cinema in Context*, in: TAYLOR, RICHARD/SPRING, DEREK (Hg.): *Stalinism and Soviet Cinema. The Politics of Soviet Cinema 1917-1972*, London 1993, S.34-53
- TUROVSKAJA, MARJA: *„ Volga – Volga" i ego vremja*, in *Iskusstvo Kino*, Heft Nr.3/98, S.59-64
- VETTER, MATTHIAS: *Terroristische Diktaturen im 20. Jahrhundert. Strukturelemente der nationalsozialistischen und stalinistischen Herrschaft*, Leverkusen 1996
- *Voprosy literatury* 1992, Heft 1 (Thema: „Totalitarismus und Kultur")
- WEBER, HERMANN/MÄHLERT, ULRICH: *Terror. Stalinistische Parteisäuberungen 1936-1953*, Paderborn u.a. 1998
- YANGIROV, RASHIT: *Onwards and Upwards!: the origins of the Lenin cult in Soviet cinema*, in: TAYLOR, RICHARD/SPRING, DEREK (Hg.): *Stalinism and Soviet Cinema. The Politics of Soviet Cinema 1917-1972*, London 1993, S.15-33
- YOUNGBLOOD, DENISE J.: *Movies for the Masses. Popular Cinema and Soviet Society in the 1920s*, Cambridge/MA 1992
- YOUNGBLOOD, DENISE J.: *Soviet Cinema in the Silent Era, 1918-1935,* Ann Arbour 1985
- YOUNGBLOOD, DENISE J.: *The fate of Soviet Popular Cinema during the Stalin Revolution*, in: *Russian Review*, Bd. 50/1991, Heft 2, S.148-162, zitiert S.148
- YOUNGBLOOD, DENISE J.: *The return of the native: Yakov Protazanov and Soviet Cinema*, in: TAYLOR, RICHARD/I.CHRISTIE (Hg.): *Inside the Film Factory. New Approaches to Russian and Soviet Cinema*, London/New York ²1994, S.103-123
- ŽDAN, V. (Hg.): *Der sowjetische Film*, 2 Bände (Band 1: *Von den Anfängen bis 1945*, Band 2: *Von 1945 bis zur Gegenwart*), Berlin (Ost) 1974 [Übersetzung aus dem Russischen. Originalausgabe: *Kratkaja istorija sovetskogo kino*, Moskau 1969]
- ZORKAYA, N.: *The Illustrated History of Soviet Cinema*, New York, 1989

Verwendete Archivmaterialien

- **RCChIDNI:** Dokumente des CK VKP, RCChIDNI, f.17, op.113 und op. 114 (Sitzungsprotokolle des Sekretariats und des OB); op.3 (Protokolle von Sitzungen des PB); op.120 (Untersuchungsunterlagen, die verschiedene Teile des Filmsektors betreffen); persönliche Unterlagen Stalins (z.T. in Kopie) aus f.558, op.1 und op.3
- **RGALI:** Unterlagen der GUK/GUKF, RGALI, f.2456, op.1; Unterlagen verschiedener anderer mit Filmfragen befasster Institutionen (GRK, INTORGKINO) und persönliche Unterlagen Šumjackijs, f.2497, op.1 und op.2; Unterlagen der SOVKINO, .2496, op.2 und op.3; Unterlagen der ARRK, f.2494, op.1, Berichte über die Arbeit verschiedener nationaler Filmorganisationen (ARMENKINO, AZERKINO, GOSKINPROM GRUZII), f.5508, op.1;

233

Unterlagen von F.S. SEDYCH, dem Leiter des *Informacionno-metodičeskij otdel* der MOSFIL'M, f.1966, op.1; Unterlagen von Vsevolod Emil'evič Mejerchol'd, f.988, op.1

• **RGAĖ:** Unterlagen der Planungsbehörde GOSPLAN und ihrer Kinokomission RGAĖ, f.4372, op.26

• **GARF:** Unterlagen der RABIS, darin Dokumente und Kopien von Dokumenten des ersten Kino-Komitees und der neu gegründeten SOJUZKINO sowie des GRK und verschiedener Untersuchungskommissionen; alle in GARF, f.5508, op.1

Abkürzungen

ARK (ARRK)	Associacija (Revoljucionnych) Rabočich Kinematografii	Verband der (revolutionären) Arbeiter der Kinematografie
CK	Central'nyj Komitet [VKP (b)]	Zentralkomitee [der kommunistischen Partei der Bol'ševiki]
CKK	Central'naja kontrol'naja kommissija VKP (b)	Zentrale Kontrollkommission der Partei
ed.chr.	Edinica chranenija	Aktennummer
f.	Fond	(Archiv-)Fonds
Glaviskusstvo		Hauptverwaltung für Kunstfragen
GOSPLAN		Staatliche Wirtschafts-Planungsbehörde
GRK	Glavnyj komitet po kontrolju za repertuarom pri Glaviskusstve Narkomprosa RSFSR (Glavrepertkom)	Hauptkommitee für Repertoir-Fragen (Zensurbehörde)
GUK/GUKF	Glavnoe upravlenie kino-(foto-)promyšlennosti pri SNK	Hauptverwaltung der Kino-(Foto-)Industrie beim Rat der Volkskommissare
IKKI	Ispol'nitel'nyj komitet kommunističeskogo internacionala	Exekutivkommitee der Komintern (Kommunistische Internationale)
Kolchoz	Kollektivnoe Chozjajstvo	Kollektiv-Wirtschaft (Organisationsform landwirtschaftlicher Betriebe)
KpbU	Kommunističeskaja partija bol'ševikov Ukrainy	Kommunistische Partei der Bol'ševikider Ukraine
KPK	Kommissija partijnogo kontrolja pri CK VKP (b)	Parteikontrollkommission beim CK der VKP (b)
KSK	Kommissija Sovetskogo Kontrolja pri SNK SSSR	Kontroll-Kommission beim Rat der Volkskommissare
KZ	Kinovedčeskie Zapiski	(wissenschaftliche Zeitschrift, Moskau)
MA	Gosudarstvennyj naučno-issledovatel'skij muzej architektury imeni A.V. Ščuseva	Staatliches Architekturmuseum
MORT	Meždunarodnaja Organizacija Revoljucionnych Teatrov	Internationale Organisation der revolutionären Theater
MTS	Mašino-traktornaja stancija	Maschinen-Traktoren-Station
OB	Orgbjuro	Orgbüro
ODSK	Obščestvo druzej sovetskoj kinematografii	Gesellschaft der Freunde der sowjetischen Kinematografie
Op.	Opis'	(Archiv-)Fonds-Verzeichnis
PB	Politbjuro	Politbüro
Rabis	Sojuz rabočich iskusstva	Union der Kunstschaffenden
RCChIDNI	Rossijskij Centr Chranenija i Issledovanija Dokumentov	Russländisches Zentrum zur Aufbewahrung und

	Novejšej Istorii	Erforschung von Dokumenten der Neuesten Geschichte (ehemaliges Parteiarchiv und Marx-Engels-Lenin-Institut)
RGAĖ	Rossijskij Gosudarstvennyj Archiv Ėkonomiki	Rußländisches Staatsarchiv für Wirtschaft
RGAKFD	Rossijskij Gosudarstvennyj Archiv Kino-Foto-Dokumentov	Russisches Staatsarchiv für Film- und Foto-Dokumente (Dokumentarfilmarchiv)
RSFSR	Rossijskaja Sovetskaja Federativnaja Socialističesja Respublika	Rußländische Sozialistische Föderative Sowjetrepublik
SKŽ	Sojuz-Kino-Zurnal	„Unions-Kino-Journal" (Wochenschau)
SNK	Sovet Narodnych Kommissarov	Rat der Volkskommissare
Sovchoz	Sovetskoe Chozjajstvo	(Organisationsform landwirtschaftlicher Betriebe, die unmittelbar zentraler Verwaltung unterstanden)
STO	Sovet Truda i Oborony	Rat für Arbeit und Verteidigung
VCSPS	Vsesojuznyj central'nyj sovet professional'nych sojuzov	Gewerkschaftsverband
VGIK	Vsesojuznyj Gosudarstvennyj Institut Kinematografii	Staatliches Filminstitut
VKP (b)	Vsesojuznaja kommunističeskaja partija (bol'ševikov)	Allsowjetische kommunistische Partei (der Bol'ševiki)
VLKSM	Vsesojuznyj Leninskij Kommunističeskij Sojuz Molodeži	Komsomol, kommunistischer Jugendverband
VOAPP	Vsesojuznoe Ob-edinenie Associjacij Proletarskich Pisatelej	Allunionsvereinigung der Assoziationen proletarischer Schriftsteller
VSNCh	Vysšij Sovet Narodnogo Chozjajstva	Oberster Volkswirtschaftsrat
VUFKU	Vseukrainskoe fotokinoupravlenie	All-Ukrainische Foto-Kino-Verwaltung
ZSFSR	Zakavkazskaja socialističeskaja federativnaja sovetskaja respublika	Kaukasische sozialistische föderative Sowjetrepublik